Musikpädagogik und Musiktheorie

Waxmann Verlag GmbH
Steinfurter Straße 555, 48159 Münster
info@waxmann.com

Perspektiven
musikpädagogischer Forschung

herausgegeben von
Prof. Dr. Jens Knigge
Prof. Dr. Ulrike Kranefeld
Prof. Dr. Anne Niessen
Prof. Dr. Christine Stöger

Band 3

Waxmann 2015
Münster • New York

Verena Weidner

Musikpädagogik und Musiktheorie

Systemtheoretische Beobachtungen
einer problematischen Beziehung

Waxmann 2015
Münster • New York

Diese Arbeit wurde im Jahr 2014 von der Fakultät für Erziehungswissenschaft der Universität Hamburg als Dissertation angenommen.

Bibliografische Informationen der Deutschen Nationalbibliothek
Die Deutsche Nationalbibliothek verzeichnet diese Publikation in der Deutschen Nationalbibliografie; detaillierte bibliografische Daten sind im Internet über http://dnb.d-nb.de abrufbar

ISSN 2198-1973
Print-ISBN   978-3-8309-3168-3
E-Book-ISBN 978-3-8309-8168-8

© Waxmann Verlag GmbH, 2015

www.waxmann.com
info@waxmann.com

Umschlaggestaltung: Inna Ponomareva, Jena
Titelbild: © jock+scott/photocase.com

Gedruckt auf alterungsbeständigem Papier, säurefrei gemäß ISO 9706

Printed in Germany

Vorwort

Die Idee zu der vorliegenden Forschungsarbeit entstand während meines Studiums an der Hochschule für Musik und Theater in München. Als Studentin im Lehramt Musik und in Musiktheorie habe ich von der offenen Atmosphäre profitiert, von der die Hochschule in diesen Bereichen geprägt ist und die zahlreiche Fachgespräche und Diskussionen motiviert hat. Angefertigt habe ich die Untersuchung schließlich an der Universität Hamburg, wo sie als Dissertation im Fach Musikpädagogik angenommen wurde.

Besonders herzlich danken möchte ich Prof. Dr. Jürgen Vogt (Erstgutachter) für die in jeder Hinsicht hervorragende Betreuung und seine Bereitschaft, mir auch aus der Ferne jederzeit mit Rat und Tat zur Seite zu stehen. Seine mit unnachahmlicher Ironie vorgebrachten fachlichen Hinweise haben mich vor so mancher gedanklichen Sackgasse bewahrt.

Genauso herzlich möchte ich mich bei Prof. Dr. Ulrich Kaiser (Zweitgutachter) bedanken. Ohne seine Weitsichtigkeit wäre diese Arbeit in ihrer fachlichen Ausrichtung gar nicht erst zustande gekommen. Und ohne seine stets ehrliche, berlinerisch direkt geäußerte Kritik wären nicht wenige denkerische Unschärfen unentdeckt geblieben.

Außerdem gilt mein Dank Prof. Dr. Michael Wimmer (Drittgutachter) für das aufrichtige Interesse, das er meinen Überlegungen entgegengebracht hat.

Darüber hinaus möchte ich der Münchner ›Kritikerrunde‹ danken. Sie hat ihrem Namen über die Jahre hinweg immer wieder alle Ehre gemacht und war selbst dann noch aktiv, als ich an vielen Treffen nur noch virtuell per Live-Schaltung teilnehmen konnte. Hervorzuheben sind hier neben dem Initiator Prof. Dr. Ulrich Kaiser besonders Verena Wied, Kilian Sprau und Andreas Helmberger.

Und nicht zuletzt seien Susi und Christian genannt sowie die vielen anderen, die mich im Laufe der Zeit immer wieder liebevoll-bestimmt hinter den Büchern hervorgeholt haben.

Osnabrück im Juli 2015   Verena Weidner

Inhalt

Einleitung

Die Erkenntnis, dass bei Konferenzen und Tagungsveranstaltungen die obligatorischen ›Kaffeepausen‹ zu den wichtigsten Programmpunkten zu zählen sind, hat wohl nicht erst Harrison Owen (s. Owen, 1997) gewonnen: Auch wenn die Unterhaltungen, die dort geführt werden, im Normalfall nicht die typischen Merkmale wissenschaftlicher Diskurse[1] aufweisen – die dabei getroffenen Aussagen dürften nur selten empirisch oder quellentechnisch ausreichend abgesichert sein –, basieren sie auf Erfahrungen, die es mitunter lohnt, ernst zu nehmen.[2]

Das Gleiche gilt für die zahllosen informellen Gespräche, die im universitären oder hochschulischen Kontext regelmäßig geführt werden. Sie zeichnen sich nicht nur durch eine gewisse Unabhängigkeit von institutionellen Normen und Positionen aus (s. Abraham & Büschges, 2009), sondern sind zudem »durch ein hohes Maß an Spontanität, Flexibilität und Emotionalität« (ebd., S. 134) charakterisiert. Ohne an offizielle Programme gebunden zu sein, prägen sich auch dort gewisse Muster aus, die als solche eine nicht unwesentliche Ergänzung formaler Organisationsstrukturen darstellen (s. ebd., S. 134f.).

So gesehen hat die vorliegende Arbeit ihren Ausgang im ›Pausengespräch‹: Behauptungen wie »Musiktheorie hat doch mit Musik nichts zu tun/ … ist von vorgestern/ … kann man sich eigentlich auch sparen« oder »Musikpädagogen sind in der Hauptsache damit beschäftigt, Gummibärchen zu verteilen/ … Klatschspiele anzuleiten/ … Schülerinteressen hinterherzulaufen« würde zwar kaum jemand im Rahmen einer Podiumspräsentation oder einer offiziellen Fachsitzung äußern, im informellen Gespräch aber begegnet man ihnen durchaus.

Natürlich gilt dies nicht nur für Unterhaltungen, in denen Fachvertreter der Musikpädagogik über Musiktheorie reden bzw. in denen Musiktheoretiker ihre Meinung zur Musikpädagogik kundtun, sondern auch für Urteile, die von anderer Seite in Bezug auf diese beiden Fächer gefällt werden. Denken kann man hier etwa an Konzertpianisten, Gesangslehrer oder Studierende ganz unterschiedlicher Fächer. Insgesamt scheint die wechselseitige Skepsis bei Musikpädagogik und Musiktheorie jedoch besonders ausgeprägt zu sein.

Anschaulich macht dies eine über längere Zeit im ›Flurfunk‹ der Münchner Musikhochschule verhandelte Bildergeschichte (Loriot, 1968, S. 91, s. auch Weidner, 2010):

---

1   Der Diskursbegriff wird in der vorliegenden Arbeit synonym zu Begriffen wie ›soziales System‹, ›Kommunikationszusammenhang‹ oder ›Kommunikationssystem‹ verwendet (s.u., S. 36f. und S. 43f.).

2   Owen hat diese Beobachtung zum Anlass genommen, ein neues, inhaltlich wie formal offeneres Tagungsformat zu kreieren. Diese sogenannten ›Open Space‹-Konferenzen sollen den Teilnehmern als Plattform zur Diskussion eigener Themen sowie zum Anstoß konkreter Projektideen dienen (s. Owen, 1997).

Bei der abgebildeten Seerose handelt es sich um ein besonders schönes
Exemplar der Nymphaea alba aus der Familie der Nymphaeaceae.

Sie zeigt einen fein herausgeputzten Galan, der für seine Begleiterin offenbar eine Seerose pflücken will. Leider schafft er es im Eifer des Gefechts nicht, die Rose von ihrem
Wurzelwerk zu befreien, so dass er am Ende – eingewickelt in einen Haufen Grünzeug
– etwas verloren dasteht, während sich die Angebetete längst von ihm abgewandt hat.
Glaubt man der Deutung, die von musikpädagogischer Seite hierzu in Umlauf gebracht
wurde, so ist das Verhalten des Galans typisch für die Musiktheorie und deren Umgang mit Musik – die Schönheit der Seerose ist inmitten des ganzen Wurzelgeflechts
kaum mehr zu erkennen – bzw. den damit beschäftigten Musikern – spätestens der
lateinische Spezies- und Gattungsbegriff dürfte für die wenigsten von grundlegendem
Interesse sein.

Ganz anders stellt sich das Szenario dagegen aus Sicht der Theorie dar. Ebenso gut
nämlich könne man – so die musiktheoretische Deutung – die Bilderfolge ›von hinten‹
lesen. Erzählerisch habe man es dann mit einem leicht verzweifelt wirkenden Pflan-
zenfreund (alias: einem Musikpädagogen) zu tun, dem allmählich klar werde, dass die
Dame seines Herzens (seine Schülerinnen und Schüler) mit einem Berg Grünzeug
kaum zu beeindrucken sein wird. Anstatt ihr nun aber die Seerose (alias: die Musik) so
darzubieten, dass deren Schönheit deutlich wird, gebe er das Vorhaben schließlich

ganz auf und werfe sich stattdessen voller Hingabe der Angebeteten zu Füßen. Wie wenig dieser Annäherungsversuch von Erfolg gekrönt ist, kann man dem Gesichtsausdruck der Geliebten entnehmen.

Nun lässt sich natürlich weder von solchen oft nicht ganz ernstzunehmenden Sticheleien noch von einzelnen, meist ›nur so dahin gesagten‹ Meinungsäußerungen die Einsicht ableiten, ›alle‹ Musikpädagogen bzw. ›alle‹ Musiktheoretiker hegten dem jeweils anderen Fach gegenüber entsprechende Vorbehalte. Gerade an eher kleineren Fachbereichen, wie sie für Musikhochschulen typisch sind, dürften z.B. auch singuläre Beziehungen und persönliche Sym- oder Antipathien das zwischenfachliche Klima in entscheidender Weise mitbestimmen, sodass letztlich nicht immer klar ist, ob es überhaupt ›das Fach‹ ist, das die Protagonisten eint oder eben gerade trennt.

Der Blick in die musikfachliche Literatur macht jedoch rasch klar, dass man es hier nicht bloß mit Einzelmeinungen oder singulären Animositäten zu tun hat, sondern mit Problemen struktureller Art.

Auffällig sind hier besonders die auf Seiten der Musikpädagogik zu beobachtenden Vorbehalte gegenüber herkömmlichen musiktheoretischen Inhalten und Methoden (s. hierzu auch Weidner, 2012). Da ist die Rede von allgemein schulischem Musikunterricht, der mit einem Zugewinn an Unterrichtserfahrung allmählich »musiktheoretisch teilentsorgt« (Rheinländer 2002, S. 20) worden sei, von der Unzulänglichkeit der »etablierten Teilbereiche der Musiktheorie« (Richter, 1993, S. 49), sobald man sich im allgemein schulischen Umfeld bewege (s. ebd.), von den musiktheoretischen »Begriffsknochen« (ders. 2010, S. 74), die »ohne das zugehörige Fleisch« (ebd.) das ›Genießen‹ unmöglich machten (s. ebd.) oder von dem Schaden, der »sowohl dem Musikunterricht als auch der Musiktheorie« (Gies, 2011, S. 18) entstehe, wenn es Schulmusikern mit dem Eintritt in das Lehrerdasein nicht gelänge, zusätzlich zu ihrer Lehrerrolle speziell »die Rolle der Musiktheorie für sich neu zu bestimmen« (ebd.).

Ähnlich fällt das Urteil aus, sobald Musiktheorie als Fach im Fokus steht: Es sei »zur Zeit« nicht nur »von einem Mangel an Zeitgemäßheit ausgezeichnet« (Schläbitz, 2011, S. 41), sondern »die Musiktheorie [habe] im Verlaufe des 20. Jahrhunderts schlicht ihren ›Gegenstand‹ verloren« (ebd.). Der fächerübergreifende Austausch mit ihr wiederum scheitere nicht zuletzt daran, dass entweder ihr »Selbstanspruch [...] oder die Angst vor dem Anspruch des anderen zu groß ist« (Ehrenforth, 2000, S. 10).

Nahe liegt es deshalb, die Beziehung von Musikpädagogik und Musiktheorie genauer in den Blick zu nehmen: Woher rühren die Einwände der Musikpädagogik gegenüber musiktheoretischen Inhalten? Lassen sich auch auf Seiten der Musiktheorie Vorbehalte gegenüber musikpädagogischen Denkweisen feststellen? Ist das Verhältnis der beiden Fächer in jeder Hinsicht so problembeladen, wie es die zitierten Äußerungen vermuten lassen? Und schließlich: Wie geht man mit den gewonnenen Erkenntnissen letztlich um?

Die vorliegende Arbeit versucht, das Dickicht des musikpädagogisch/-theoretischen ›Beziehungsdschungels‹ ein wenig zu lüften – nicht, um ihn abzuholzen, sondern um die Voraussetzungen dafür zu schaffen, dass seine schönen Blüten ins rechte Licht gerückt werden.

1. Zwischenfachliche Beziehung als Problem? – Fragestellung

Dass es um das Verhältnis der Fächer Musikpädagogik und Musiktheorie nicht zum Besten steht, gilt als weitgehend unstrittig. Dies zeigt sich zunächst daran, dass die Beziehung, sobald explizit von ihr die Rede ist, meist mit Schwierigkeiten in Verbindung gebracht wird. Stefan Rohringer beispielsweise stellt mit Blick auf eine um die Musikwissenschaft erweiterte Fächerkonstellation fest, »die Beziehung zwischen Musikpädagogik und Musiktheorie« gelte »vielen als nicht weniger schwierig als die zwischen Musiktheorie und Musikwissenschaft oder Musikpädagogik und Musikwissenschaft.« (Rohringer, 2011a, S. 9) Ähnliches lässt Folker Froebes Bericht von einer »lebhaften Podiumsdiskussion« (Froebe, 2007, S. 365) zum Abschluss der dem Thema ›Musiktheorie und Vermittlung‹ gewidmeten 6. Jahrestagung der *Gesellschaft für Musiktheorie*[3] vermuten. »Konfliktpunkte zwischen den Disziplinen Musiktheorie und Musikpädagogik« seien dort »schließlich [...] offen zur Sprache« gekommen:

> »In der Diagnose erzielte man Einigkeit: Das mitunter nicht unproblematische Verhältnis zwischen Musiktheorie und Musikpädagogik an Musikhochschulen beruhe keineswegs allein auf unbegründeten Ressentiments, sondern besäße einen realen Kern.« (ebd.)

Was dem Bericht allerdings nicht mehr zu entnehmen ist, das sind Antworten auf die Frage, worin dieser ›reale Kern‹ letztlich besteht und inwiefern daraus Probleme resultieren. Ein solches Vakuum in Bezug auf konkrete Problembeschreibungen kennzeichnet nicht nur die Weimarer Podiumsdiskussion, sondern ist für das Verhältnis Musikpädagogik – Musiktheorie generell typisch: Zwar widerspricht niemand der pauschal getroffenen Feststellung, die Beziehung sei problematisch, weiter führende Erklärungen jedoch bleiben diesbezüglich in der Regel aus.[4]

Dasselbe lässt sich im Hinblick auf mögliche *Lösungsstrategien* feststellen: So scheint man sich zwar dahingehend einig zu sein, dass die konstatierten Schwierigkeiten nicht zu einem totalen Kontaktabbruch zwischen den Fächern führen dürfen, der zwischenfachliche Dialog sei im Gegenteil sogar zu intensivieren, wie gewinnbringende Formen zwischenfachlicher Kommunikation zustande kommen können, bleibt dagegen größtenteils unbeantwortet.

Zu klären wird im Folgenden also einerseits die Frage sein, worauf das Urteil von der musikpädagogisch/-theoretischen ›Problembeziehung‹ beruht, andererseits interessieren Erfordernisse und Möglichkeiten einer zukünftigen Beziehungsgestaltung.

1.1 Thematische Begrenzungen

Auf den ersten Blick scheinen ›*Beobachtungen*‹, die vorgeben sich auf ›*Musikpädagogik und Musiktheorie*‹ zu richten, kaum realisierbar zu sein: Nicht nur eines, sondern sogar zwei Fächer mit je unterschiedlichen, weit in die Geschichte zurückreichenden

---

3   Diskutiert haben Clemens Kühn, Michael Polth, Eckart Lange, Klaus Heiwolt, Ulrich Kaiser und Hans-Ulrich Schäfer-Lembeck.

4   Als Ausnahme wäre allenfalls der Abschnitt ›*Musikpädagogische Kritik*‹ aus Ludwig Holtmeiers Text ›*Zur Lage der Musiktheorie*‹ zu nennen, in dem dieser einige der für die Beziehung relevanten Probleme zumindest kurz anspricht (s. Holtmeier, 1997, S. 122f.).

Traditionen stehen zur Diskussion, von denen bereits jedes für sich genommen publikatorisch gesehen ganze Regalreihen füllt und in unzählige mehr oder minder alltägliche Kontexte eingebunden ist.

Für eine Form von Begrenzung sorgt im vorliegenden Zusammenhang jedoch schon die Fokussierung auf diejenigen Aspekte, in deren Umfeld sich eine Form von *Beziehung* zwischen den beiden Fächern konstituiert. Anstatt also eine Art Summe aus zwei voneinander unabhängigen Mengen zu erwirken und den Untersuchungsbereich so noch zu vergrößern, schafft das verbindende ›und‹ dann eine Konzentration auf zwischenfachlich relevante Themen und Aufgabenbereiche.[5]

Darüber hinaus nehmen die folgenden beiden Abschnitte einige Spezifizierungen in Bezug auf die beiden ›Pole‹ der hier interessierenden Fächerbeziehung vor. Deutlich wird dadurch nicht nur, wodurch ›*Musikpädagogik*‹ sich speziell ›*als Fachdidaktik*‹ (S. 13–17) auszeichnet bzw. was ›*Musiktheorie als Hochschulfach*‹ (S. 17–22) charakterisiert, sondern ersichtlich wird auf diese Weise auch, welche musikpädagogischen und musiktheoretischen Zusammenhänge für die weiteren Überlegungen primär von Bedeutung sind.

1.1.1 Musikpädagogik als Fachdidaktik

Beim Versuch, die deutschsprachige[6] Musikpädagogik als Fachzusammenhang zu erfassen, stellt sich zunächst die Frage, anhand welcher Kriterien die entsprechenden Prozesse am ehesten einzugrenzen wären (s. hierzu auch die Überlegungen zur musikpädagogischen Fachidentität weiter unten, S. 162). Schon vor jeder Entscheidung über Zugehörigkeiten oder Zuständigkeiten nämlich ist klar, dass eine institutionelle Darstellung ein anderes Bild von Musikpädagogik zur Folge haben wird als eine terminologische oder eine ideengeschichtlich motivierte.[7]

So ist es beispielsweise nur vor dem Hintergrund verschiedener Unterscheidungsmerkmale zu begründen, warum eine vom Konzertveranstalter organisierte Konzerteinführung das eine Mal – als ›Musikvermittlung‹ – von ›Musikpädagogik‹ im engeren

---

5   Umgangssprachlich läge es nahe, hier eine Art ›Schnittmenge‹ anzunehmen. Da der für diese Arbeit relevante Beziehungsbegriff es jedoch impliziert, nicht nur von der Fächerbeziehung auszugehen, sondern dem ›Dazwischen‹ auch eine spezielle Qualität im Sinne einer eigenen ›Ordnung‹ zu unterstellen, erweisen sich sowohl die Schnittmengen-Metapher selbst als auch das damit einhergehende Bild gleichbleibender Elemente bei wechselnden Mengenverhältnissen letztlich als wenig hilfreich.

6   Die Untersuchungen, die im Rahmen dieser Arbeit vorgenommen werden, beziehen sich ausschließlich auf den deutschsprachigen Raum. Zwar werden die Problemlagen z.B. zwischen angelsächsischer ›Music Education‹ und ›Music Theory‹ mitunter dieselben sein, die Entwicklung der einzelnen Fächer jedoch unterscheidet sich im internationalen Vergleich zum Teil so erheblich, dass diesbezügliche Beziehungsanalysen eine eigens darauf fokussierte Untersuchung erforderten (s. auch weiter unten, S. 20, Fn. 19).

7   Einen ideengeschichtlichen Aufriss liefert z.B. Karl Heinrich Ehrenforth im Rahmen seiner ›*Geschichte musikalischer Bildung*‹ (Ehrenforth, 2005).

Sinne unterschieden wird[8] – sie ist weder an (Musik-)Schule noch an die Universität bzw. die Musikhochschule angebunden (s. Allwardt, 2012, S. 1 [online] bzw. Vogt, 2008a, S. 8f.) – das andere Mal jedoch – etwa im Hinblick auf etwaige, sich dort ereignende musikalische Bildungsprozesse – Thema musikpädagogischer Forschungsarbeiten sein kann (s. z.B. Stiller, 2008 bzw. die Rezension Silke Lehmanns, Lehmann, 2008 [online]).

Anstelle eines vermeintlich bloß chronologisch geordneten Berichts historisch relevanter Stationen sollen im Folgenden deshalb unterschiedliche Perspektivierungen vorgenommen werden, die zum einen deutlich machen, wie sich einzelne Entwicklungen aufeinander beziehen lassen, und die zum anderen die aktuelle Situation des Faches Musikpädagogik erhellen.

Nimmt man zunächst die institutionelle Situation der Musikpädagogik in den Blick, so rücken in erster Linie die Organisationen ›Universität‹ und ›Kunsthochschule‹ in den Fokus sowie die Schule als eine Musikunterricht ermöglichende Einrichtung.

Der hochschulisch-universitäre Kontext lässt dabei zunächst eine uneinheitliche Verortung der Musikpädagogik erkennen: Musikpädagogische Lehrstühle und Professuren finden sich sowohl an Universitäten als auch an Musikhochschulen und Pädagogischen Hochschulen, wobei man sie unter unterschiedlichen Benennungen und teils in unterschiedlichen Konstellationen in Fächerverbünden antrifft. Gängig sind beispielsweise die Bezeichnungen ›Abteilung für Schulmusik‹ (Hochschule für Musik Saar), ›Lehrstuhl für Musikpädagogik und Musikdidaktik‹ (Universität Bamberg), ›Arbeitsbereich Musikpädagogik‹ (Universität Hamburg), ›Institut für Musikpädagogik‹ (LMU München) oder ›Institut für Musik und Musikwissenschaft‹ (TU Dortmund, Universität Hildesheim).

Als aufschlussreich erweist sich in diesem Zusammenhang der Blick in die Geschichte des Faches. Dabei lassen sich vor allem zwei Momente ausmachen, die wohl zur aktuellen ›Standortvielfalt‹ mit beigetragen haben, nämlich zum einen die auf das 19. Jahrhundert zurückgehende Nähe zur Musikwissenschaft, zum anderen die Emanzipation von dieser in der zweiten Hälfte des 20. Jahrhunderts. Erwähnen kann man hier die vielzitierte Systematisierung Guido Adlers, der 1885 die Musikpädagogik als Teilgebiet der Systematischen Musikwissenschaft listete (s. Adler, 1885, S. 17) – eine Einordnung, die bis heute als Argument für eine quasi ›ontologisch‹ verbürgte Subsumtion der Musikpädagogik unter die Musikwissenschaft kursiert (s.u., S. 67).

Auch ohne eine solche vermeintlich historische Begründung heranzuziehen, kann man jedoch feststellen, dass die Musikpädagogik ihre heute zu konstatierende fachliche Eigenständigkeit im Vergleich zu anderen Universitätsfächern erst verhältnismäßig spät erreicht hat (s. Abel-Struth, 1970, passim). Anhaltspunkte bieten hier einerseits diverse Verbandsgründungen – im Jahr 1965 wurde der *Arbeitskreis Forschung in der Musikerziehung*, und damit der spätere *Arbeitskreis musikpädagogische Forschung (AMPF)* gegründet (s. Gruhn, 1993, S. 317), im Jahr 1984 die *Wissenschaftliche Sozietät Musikpädagogik (WSMP)* (s. Wissenschaftliche Sozietät Musikpädago-

---

8   An der Hochschule für Musik Detmold gibt es beispielsweise eine ›Schulmusikabteilung‹, eine ›Elementare Musikpädagogik‹ und ein ›Institut für Musikvermittlung‹ (s. Hochschule für Musik Detmold, n.d. [online]).

gik n.d. [online]) – andererseits programmatische Veränderungen innerhalb des Faches. Letzteres bezieht sich insbesondere auf die Hinwendung der Musikpädagogik zu den Sozial- und Erziehungswissenschaften sowie der Psychologie während der 1970er Jahre, welche dazu führte, dass die Musikpädagogik Forschungsparadigmen folgte, die einer zu der Zeit vor allem philologisch argumentierenden Historischen Musikwissenschaft fremd waren (s. Gruhn, 1993, S. 315–319).[9]

Neben diesen Veränderungen im akademischen Kontext spielt im Hinblick auf die aktuelle Formierung der fachdidaktischen Musikpädagogik auch der Bereich ›Schule‹ eine zentrale Rolle. Dies gilt besonders dann, wenn, wie eingangs angedeutet, ›Musikpädagogik‹ von zum Beispiel ›musikvermittelnden‹ Kontexten im außerschulischen Bereich unterschieden wird. Historisch gesehen ist die vielfach zu beobachtende Schwerpunktsetzung auf das Feld der allgemeinbildenden Schulen[10] jedoch keineswegs zwingend. Vielmehr korreliert sie mit Entwicklungen, die erst im Verlauf des 20. Jahrhunderts stattgefunden haben.

Erwähnenswert sind in diesem Zusammenhang die bereits in den letzten beiden Jahrzehnten des 19. Jahrhunderts begonnenen Reformarbeiten Hermann Kretzschmars (s. Pfeffer, 1992, S. 246f.), die – später flankiert von einer allgemeinen Kunsterziehungsbewegung – eine Neuformierung des bis dahin überwiegend methodisch reflektierten ›Gesangunterrichts‹ (s. Gruhn, 1993, S. 45–88) in Richtung eines sowohl pädagogisch als auch künstlerisch ernstzunehmenden Unterrichts anregten (s. ebd., S. 201–212 oder Pfeffer, 1992, S. 246–315). Nach dem Ersten Weltkrieg knüpfte Leo Kestenberg im Rahmen der nach ihm benannten Reformen von 1920 an dieses Projekt an, indem er einen kulturkundlich umfassenden Musikunterricht in Verbindung mit einer entsprechend reformierten Ausbildung der Lehrer postulierte (s. Gruhn, 1993, S. 233–247). Aufgrund nationalsozialistischer Beschneidungen konnten seine Reformvorstellungen zunächst allerdings kaum umgesetzt werden (s. ebd., S. 276–278).

Aufgegriffen wurden sie erst wieder in der Zeit nach dem Zweiten Weltkrieg (s. ebd., S. 279–300). Im Zuge der von Theodor Wilhelm ausgehenden neuen *Theorie der Schule* (Wilhelm, 1967) erreichte man schließlich einen den übrigen Fächern der neuen »Wissenschaftsschule« (Alt, 1964, S. 177) gleichgestellten Musikunterricht, bei dem das Schulfach Musik als abiturrelevantes Fach Bestandteil der neu formierten Oberstufe wurde (s. Gruhn, 1993, S. 311–315). Generell ist im 20. Jahrhundert also ein enger Zusammenhang zwischen der Relevanz musikpädagogischer Forschung und der Entwicklung des Schulfaches Musik zu beobachten – ein ›Wissenschaftsfach‹ legt den wissenschaftlichen Umgang mit ihm sicherlich eher nahe als das Fach ›Singen‹ –, was die starke Konzentration der musikpädagogischen Forschung auf die allgemein bildende Schule wohl zumindest teilweise erklärt.

---

9   Als eine Folge dieser Entwicklung lässt sich z.B. die an der Universität Hamburg vorzufindende Positionierung der Musikpädagogik in einer ›Fakultät für Erziehungswissenschaft‹ (s. Universität Hamburg, 2013 [online]) beobachten.

10   Deutlich wird diese Akzentuierung etwa beim Blick auf die Forschungsarbeiten, die seit 1980 beim *Arbeitskreis Musikpädagogische Forschung* publiziert werden. Nur vereinzelt finden sich darunter Arbeiten, die sich explizit der außerschulischen Musikpädagogik widmen (s. Arbeitskreis Musikpädagogische Forschung, 2009 [online]).

Vergleicht man im Anschluss daran die deutschsprachige Musikpädagogik mit anderen Fachdidaktiken, so fällt terminologisch gesehen zunächst die *Fachbezeichnung* selbst ins Auge: Im Gegensatz zu den meisten Schulfächern hat ›Musik‹ nicht nur eine zugehörige ›Didaktik‹ vorzuweisen, sondern zusätzlich eine davon häufig noch einmal unterschiedene ›Pädagogik‹.[11]

Wie diese Unterscheidung üblicherweise getroffen wird, zeigt z.B. die Gegenüberstellung zweier Grundlagenwerke des Faches, nämlich zum einen des 1985 veröffentlichten ›*Grundriß der Musikpädagogik*‹ von Sigrid Abel-Struth (Abel-Struth, 1985), zum anderen der von Hermann J. Kaiser und Eckhard Nolte nur vier Jahre später veröffentlichten ›*Musikdidaktik*‹ (Kaiser & Nolte, 1989). Noch unabhängig von jeder inhaltlichen Positionierung weist dabei bereits die jeweilige Kapitelaufteilung darauf hin, dass der Abel-Struthsche ›*Grundriß*‹ thematisch deutlich weiter angelegt ist als die ›*Musikdidaktik*‹ von Kaiser und Nolte. Während Abel-Struth einen weiten Bogen spannt, bei dem sie, ausgehend von den ›*Schwierigkeiten pädagogischen Umgangs mit Musik*‹ (Abel-Struth, 1985, S. 23–74), beispielsweise nach einer ›*Begründung der Musikpädagogik*‹ (ebd., S. 75–145) und den ›*Bedingungen des Musik-Lernens*‹ (ebd., S. 147–190) generell fragt, den ›*Musikunterricht*‹ (ebd., S. 445–513) selbst aber nur in einem Kapitel explizit zum Thema macht, geht der Text von Nolte und Kaiser nach allgemeineren »Ortsbestimmungen« (Kaiser & Nolte, 1989, S. 9–29) und einem Aufriss musikalischer ›*Umgangsweisen*‹ (ebd., S. 30–85) vergleichsweise rasch dazu über, die ›*Lernziele*‹, ›*Lerninhalte*‹ und ›*Methoden des Musikunterrichts*‹ (ebd., S. 86–108, 109–133 und 134–156) sowie sein Verhältnis zur »Schule als Organisation« (ebd., S. 157–182) zu fokussieren. Rein umfangsmäßig gesehen beschäftigt sich der ›*Grundriß*‹ damit nur etwa zu 10 % explizit mit ›Musikunterricht‹, während dieses Thema mehr als die Hälfte der ›*Musikdidaktik*‹ ausmacht.[12]

Für den generellen Begriffsgebrauch ist diese Schwerpunktbildung jedoch nur bedingt repräsentativ: »Gegenstand« der ›Musikdidaktik‹ sind zwar nach Kaiser und Nolte der »Musikunterricht« (Kaiser & Nolte, 1989, S. 20) bzw. die »Unterrichtliche Vermittlung von Musik« (ebd., S. 21), wohingegen die ›Musikpädagogik‹ auch »Musikalisches Verhalten« (ebd., S. 20) bzw. »Musiklernen« (ebd., S. 21) behandle und zudem – dann als »Musikpädagogik im weiteren Sinne« (ebd., S. 20) – »als Oberbegriff« (ebd.) für »Musikpädagogik im engeren Sinne« (ebd.) und »Musikdidaktik« (ebd.) fungieren könne, insgesamt bleibt die Verwendung der Begriffe aber uneinheit-

---

11 Des Weiteren wären besonders die Religionspädagogik, die Kunstpädagogik oder die Sportpädagogik zu nennen. Günter Graumann kennt darüber hinaus aber auch eine ›*Geschichte der Mathematikpädagogik*‹ (s. Graumann, 1980).

12 In diese Richtung geht auch die Definition Kraemers (s. Kraemer, 2004, S. 49f.): »Fragen des Unterrichts, des Lehrens und Lernens behandelt die Musikdidaktik. Sie entwickelt Theorien, Analyse- und Planungsmodelle von und für die Unterrichtspraxis, die ihre Konkretisierung bei der Unterrichtsvorbereitung und -durchführung finden.« (ebd., S. 49). Ähnlich Werner Jank in seinem ›*Praxishandbuch*‹ zur ›*Musikdidaktik*‹ (s. Jank, 2005, S. 11–13) oder die Beschreibung Schatts: »Im Unterschied zum Pädagogischen scheint sich [...] das Didaktische mehr auf bestimmte Formen und bestimmte Modi dieser Zuwendung zu richten: und zwar auf solche, die mit mehr oder weniger institutionalisierten Weisen der Interaktion und Kommunikation, also Lehren im Sinne von Unterricht, verbunden sind.« (Schatt, 2007, S. 17).

16

lich. So misslingt der Versuch, die Bereiche anhand des Kriteriums ›Musikunterricht‹ voneinander abzugrenzen oder der Musikpädagogik eine begriffliche Doppelfunktion im oben angedeuteten Sinne zuzuweisen, spätestens dann, wenn z.B. ein *Seminar für Musik und ihre Didaktik* (s. Universität zu Köln 23.05.2015 [online]) Vorlesungen aus der Rubrik ›Musikpädagogik‹ anbietet (s. ebd.).

Ähnliche terminologische Unklarheiten lassen sich für das Verhältnis zwischen der Musikpädagogik (oder: der ›Musikdidaktik‹) und denjenigen Fachdidaktiken feststellen, bei denen der Begriff ›Pädagogik‹ eher unüblich ist: Geht man davon aus, dass auch diese sich mit generelleren Bedingungen des Lernens und Lehrens beschäftigen und dabei intern wiederum konkreter auf Unterricht bezogene Thematiken von allgemeineren Überlegungen unterscheiden (vgl. z.B. Krammer, 2006), so deutet dies unter anderem darauf hin, dass sich die Bezeichnungen ›Pädagogik‹ versus ›Didaktik‹ nicht einer aktuellen inhaltlichen Unterscheidung verdanken, sondern im Kontext bestimmter historischer Entwicklungen zu betrachten sind.

Relevant wird an dieser Stelle vor allem der *ideengeschichtliche Hintergrund* der Pädagogik allgemein und der Kunst- bzw. der Musikpädagogik im Besonderen. Die gedanklichen Entwicklungslinien lassen sich dabei bis in die Antike zurückverfolgen und stehen als solche mit der Geschichte einer allgemein verstandenen Pädagogik oder Erziehung sowie mit der Idee von ›Bildung‹ in Verbindung. So kann insbesondere der enge Zusammenhang zwischen Musikerziehung und moralischer bzw. politischer Erziehung als ein Grund für die hinsichtlich ihrer Fachbezeichnung exponierte Stellung der Musikpädagogik gewertet werden (s. z.B. Abel-Struth, 1985, S. 25–36).

In dieser Hinsicht sind es dann weniger Bezeichnungen wie ›Musikdidaktik‹ oder ›Unterrichtslehre‹, die mit ›Musikpädagogik‹ konkurrieren, als vielmehr Begriffe wie ›Musikerziehung‹ oder ›Musikalische Bildung‹. Auch hier zeigt sich, dass weder die Geschichte des Begriffsgebrauchs noch sachliche Argumente eindeutige Abgrenzungen erlauben. Im Anschluss an Kraemer kann man zwar festhalten, dass der Bildungsbegriff, anders als der

> »Erziehungsbegriff, mit dem Fürsorge, Pflege, Liebe, moralische Orientierung verbunden wird, [...] die Aneignung von Wissen und Können als Garanten für verantwortliches und selbsttätiges Handeln hervor[hebt]« (Kraemer, 2004, S. 81),

wie sich diese Momente im Einzelnen jedoch zum Begriff ›Musikpädagogik‹ verhalten, ist allgemein betrachtet kaum auszumachen.

Abgesehen von ihrer orientierenden Funktion hinsichtlich der fachdidaktischen Musikpädagogik und ihrer Geschichte sind diese terminologischen Überlegungen für die nachfolgenden Analysen insofern von Bedeutung, als sie das Spektrum der in Frage stehenden Diskussionszusammenhänge erweitern: Trotz der Konzentration auf die akademische Musikpädagogik erweisen sich dann auch solche Überlegungen als relevant, die in der Literatur als ›musikdidaktisch‹ gekennzeichnet sind oder die mit Begriffen wie ›Musikerziehung‹ oder ›Musikalische Bildung‹ einhergehen.

1.1.2 Musiktheorie als Hochschulfach

Ähnlich wie sich dies im Zusammenhang mit der Bezeichnung ›Musikpädagogik‹ beobachten ließ, gestaltet sich auch die terminologische Eingrenzung von ›Musiktheorie‹

als nicht ganz einfach. So kann sie vor dem Hintergrund eines weiten Theoriebegriffes allgemein als »Denken über Musik« (Schlothfeldt, 2009, S. 24) verstanden werden, wohingegen sich ein enger Theoriebegriff mitunter auf ganz konkrete Inhalte wie Akkordzusammenhänge oder Satzregeln beschränkt. [13] Anders als im musikpädagogischen Kontext ist es im Fall der Musiktheorie jedoch weniger die Vielfalt an verschiedenen und zum Teil ähnlich verwendeten Begriffen (Musikpädagogik, Musikdidaktik, Musikerziehung, Musikvermittlung etc.), die für Unklarheiten sorgt, als vielmehr die vielfältige Verwendung einer einzigen Bezeichnung.

Charakterisiert ist die Musiktheorie dabei in erster Linie durch institutionelle Unterschiede, die nicht nur generell eine gewisse Diversität mit sich bringen, sondern angesichts derer man auf eine Vermittlung der Differenzen vorerst besser verzichtet. Während sich die Musikpädagogik nämlich zumindest hinsichtlich ihrer jüngeren Fachgeschichte auf eine vergleichsweise einheitliche Entwicklung beziehen kann, stehen im musiktheoretischen Zusammenhang mehrere, trotz zahlreicher Überschneidungen recht differente Diskurse einander gegenüber, deren Verhältnis bis dato nur bedingt aufgearbeitet ist. [14]

Für die vorliegenden Untersuchungen ist vor allem eine dem Hochschulbereich entstammende Musiktheorie von Bedeutung, die erst seit einigen Jahren mit einer eigenen *Gesellschaft für Musiktheorie* (*GMTH*, gegründet im Jahr 2000) sowie der ›*Zeitschrift der Gesellschaft für Musiktheorie*‹ (›*ZGMTH*‹) als einem eigenen Publikationsorgan an die Öffentlichkeit tritt. Im Hinblick auf die musikpädagogisch-/-theoretische Beziehungsgestaltung erweist sie sich insofern als besonders relevant, als sich dort die meisten Berührungspunkte – und damit auch die meisten Konflikte – zur Musikpädagogik ergeben.

Auffällig ist im Zusammenhang mit dieser hochschulischen Musiktheorie zunächst die späte Entwicklung in Richtung ›Öffentlichkeit‹ bzw. in Richtung explizit wissenschaftlicher Äußerungsformen. Michael Polth z.B. vertritt noch im Jahr 2001, anlässlich des ersten Kongresses der *GMTH* in Dresden (s. Holtmeier, Polth & Diergarten, 2004) die These:

> »Derzeit existiert in Deutschland weder eine systematische noch eine historische Musiktheorie: Es gibt überhaupt keine Musiktheorie. Das Fach wurde vor mehr als dreißig Jahren – bis auf versprengte Reste – abgeschafft.« (Polth, 2004, S. 53)

Selbst im Vergleich zur ebenfalls ›jungen‹ Fachdisziplin Musikpädagogik kann man hier eine Art Verzögerung beobachten, die als solche nicht mit bloß zufälligen Geschehnissen zu erklären ist.

Verständlich wird diese ›Verspätung‹ erst vor dem Hintergrund bestimmter historischer Gegebenheiten. Ludwig Holtmeier sieht sich insbesondere durch die Entwicklungen, für die der Nationalsozialismus gesorgt hat, dazu veranlasst, von einem ent-

---

13 Vgl. hierzu auch die mitunter unklare Abgrenzung zwischen ›Musiktheorie‹ und ›Musiklehre‹, S. 135–137.

14 Im Gegensatz zur Musikpädagogik, die bereits seit längerem systematische Aufrisse und überblicksartige Lehrwerke vorweisen kann (s. z.B. Abel-Struth, 1970, dies. 1985 oder Kaiser & Nolte, 1989 bzw. Kraemer, 2004, Jank, 2005 oder Schatt, 2007), existieren zur zeitgenössischen Musiktheorie weder geschichtlich noch systematisch gefasste Überblicksdarstellungen.

18

sprechend verursachten »Niedergang des Faches« (Holtmeier, 2003, S. 11) zu sprechen. Wichtig sind in diesem Zusammenhang die Emigration bedeutender jüdischer Musiktheoretiker – unter ihnen Ernst Kurth sowie der Schenker-Schüler Felix Salzer – sowie die damit verbundene langandauernde Wirkungslosigkeit der von ihnen verfassten Schriften im deutschsprachigen Raum. Der in weiten Teilen eigenständige musiktheoretische Diskurs, der sich in der Zeit von 1900 bis 1930 bereits etabliert hatte (s. ebd., S. 15f.), war im Zuge der nationalsozialistischen Beschneidungen wieder verebbt. Erst seit wenigen Jahrzehnten ist eine regelrechte Renaissance der entsprechenden Werke zu beobachten, die als solche entscheidend mit dazu beigetragen hat, eine recht eintönige und hauptsächlich auf die Funktionstheorie in der Fassung Wilhelm Malers beschränkte ›Nachkriegstheorie‹ neu zu beleben.[15]

Fast noch entscheidender als die Ausdünnung des Theoriediskurses selbst – sie stellt als solche noch keine Besonderheit speziell der Musiktheorie dar, sondern lässt sich im Gegenteil geradezu als Konsequenz des nationalsozialistischen Antiintellektualismus lesen – ist für das Verständnis der spezifischen Entwicklung der Musiktheorie also der späte Zeitpunkt einer entsprechenden ›Gegenbewegung‹. Während die Musikpädagogik spätestens im Zuge der ›Wissenschaftsorientierung‹ während der 1970er Jahre ihr Theorieniveau anhob und die Musikwissenschaft sich im selben Zeitraum in Verbindung mit der Genese einer systematischen Teildisziplin theoretisch komplett neu formierte, scheint ein musiktheoretischer Diskurs nach dem Zweiten Weltkrieg über eine verhältnismäßig lange Zeitspanne hinweg praktisch nicht existent gewesen zu sein.[16]

Will man dies nicht bloß »einem den Musiktheoretikern angeborenen Monadentum« (ebd., S. 12) zuschreiben, »das den Aufbau eines fachspezifischen Geschichtsbewusstseins unmöglich macht« (ebd.),[17] so erweist sich erneut der Blick auf die institutionelle Situation des Faches als aufschlussreich. Feststellen kann man dabei, dass die Musiktheorie als Hochschulfach im Gegensatz zur Musikpädagogik vom universitären Umfeld und damit vom wissenschaftlichen Diskurs weitgehend abgeschnitten war (s. ebd., S. 12 oder Dahlhaus 1989, S. 30), eine Situierung, die sich bis ins 19. Jahrhundert zurückverfolgen lässt: Während sich die Musikwissenschaft allmählich an Universitäten etablierte, sorgte die Nähe der Musiktheorie zur Komposition und Kompositionsdidaktik für eine Beheimatung an Konservatorien. Ihre Ingebrauchnahme als ›Bildungswissen‹ wiederum hatte eine teilweise Abspaltung vom professionellen Musikbetrieb in Richtung einer ›Dilettanten-Theorie‹ zur Folge (s.u., S. 145f.). Hinzu kommen bestimmte, mit der Konservatoriumstradition einhergehende Sozial-

---

15   »›Nach dem Krieg gab es Wilhelm Maler, Wilhelm Maler und Wilhelm Maler.‹ Dieser Ausspruch eines der führenden Musiktheoretiker unserer Zeit fasst die Situation zusammen: Nach 1945 präsentiert sich die deutsche musiktheoretische Landschaft tatsächlich in einer verblüffenden Einheitlichkeit und erschreckenden Armut.« (Holtmeier, 2003, S. 16).

16   Helga de la Motte-Haber diagnostiziert Ähnliches der gesamten damaligen Musikwissenschaft: »Insbesondere die fünfziger Jahre zeigen eine eher kleinherzige, positivistisch orientierte Haltung der Musikwissenschaft.« (de la Motte-Haber, 1976, S. 253).

17   Holtmeier zufolge kommt diese Zuschreibung »einem weitverbreiteten Urteil« (Holtmeier, 2003, S. 12) gleich, »das schon Hugo Riemanns Lehrer, der Philosoph Hermann Lotze, 1868 festhielt.« (ebd.).

formen – hochschulische Musiktheorie implizierte lange Zeit ausschließlich einen dem Instrumentalunterricht ähnlichen Einzelunterricht oder Unterricht in Kleingruppen –, die den fachinternen Theorienmonismus wohl noch begünstigt haben.[18]

Eine enge Verbindung zu dieser Isolation weist die nach dem Zweiten Weltkrieg gängige Fachbezeichnung ›Tonsatz‹ auf (s. Holtmeier, 2003, passim). Als eine Formulierung, die Anfang des Jahrhunderts geprägt wurde, um eine Distanz zu spekulativen Theorieentwürfen herzustellen und die Aufmerksamkeit auf tatsächliche historische Ausprägungen des konkreten Tonsatzes zu lenken, lässt sie sich später als Ausdruck eines Fachverständnisses lesen, bei dem Musiktheorie als bloß gebrauchsmusikalisch relevante und in ihren Inhalten festgeschriebene ›Handwerkslehre‹ aufgefasst wird (s. auch de la Motte-Haber, 1976, S. 254).

Hält man dem jedoch aktuelle, aus der hochschulischen Musiktheorie hervorgehende Publikationslisten und Kongressprogramme entgegen, so zeigt sich ein vollkommen anderes Bild. Sowohl die Vielgestaltigkeit der dort ablesbaren Blickrichtungen als auch die hohe Präsenz internationaler und speziell angelsächsischer Beiträge[19] sowie das deutliche Interesse an interdisziplinärem Austausch (s. z.B. Utz, 2010a bzw. s.u., S. 161f.) legen es nahe, von einer hier angesiedelten Entwicklung neuer und zukunftsfähiger musiktheoretischer Diskursformate auszugehen.

Zu beobachten sind dabei Verschiebungen unterschiedlicher Art: Während die Trennungen zwischen etablierten Fachtraditionen langsam brüchig werden, scheinen sich anderweitige Differenzen zum Teil eher noch stärker auszuprägen.

Ausgehen kann man hier zunächst von der musiktheoretischen Geschichtsschreibung, die sich seit den 1970er Jahren als Teildiskurs der Historischen Musikwissenschaft etabliert hat. Ihr wohl wichtigstes Ergebnis stellt die durch Frieder Zaminer und Carl Dahlhaus initiierte 12-bändige ›Geschichte der Musiktheorie‹ dar, die aktuell durch das *Staatliche Institut für Musikforschung* (*SIM*) vervollständigt und um weitere ›*Studien zur Geschichte der Musik-theorie*‹ ergänzt wird (s. Staatliches Institut für Musikforschung, 2014 [online]).

Obwohl die Theoriehistoriographie damit für sich genommen eine sehr eigenständige Tradition aufweist, kann man feststellen, dass historische Studien inzwischen auch im Rahmen der Hochschulmusiktheorie eine entscheidende Rolle spielen. Dies gilt vor allem dann, wenn sie, wie es im Kontext der historischen Satzlehre der Fall ist, Auswirkungen auf Analyse und Deutung sowie auf die Didaktik bestimmter Musikstile haben.

Hinzu kommen Unklarheiten hinsichtlich der personalen Zuordnung einzelner Fachvertreter. Insbesondere Carl Dahlhaus, als einer der Hauptinitiatoren der oben

---

18 Vgl. aber auch Holtmeiers Verteidigung dieser Tradition als genuin musiktheoretische Unterrichtsformen: »Aus strukturellen, nicht so sehr inhaltlichen Gründen würde« er das Fach insgesamt »eher der Praxis zuordnen. Denn die ›künstlerisch-praktische‹ Vermittlungsform im Einzel- und Kleingruppen-Unterricht, die erst das konkrete satztechnische Arbeiten auf hohem Niveau erlaubt, das ist das core business unseres Faches.« (Holtmeier, 2011, S. 192).

19 Die angelsächsische ›Music Theory‹ weist eine von der deutschen Tradition deutlich unterschiedene Fachgeschichte sowie ein entsprechend anderes Verhältnis zu den Nachbarfächern auf (zur Nordamerikanischen Musiktheorie und ihrer institutionellen Situierung s. z.B. Heinzelmann, 2005).

angeführten Schriftenreihe, und Diether de la Motte, ebenfalls Verfechter einer historisch sensiblen Musiktheorie, werden aktuell ungeachtet ihrer musikwissenschaftlichen Provenienz als zentrale Vorgänger zeitgenössischer Theoriediskurse gehandelt.[20] Zurückzuführen ist dies nicht zuletzt darauf, dass die momentane Theorielandschaft entscheidend durch deren Schüler und Enkelschüler geprägt ist. Anführen lassen sich hier zuvorderst Clemens Kühn, Hartmut Fladt und Christian Möllers, die alle in den 1970er Jahren bei Dahlhaus studiert und selbst wiederum eine Reihe überdurchschnittlich erfolgreicher Theoretiker hervorgebracht haben.[21]

Ähnliche Veränderungen kann man im Zusammenhang mit der Systematischen Musikwissenschaft sowie dem ihr zugehörigen musiktheoretischen Teildiskurs beobachten, wie er sich ebenfalls während der 1970er Jahre im Zuge der Entstehung dieser ›neuen‹ Musikwissenschaft formiert hat (s. Schneider, 2010). Der Schwerpunkt dieser Diskurstradition liegt in der empirischen Forschung nach naturwissenschaftlichem Vorbild, wodurch sie sich in einer Traditionslinie mit Musiktheorien des 19. Jahrhundert, etwa der physikalisch geprägten Theorie Hermann von Helmholtz' oder Carl Stumpfs psychologischem Ansatz, weiß (s. ebd.). Daneben greift sie Theorien wie diejenige Hugo Riemanns auf, die nicht auf den ersten Blick naturwissenschaftlichen Ursprungs sind, und beleuchtet diese aus einer ihr eigenen Forschungsperspektive (s. ebd., S. 72–87).

Gleichzeitig sind aktuell Bestrebungen in Richtung einer stärkeren Vernetzung zwischen hochschulischer und universitärer Musiktheorie zu erkennen. Abzulesen ist dies nicht nur an personalen ›Wechseln‹ zwischen den Fächern,[22] sondern etwa auch an der Gründung einer eigenen *Fachgruppe Musiktheorie* innerhalb der *Gesellschaft für Musikforschung* (*GfM*) im Jahr 2014 (s. Gesellschaft für Musikforschung 07.02.2014 [online]). Ihr zentrales Anliegen besteht darin, musiktheoretische Fragestellungen stärker, als dies aktuell in der *GMTH* der Fall ist, aus historischkulturwissenschaftlichen sowie quellenkundlichen Perspektiven in den Blick zu nehmen.[23]

---

20 Als Hinweis darauf lässt sich beispielsweise das im Jahr 2012 in München veranstaltete Symposium ›Carl Dahlhaus und die Musiktheorie‹ lesen, das sich als eine Art ›logische Fortsetzung‹ zu einer entsprechenden Veranstaltung seitens der Musikwissenschaft aus dem Jahr 2008 versteht (s. Hochschule für Musik und Theater München/Symposium n.d. [online]).

21 Exemplarisch wären hier etwa Hans Aerts, Volker Helbing, Ariane Jeßulat, Ulrich Kaiser, Robert Lang, John Leigh, Michael Polth, Stefan Prey, Oliver Schwab-Felisch, Christian Thorau und Martin Ullrich (alle Schüler von Fladt, teilweise zusätzlich von Kühn) zu nennen.

22 So haben z.B. Joachim Brügge und Martin Eybl zunächst Musiktheorie studiert, bevor sie anschließend – und nach einer entsprechenden Promotion – den Stellenbeschreibungen nach in den musikwissenschaftlichen Bereich gewechselt sind (s. Universität Mozarteum Salzburg n.d. [online] bzw. Universität für Musik und Darstellende Kunst Wien 2014 [online]). Dass die Grenzen zwischen den Diskursen fließend sind, deutet sich aber auch darin an, dass der oben zitierte Text von Schneider (Schneider, 2010) in der *ZGMTH* publiziert wurde.

23 Deutlich werden die entsprechenden Unterschiede beispielsweise im Rekurs auf die Zeitschrift mit dem Titel ›*Musiktheorie. Zeitschrift für Musikwissenschaft*‹. Anders als in der *ZGMTH* finden sich hier vergleichsweise selten – bzw. vor allem in den Heften, die unter der Herausgeberschaft der Theoretiker Clemens Kühn und Dieter Torkewitz entstanden sind – explizit musikanalytische

Trotz derartiger ›Grenzgänge‹ zwischen Musiktheorie und Musikwissenschaft ist jedoch nicht zu erwarten, dass sich in nächster Zeit ein einheitlicher Theoriediskurs entwickelt. Neben zum Teil hartnäckig tradierten Vorbehalten seitens der Universitätsdisziplin sowie nach wie vor nicht zu marginalisierenden Unterschieden zwischen (hochschul-)musiktheoretischen und musikwissenschaftlichen Forschungsinteressen sind es besonders die nach wie vor präsenten Differenzen zwischen einem künstlerischen oder künstlerisch-pädagogischen und einem wissenschaftlichen Selbstverständnis,[24] die für ›Risse‹ innerhalb des Faches und eine in sich differente Diskursbildung sorgen.

1.2 Forschungsstand und Literaturbericht

Angesichts der Schwierigkeiten, die zwischen Musikpädagogik und Musiktheorie den eingangs zitierten Beschreibungen nach bereits seit mehreren Jahrzehnten wahrgenommen werden, fällt auf, dass eine systematische Untersuchung weder zur Beziehung generell, noch zu den dort auftretenden Problemen je stattgefunden hat.[25]

Während musikpädagogische Darstellungen das Verhältnis zur Musiktheorie in der Regel der Beziehung zwischen dem eigenen Fach und der Musikwissenschaft subsumieren,[26] behandeln musiktheoretische Selbstbeschreibungen pädagogische Zusammenhänge meist als Teilbereich oder Teilinteresse des eigenen Fachgebietes, ohne dabei die Möglichkeit zwischenfachlicher Austauschbewegungen anzusprechen (s.u., S. 163f.).[27]

Beiträge. Vgl. hierzu auch die ›*Glosse*‹ von Stefan Rohringer (Rohringer, 2006) anlässlich der Umbenennung der Zeitschrift im Jahr 2005.

24 Dies schlägt sich nicht zuletzt in der Einführung zweier unterschiedlicher Promotionsformen nieder. An der Hochschule für Musik Freiburg etwa kann der Grad ›Dr. phil.‹ inzwischen »auch im Rahmen einer künstlerisch-wissenschaftlichen Promotion erworben werden.« (Hochschule für Musik Freiburg, 2013 [online]).

25 Als Ausnahme ließe sich allenfalls der Problemaufriss Rudolf Frisius' anführen, bei dem dieser sich immerhin auf vier Druckseiten explizit der Fächerbeziehung ›*Musiktheorie und Musikpädagogik*‹ widmet (Frisius, 1971).

26 Kaiser und Nolte beispielsweise differenzieren zwar ausführlich zwischen ›Musikpädagogik‹ und ›Musikdidaktik‹, klären jedoch ausschließlich deren Verhältnis zur Musikwissenschaft (s. Kaiser & Nolte, 1989, S. 23–29). Dasselbe gilt für Kraemers Darstellung der musikpädagogischen Nachbarwissenschaften (s. Kraemer, 2004, S. 54f.). Einzig Schatt verweist auf »Berührungspunkte zumindest mit der *Musiktheorie*, der ja auferlegt ist, musikalisches Material zu bestimmen und zu ordnen. In dem Maße, wie die Beschreibung dieser Ordnungen – z.B. als Form, Struktur oder Gattung – Anliegen der *Musikwissenschaft* ist, hat das musikpädagogische Denken sich zumindest der Ergebnisse dieser Disziplinen zu vergewissern, um ein eigenes Forschungsanliegen formulieren und strukturieren zu können.« (Schatt, 2007, S. 25, Hv.i.O.).

27 Offensichtlich wird dies besonders anhand der Aufteilung des Bandes ›*Musiktheorie*‹ aus der Reihe ›*Handbuch der systematischen Musikwissenschaft*‹ (de la Motte-Haber & Schwab-Felisch, 2005). Das letzte von neun Kapiteln lautet ›*Theorie – Lehre – Analyse*‹ (s. ebd., S. 475–497) und enthält zwei Beiträge über bzw. von Diether de la Motte. Zum einen ›*Wegweiser und Scheinwerfer. Impulse zur Reform des Musiktheorieunterrichts durch Diether de la Motte.*‹ (Huber, 2005), zum anderen ›*Theorie – Lehre, Wagnis Analyse*‹ (de la Motte, 2005). Eine Art ›Sonderfall‹ stellt dagegen die Ausgabe 8/1 (2011) der ›*ZGMTH*‹ dar: Anstatt pädagogisch-

Bemerkenswert ist dieses Defizit nicht nur im Hinblick auf aktuellere Einschätzungen, wie sie von Rohringer oder den Teilnehmern der Weimarer Podiumsdiskussion getroffen werden (s.o., S. 12), sondern auch und gerade in Bezug auf ältere Urteile, die als solche darauf schließen lassen, dass die Verbindung Musikpädagogik – Musiktheorie nicht erst seit kurzem mit Problemen in Verbindung gebracht wird.

Zu einem ähnlichen Ergebnis war z.B. Rudolf Frisius bereits 1971 mit Blick auf die bis dahin gepflegten zwischenfachlichen Beziehungen gekommen. Das Hauptproblem sieht er darin, dass »beide Disziplinen« (Frisius, 1971, S. 9) in der Vergangenheit »nicht genug aufeinander abgestimmt« (ebd.) waren.

> »So konnten sie sich nicht sinnvoll ergänzen, und ihr beziehungsloses Nebeneinander führte zu einer primitiven pädagogischen Verwässerung der Musiktheorie einerseits, zu einer unzulänglichen musiktheoretischen Fixierung der Musikpädagogik andererseits. Dies wirkte sich auch auf die musikalische Ausbildung aus.« (Frisius 1971, S. 9)

Auch Peter Rummenhöller, Frieder C. Reininghaus und Jürgen H. Traber halten im Rahmen ihrer ›Einleitung‹ zum Bericht über den ›1. Internationalen Kongress für Musiktheorie‹ (s. Rummenhöller, Reininghaus & Traber, 1972b) fest,

> »dass mehr als einem Drittel der Kongressbeiträge das Verhältnis von Musiktheorie und Musikpädagogik zum Problem geworden ist. Ihr [dieser Einsicht] entsprach auch die offensichtliche Erwartung der Mehrzahl der Kongressteilnehmer.« (ebd., 1972b, S. 20)

Deutlich wird dieser Reflexionsmangel der musikpädagogisch/-theoretischen Beziehung gegenüber besonders im direkten Vergleich zum Verhältnis Musikpädagogik – Musik*wissenschaft*: Zwar ist auch diese Fächerverbindung nicht systematisch aufgearbeitet (s.u., S. 151–158), doch anders als die Verbindung Musikpädagogik – Musiktheorie wird sie zumindest in regelmäßigen Abständen diskutiert.[28]

Es lassen sich sogar mehrere Sammelbände angeben, die beide Fächerbeziehungen bereits im Titel tragen. Zu nennen sind hier ein von Arnfried Edler, Siegmund Helms und Helmuth Hopf edierter Band zu ›*Musikpädagogik und Musikwissenschaft*‹ (1987a), ein von Peter M. Krakauer herausgegebener Bericht über eine 1996 in Salzburg veranstaltete Tagung zum Thema ›*Artgenossen und andere Feinde. Musikwissenschaft für die Musikpädagogik?*‹ (1997a), ein von Guido und Siegfried Bimberg erstellter Band zum Thema ›*Musikwissenschaft und Musikpädagogik. Perspektiven für das 21. Jahrhundert*‹ (Bimberg & Bimberg, 1997), eine von Friedhelm Brusniak, Albrecht Goebel und Matthias Kruse zusammengestellte ›*Festschrift für Ute Jung-Kaiser*‹ mit dem Haupttitel ›*Musikwissenschaft und Musikpädagogik im interdisziplinären*

---

didaktische Überlegungen als facheigene Prozesse zu betrachten, gilt dort die Aufmerksamkeit der ›*Musiktheorie in der Musikpädagogik*‹.

28 In Korrelation dazu kann man Unterschiede hinsichtlich der organisatorischen Anbindung entsprechender Beziehungsreflexionen feststellen: Während die Verbindung Musikpädagogik – Musikwissenschaft nach wie vor durch die der *Gesellschaft für Musikforschung* (*gfm*) angehörige *Fachgruppe Musikwissenschaft und Musikpädagogik* gestützt wird, ist eine solche Gruppierung für die den Fächern Musikpädagogik und Musiktheorie nahestehenden Verbände nicht nachzuweisen. Nennen ließe sich in diesem Zusammenhang lediglich die im Oktober 2013 neu gegründete *Arbeitsgemeinschaft Musikschulen* der *GMTH*. Ihr ausdrückliches Ziel ist die Kooperation von Musikpädagogik und Musiktheorie, jedoch speziell im Hinblick auf die Musikschularbeit (s. Gesellschaft für Musiktheorie, n.d. [online]).

Diskurs‹ (2008) sowie ein von Hans Ulrich Schäfer-Lembeck herausgegebener Bericht über eine Tagung, die 2011 in München zum Thema ›*Musikalische Bildung – Ansprüche und Wirklichkeiten‹* abgehalten wurde und bei der ›*Reflexionen aus Musikwissenschaft und Musikpädagogik‹* (2011) zur Sprache kamen.

Zu ergänzen ist diese Liste um zwei Titel, die beide im Jahr 1978 erschienen sind,[29] nämlich zum einen die von Walter Gieseler und Rudolf Klinkhammer zusammengestellte ›*Dokumentation einer Wissenschaftlichen Tagung der Bundesfachgruppe Musikpädagogik‹* zum Thema ›*Musikwissenschaft und Musiklehrerausbildung – Inhaltliche, bildungspolitische und institutionelle Perspektiven‹*, die 1977 in Gießen stattgefunden hat (Gieseler & Klinkhammer, 1978), zum anderen ein von Heinz W. Höhnen, Bernhard Binkowski, Helmuth Hopf und Wilfried Gruhn edierter Band, in dessen Rahmen diese einen ›*Modellversuch‹* zur ›*Entwicklung neuer Ausbildungsgänge für Lehrer der Sekundarstufen I und II im Fach Musik‹* (Höhnen, 1978) dokumentiert haben.

Des Weiteren wäre hier die Ausgabe von 1976 der ›*Forschung in der Musikerziehung‹* zu nennen, die sich der Rolle von Historischer und Systematischer Musikwissenschaft sowie der Musiktheorie in der Lehrerausbildung widmet (Niemöller, 1976, de la Motte-Haber, 1976 und Krützfeldt, 1976).

Außerdem sind in diesem Zusammenhang zahlreiche Einzelaufsätze erschienen, die ebenfalls schon in der Überschrift ankündigen, das Verhältnis Musikpädagogik – Musikwissenschaft zu beleuchten. Dazu zählt z.B. der von Wilibald Gurlitt verfasste Text ›*Musikwissenschaftliche Forschung und Lehre in pädagogischer Sicht‹* (Gurlitt, 1954), das unter anderem von Felix Oberborbeck, Ernst Laaf und Joseph Müller-Blattau geführte ›*Rundgespräch: Musikerziehung und Musikwissenschaft‹* (Oberborbeck, Laaf & Müller-Blattau, 1954),[30] Felix Oberborbecks Überlegungen zu ›*Musikerziehung und Musikwissenschaft‹* (Oberborbeck, 1956), Friedrich Blumes Ausführungen zu ›*Musikforschung und Musikerziehung‹* (Blume, 1958), Erich Valentins Text ›*Musikwissenschaft und Musikpädagogik‹* (Valentin, 1960), Peter Brömses Ideen zur ›*Integration der Musikpädagogik in die Musikwissenschaft‹* (Brömse, 1975), Peter Beckers Aufsatz ›*Froschkönig oder… Notizen zum Verhältnis von Musikwissenschaft und Musikpädagogik‹* (Becker, 1978), Günther Katzenbergers Text ›*Noch einmal: Zum Verhältnis Musikwissenschaft – Musikpädagogik. Anmerkungen zu einer noch nicht abgeschlossenen Diskussion um das Schulmusikstudium‹* (Katzenberger, 1995) oder Christoph Khittls Überlegungen zu ›*Musikwissenschaft und Musikpädagogik – Stationen einer angespannten Beziehung‹* (Khittl, 1998).

Für die Thematisierung musikpädagogisch/-theoretischer Beziehungsprobleme sind diese je unterschiedlich gelagerten Untersuchungen zum Verhältnis Musikpädagogik –

---

29 Diese Ergänzung erfolgt nicht allein mit Blick auf die Themenwahl, sondern ergibt sich auch dadurch, dass sich die Autoren der späteren Bände zum Teil auf die früheren als ›Vorgängerbände‹ berufen. Wilfried Gruhn z.B. verweist im Rahmen seines Beitrages im Krakauer-Band (Gruhn, 1997) unter anderem auf die »rege Diskussion um das Verhältnis beider Disziplinen […] in den 70er Jahren« (ebd., S. 13) sowie auf die Dokumentation im 1978 erschienenen Band von Gieseler und Klinkhammer (s. ebd.).

30 Es fand im Rahmen des ›internationalen Musikwissenschaftlichen Kongresses‹ 1953 in Bamberg statt (s. Brennecke, 1954).

24

Musikwissenschaft insofern von Bedeutung, als sie die Beziehung der Musikpädagogik zur Musiktheorie zum Teil mit verhandeln. Zumindest bei den älteren Bänden geschieht dies sogar in Form ›theorienaher‹ Einzelbeiträge. So schreibt z.B. Werner Krützfeldt im Gießener Tagungsbericht über ›Inhalte und Aufgaben‹ einer ›Theorie der Musik‹ (s. Krützfeldt, 1978). Günter Katzenberger handelt in einem ›Modellversuch‹ ›[e]inige Aspekte‹ zu ›Analyse und Musikgeschichtsdarstellungen‹ ab (s. Katzenberger, 1995), Walter Gieseler macht im von Edler, Helms und Hopf edierten Sammelband ›Anmerkungen zur Musiktheorie und Musikpädagogik‹ (Gieseler, 1987) und Thomas Hochradner thematisiert ›[d]as musikpädagische und musiktheoretische ›Erbe‹ von Johann Joseph Fux‹ (Hochradner, 1997).

Abgesehen davon kann man sowohl innerhalb als auch außerhalb dieser offensichtlichen ›Theorie-Beiträge‹ bestimmte Aspekte ausmachen, die für beide Beziehungskonstellationen gleichermaßen relevant sind. Wenn die Musikpädagogik beispielsweise eine Aktualisierung fachwissenschaftlich tradierter Inhalte fordert, so ist damit ein Thema angesprochen, das sowohl das musikpädagogisch/-wissenschaftliche als auch das musikpädagogisch/-theoretische Verhältnis betrifft.

Darüber hinaus sind für die Analyse der musikpädagogisch/-theoretischen Beziehung jedoch vor allem solche Texte von Interesse, die, auch wenn sie die Fächerbeziehung selbst allenfalls am Rande verbalisieren, zwischenfachlich relevante Themen behandeln.

Zu nennen sind hier zunächst verschiedene *Diskussionen zwischen einzelnen Fachvertretern*, die mitunter am deutlichsten zeigen, welche Ressentiments im jeweiligen Fächerzusammenhang eine Rolle spielen.

Aufgreifen kann man dabei z.B. die in der *Diskussion Musikpädagogik* (*dmp*) publizierte Debatte zwischen Karl-Heinrich Ehrenforth und Stefan Rohringer (s. Ehrenforth, 2000, Rohringer, 2001 und Ehrenforth, 2001) um die zukünftige Entwicklung der Schulmusik bzw. der Musiklehrerausbildung sowie den ebenfalls in der *dmp* abgedruckten Disput zwischen Clemens Kühn und Vertretern der Musikpädagogik (s. Kühn, 2008, 2009, Jünger, 2009, Lindenbaum, 2009, Broy, 2009, Krestan, 2009, Schläbitz, 2009b, Ehrenforth, 2009 und Richter, 2009b), der ein von Kühn erstelltes musiktheoretisches Schulbuch zum Thema hat.

Zusätzlich kann man neben diesen musikpädagogisch/-theoretischen Dialogen im engeren Sinne auch Diskussionen nennen, die für die Beziehung der beiden Fächer von Interesse sind, obwohl sie zwischen Vertretern aus Musikpädagogik und Musikwissenschaft stattgefunden haben. Dies ist z.B. im Zusammenhang mit der Debatte zwischen Norbert Schläbitz und Jürgen Heidrich der Fall (s. Schläbitz, 2009a, 2009b, 2009d, Heidrich, 2009), bei der die Fachvertreter das Verhältnis zwischen der Musikpädagogik und speziell der Systematischen bzw. der Historischen Musikwissenschaft in den Blick nehmen, sowie bei einer von Christoph Richter angestoßenen Diskussion um die Musikwissenschaft, so wie sie speziell an Musikhochschulen situiert ist oder dies sein soll (s. Richter, 2001, Kreutz & Bastian, 2002, Richter, 2002b, Ehrenforth, 2002).

Desweiteren sind im Hinblick auf das Verhältnis Musikpädagogik – Musiktheorie *Beiträge* zu Themen wie ›Musiktheorie‹ und ›Analyse‹ von Bedeutung, wie sie *in musikpädagogischen Handbüchern und Kompendien* regelmäßig erscheinen.

Anführen lassen sich dabei in chronologischer Reihenfolge z.B. Gerhard Weidemanns Text zu ›*Werkerschließung und Wahrnehmung im Musikunterricht*‹ (Weidemann, 1975) in ›*Neues Handbuch der Schulmusik*‹ (Helms, Hopf & Valentin, 1975), Diether de la Mottes Überlegungen zu ›*Allgemeine Musiklehre*‹ (de la Motte, 1978a) und ›*Musiktheorie*‹ (de la Motte, 1978b) in ›*Kritische Stichwörter zum Musikunterricht*‹ (Gieseler, 1978b), Brunhilde Sonntags Ausführungen zu ›*Musiktheorie im Musikunterricht*‹ (Sonntag, 1985) und Ernst K. Schneiders Überlegungen zu ›*Musikanalyse im Unterricht und in der Unterrichtsvorbereitung*‹ (Schneider, 1985) im ›*Handbuch der Schulmusik*‹ (Helms, Hopf & Valentin, 1985) sowie Texte von Hans-Ulrich Fuß zu ›*Analyse von Musik*‹ (Fuß, 1995) und Klaus Velten zu ›*Musiktheorie*‹ (Velten, 1995) im ›*Kompendium der Musikpädagogik*‹ (Helms, Schneider & Weber, 1995). Außerdem sind hier die Ausführungen von Rudolf Weber (›*Musik begreifen – Musiklehre – Musiktheorie*‹, Weber, 1997), Fuß (›*Musik begreifen 1. Musiklehre – Musiktheorie*‹, Fuß, 1997) und Heinz-Christian Schaper (›*Musik begreifen 2. ein musiktheoretischer Ansatz*‹, Schaper, 1997) aus dem dreibändigen ›*Handbuch des Musikunterrichts*‹ (Helms, Schneider & Weber, 1997a, b und c) sowie Stefan Rohringers Artikel ›*Musiktheorie*‹ (Rohringer, 2005b) im ›*Lexikon der Musikpädagogik*‹ (Helms, Schneider & Weber, 2005) zu nennen.

Daneben sind es jedoch vor allem verschiedene Themenhefte aus Fachzeitschriften wie ›*Musik & Bildung*‹, ›*Musik und Unterricht*‹, der ›*Diskussion Musikpädagogik*‹, der ›*Zeitschrift der Gesellschaft für Musiktheorie*‹ oder der ›*Musiktheorie*‹ sowie diverse Einzelpublikationen, denen sich in unterschiedlicher Weise relevante Aspekte über die musikpädagogisch/-theoretische Beziehung entnehmen lassen.

So publizierte Fritz Reuter bereits 1929 eine ›*Methodik des musiktheoretischen Unterrichts*‹ (Reuter, 1929). Etwa vierzig Jahre später fand im Rahmen einer Tagung des *Instituts für Neue Musik und Musikerziehung* ein Kongress zum Thema ›*Probleme des musiktheoretischen Unterrichts*‹ (s. Baecker, 1967) statt, an den man drei Jahre später mit einem ›*Harmonielehre-Kolloquium*‹ anschloss (festgehalten in *Musik & Bildung*, 1969/9). Im selben Jahr hielt die *Gesellschaft für Musikforschung* eine Jahrestagung zum Thema ›*Musikwissenschaft und Schulmusik*‹ ab (s. Mahling, 1970).

Aufschlussreich aufgrund diverser didaktisch orientierter Beiträge ist im vorliegenden Zusammenhang auch der ›*Bericht über den 1. Internationalen Kongress für Musiktheorie*‹, der 1971 in Stuttgart stattfand (Rummenhöller et al., 1972a) sowie die von Rudolf Stephan herausgegebene Publikation zum ›*Schulfach Musik*‹ (Stephan, 1976) mit Beiträgen unter anderem von Elmar Budde (›*Einige Bemerkungen zur musiktheoretischen Ausbildung im Studienfach Schulmusik*‹, Budde, 1976) und Carl Dahlhaus (›*Thesen zur Musiktheorie*‹, Dahlhaus, 1976). Die *Musik & Bildung* (*M&B*) brachte 1979 ein Themenheft zu pädagogisch-didaktischen Aspekten von ›Analyse‹ heraus (*M&B*, 1979/3), während im selben Jahr in Leipzig ein ›*Internationales Symposium*‹ veranstaltet wurde, das ›*Musiktheorie*‹ als ›*schöpferische Komponente des Musikstudiums*‹ beleuchtete (s. Drechsel, 1979).

Für die 1980er Jahre lässt sich abgesehen von vereinzelten Aufsätzen (s. z.B. Klinkhammer, 1985, Wallrabenstein, 1986 oder Kleinen, 1987) primär das Themenheft ›*Musiktheorie in Unterricht und in der Lehrerausbildung*‹ nennen (*M&B*, 1988/10), mit einem ausführlichen Editorial von Christoph Richter (Richter, 1988) und

Beträgen von Bernd Graßmann (›*Wie nützlich ist die Harmonielehre für Schulmusiker? Fragmentarischer Stoßseufzer aus der Schulpraxis*‹, Graßmann, 1988), Diether de la Motte (›*Musikpraxis, nicht Musiktheorie*‹, de la Motte, 1988), Clemens Kühn (›*Musik als Kunst. Zur musiktheoretischen Ausbildung von Schulmusikstudenten*‹, Kühn, 1988), Christoph Hempel (›*Zwischen Notenlesen und Zwölftontechnik. Die Rolle des Theorieunterrichts in der Musiklehrerausbildung muss neu definiert werden*‹, Hempel, 1988) und Klaus Velten (›*Musiktheorie im Bezugsfeld von Kunstpraxis, Wissenschaft und Pädagogik. Entwurf eines praxisorientierten Hochschulcurriculums*‹, Velten, 1988).

In den 1990er Jahren publizierte *Musik & Bildung* ein Heft mit dem Titel ›*Auf der Suche nach dem Elementaren*‹ (s. z.B. Richter, 1996) sowie eines zur ›*Analyse im Musikunterricht*‹ (s. z.B. Bäßler, 1999, Schmitt, 1999). *Musik und Unterricht* behandelte schwerpunktmäßig das Thema ›*Wege zur Musikanalyse*‹ (s. z.B. Kühn, 1996). Anknüpfungen bietet im vorliegenden Zusammenhang daneben die Zeitschrift *Musiktheorie* mit einem von Clemens Kühn edierten Themenheft zu ›*Musiktheorie als praktische Disziplin*‹ (*Musiktheorie*1999/14), das unter anderem Beiträge von de la Motte (›*Musiktheorie und ...*‹, de la Motte, 1999), Stefan Prey (›*Warum Tonsatz*‹, Prey, 1999), Burkhard Wepner (›*Vom Sinn und Unsinn des ,Tonsatzes'*‹, Wepner, 1999), Irene Matz (›*Gehörbildung heute*‹, Matz, 1999) und Ulrich Kaiser (›*,Es hört doch jeder nur, was er versteht'. Gedanken zum Thema Musiktheorie und Hörerziehung*‹, Kaiser, 1999a).

Aus den 2000er Jahren sind vor allem das Themenheft ›*Musikalische Elementarlehre*‹ (*M&B*, 2002/02) mit Beiträgen von Markus Köhler (›*Subdominante trifft Tonika*‹, Köhler, 2002), Hans Bäßler und Ortwin Nimczik (›*Elementarlehre – ein elementares Missverständnis?*‹, Bäßler/Nimczik, 2002) und Peter Boch (›*Klingende Elementarlehre*‹, Boch, 2002), ein Heft zur ›*Musiktheorie in der Lehrerausbildung*‹ (*dmp* 13) mit Aufsätzen von Christoph Richter (›*Musiktheorie im Musiklehrerstudium und im Musikunterricht*‹, Richter, 2002a), Hartmut Fladt (›*Musiktheorie zwischen Musikwissenschaft und Komposition*‹, Fladt, 2002a) und Clemens Kühn (›*Musiktheorie zwischen Hochschule und Schule*‹, Kühn, 2002b) sowie die Folgeausgabe zu ›*Musikunterricht – Musik in der Schule – Musiklehrerausbildung*‹ (*dmp* 14) Texten von Thomas Krämer (›*Sieben Thesen zur Musiktheorie*‹, Krämer, 2002a), Clemens Kühn (›*Musik und Musiktheorie und Musikunterricht und Musikausbildung*‹, Kühn, 2002b) und Matthias Rheinländer (›*Musiktheorie – kaum gefragt!*‹, Rheinländer, 2002) von Interesse. Anknüpfungen bietet daneben der Bericht über eine musikwissenschaftliche Tagung zum Thema ›*Musik, Wissenschaft und ihre Vermittlung*‹ (Edler & Meine, 2002), insbesondere diejenigen Beiträge, die anlässlich des in die Tagung integrierten Symposiums ›*Musiktheorie – Musikwissenschaft*‹ verfasst wurden (s. z.B. Kabisch, 2002b, Torkewitz, 2002, Polth, 2002 und Kaiser, 2002). Im Jahr 2003 hat Clemens Kühn erneut eine Ausgabe der Zeitschrift *Musiktheorie* (2003/4) dem Thema ›*Musiktheorie vermitteln*‹ gewidmet, zwei Jahre später publizierte *Musik & Bildung* ein Heft zu ›*Theorie & Praxis*‹ (*M&B*, 2005/02, s. insbesondere Bäßer, 2005 und Derscheid & Stagge, 2005), und im Jahr 2006 brachte Richter als Herausgeber der ›*Diskussion Musikpädagogik*‹ ein Heft zu ›*Musiktheorie im Schulmusikstudium – praktische Beispiele*‹ (*dmp* 29) heraus. Relevant ist an dieser Stelle außerdem der von Kühn veröffentlichte

Band zu ›*Musiktheorie unterrichten. Musik vermitteln.*‹ (Kühn, 2006a) sowie Melanie Bieneck-Hempels Studie zur ›*Musiktheorie im Musikunterricht an niedersächsischen Gymnasien*‹ (Bieneck-Hempel, 2009).

Ebenfalls von Clemens Kühn wurde schließlich 2010 ein Heft der ›*ZGMTH*‹ zum Thema ›*Musiktheorie lehren*‹ (ZGMTH 7/1) gestaltet, unter andrem Ergebnissen einer von ihm gestarteten ›*Umfrage an den deutschen Musikhochschulen*‹ zum Heftthema (s. Kühn, 2010a), an das Stefan Rohringer, mit einer Ausgabe zu ›*Musiktheorie in der Musikpädagogik*‹ (ZGMTH 8/1) anknüpfte (vgl. auch weiter oben, S. 22f., Fn. 27).

Insgesamt macht diese Auflistung deutlich, dass sich trotz der eher kargen Forschungslage, was die explizite Inblicknahme der Beziehung Musikpädagogik – Musiktheorie betrifft, vergleichsweise große Textmengen ausmachen lassen, die sich mit diesbezüglich relevanten Themen beschäftigen. Wenngleich im Rekurs auf diese Themen keine Vollständigkeit hinsichtlich eines fest umrissenen Konvoluts an zu berücksichtigendem Textmaterial zu erreichen ist, so liefert der im Zuge dessen sichtbar werdende Diskursausschnitt doch die Grundlage dafür, wiederkehrende Problembeschreibungen als solche zu identifizieren und auf mögliche Folgen hin auszuwerten.

2. Systemtheorie als Beobachter – Methodisches

Geht man davon aus, dass das *Beobachten* von Problemen und deren Lösungen nicht nur Erkenntnisse über das Beobachtete liefern, sondern auch über den Beobachter, so ist der Blick auf sein Beobachten ebenso unerlässlich wie die Sichtung der zu beobachtenden Gegenstände. Genauso wichtig wie die Eingrenzung des Themenbereichs ›*Musikpädagogik und Musiktheorie*‹ auf eine konkrete ›*Fragestellung*‹ (s.o., S. 12–28) ist dann die Perspektivierung der jeweils in Anschlag gebrachten theoretisch-methodischen Begrenzungen.

Systemtheoretisch gesehen entspricht dies einer ›Beobachtung zweiter Ordnung‹, einer Beobachtung also, die sich selbst wiederum auf eine Beobachtung richtet und das Verhältnis eines ›Beobachters erster Ordnung‹ zu seinem Gegenstand in den Blick nimmt (s. Luhmann, 1990, S. 86f.).[31] Anders als das ›erste‹ Beobachten richtet sich die ›zweite‹ Beobachtung nicht darauf, ›*was*‹ erkannt wird, sondern auf das ›*wie*‹ des Erkenntnisprozesses (s. Luhmann, 1990, S. 408).

Entscheidend ist dabei die nur relative Höherordnung des Anschlussbeobachtens: Anstatt einen außenstehenden oder allwissenden ›Seher‹ anzunehmen – oder sich selbst als einen solchen zu installieren – geht die Systemtheorie davon aus, dass auch dieser höher geordnete Beobachter in seinen eigenen Beobachtungsprozess involviert ist. Entsprechend wäre auch sein Beobachten im Rahmen einer weiteren Beobachtung auf die von ihm eingenommene Perspektive hin zu überprüfen und damit auch auf das, was sich aufgrund dieser Spezialperspektive außerhalb seines Blickfeldes befindet. Zum Tragen kommt hier die Theoriefigur des ›blinden Flecks‹ (s. z.B. Luhmann, 1997, S. 70 oder ders., 1990, S. 718), mit der Luhmann darauf hinweist, dass der betreffende ›Mangel im Sehen‹ weniger als ein auszumerzender Fehler seitens des Beobachters, denn als eine unumgängliche Notwendigkeit zu betrachten ist.

Dass sich auf diese Weise kein ›erster Anfang‹ ausmachen lässt, mit dem der Erkenntnisprozess auf einen ›festen Boden‹ gestellt würde, nimmt die Systemtheorie gewissermaßen in Kauf:

> »An die Stelle der Regel, Zirkelschlüsse und verwandte Fehler zu vermeiden, hat die Regel zu treten, Theorien zuzulassen, die sich Selbstreferenz leisten können.« (Luhmann, 1990, S. 72)

Anstatt den infiniten Regress, der sich ergibt, sobald jedes Beobachten selbst wieder auf seine Prämissen hin befragt wird, also zum Anlass zu nehmen, das Theorievorhaben ad acta zu legen, steht die Validation wissenschaftlicher Theorien im Fokus:

> »Wenn man die Gründe [einer Erkenntnis] wieder begründet und jede Etappe offen und revisionsbereit hält, wird es immer unwahrscheinlicher, dass ein solches Gebäude ohne

---

31 Genau genommen könnte man im vorliegenden Zusammenhang sogar von einer ›Beobachtung dritter Ordnung‹ sprechen, da die Beobachtungen, die im Rahmen dieser Arbeit angestellt werden, selbst schon Beobachtungen beobachten (s. Luhmann, 1997, S. 1094 oder Luhmann, 1986/2004, S. 214). Als provisorische Übersetzung bieten sich in Anknüpfung an Luhmann Begriffe wie ›Erkenntnis‹ oder ›Erkenntnisprozess‹ an: »Erkenntnis wird [...] durch Operationen des Beobachtens und des Aufzeichnens von Beobachtungen (Beschreiben) angefertigt.« (Luhmann, 1988/2004, S. 222).

jeden Realitätsbezug hätte aufgeführt werden können. Die Zirkularität ist nicht eliminiert, sie ist in Gebrauch genommen, ist entfaltet, ist enttautologisiert. Ohne diesen basalen Selbstbezug würde jede Erkenntnis zusammenbrechen. Nur mit seiner Hilfe ist eine umweltsensible Struktur aufzuführen, die dem, was die Wissenschaft dann Realität (Gegenstände, Objekte usw.) nennt, Information abgewinnt.« (Luhmann, 1984, S. 649)

Obwohl jede Erkenntnis als beobachterrelativ angesehen wird, geht die Systemtheorie demnach von einer Art ›Selbststabilisierung‹ wissenschaftlicher Theorien aus: Der Gewinn wissenschaftlichen Wissens und damit das Erreichen vergleichsweise ›gesicherter‹ Erkenntnisse gilt ihr zumindest so lange als möglich, als ihre eigene Perspektivenabhängigkeit im Blick bleibt.[32]

2.1 Gesellschaft als Horizont der Moderne

»Theorie der Gesellschaft; Laufzeit 30 Jahre; Kosten keine.« (Luhmann, 1997, S. 11) Mit diesen Worten hat Niklas Luhmann seinem eigenen Bericht nach 1969 bei seinem Dienstantritt an der neu gegründeten Fakultät für Soziologie an der Universität Bielefeld sein geplantes Forschungsprojekt beschrieben. Abgesehen von ihrem anekdotisch-biographischen Charakter[33] gibt diese Beschreibung Hinweise darauf, wie die Arbeiten Luhmanns zu lesen sind: Trotz der großen Themenbreite, die von basal-epistemologischen Überlegungen bis hin zu historisch genauen Einordnungen bestimmter Entwicklungen reicht, stehen seine Ausführungen letztlich im Dienst einer systemtheoretischen Gesellschaftstheorie.[34]

Für die vorliegende Arbeit ist dies insofern von Bedeutung, als sie die systemtheoretischen Gesellschaftsanalysen als Hintergrund für das eigene Beobachten nutzt. Ausgangspunkt der je unterschiedlichen Fokussierung musikfachlicher Beziehungsmuster (s.u., S. 62–131) ist also die Annahme, dass Musikpädagogik und Musiktheorie als Fächer in systemtheoretisch zu deutende gesellschaftliche Zusammenhänge eingebettet sind, die das zwischenfachliche Kommunizieren in entscheidender Weise mitbestimmen.

›Gesellschaft‹ meint dann »nicht einfach die Summe aller Interaktionen« (Luhmann, 1975/2009, S. 9) oder ein von der Interaktionsebene abgetrenntes ›Makrophänomen‹, sondern »ein System anderen Typs« (ebd., s. Nassehi, 2012a, S. 62), das eine Art ›Horizont‹ (s. Nassehi, 2009, S. 407–413) für soziale Prozesse generell darstellt:

> »Gesellschaft bezeichnet [...] keine operierende Einheit, keine zu Intentionen, Zwecken oder Zielen strebende Entität, auch nicht einen Raum, in dem sich entweder Vertragspartner oder Bewohner einer gemeinsamen *Lebenswelt* begegnen, sondern völlig unpathetisch nichts anderes als die zunächst ungeordnete, chaotische, sich selbst alles andere als ›be-

---

32 Zur ›Ingebrauchnahme‹ zirkulärer Strukturen vgl. auch die Ausführungen zum systemtheoretischen Umgang mit Paradoxien, s.u., S. 56f.

33 Häufig erwähnt wird hier zum einen der Umstand, dass Luhmann tatsächlich rund 30 Jahre später sein ›opus magnum‹, *Die Gesellschaft der Gesellschaft* (1997) veröffentlicht hat, zum anderen, dass er im darauffolgenden Jahr verstorben ist.

34 Andreas Göbel stellt z.B. explizit klar: »Die Luhmannsche Theorie ist keine Kommunikationstheorie, keine Handlungstheorie, keine Sozialphänomenologie, keine Transzendentaltheorie, keine Erkenntnistheorie. Sie ist Gesellschaftstheorie.« (Göbel, 2000, S. 20, s. auch ebd., S. 18–20).

wusste‹, ungeplante und in Echtzeit operierende Einheit aller möglichen sozialen Handlungen, Kommunikationen, Prozesse [...].« (Nassehi, 2009, S. 403)

So gesehen sind gesellschaftliche Zusammenhänge zwar »weniger unmittelbar« (Nassehi, 2008, S. 102) als interaktive oder organisatorische Prozesse – »Gesellschaft basiert auf *Abwesenheit*« (ebd., S. 103, Hv.i.O.) – erweisen sich gleichzeitig aber als relevant auch für ganz konkrete soziale Situationen.

2.1.1 Theorie funktionaler Differenzierung

Obwohl die Luhmannsche Systemtheorie auf den ersten Blick den Eindruck eines in sich geschlossenen und zum Teil fast hermetisch abgetrennten Theoriekomplexes erweckt, lassen sich bei einer Verortung der Luhmannschen Gesellschaftstheorie innerhalb der soziologischen Theoriebildung Verbindungen sowohl zu ihren unmittelbaren Vorgängern als auch zu weiter in die Geschichte der Soziologie zurückgehenden Theorielinien schlagen. Bei näherem Hinsehen erweist sich der aus musikfachlicher Sicht mitunter recht voraussetzungsreiche systemtheoretische Begriffsapparat folglich als anschlussfähig auch für nicht genuin systemtheoretisch generierte Gesellschaftsanalysen und alternative Theorieansätze.[35]

So stellt bereits die grundlegende Auffassung der Systemtheorie, die moderne Gesellschaft habe unterschiedliche Bereiche mit jeweils eigenen Charakteristika ausgebildet, eine der »wenigen Konstanten in der hundertjährigen akademischen Geschichte der Soziologie« (Luhmann, 1995a, S. 215) dar und ist deshalb trotz unterschiedlicher theoriespezifischer Ausformulierungen bereits als »eine Art gesunkenes Kulturgut« (Reckwitz, 2008, S. 306) innerhalb der Sozialtheorie zu betrachten (s. hierzu auch Schimank, 1996, S. 8). Anführen kann man hier z.B. Emile Durkheim, für den das spezifische Charakteristikum der Moderne in der ›Arbeitsteilung‹ bestand (s. Müller, 2006, S. 157f.), oder Max Weber, der von der Ausbildung unterschiedlicher ›Wertsphären‹ ausging (s. Schimank, 1996, S. 53–69).

Direkt und am deutlichsten beerbt hat Luhmann jedoch die Gesellschaftstheorie Talcott Parsons' (s. z.B. Parsons, 1952 oder Parsons, Bales & Shils, 1953 bzw. Joas & Knöbl, 2004, S. 7–143).[36] Als »Klassiker der zweiten Generation« (Schimank, 1996, S. 81) versuchte Parsons erstmals, mikro- und makrosoziologische Prozesse unter dem Dach eines einzigen Theorieansatzes zu fassen. Dafür kombinierte er handlungs- und ordnungstheoretische Elemente zu einer handlungsbasierten Systemtheorie, bei der sowohl die Gesellschaft als Ganze als auch ihre Subsysteme durch vier, jeweils unterschiedlichen Orientierungen unterliegende, Problembereiche charakterisiert sind.[37]

---

35 Dass eine gesellschaftstheoretisch fundierte Beobachterhaltung im musikpädagogischen wie auch im musiktheoretischen Kontext eher unüblich ist, sei damit nicht geleugnet. Umso wichtiger ist deshalb die Klärung einiger theoretisch-methodischer Grundlagen, bevor sich daran konkrete Untersuchungen zur musikpädagogisch/-theoretischen Fächerbeziehung anschließen.

36 Dies zeigt unter anderem Luhmanns Vorlesung zur ›*Einführung in die Systemtheorie*‹ (Luhmann, 2002b), die zu einem großen Teil den Ansatz Parsons' rezipiert.

37 Erwähnenswert ist hier besonders das sogenannte ›AGIL-Schema‹. Demzufolge weist ein System vier verschiedene Orientierungen auf, nämlich »*A. Adaption* [...] *G. Goal Gratification* [...] *I. Integration* [und] *L. Latency*« (Parsons et al., 1953, S 183–185). Oder, in der Übersetzung von Joas

An diese Tradition knüpft Luhmann nun mit einer ebenfalls ›universal‹ angelegten Gesellschaftstheorie an. Der Universalitätsbegriff bezieht sich dabei ebenso wie der Begriff ›Supertheorie‹ (s. Luhmann, 1984, S. 19) lediglich auf die Art der

> »Gegenstandserfassung in dem Sinne, dass sie [die Systemtheorie] als soziologische Theorie *alles* Soziale behandelt und nicht nur Ausschnitte (wie zum Beispiel Schichtung und Mobilität, Besonderheiten der modernen Gesellschaft, Interaktionsmuster etc.)« (Luhmann, 1984, S. 9, Hv.i.O.)

und dabei »sich selbst und ihre Gegner« (ebd., S. 19) mit umfasst. Dagegen

> »reklamiert [sie] für sich selbst *nie: Widerspiegelung* der kompletten Realität des Gegenstandes. *Auch nicht: Ausschöpfung* aller Möglichkeiten der Erkenntnis des Gegenstandes. Daher *auch nicht: Ausschließlichkeit* des Wahrheitsanspruchs im Verhältnis zu anderen, konkurrierenden Theorieunternehmungen« (ebd., S. 9, Hv.i.O.)

oder »Anspruch [...] auf Notwendigkeit (Nichtkontingenz) des eigenen Ansatzes.« (ebd., S. 34)[38]

Wie die Parsonssche, so ist auch Luhmanns Systemtheorie eine *funktionalistische Theorie*, die sämtliche innerhalb der modernen Gesellschaft zu beobachtenden Teilsysteme – in seinem Fall Wissenschaft, Kunst, Wirtschaft, Recht, Politik, Religion, Erziehung, Massenmedien und Intimbeziehungen – hinsichtlich ihrer Aufgaben im Zusammenspiel mit den übrigen Bereichen unterscheidet. Für die vorliegenden Untersuchungen ist diese Herangehensweise insofern relevant, als sich auf diese Weise unterschiedlichste musikpädagogische und -theoretische Zusammenhänge im Hinblick auf ihr Verhältnis zum je zentralen Gesellschaftsbereich – und damit zum jeweils im Fokus stehenden funktionalen Kontext – zueinander in Beziehung setzen lassen.

Trotz aller Umbauten, die Luhmann an der Systemtheorie im Laufe der Zeit vorgenommen hat (s. hierzu besonders Göbel, 2000), ist das Abstellen auf funktionale Bezüge als theoretischer Grundgedanke bereits im Frühwerk Luhmanns präsent und geht als solcher auch in spätere Fassungen der Systemtheorie ein. So finden sich bereits im ersten Band der insgesamt sechsbändigen ›*Soziologischen Aufklärung*‹ Aufsätze zum Thema ›*Funktion und Kausalität*‹ (Luhmann, 1962/2009) oder *Funktionale Methode und Systemtheorie*‹ (Luhmann, 1964/2009), ähnlich wie auch die ›*Sozialen Systeme*‹ (Luhmann, 1984) als Hauptwerk der mittleren Schaffenszeit sowie die verschiedenen Untersuchungen zu einzelnen gesellschaftlichen Bereichen[39] und die Analysen zur

---

und Knöbl: ›Anpassung‹, ›Zielerreichung‹, ›Systemzusammenhalt‹ und ›Strukturerhaltung via Wertbindung‹ (s. Joas & Knöbl, 2004, S. 118).

38 Dennoch liegt es nahe, den Gestus, mit dem Luhmann die Systemtheorie als »eine besonders eindrucksvolle Supertheorie« (Luhmann, 1984, S. 19) vorstellt, mit dafür verantwortlich zu machen, dass ihr mitunter gewisse Vorbehalten entgegengebracht werden. Oliver Jahraus spricht in diesem Zusammenhang von einem »landläufigen und nicht technischen Verständnis« des Begriffs sowie von der damit verbundenen Gefahr, eine Supertheorie als Theorie aufzufassen, »die nicht nur besser ist als andere Theorien und dies von sich selbst behauptet, sondern auch über den anderen Theorien steht als eine Art Übertheorie auf einer von ihr selbst geschaffenen Metaebene.« (Jahraus, 2012, S. 432).

39 Den Beginn macht Luhmann mit ›*Die Wirtschaft der Gesellschaft*‹ (1988), die letzten Bände wurden posthum veröffentlicht, so z.B. ›*Das Erziehungssystem der Gesellschaft*‹ (2002a).

Gesamtgesellschaft (Luhmann, 1997) als das letzte noch zu Lebzeiten Luhmanns publizierte Werk auf der ›funktionalen Methode‹ basieren.[40]

Im Unterschied zu Parsons erklärt Luhmann Genese wie Bestand der einzelnen ›Funktionssysteme‹ nun jedoch nicht mit dem Verweis auf strukturelle Gegebenheiten wie integrierende Normen oder Werte (s.u., S. 41), sondern stellt gerade umgekehrt die Frage nach dem gesellschaftlichen Zusammenspiel der zu beobachtenden Strukturen an den Anfang. Insgesamt münzt er damit die Theorieanlage im Vergleich zu Parsons' Strukturfunktionalismus in eine *›funktional-strukturelle‹* um:

> »Der Grund für die Mängel der strukturell-funktionalen Systemtheorie liegt in ihrem Prinzip selbst, darin nämlich, dass sie den Strukturbegriff dem Funktionsbegriff vorordnet. Dadurch nimmt die strukturell-funktionale Theorie sich die Möglichkeit, Strukturen schlechthin zu problematisieren und nach dem Sinn von Strukturbildung, ja nach dem Sinn von Systembildung überhaupt zu fragen. [...] Eine funktional-strukturelle Theorie vermag nach der Funktion von Systemstrukturen zu fragen, ohne dabei eine umfassende Systemstruktur als Bezugspunkt der Frage voraussetzen zu müssen.« (Luhmann, 1967/2009, S. 144f.)

Ausgangspunkt dieser radikal funktionalistischen Gesellschaftstheorie sind demnach unterschiedliche ›Funktionen‹, die in Form ›gesellschaftlicher Bezugsprobleme‹ als »Katalysator« und »evolutionärer ›Attractor‹« (Luhmann, 1995a, S. 216) der Systembildung beobachtet werden. Der dadurch drohenden Gefahr eines den Parsonsschen Strukturdeterminismus ablösenden ›Funktionendeterminismus‹ begegnet Luhmann mit einer ›Funktionalisierung‹ der Theoriestruktur selbst. Sie stellt dann – anstatt lineare Kausalerklärungen anzubieten – lediglich Vergleiche an:

> »Eine Funktion ist zunächst einmal nichts anderes als ein Vergleichsgesichtspunkt. Ein Problem wird markiert (man spricht dann von ›Bezugsproblem‹), um eine Mehrheit von Problemlösungen vergleichbar zu machen und für Auswahl- oder Substitutionsleistungen verfügbar zu halten [...] und die Beobachtersprache ›Problem‹, ›Funktion‹ dient nur dazu, bereits etablierte Einrichtungen im Interesse von Alternativen zu reproblematisieren; oder auch dazu, zu kontrollieren, wie weit man mit Variationen gehen kann, ohne den Funktionskontext zu sprengen. Anders als in den traditionellen Arbeitsteilungslehren kann die Gesellschaftstheorie mithin davon ausgehen, dass in den Funktionen nie der Grund für die Existenz bestimmter Einrichtungen liegt, so als ob die alte teleologische Erklärung im Sinne von Aristoteles durch eine funktionalistische Erklärung ersetzt werden könnte.« (Luhmann, 1995a, S. 223)

Die Intention funktionstheoretischer Gesellschaftsanalysen besteht also nicht darin, bestimmte gesellschaftliche Problemlagen als Ursache für die Entstehung von Funktionssystemen zu elaborieren, sondern auf *›funktionale Äquivalenzen‹* aufmerksam zu machen.[41] Auf diese Weise kann man einerseits die verschiedenen Funktionssysteme selbst hinsichtlich ihres gesellschaftlichen ›Ortes‹ vergleichen – alle reagieren, anders

---

40 Zum erkenntnistheoretischen Status der ›funktionalen Analyse‹ s. z.B. Fuchs, 2003, S. 205.

41 Luhmann bezeichnet seine Herangehensweise folglich in Abgrenzung zu Parsons' »Bestandsfunktionalismus« (Luhmann, 2002b, S. 12) als »Äquivalenzfunktionalismus« (Luhmann, 1962/2009, S. 29). Kausalerklärungen gelten aus dieser Warte »als ein besonderer Anwendungsfall funktionaler Kategorien« (ebd., S. 12).

als andere Systemtypen, auf ein gesellschaftliches Bezugsproblem[42] –, andererseits lassen sich unterschiedlichste Entwicklungen *innerhalb* eines einzigen Teilsystems in Bezug setzen zu dessen spezieller gesellschaftlicher Aufgabe. Verschiedene musikpädagogische und -theoretische Programme etwa werden demzufolge insofern miteinander vergleichbar, als sie sich jeweils auf ihren Umgang mit dem oder den zu bearbeitenden Bezugsproblem(en) beleuchten lassen.[43]

Daneben wird vor dem Hintergrund dieser methodischen Umstellung von der Ursachenforschung zur Erforschung funktionaler Äquivalenzen deutlich, weshalb die Luhmannschen Analysen stets ›das Gleiche‹ beinhalten – dass bei der Analyse eines einzigen Funktionssystems also stets die gesamte Gesellschaftstheorie noch einmal mit aufgerollt wird: Nur indem der gesellschaftliche ›Platz‹ eines Subsystems im Verhältnis zu den übrigen Teilsystemen aufgezeigt wird, kann es überhaupt gelingen, die Funktion als Vergleichsgesichtspunkt zu elaborieren und die unterschiedlichen funktionalen Zusammenhänge innerhalb der Gesellschaft zueinander in Beziehung zu setzen.

Darüber hinaus kann man beim Blick auf den gesamten Bereich der Funktionssysteme feststellen, dass es genau dieses Verhältnis von Gleichheit und Ungleichheit ist, das die moderne Gesellschaft nach Ansicht Luhmanns vor allem kennzeichnet (zum Folgenden s. Luhmann, 1997, S. 613): Unterschiede ergeben sich dabei sowohl zu segmentär differenzierten Gesellschaften, bei denen *alle Teile gleich* strukturiert sind und jeweils alle notwendigen Aufgaben selbst übernehmen, als auch zu den der funktionalen Differenzierung historisch direkt vorausgehenden stratifikatorisch aufgefächerten Gesellschaften. Letztere sind durch die Aufteilung in einzelne Stände (Adel, Klerus, Volk) charakterisiert, die zueinander in einem hierarchischen Verhältnis stehen und aufgrund dieser Verschiedenheit unterschiedliche Funktionen übernehmen. Anders als im Kontext der Segmentation ist damit die *Ungleichheit der Teile* gesellschaftsbildend. Die moderne Gesellschaft schließlich kombiniert *Gleichheit und Ungleichheit* in einer davon noch einmal unterschiedenen Weise: Während die Stratifikation nämlich die ungleiche Aufgabenverteilung mit einem entsprechenden Inklusionsmechanismus verbindet – die Gesellschaftsmitglieder sind ungleich ›von Geburt an‹ und haben in der Regel keinen Zugang zu einer nicht dieser Stellung entsprechenden Schicht –, ist die moderne Gesellschaft dadurch gekennzeichnet, dass prinzipiell alle Mitglieder Zugang zu allen Systemkontexten haben. Die unterschiedliche *funktionale Positionierung* korreliert hier also nicht automatisch mit einer bestimmten *personalen Zugehörigkeit*, sondern geht diesbezüglich mit einer prinzipiellen Gleichheit der Gesellschaftsmitglieder einher.

Vor diesem Hintergrund lässt sich funktionale Differenzierung als eine ›Lösung‹ für das Problem fehlender gesellschaftlicher Ordnungen beobachten: Sobald sich im Zuge der Aufklärung Position und Aufgabe der Gesellschaftsmitglieder nicht mehr von einer religiös legitimierten Herrscherposition ableiten lassen, braucht die Gesell-

---

42 »Die Teilsysteme übernehmen eine *Universal*zuständigkeit für je ihre *spezifische* Funktion.« (Luhmann, 1997, S. 131, Hv.i.O.)

43 Vgl. hierzu unter anderem die Analysen zur Erziehungsreflexion bzw. dem musikpädagogischen Programmwechsel von der Wissenschafts- zur Lebensweltorientierung, weiter unten, S. 101–109 oder die Untersuchungen zur Rolle der Musiktheorie als einer Kunsttheorie, S. 125–131.

schaft andere Mechanismen, um die Erfüllung anfallender Aufgaben zu gewährleisten. Nicht *dass* es unterschiedliche gesellschaftliche Funktionsbereiche gibt, ist in systemtheoretischer Sicht also das Novum der Moderne – politische Fragen ließen sich auch vorher schon von z.B. wirtschaftlichen oder religiösen unterscheiden –, sondern *wie* sich diese Bereiche formieren, wenn keine alles umfassende äußere Ordnung mehr auszumachen ist (s. Luhmann, 1997, S. 361f.).

Nimmt man diese ›Ordnungslosigkeit‹ der Moderne zum Ausgangspunkt, so wird zudem verständlich, weshalb die Systemtheorie ›*Komplexität*‹ als ein Hauptproblem der modernen Gesellschaft ausweist.[44] Plastisch wird dieses Grundproblem, sobald man es im Alltag beobachtet und dabei besonders nach denjenigen ›Sinngebern‹ fragt, die einige Ereignisse wahrscheinlicher als andere machen: Warum ist man z.B. nicht überrascht, wenn der Priester im Gottesdienst von der wundersamen Brotvermehrung spricht, wäre es aber doch sehr, wenn dasselbe Phänomen in der Beschreibung eines physikalischen Experiments eine Rolle spielen würde? Oder: Wie bildet sich eine gesellschaftlich legitimierte politische Regierung heraus, die im Gegensatz z.B. zur Opposition die Regierungsmacht innehat, obgleich diese Regierung nicht mehr als ›gottgegeben‹ gilt? Wie ist ›richtige‹ Rechtsprechung möglich, wenn der Richter selbst einzig und allein ›von dieser Welt‹ ist? Wie funktioniert eine politisch nur bedingt zu kontrollierende Wirtschaft so, dass manche Entwicklungen eher zu prognostizieren sind als andere? Oder: Wie kann sich eine Kunst als Kunst überhaupt kenntlich machen, wenn sie weder religiöse Wahrheiten symbolisiert noch die Position eines politischen Machthabers versinnbildlicht? Wie schafft es die Moderne also, dass trotz der ›Beliebigkeit‹, die sich ergibt, wenn man sämtliche Ordnungsgeber vorerst ausklammert – wenn theoretisch also alles auch anders sein könnte –, nicht alles gleichermaßen zu erwarten ist?[45]

Die im Zuge der gesellschaftlichen Ausdifferenzierung gebildeten *Strukturen* identifiziert die Systemtheorie dabei nur insofern als solche, als sie in ihrer Eigenschaft, die Anzahl der für ein System zur Verfügung stehenden Möglichkeiten zu begrenzen, eine gewisse zeitliche Beständigkeit aufweisen. Inwieweit sie gleichzeitig besondere ontologische oder metaphysische Qualitäten aufweisen, ist dagegen für ihre Identifikation nicht relevant (s. Luhmann, 1984, S. 379–381). Entscheidend ist dabei zum einen, dass Komplexität zwar reduziert, nicht aber ausgeschaltet wird – Strukturen determinieren die gesellschaftliche Entwicklung also nicht – und zum anderen, dass die Wirkung dieser Art von Strukturen lediglich eine ›filternde‹ (s. Luhmann, 1984, S. 22) ist, nicht aber eine präskriptive oder sanktionierende: Alles, was außerhalb des strukturell vor-

---

44   Kritisch dazu aber Münch, 2004, S. 224.

45   Dieses Zusammentreffen aus der prinzipiellen Möglichkeit des ›Andersseins‹ und der faktischen Beobachtbarkeit ganz bestimmter Zusammenhänge bezeichnet Luhmann mit dem Begriff der ›*Kontingenz*‹. Er rekurriert dabei »auf seine ursprüngliche modaltheoretische Fassung. Der Begriff wird gewonnen durch Ausschließung von Notwendigkeit und Unmöglichkeit. Kontingent ist etwas, was weder notwendig ist noch unmöglich ist; was also so, wie es ist (war, sein wird), sein kann, aber auch anders möglich ist. Der Begriff bezeichnet mithin Gegebenes (Erfahrenes, Erwartetes, Gedachtes, Phantasiertes) im Hinblick auf mögliches Anderssein.« (Luhmann, 1984, S. 152). Vgl. dazu auch die Ausführungen zum Begriff der ›doppelten Kontingenz‹, weiter unten, S. 49.

gegebenen Möglichkeitsraumes liegt, versteht das jeweilige System erst gar nicht als ihm zugehörig (s. Luhmann, 1984, S. 22). So sorgen z.B. die Strukturen des Rechtssystems dafür, dass nur diejenigen Fragestellungen überhaupt behandelt werden, die sich damit beschäftigen, ob etwas recht oder unrecht ist. Ob etwas beispielsweise auch ästhetisch ansprechend oder wirtschaftlich rentabel ist, spielt dagegen für dieses gesellschaftliche Teilsystem entweder gar keine Rolle oder wird auch wieder nur unter dem Aspekt der Recht-/Unrechtmäßiget in den Blick genommen.[46]

Folge dieser Auffächerung in verschiedene Bereiche ist unter anderem das Auseinandertreten von systemischer Funktionsorientierung und intersystemischen Leistungsbeziehungen: Obwohl innerhalb der Gesellschaft zahlreiche Kopplungen zwischen unterschiedlichen Funktionsbereichen zu beobachten sind – etwa zwischen Politik und Wirtschaft oder zwischen Wirtschaft und Kunst –, kommt dies dem systemtheoretischen Theoriedesign nach keiner ›Vermischung‹ gleich (vgl. hierzu besonders die jeweils zweiten Abschnitte innerhalb der ›*Analysen*‹, S. 70–78, S. 93–100 und S. 118–125 bzw. die Überlegungen zum Autopoiesisbegriff, weiter unten, S. 53f.).

Eine zentrale Rolle spielt in dem Zusammenhang der jeweilige ›*Code*‹ eines Systems. Gemeint ist damit eine historisch besonders erfolgreiche Unterscheidung, die Umwelteindrücke auf eine bestimmte Art selektiert und auf diese Weise auch die Systemeinheit repräsentiert: Während etwa das Wirtschaftssystem nach ›Zahlen/nicht-Zahlen‹ codiert, ist für das Wissenschaftssystem die Differenz ›wahr/nicht-wahr‹ entscheidend, und zwar unabhängig davon, welche wirtschaftlichen oder wissenschaftlichen ›*Programme*‹ gerade aktuell sind. Relevant ist die jeweilige Programmgestaltung jedoch insofern, als sie darüber entscheidet, wie die Zuordnung zu den Codewerten vorgenommen wird, nach welchen Regeln bestimmte Aussagen also z.B. als ›wahr‹ oder eben als ›falsch‹ klassifiziert werden.

Von Seiten der Dekonstruktion bzw. der Diskurstheorie wurde gegen diese Art der Gesellschaftsbeschreibung eingewandt, dass im Zuge eines rein auf systeminterne ›Ordnungskriterien‹ bezogenen Verständnisses *konstitutive Bezüge* zum jeweiligen ›*System-Außen*‹ ausgeblendet blieben.[47] Urs Stäheli hat deshalb vorgeschlagen, das systemtheoretische Theoriekonzept um ebendiese Bezüge zu ergänzen. Zeigen könne man auf diese Weise, wie systemische Zusammenhänge ihre Identität in der Auseinandersetzung mit einer mitunter antagonistisch positionierten Systemumwelt entwickelten und in der Folge auch stabilisierten.[48]

Für die nachfolgenden Beobachtungen ist diese ›Re-Artikulation‹ der systemtheoretischen Gesellschaftstheorie deshalb von Bedeutung, weil sie sowohl innergesellschaftliche Machtmechanismen als auch daraus resultierende Konfliktsituationen begrifflich früher fassen kann als das im Luhmannschen Theoriekonzept selbst der Fall

---

46 Beispielsweise kennt das Rechtssystem das Kriterium eines angemessenen Preises im Vergleich zum ›Wucherpreis‹.

47 Zu den theorietechnischen Mitteln der Systemtheorie, das ›Systemäußere‹ zu neutralisieren s.u., S. 57–59.

48 S. Stäheli, 2000b, S. 34, ders., 1996 oder 2012, S. 310. Ähnlich aber auch Moebius, 2003, S. 169, ders., 2008, S. 167f., Reckwitz, 2008, S. 314–316 oder Moebius & Reckwitz, 2008, S. 16. Vgl. hierzu auch die Überlegungen zur Stabilität des Codes und seiner ›Bedrohung‹ durch paradoxale Konstellationen, weiter unten, S. 63f.

ist. Während bei Luhmann der Machtbegriff ausschließlich als funktionsspezifisches Medium speziell des Politiksystems eine Rolle spielt[49] und Konflikte erst dann theoretisch greifbar sind, wenn sie eigene, ›parasitäre‹ Konfliktsysteme ausgebildet haben (s. Luhmann, 1984, S. 531 bzw. Stäheli, 2000a, S. 279), nimmt eine in dieser Weise reartikulierte Systemtheorie auch ›verstreute‹ Machtmomente in den Blick und beobachtet Konfliktsituationen entsprechend schon dann als solche, wenn diese noch nicht als eigene Systemzusammenhänge greifbar sind (s. Stäheli, 2000a, S. 305–307).[50] Programmatische Ablöseprozesse – etwa im Umfeld eines wissenschaftstheoretischen Paradigmenwechsels oder initiiert durch pädagogische Reformbewegungen – und systemische Differenzierungsprozesse – wie sie z.B. im Zusammenhang mit der ›Autonomisierung‹ der Musiktheorie zu beobachten sind –, die aus Perspektive der Luhmannschen Systemtheorie zunächst weitgehend unproblematisch erscheinen müssen, lassen sich auf diese Weise als potentiell konfliktträchtige und konstitutiv von Machtfragen beeinflusste Vorgänge in den Blick nehmen.

Zusätzlich zu den Funktionssystemen kennt die Systemtheorie nun noch andere gesellschaftlich relevante Systemtypen, die entsprechend andere Arten von ›Filter‹ einsetzen. Mit Blick auf die Musikfächer und ihre institutionelle Verortung an Musikhochschulen und Universitäten bzw. in Bezug auf die zumindest für die Musikpädagogik charakteristische Inblicknahme schulischer Zusammenhänge ist hier besonders der Bereich gesellschaftlicher *Organisationen* zu nennen. Entscheidungen über Zugehörigkeiten werden hier nicht, wie die Funktionssysteme, qua Thema (›rechtlich‹, ›wirtschaftlich‹, ›wissenschaftlich‹ usw.) getroffen, sondern mit Hilfe von ›*Mitgliedschaften*‹:

> »Jeder kann immer auch anders handeln und mag den Wünschen und Erwartungen entsprechen oder auch nicht – *aber nicht als Mitglied einer Organisation.* Hier hat er sich durch Eintritt gebunden und läuft Gefahr, die Mitgliedschaft zu verlieren, wenn er sich hartnäckig querlegt.« (Luhmann, 1997, S. 829)

Greift man hier noch einmal den Vergleich zwischen der funktionalen Differenzierung und der Stratifikation auf, so lassen sich die organisatorischen Einrichtungen der modernen Gesellschaft auf die Unterscheidung *Inklusion/Exklusion* beziehen:

> »Sind die Funktionssysteme der modernen Gesellschaft letztlich *Inklusionsmaschinen,* könnte man Organisationen als *Exklusionsmaschinen* bezeichnen, deren Grundstruktur in selektivem Zugriff auf Menschen besteht und damit zugleich als Generator von *Inklusion* fungiert.« (Nassehi, 2002, S. 469).

---

49 Luhmann beschreibt die entsprechenden Momente zwar, setzt sie aber nicht in Bezug zum systemtheoretischen Begriffsrepertoire. So weist er beispielsweise die selektive Kommunikation innerhalb des Erziehungssystems als asymmetrisch aus (s. Luhmann & Schorr, 1988, S. 257f.), ohne aber die damit verbundenen Machtmomente in theoretischer Hinsicht aufzugreifen.

50 Damit verbindet sich ein Begriff des ›Politischen‹ »jenseits eines engen Begriffs der Politik« (Stäheli, 2000a, S. 12), also noch ›vor‹ dem politischen System. Theoriegenetisch gesehen liest Stäheli die Luhmannsche Systemtheorie dabei aus Sicht der Diskurstheorie von Ernesto Laclau und Chantal Mouffe (s. z.B. Laclau & Mouffe, 2006 bzw. s. Stäheli, 2000a, S. 228–308 oder ders., 2012). Er weist jedoch explizit darauf hin, dass es sich hier lediglich um *eine* Lesart aus mehreren möglichen handelt: »Diese Umschrift der Systemtheorie stellt kein notwendiges Resultat […] dar, sondern *einen* hegemonialen Zug unter anderen.« (ders., 2000a, S. 228).

Während in der stratifizierten Gesellschaft eine Themendifferenzierung in eins fiel mit personeller Differenzierung, zeichnet es die moderne Gesellschaft gerade aus, dass sie nach Themen differenziert, ohne dabei automatisch bestimmte Personengruppen mit zu klassifizieren. Offen bleibt dabei jedoch die Frage, wie die auch in der Moderne zu beobachtenden Gruppierungen zustande kommen, die dafür sorgen, dass faktisch einige Personen mit bestimmten Funktionsbereichen in engerem Kontakt stehen als andere – Richter und Anwälte also z.B. eine andere Stellung zum Rechtssystem haben als Nicht-Juristen.

Im Rekurs auf Organisationen beobachtet die Systemtheorie also zusätzlich zur primären Differenzierungsebene der Funktionssysteme eine sekundäre Differenzierungsebene als eine ›Lösung‹ für das gesellschaftliche Problem, der Regelung personeller Verhältnisse wegen sozial in- und exkludieren zu müssen:

> »Funktionssysteme behandeln Inklusion, also Zugang für alle, als den Normalfall. Für Organisationen gilt das Gegenteil: sie schließen alle aus mit Ausnahme der hochselektiv ausgewählten Mitglieder.« (Luhmann, 1997, S. 844)

Eingewandt wird dabei von Seiten einiger Rezipienten der Systemtheorie jedoch, Luhmann habe das Verhältnis zwischen dieser Sekundärebene und der primären Differenzierungsebene nicht ausreichend geklärt (s. z.B. Nassehi, 2002 oder Kneer, 2001).[51] Armin Nassehi und Georg Kneer schlagen deshalb in Anknüpfung an Luhmanns Deutung vor, von einer zur Ebene der Funktionssysteme »*quer*« (Nassehi, 2002, S. 455, Hv.i.O.) verlaufenden organisatorischen Ebene auszugehen. Organisationen begreifen sie als ›Drittsysteme‹ (s. Kneer, 2001, S. 418), die (mindestens) zwei Funktionsbereiche miteinander *verkoppeln*. Dies sorge auf einer anderen Ordnungsebene für die Genese *neuen Sinns*, »ohne dass es damit zu einer Verschmelzung der Funktionssysteme kommt.« (Nassehi, 2002, S. 455, s. auch Kneer, 2001, S. 418).[52]

Für das Beobachten musikpädagogisch/-theoretischer ›Beziehungsprobleme‹ sind diese Deutungen vor allem deshalb relevant, weil sie bestimmte Entscheidungen offenlassen: So wäre im Zusammenhang mit den Fächern Musikpädagogik und Musiktheorie nicht nur nach der ›funktionalen Zuordnung‹ von Universitäten zu fragen, sondern vor allem auch nach der Stellung von *Musikhochschulen*. Gerade in Anbetracht der jüngeren Entwicklungen, in deren Zuge immer mehr Hochschulen das Promotionsrecht erlangen, hätte man sich hier unter der Voraussetzung einer Verortung ›innerhalb‹ eines einzigen Funktionssystems nicht nur zwischen zwei nahe liegenden Funktionsbereichen – im Fall einer Kunsthochschule wohl am ehesten ›Kunst‹ oder ›Erzie-

---

51 Problematisch erscheint es ihnen mit Blick auf das systemtheoretische ›Kern-Design‹ (s. Kneer, 2001, S. 409f.) insbesondere, wenn Luhmann formuliert, es »müssen *in* den Funktionssystemen Organisationen gebildet werden« (Luhmann, 1997, S. 843, Hv. Georg Kneer, in Kneer, 2001, S. 409), gleichzeitig jedoch von der »Möglichkeit *innergesellschaftlicher Kommunikation über Subsystemgrenzen* hinweg« (Luhmann, 2000, S. 52, Hv. Georg Kneer, in Kneer, 2001, S. 409) ausgeht. Vgl. hierzu auch die Überlegungen zum systemtheoretischen Begriff der operativen Geschlossenheit, s.u., S. 68f.

52 Von strukturellen Kopplungen spricht aber auch Luhmann: »Wissenschaftssystem und Erziehungssystem werden durch die Organisationsform der Universitäten gekoppelt.« (Luhmann, 1997, S. 784). S. auch Nassehi, 2002, S. 472, Fn. 45. Zum Sinnbegriff s.u., S. 50 bzw. S. 59f.

hung‹ – vorab zu entscheiden, sondern könnte zudem die Rolle der Wissenschaft kaum adäquat fassen.

Im Vergleich dazu erweist sich die von Nassehi und Kneer vorgeschlagene Variante als deutlich weniger voraussetzungsreich: Anstatt eine feste Zuordnung vorzunehmen, erlaubt sie es, gerade die Gegensätze und Widersprüche in den Blick zu nehmen, die sich ergeben, sobald innerhalb einer Organisation verschiedene Ordnungen aufeinandertreffen.[53]

2.1.2 Selbstbeschreibungen

Eine entscheidende Neuerung der Systemtheorie Luhmanns gegenüber ihren soziologischen Vorgängern betrifft die theoretische Einbettung normativer Aspekte. Gesellschaftliche Werte sind Luhmann zufolge nur mehr als kommunikative ›Fixierungen‹ zu betrachten, die den »›Realitätsverlust‹« (Luhmann, 1997, S. 799) der Moderne »kompensieren« (ebd., S. 798) sollen:

> »Der Beobachter erster Ordnung beobachtet mit Hilfe von Werten. Seine jeweiligen Werte machen für ihn den Unterschied, der sein Erkennen und Handeln steuert. Der Beobachter zweiter Ordnung [...] kann [...] erkennen, dass über die Bezugnahme auf Werte weder Entscheidungen abgeleitet noch Konflikte vermieden werden können. Vor allem aber sieht er, wie die Unbezweifelbarkeit der Werte in der Kommunikation produziert wird, nämlich dadurch, dass nicht direkt, sondern indirekt, nicht über sie, sondern mit ihnen kommuniziert wird. [...] Die Geltung des Wertes wird vorausgesetzt und hat allein in diesem Modus der Kommunikation ihre täglich erneuerte Unbezweifelbarkeit.« (ebd., S. 1123)

Die systemtheoretische Gesellschaftstheorie will Luhmann folglich als dezidiert nicht-normative Herangehensweise verstanden wissen, die gesellschaftliche Vorgänge lediglich beschreibe, nicht jedoch bewerte (s. z.B. Luhmann & Schorr, 1988, S. 380f. oder Kirchmeier, 2012a, S. 105f.).

Kritiker bringen diese eher distanzierte Haltung dem gesellschaftlichen Geschehen gegenüber häufig mit *Affirmation* (s. z.B. Lehmann, 2005, S. 136, Wimmer, 2006, S. 353–362 oder Lyotard, 1986, S. 43f. und 136–139) oder sogar *Zynismus* in Verbindung: Durch die Art, wie die Systemtheorie das Zustandekommen sozialer Ordnung darstelle, beobachte sie nicht nur die entsprechenden Entwicklungen, sondern legitimiere gleichzeitig die bestehenden gesellschaftlichen Verhältnisse und blende alternative Gestaltungsmöglichkeiten von vornherein aus (s. besonders Habermas, 1971, S. 144f. oder S. 239–269).[54] Die Erziehungswissenschaftlerin Sabine Y. Scheef ist beispielsweise der Meinung, die Systemtheorie Luhmanns

---

53 Für die Produktion von dilemmatischen Konstellationen innerhalb der Musikhochschule s. Lion, 2008. Für die Organisationen des Kunstsystems s. auch Müller-Jentsch, 2011.

54 So auch Elke Wagners Zusammenfassung der Einwände gegenüber Luhmanns ›kritikloser‹ Theorie (s. Wagner, 2012, S. 428). Erwähnenswert sind in diesem Zusammenhang insbesondere die ›Luhmann-Habermas-Kontroverse‹ (s. Luhmann & Habermas, 1971 bzw. Wagner, 2012, S. 428 oder Rasch, 2012, S. 437) sowie die Vorwürfe seitens des ›Postmodernisten‹ Jean-François Lyotard (s. Rasch, 2012, S. 438). Aber auch Armin Nassehi, der die Luhmannsche Systemtheorie in großen Teilen für seine eigenen Arbeiten übernimmt (s. z.B. Nassehi, 2003 oder 2009), räumt ein,

»erweist sich [...] dort, wo sie ernsthaft rezipiert wird, nicht nur in der Lage, eine faszinierende Theorie funktionaler gesellschaftlicher Prozesse zu beschreiben, sondern legt auch nahe, Gesellschaft widerstandslos entsprechend zu gestalten.« (Scheef, 2009, S. 203)

Die Sozialtheoretiker Hans Joas und Wolfgang Knöbl sprechen besonders in Bezug auf Luhmanns Haltung der Umweltschutzbewegung gegenüber (s. Luhmann, 1986) von einer »durchaus zynischen oder auch fatalistischen Position« (Joas & Knöbl, 2004, S. 390). Joas deutet den »vor allem von Niklas Luhmann vertretenen extremen Funktionalismus« als

»Variante einer Wertorientierungen bewusst ignorierenden oder reduzierenden Analyse [...] In dieser Perspektive gibt es zwar sehr wohl kulturelle ›Codes‹ und kulturelle ›Teilsysteme‹, aber nur im Sinne je eigensinniger Funktionsprinzipien in Recht, Wissenschaft, Erziehung, Religion, Politik oder Wirtschaft. Die von seinen Vorläufern in der funktionalistischen Tradition noch gehegte Vorstellung, gerade die kulturellen Werte böten die Chance, Distanz zu den Funktionsprinzipien der einzelnen Teilsysteme zu finden und das Ganze zu repräsentieren, wird von Luhmann mit mildem Lächeln ad acta gelegt. Funktionale Differenzierung wird so entschieden als Prinzip gesellschaftlicher Organisation und geschichtlicher Entwicklung behauptet, dass jedes Argument, das dieser nur begrenzte Reichweite attestiert, als nostalgisch erscheint.« (Joas, 1997, S. 17f.)

Und auch Richard Münch, ebenfalls Sozialtheoretiker, gibt zu bedenken, der von Luhmann gezeichnete

»Evolutionsprozess lässt uns nicht die Freiheit, Gesellschaften so zu entwerfen, wie wir sie haben wollen, sondern er arbeitet unabhängig von unserem Willen. Was immer wir wollen und in moralischen Begriffen äußern, ist nur Rauschen, das in funktional differenzierten Systemen zwangsläufig verarbeitet wird. Sie stabilisieren sich in eben diesem Prozess selbst.« (Münch, 2003, S. 36f.)

Mit Blick auf die nachfolgenden Untersuchungen sind diese Einwände besonders dann relevant, wenn man der darin gezeichneten systemtheoretischen Gesellschaftstheorie *pädagogische* Formen der *Theoriebildung* gegenüberstellt, wie sie zumindest im musikpädagogischen Kontext eine entscheidende Rolle spielen: Geht man davon aus, dass (Musik-)Pädagogik als Universitäts- oder Hochschuldisziplin sich nicht darin erschöpft, Deskriptionen eines ›Ist-Zustandes‹ anzufertigen, sondern es darüber hinaus zu ihren Aufgaben zählt, Orientierungen für zukünftiges pädagogisches Handeln anzubieten – letztlich also auch eine im ethischen Sinne *praktische* Haltung einzunehmen (s. z.B. Vogt, 2003 [online]) –, so stellt sich angesichts dieser Einwände die Frage, inwieweit eine pädagogische Beobachterhaltung ›nach Luhmann‹ überhaupt sinnvoll denkbar ist. Oder – mit Blick auf die nachfolgenden Untersuchungen: inwieweit die Installation eines systemtheoretischen Beobachters nicht nur zur Sichtung musikpädagogisch/-theoretischer Beziehungsprobleme beiträgt, sondern daneben und gewisser-

---

»Luhmann gefällt sich in der Rolle des ironisch distanzierten Beobachters, der [die] Kritik- und Entlarvungsbedürfnisse eines akademisch-intellektuellen Publikums [...] bedient« (Nassehi, 2009, S. 259).

40

maßen ›unter der Hand‹ eine Art Generalkritik an den entsprechenden Formen (musik-)pädagogischer Theoriebildung überhaupt impliziert.[55]

Festhalten kann man dabei jedoch zunächst, dass es unabhängig von Luhmanns empirischen Beobachtungen (s. Joas & Knöbl, 2004, S. 357) primär theoretische Gründe sind, die im Zusammenhang mit der systemtheoretischen Wertediskussion eine Rolle spielen. Die Umstellung vom Strukturfunktionalismus zur funktional-strukturellen Theorie bedeutet demnach auch in dieser Hinsicht eine Umkehrung der Fragerichtung: Während der Parsonssche Ansatz die gesellschaftliche Dynamik mit der integrativen Leistung werthafter Strukturen erklärte, beobachtet die Luhmannsche Theorie die Gesellschaft auf ihre *dynamische* Struktur*bildung* hin, ohne dabei *argumentativ* auf integrierende Werte oder Normen zu verweisen (s. Nassehi, 2009, S. 248).[56]

Wer also beispielsweise auf die gesamtgesellschaftliche Geltung von Grundrechten aufmerksam macht, an denen sich sowohl Politik als auch Recht oder Wirtschaft auszurichten hätten, der widerlegt damit noch nicht die systemtheoretische Argumentation: Dass es auch in der modernen Gesellschaft eine Art ›common sense‹ gibt, der für kulturell weit anerkannte Annahmen oder Werte steht, widerspricht zunächst gar nicht den systemtheoretischen Grundbegriffen. Bestritten wird aber, dass deren Geltung – ebenso wie etwa die Existenz einer gesamtgesellschaftlich gültigen Rationalität[57] – notwendig sei für den Fortbestand der Gesellschaft bzw. die Ausbildung oder das Bestehen unterschiedlicher gesellschaftlicher Bereiche.[58]

Darüber hinaus erweist sich in Bezug auf die Frage nach einer ethisch-praktischen Beobachterhaltung jedoch vor allem der Rekurs auf die systemtheoretische *Wissenssoziologie* als aufschlussreich. Im Fokus stehen damit zunächst *teilsystemische Reflexionstheorien*, wie sie im Zusammenhang mit musikpädagogischen und musiktheoretischen Selbstbeschreibungen zur Diskussion stehen; Theorien also, bei denen ein gesellschaftlicher Teilbereich sich selbst reflexiv in den Blick nimmt (vgl. hierzu beson-

---

55 Dass eine solche im vorliegenden Zusammenhang nicht beabsichtigt ist, versteht sich von selbst. Da im Verlauf der Arbeit jedoch mehrfach einzelne Argumentationszusammenhänge *innerhalb* der Musikpädagogik (und der Musiktheorie) in der Kritik stehen werden, ohne dass dabei in jedem Fall der Schluss auf das gesamte Fach (›die‹ Musikpädagogik…/›die‹ Musiktheorie…) explizit negiert wird, sollen etwaige Missverständnisse bereits an dieser Stelle so weit als möglich ausgeräumt werden. Der entlarvende Charakter der Luhmannschen Analysen jedenfalls darf etablierte Theoriebildungen zwar irritieren, er soll das weitere Nachdenken über pädagogisch-didaktische Fragestellungen aber nicht blockieren (s.u., S. 44).

56 Wenigstens indirekt reagiert Luhmann damit auf die gegen Parsons erhobene Kritik, dieser verfolge, indem er den Wertebereich (›Latency‹) in der »kybernetischen Hierarchie« (Luhmann, 1997, S. 1130 bzw. Joas & Knöbl, 2004, S. 128) ganz nach oben stelle und als systemisches »Steuerungszentrum« (Joas & Knöbl, 2004, S. 128) betrachte, eine Art ›Kulturdeterminismus‹ (s. ebd., S. 121, S. 128, S. 356 oder Jensen, 2003).

57 Auch in diesem Punkt grenzt Luhmann sich vehement von der Diskurstheorie Habermas' ab (s. Luhmann, 1997, S. 171–189).

58 Sind die Prozesse der modernen, in sich differenzierten Gesellschaft gerade durch unterschiedliche Codes gestaltet, so stellt ihre »Entmoralisierung« (Luhmann, 1986, S. 61) im Gegenteil sogar eine Bedingung zur Herausbildung moderner Strukturen dar (s. ebd. bzw. Kirchmeier, 2012a, S. 107).

ders die jeweils dritten Abschnitte der ›*Analysen*‹, s.u., S. 78–84, S. 100–109 und S. 125–131 sowie die Überlegungen zur musikpädagogischen und musiktheoretischen Fachsystematizität, s.u., S. 161–167). Zu nennen wären hier pädagogische Selbstbeschreibungen ebenso wie etwa Rechts-, Wissenschafts-, Religions- oder Kunsttheorien. Außerdem sind hier *Beschreibungen der Gesamtgesellschaft* anzuführen, wie sie beispielsweise von der Systemtheorie selbst, und zwar von einer soziologischen Warte aus, angefertigt werden. Daneben fallen sogenannte »*Identitätsbezeichnungen*« (Luhmann, 1990, S. 483, Hv.VW.) in den Bereich der Wissenssoziologie. Mit ihnen wird ein Gesellschaftsbereich lediglich benannt, ohne dass dies explizit thematisiert würde (s. ebd. bzw. Stäheli, 1998, S. 316).

Noch umfassender, da unabhängig von jeder Selbstbezüglichkeit, gebraucht Luhmann schließlich den in Anknüpfung an die begriffsgeschichtlichen Arbeiten Reinhart Kosellecks (s. z.B. Koselleck, 1979) gewonnenen Begriff der Semantik (s. Kirchmeier, 2012b, S. 115). Bezeichnet sind damit – als eine Art ›Ersatz‹ für einen allgemeinen, nicht systemspezifischen Wissensbegriff – eine »bestimmte Form von Erwartungen […], die im Enttäuschungsfall korrigiert werden« (Kirchmeier, 2012c, S. 319; s. auch Luhmann, 1990, S. 122–166), sowie Formen »höherstufig generalisierten, relativ situationsunabhängigen Sinn[s]« (Luhmann, 1980, S. 19), den eine Gesellschaft zur Verfügung hat. Dabei beschränkt Luhmann sich trotz der prinzipiell ›weiten‹ Definition auf die Analyse schriftlich fixierter Sinnmuster, die »als bewahrenswert anerkannt« (ebd., S. 107) sind und als ›gepflegte‹ Semantik über größere zeitliche, räumliche und soziale Abstände greifbar bleiben.[59] Als ein systemtheoretischer Teilbereich stellt das Beobachten gesellschaftlicher Selbstbeschreibungen damit nicht nur eine Bereichssoziologie unter anderen dar, sondern auch eine Art ›Werkzeug‹, mit dem sich historische Wissensbestände untersuchen lassen (s. Kirchmeier, 2012c, S. 317).[60]

Mit Blick auf die eingangs dargestellte Systemtheoriekritik lässt sich nun besonders an Überlegungen anknüpfen, wie sie *Urs Stäheli* und *Rudolf Stichweh* in Bezug auf die systemtheoretische Wissenssoziologie angestellt haben (s. Stäheli, 2000a, S. 184–223 bzw. die Vorarbeiten dazu in ders., 1998 sowie Stichweh, 2000 und 2006).[61] Ausgangspunkt ihrer Ausführungen ist die Beobachtung, dass Luhmann semantische Formen häufig in Abhängigkeit von gesellschaftsstrukturellen Prozessen beschreibt

---

59   Zur Kritik dieser Beschränkung s. z.B. Stäheli, 2000a, S. 195, ders., 2004 oder Stichweh, 2006, S. 2. Letzterer weist unter anderem auf die Möglichkeit subvertierender Effekte seitens populärer oder revolutionärer Semantiken hin (s. ebd.).

60   Luhmann hat allein vier Bände zum Thema ›*Gesellschaftsstruktur und Semantik*‹ veröffentlicht (Luhmann, 1980, 1981, 1989 und 1995c) und widmet dem Thema ›Selbstbeschreibungen‹ besonders in seinen späteren Schriften je ein eigenes Kapitel (s. z.B. ders., 1995a, S. 393–507 oder ders., 1997, S. 866–1149; s. hierzu auch Stäheli, 2000a, S. 184).

61   Nicht ganz geklärt ist dabei die Frage, inwieweit ihre Überlegungen semantische Bildungen generell betreffen oder lediglich selbstbeschreibende Semantiken. So beleuchten zwar beide das Verhältnis ›Semantik – Sozialstruktur‹, wenigstens Stäheli räumt jedoch ein, ihn interessiere speziell »Semantik als Selbstbeschreibung von Funktionssystemen (und nicht der gesamte Fundus semantischer Formen)« (Stäheli, 1998, S. 316). S. hierzu auch die Deutung Göbels: »Semantiken […] sind keine Selbstbeschreibungen« (Göbel, 2012, S. 113) sowie die damit einhergehende Kritik an der Luhmann-Lektüre Stähelis (s. ebd., S. 114).

42

(s. Stäheli, 2000a, S. 196–214 oder Stichweh, 2006, S. 3).[62] »Plausibilität oder Evidenz« beispielsweise lässt sich Luhmann zufolge

> »für semantische Strukturen nur gewinnen, wenn hinreichend deutlich ist, auf welche Änderungen in der Sozialstruktur eine Änderung in der Begrifflichkeit reagiert« (Luhmann, 1997, S. 550, s. Stäheli, 1998, S. 320).

Ebenso liege es »ausschließlich *an der sozialstrukturellen Evolution*, und zwar genauer an der Dominanz bestimmter Differenzierungstypen« (Luhmann, 1997, S. 556, Hv. Urs Stäheli, s. ders., 1998, S. 320), wenn sich »nachträglich geschichtliche Einteilungen dieser Art [gemeint sind Epocheneinteilungen (s. Stäheli, 1998, S. 320)] rekonstruieren« (Luhmann, 1997, S. 556) lassen.

In Korrelation zu diesem Abhängigkeitsverhältnis konstatiere Luhmann ein systematisches ›zu spät-Kommen‹ systemischer Selbstbeschreibungen (s. Stäheli, 2000a, S. 201) und weise diese als einen mehr oder weniger optionalen ›Zusatz‹ aus, auf den die gesellschaftsstrukturellen Prozesse im Grunde nicht angewiesen seien (s. Stäheli, 2000a, S. 209):

> »Selbstbeobachtungen und Selbstbeschreibungen [...] sind also nie konstitutive, sondern immer nachträgliche Operationen« (Luhmann, 1997, S. 883).[63]

Die damit verbundene Auslegung der Differenz Semantik/Sozialstruktur gestalte sich in mehrfacher Hinsicht als problematisch. Unstimmigkeiten ergäben sich dabei beispielsweise dadurch, dass Luhmann bestimmte gesellschaftliche Verhältnisse anders darstelle, als sein theoretisches Modell es vorgebe. Stäheli weist hier insbesondere auf Differenzen zwischen Luhmanns kunst- und politikbezogenen Schriften hin: So beschreibe Luhmann zwar das Kunstsystem als eines, das nicht »erst wissen müsse, was Kunst sei, bevor es mit Kunst beginnen könne« (Luhmann, 1995a, S. 394) – bei dem systemspezifische Selbstbeschreibungen also lediglich als nachträgliche Option zu betrachten seien –, nicht jedoch das politische System (s. Stäheli, 1998, S. 316). Dort halte Luhmann es im Gegenteil sogar für unabdingbar, die Staatssemantik im Hintergrund zu wissen, damit überhaupt entscheidbar sei, welche Fragestellungen nicht nur generell das Thema ›Macht‹ anschneiden würden, sondern auch im engeren Sinne – also bezogen auf das Funktionssystem Politik – als politisch gelten könnten (s. ebd.).

---

62 Stichweh spricht dabei sogar von »einer fast ontisch aufzufassenden Differenz von Semantik und Sozialstruktur.« (Stichweh, 2006, S. 7).

63 Zum Tragen kommt das Moment des nachträglichen ›Zusatzes‹ beispielsweise dann, wenn Luhmann darlegt, wie mit paradoxalen Konstellationen innerhalb des Erziehungssystems zu verfahren sei. »Vielleicht«, so Luhmann nämlich, »hilft es [...] schon, wenn man sich klar macht, dass Selbstbeschreibungen nur Selbstbeschreibungen sind, nur ›talk‹, und dass die Wirklichkeit der Unterrichtsinteraktionen durch andere Kräfte bestimmt ist.« (Luhmann, 2002a, S. 170) Selbst wenn man hier zuallererst analytische Absichten unterstellt und lediglich die bloße Unterscheidung verschiedener Wirklichkeitsbereiche in den Vordergrund rückt – gängig ist in diesem Zusammenhang etwa die Unterscheidung zwischen einem ›Theorie-‹ und einem ›Praxisbereich‹ (s. für die Musikpädagogik z.B. Abel-Struth, 1980) –, so kommt man kaum umhin, den Verweis auf das ›bloße Gerede‹ des pädagogischen »Establishments« (Luhmann & Schorr, 1988, S. 338; s. ebd., S. 338–362) auch als Hinweis auf dessen Bedeutungslosigkeit zu lesen. Dass eine solche Sicht zumindest dann Probleme mit sich bringt, wenn man diesen Diskursen nicht bloß, wie die Soziologie, ›von außen‹ begegnet, liegt auf der Hand.

Anders als die oben zitierten begrifflichen Formulierungen es suggerieren, beobachtet Luhmann empirisch also durchaus Zusammenhänge, in denen ›Selbstbeschreibungen‹ nicht nur nachträglich-optional zu verstehen sind, sondern systembildende Funktionen innehaben (s. ebd. oder Stichweh, 2006, S. 2f.).

Stäheli und Stichweh schlagen deshalb vor, von einer stärkeren Verknüpfung zwischen Sozialstruktur und Semantik sowie einem »rekursiven Verschliff verschiedenster Systemebenen« (Stäheli, 2000a, S. 282 oder ders., 1996, S. 273)[64] auszugehen. Das Verhältnis beider Bereiche zueinander würde auf diese Weise, so Stichweh, deutlich »komplizierter« (Stichweh, 2006, S. 3) und »die Interrelationen […] vielfältiger« (ebd.).

Für den vorliegenden Zusammenhang ist diese Lesart vor allem insofern von Bedeutung, als sie es erlaubt, Selbstbeschreibungen als potentiell system*konstitutive* Prozesse zu beobachten, die systemisches Operieren nicht nur distanziert beschreiben, sondern die daneben explizit wertende oder gestaltende Funktionen aufweisen können (vgl. hierzu auch die Überlegungen zu impliziten Machtstrukturen bei fächerübergreifenden Systematiken, s.u., S. 67–70).

Nahe liegt hier erneut der Verweis auf die differenzierungstheoretische Anlage der Systemtheorie: Geht man nämlich mit Luhmann davon aus, dass sich die moderne Gesellschaft nicht nur generell durch verschiedene Bereiche auszeichnet, sondern auch deren »*(Theorie-)*Politik« erst dann gut ist, wenn sie »sich selbst und dem Gegner *Wahlmöglichkeiten* offenhält« (Luhmann, 1981, S. 157), so impliziert dies eine Art ›Nebeneinander‹ auch im Hinblick auf gesellschaftliche Reflexionstheorien.[65]

Hinweise auf eine mögliche Umsetzung einer solchen ›Wahlfreiheit‹ gibt beispielsweise das ›*Nachwort*‹, um das Luhmann und Schorr anlässlich einer Neuauflage im Jahr 1988 ihre Analysen zu ›*Reflexionsproblemen im Erziehungssystem*‹ ergänzt haben. In Reaktion auf zahlreiche kritische Einwände ihrem Vorhaben gegenüber stellen sie dort unter anderem klar, dass es ihnen nicht etwa um eine ›Abschaffung‹ der Pädagogik, sondern lediglich um eine ›Irritation‹ und ›Verunsicherung‹ bestehender pädagogischer Selbstbeschreibungen sowie eine stärkere Differenzierung im Hinblick auf die damit in Verbindung stehenden Theoriestile gegangen sei:

> »Wir hatten uns vorgestellt, dass man […] zwischen Erziehungswissenschaft und Pädagogik unterscheiden müsse. Das würde das Problem [einer notwendigen Eigenständigkeit von Pädagogik][66] über Differenzierung lösen (oder wenn nicht lösen, dann umverteilen). Die Pädagogik behielte ihre Eigenständigkeit als Reflexionstheorie des Erziehungssystems. Sie könnte sich durch Entwicklungen in den Wissenschaften irritieren und stimulieren, nicht aber determinieren lassen.« (Luhmann & Schorr, 1988, S. 368)

---

64 Stäheli rekurriert dabei auf die ›*Postmoderne Rechtstheorie*‹ Karl-Heinz Ladeurs (Ladeur, 1992). Zu den grundbegrifflichen Implikationen eines solchen ›Verschliffs‹ s. auch die Überlegungen zum systemtheoretischen Beobachterkonzept, S. 56f.

65 Vgl. hierzu auch die Ausführungen zum Begriff ›Super-‹ oder ›Universaltheorie‹ weiter oben, S. 32.

66 Luhmann und Schorr weisen explizit auf die Notwendigkeit einer unabhängigen Programmatik des Erziehungssystems hin, da nur so »Interventionen durch Systeme der Umwelt […], die zu bestimmen versuchen, was gelernt werden soll« (Luhmann & Schorr, 1988, S. 366) zu verhindern seien (s. ebd.).

2.2 Ein operativer Systembegriff

Obwohl Luhmann unabhängig von seinen gesellschaftstheoretischen Studien im engeren Sinne, eine ›allgemeine Theorie sozialer Systeme‹ verfasst hat (s. Luhmann, 1984), gelingt die Unterscheidung zwischen einer systemtheoretischen Gesellschaftstheorie und einer allgemeinen systemtheoretischen Sozialtheorie nur bedingt: Gedacht ist nicht an eine Trennung der Analysebereiche, so dass nur explizit die Gesamtgesellschaft betreffende Untersuchungen zur Gesellschaftstheorie gezählt würden, die Analysen der Funktionssysteme aber ebenso wie Studien zur gesellschaftlichen Organisationsstruktur oder zu einzelnen Interaktionssystemen einem ›allgemein‹ sozialtheoretischen Bereich zugehörig wären.[67] Stattdessen kann man die Unterteilung in systemtheoretische Gesellschaftstheorie und eine allgemeine Systemtheorie auf die Frage beziehen, ob sich das Interesse vermehrt auf *Analysen* der Gesellschaft oder aber die *Theorie* der Systemtheorie richtet.

Wenn jetzt also der Schwerpunkt auf der *grundbegrifflichen Anlage* der Systemtheorie sowie speziell dem dabei in Anschlag gebrachten *Systembegriff* liegt, so steht, mehr noch als dies im Rahmen der vorangehenden Abschnitte der Fall war, die Frage im Vordergrund, wie die Systemtheorie ihre Gesellschaftsanalysen *theorietechnisch* zustande bringt.

Von Bedeutung ist diese Frage an dieser Stelle weniger aus hermeneutischen Gründen, als vielmehr mit Blick auf die im Rahmen der ›*Analysen*‹ (S. 62–131) bzw. des sich daran anschließenden ›*Ausblicks*‹ (ab S. 132–167) dargelegten Überlegungen: Soll der dort explizit oder implizit immer wieder in Anschlag gebrachte Begriff ›System‹ nicht zu irreführenden Vermutungen in Richtung der Fächer Musikpädagogik und Musiktheorie bzw. in Richtung der dort evolvierten Ansätze führen, so macht dies eine Klärung der sich damit im vorliegenden Zusammenhang verbindenden Annahmen erforderlich.

2.2.1 Kommunikation als System

Ein zentraler Bestandteil innerhalb der Luhmannschen Systemtheorie ist die systemtheoretische Kommunikationstheorie. Sie spielt als Theorieteil schon allein deshalb eine wichtige Rolle, weil soziale Prozesse dort unabhängig von ihrer sonstigen Gestalt – also unabhängig davon, ob sie als Funktionssysteme einen besonderen Platz bzw. eine besondere Beständigkeit innerhalb der Gesellschaft einnehmen oder ob sie, wie etwa viele Interaktionssysteme, beispielsweise nur über einen gewissen Zeitraum bestehen – als Kommunikationszusammenhänge beobachtet werden.[68]

---

67 Dies ließe unberücksichtigt, dass ›Gesellschaft‹ als Referenz des gesamten systemtheoretischen Sozialkonzeptes fungiert, s.o., S. 30f.

68 Anders als Parsons, der soziale Systeme als Handlungssysteme begreift, entscheidet Luhmann sich nach längerem Abwägen aus theorieökonomischen Gründen schließlich für ›Kommunikation‹ als »Letztelement« (Luhmann, 1984, S. 192). In ›*Soziologie als Theorie sozialer Systeme*‹ (Luhmann, 1967/2009) heißt es aber noch: »Unter sozialem System soll hier ein Sinnzusammenhang von sozialen Handlungen verstanden werden, die aufeinander verweisen und sich von einer

Der Kommunikationstheorie ist also nicht nur zu entnehmen, wie die Systemtheorie die für Musikpädagogik und Musiktheorie relevanten gesellschaftlichen Funktionsbereiche ›Wissenschaft‹, ›Erziehung‹ und ›Kunst‹ darstellt,[69] sondern ablesen lässt sich daran auch, wie vor ihrem Hintergrund Musikpädagogik und Musiktheorie selbst als Fächer zu begreifen wären bzw. wie sich ihr zwischenfachlicher Austausch systemtheoretisch gesehen darstellt. Zwar steht im Rahmen der vorliegenden Arbeit weder der Systemcharakter der Einzelfächer im Vordergrund,[70] noch die Frage, inwieweit sich in Bezug auf den zwischenfachlichen Austausch von einem oder mehreren ausdifferenzierten Systemen sprechen lässt, unstrittig ist jedoch, dass die entsprechenden Zusammenhänge aus Perspektive der systemtheoretischen Gesellschaftstheorie als Kommunikationsprozesse zu betrachten sind.

Das Abstellen auf Kommunikation differenziert die soziologische Systemtheorie von andersartigen Systemtheorien, wie etwa biologischen oder psychologischen Konzeptionen (s. Luhmann, 1990, S. 8f.). Entscheidend ist dabei die jeweils zur Diskussion stehende Systemart: Obwohl Luhmann im Zusammenhang mit der systemischen Organisationsweise nämlich unter anderem auf die Maschinentheorie Heinz von Foersters (s. Foerster, 1962) rekurriert und im Zuge dessen sowohl die üblicherweise als ›maschinell‹ begriffenen technischen Geräte, als auch psychische Systeme, Organismen oder eben soziale Systeme als ›Maschinen‹ bezeichnet, zeigt seine Differenzierung verschiedener Maschinentypen, dass die technizistische Redeweise nicht zwangsläufig mit einer entsprechenden Betrachtungsweise einhergeht.[71] Im Gegensatz zu einer »Trivialmaschine, die auf immergleiche Weise Input mit Hilfe einer Transformationsfunktion in Outputs umformt« (Luhmann, 1990, S. 402), seien Sozialsysteme nämlich ebenso wie psychische Systeme als rekursiv operierende (s. ebd.) *nichttriviale Maschinen* zu betrachten und damit weder von einem extern agierenden Programmierer abhängig, noch überhaupt von einem solchen steuerbar (s. Luhmann, 1984, S. 69f.).[72]

Umwelt nichtdazugehöriger Handlungen abgrenzen lassen.« (ebd., S. 145). Zu den theorietechnischen Folgen der jeweiligen ›Umbauten‹ s. Göbel, 2000, S. 200–206.

69 Zur Begründung einer Positionierung von Musikpädagogik und Musiktheorie ›zwischen‹ Wissenschaft, Kunst und Erziehung s.u., S. 62f.

70 Ausgeblendet bleiben kann z.B. die Frage, ob die beiden Fächer eine den gesellschaftlichen Funktionsbereichen vergleichbare Codierung aufweisen, anhand derer sich eindeutig über die fachliche Zugehörigkeit einzelner Fragestellungen entscheiden ließe.

71 ›Technik‹ will Luhmann ohnehin lediglich als eine Art »Steigerungsform evolutionärer Errungenschaften« verstanden wissen, »als Herausformung dessen, worauf es ankommt. Dass romantische Liebe damit mit Technik vergleichbar wird, ja mit Technik auf eine Ebene spezifischer Sondermerkmale gerät, wird zunächst überraschen, und natürlich sollen Verschiedenheiten nicht geleugnet werden; man kann jedoch den Unterschieden durch zusätzliche Unterscheidungen, insbesondere durch Unterscheidung verschiedener Kommunikationsmedien, Rechnung tragen.« (Luhmann, 1997, S. 517). »Die übliche Technikkritik« (ebd., S. 984), die sich »einer Aversion gegen Mechanik, eventuell mit einer Entgegensetzung von Maschine und Mensch [bedient]« (ebd.), ist ihm folglich »eine für gesellschaftstheoretische Zwecke zu grobe Begrifflichkeit.« (ebd.) Zur hier angesprochenen Unterscheidung unterschiedlicher Kommunikationsmedien s.u., S. 51f. Zur Technologieproblematik s.u., S. 102, Fn. 167 oder S. 130f.

72 »Das Gesellschaftssystem [muss] [...] als eine nicht triviale Maschine im Sinne Heinz von Foersters [...] begriffen werden« (Luhmann, 1997, S. 570). Begrifflich schlägt Luhmann demgegen-

Geht man nun auch im Zusammenhang mit kommunikationstheoretischen Fragen von den Prämissen eines funktionalistischen Theoriedesigns aus, so erklärt dies bereits, warum eine traditionelle Kommunikationsauffassung für die Systemtheorie gar nicht erst in Frage kommt. Ein Theoriemodell beispielsweise, das Kommunikation als einen Vorgang der Informationsübertragung begreift, »würde uns mit problematischen Vorentscheidungen belasten« (ebd.):

> »Die Übertragungsmetapher ist unbrauchbar, weil sie zu viel Ontologie impliziert. Sie suggeriert, dass der Absender etwas übergibt, was der Empfänger erhält. Das trifft schon deshalb nicht zu, weil der Absender nichts weggibt in dem Sinne, dass er selbst es verliert. Die gesamte Metaphorik des Besitzens, Habens, Gebens und Erhaltens, die gesamte Dingmetaphorik ist ungeeignet für ein Verständnis von Kommunikation.« (ebd.)

Anstelle eines einzigen Systemprozesses »setzten« derartige Modelle »einen Autor voraus, bezeichnet als Individuum oder als Subjekt, dem die Kommunikation bzw. das Handeln zugerechnet werden kann« (Luhmann, 1995/2004, S. 94), um dann von einer stabilen, da übertragungsfähigen Information auszugehen, die sich zwischen diesem ›Sender‹ und einem ›Empfänger‹ ›transportieren‹ ließe. Erst *danach* käme Kommunikation als eine sich in Abhängigkeit von diesen Instanzen entwickelnde Dynamik ins Spiel.[73]

Stellt man dagegen, einer operativen Theorieanlage entsprechend, den Kommunikations*prozess* an den Anfang, so werden ›Handlungen‹ ebenso wie ›Personen‹ als Zuschreibungen seitens der Kommunikation beobachtbar (s. z.B. Luhmann, 1984, S. 191 bzw. ders., 1991/2008). Die Annahme eines in die Kommunikation eingreifenden oder kommunikative Operationen verursachenden ›Akteurs‹ kann auf diese Weise ausgespart bleiben.

Nimmt man also musikfachliche Beziehungsmuster aus systemtheoretischer Perspektive in den Blick, so ist die Frage nach dem betreffenden Einzelfach als einer in irgendeiner Form stabilen ›Einheit‹ ebenso sekundär wie diejenige nach einzelnen Fachvertretern, die für bestimmte Beziehungsprobleme vielleicht verantwortlich zu machen wären. Ausgangspunkt des Beobachtens sind stattdessen *kommunikative Zusammenhänge*, die sich *zwischen den Fächern* ausmachen lassen. Inwieweit die im Zuge dieses Beobachtens virulent werdenden Argumentationsmuster von Seiten des zur Diskussion stehenden Einzelfaches oder des im Einzelnen zitierten Fachvertreters *beabsichtigt* waren, bleibt damit als Frage zunächst außen vor (zu den Folgen einer systemtheoretischen Betrachtungsweise für empirische Forschungen in der Musikpädagogik s. auch Wied, 2010 [online]).

Analog zur betreffenden gesellschaftstheoretischen Konstellation rücken dann erneut die Grenzmechanismen sozialer Systeme in den Fokus: Wie kann ein Kommuni-

---

über aber auch die Aufspaltung der Oberkategorie ›System‹ in ›Maschinen‹, ›Organismen‹, ›soziale Systeme‹ und ›psychische Systeme‹ vor (vgl. Luhmann, 1984, S. 16), so dass der Maschinenbegriff bereits ohne jeden weiteren Zusatz als Synonym für ›Trivialmaschine‹ aufgefasst werden muss. Zur Nichttrivialität psychischer Systeme s. auch die entsprechende Abbildung in Luhmann, 1987/2008, S. 66.

73 Aus ähnlichen Gründen lehnt Luhmann Kommunikationsmodelle ab, die von einer »(Subjekte voraussetzenden) Intersubjektivität« (Luhmann, 1984, S. 293) ausgehen (s. ebd.).

kationsgeschehen, das seine eigene Gestalt genauso beständig variiert wie sein Verhältnis zu einer sich ebenfalls stets verändernden Umgebung, sich als ebendieses Geschehen reproduzieren?

Rein technisch beschreibt die Systemtheorie kommunikatives Operieren zunächst als eine Art *Verkettungsmechanismus* (s. Luhmann, 1997, S. 388), bei dem die einzelnen Glieder so gestaltet sind, dass qua Definition eine Verbindung zwischen ihnen zustande kommt (s. Stäheli, 2000a, S. 103). Um von einem einzigen Kommunikations*element* sprechen zu können, sind Luhmann zufolge mindestens drei solcher Glieder notwendig, nämlich ›*Information*‹, ›*Mitteilung*‹ und ›*Verstehen*‹ (s. Luhmann, 1995/2004, S. 97).

Jedes dieser Kommunikation konstituierenden Momente stellt eine Selektion aus einem Horizont von Möglichkeiten dar, die sich erst im Verlauf der Kommunikation konstituiert. Anstatt also, wie im traditionellen Modell, von der Mitteilung feststehender Informationseinheiten auszugehen, die als ebendiese Informationen verstanden werden könnten, geht die Systemtheorie davon aus, dass kommuniziert wird, sobald ein ›Verstehen‹ stattgefunden hat:

> »Kommunikation kommt [...] nur zustande, wenn zunächst einmal eine Differenz von Mitteilung und Information verstanden wird. Das unterscheidet sie von bloßer Wahrnehmung des Verhaltens anderer. Im Verstehen erfasst die Kommunikation einen Unterschied zwischen dem Informationswert ihres Inhalts und den Gründen, aus denen dieser Inhalt mitgeteilt wird. Sie kann dabei die eine oder die andere Seite betonen, also mehr auf die Information selbst oder auf das expressive Verhalten achten. Sie ist aber immer darauf angewiesen, dass *beides* als Selektion erfahren und *dadurch* unterschieden wird.« (Luhmann, 1995/2004, S. 97, Hv.i.O.)

Indem auch das Verstehen selbst wieder beobachtet wird, kommt es zu einer Überlagerung der verschiedenen Kommunikationsglieder und damit zu einer Verbindung der einzelnen Kommunikationselemente:

> »Wenn auf eine kommunikative Handlung eine weitere folgt, wird jeweils mitgeprüft, ob die vorausgehende Kommunikation verstanden worden ist. Wie immer überraschend die Anschlusskommunikation ausfällt, sie wird auch benutzt, um zu zeigen und zu beobachten, dass sie auf einem Verstehen der vorausgehenden Kommunikation beruht. Der Test kann negativ ausfallen und gibt dann oft Anlass zu einer reflexiven Kommunikation über Kommunikation. Aber um dies zu ermöglichen (oder zumeist: zu erübrigen), muss ein Verstehenstest immer mitlaufen, so dass immer ein Teil der Aufmerksamkeit für Verstehenskontrolle abgezweigt wird.« (Luhmann, 1984, S. 198)

Diese mitlaufende Verstehenskontrolle sorgt dafür, dass Kommunikation als ein Prozess begriffen werden kann, der neben den informativen Fremdbezügen immer auch eine selbstreferentielle Komponente aufweist,[74] die dafür sorgt, dass Kommunikationsereignisse nicht in vollkommen beliebiger Weise aufeinander folgen und damit

---

74 Luhmann begreift diese Form der Selbstbezüglichkeit als ›basale Selbstreferenz‹ (s. z.B. Luhmann, 1984, S. 199). Zum Verhältnis zwischen ›Selbstreferenz‹, ›Selbstbeobachtung‹ und ›Reflexion‹ s. z.B. die ›integrative‹ Deutung Göbels (Göbel, 2000, S. 228–239). Vgl. aber auch weiter unten, S. 55–57.

auch das sofortige Abbrechen eines Kommunikationsprozesses verhindert (zur Prozessualität systemischer Zusammenhänge s.u., S. 52f.).

›Verstehen‹ impliziert dabei keinen Zugang zum jeweils psychisch ›Gedachten‹, sondern zeigt als solches nur an, *dass* eine Unterscheidung zwischen Information und Mitteilung stattgefunden hat. Die Verstehensselektion bleibt damit, ebenso wie die Mitteilungs- und die Informationsselektion, auf Vorgänge innerhalb einer Kommunikation bezogen (s. Luhmann, 1986/2004, S. 60).

Eine Folge dieses innerkommunikativen Verstehensbegriffes ist eine Art ›Neutralisation‹ von Missverständnissen: Sobald ein ›Missverstehen‹ einen weiteren kommunikativen Anschluss generiert – und ohne dieses Anschließen wäre die Kommunikation beendet und damit auch das Missverständnis nicht als solches zu deuten – liegt, unabhängig davon, wie sehr das Kommunizierte den Intentionen der Gesprächsteilnehmer entspricht, eine Unterscheidung von Information und Mitteilung und damit eine Form von ›Verstehen‹ vor. Vor dem Hintergrund einer systemtheoretischen Kommunikationstheorie erfordert die Identifikation eines Falschverstehens – etwa im Zusammenhang mit zwischenfachlichen Bedeutungsdifferenzen (vgl. hierzu z.B. die Überlegungen zur je unterschiedlichen kommunikativen Positionierung des ›Kunstwerk‹-Begriffes, s.u., S. 115–118) – deshalb einen Beobachter ›höherer Ordnung‹, der die einzelnen Momente nachträglich trennt, ohne dabei selbst zu einer letztgültigen Gewissheit zu gelangen (s. Luhmann 1986/2004, S. 60f. bzw. ders. 1984, S. 196 oder 217f.).[75]

Abgesehen davon wird vor dem Hintergrund dieses konstruktivistischen Kommunikationsmodells plausibel, weshalb im Rahmen der systemtheoretischen Kommunikationstheorie der Begriff der *›Unwahrscheinlichkeit‹* eine so große Rolle spielt: ›Unwahrscheinlich‹ ist nach Luhmann *jede* Kommunikation, und zwar unabhängig von ihrer empirischen ›Normalität‹, sofern ontologische Vorannahmen und epistemologische Voraussetzungen wie etwa eine gemeinsame ›intersubjektive‹ Kommunikationsbasis oder – eine auch für Bewusstseinsoperationen relevante Bestimmung – die Annahme eines direkten Zugangs zu Gegenständen des Erkennens theoretisch ausgeklammert bleiben (s. Luhmann, 1981/2009).

Systemvorgänge stellen sich unter dieser Voraussetzung generell als *kontingente* bzw., im Fall sozialer Systeme, sogar als *doppelt kontingente*[76] Prozesse dar, die trotz der Erwartungen, welche man berechtigter Weise an sie stellen kann, jeder absoluten Notwendigkeit entbehren.

Hinzu kommt, dass die Luhmannsche Systemtheorie als Gesellschaftstheorie nicht nur solche Kommunikationsvorgänge im Blick hat, bei denen eine ›räumliche Anwesenheit‹ der Teilnehmer festzustellen ist, sondern sich insbesondere für Kommunikationsprozesse von *funktionssystemischer Größe* interessiert – Prozesse also, die sowohl

---

75   Vgl. hierzu aber auch die Kritik an einer solchen ›Normalisierung‹ potentieller Systemstörungen weiter unten, S. 59.

76   Da dort nicht nur *ein* psychisches System Umwelt beobachtet, sondern *beide* Kommunikationsteilnehmer in einem *wechselseitigen* Kontingenzverhältnis stehen, wird die Wahrscheinlichkeit, dass sich Kommunikation ereignet noch zusätzlich verringert. S. hierzu auch Luhmann, 1984, S. 148–190.

zeitlich als auch räumlich und sozial ungewöhnlich ›weit‹ angelegt sind. Zusätzlich zur Unsicherheit darüber, ob »einer überhaupt *versteht, was der andere meint«* (Luhmann, 1981/2009, S. 30), spielen deshalb eine »zweite« und eine »dritte Unwahrscheinlichkeit« eine zentrale Rolle, die »sich auf das *Erreichen* von Empfängern« bzw. den »*Erfolg«* (ebd., S. 31) einer Kommunikation beziehen.

Als ein zentrales Theorieelement, das eine Art Verbindung zwischen Kommunikationstheorie und Gesellschaftstheorie herstellt, macht Luhmann an dieser Stelle neben dem die Erreichbarkeit sichernden ›Verbreitungsmedium‹ Schrift (s. Luhmann, 1997, S. 249–290) sogenannte ›*symbolisch generalisierte Kommunikationsmedien‹* oder auch ›*Erfolgsmedien‹* aus (s. ebd., S. 316–396).

Für die Analyse musikpädagogisch/-theoretischer Beziehungsprobleme sind diese Medien vor allem mit Blick auf die für diese Fächerverbindung relevanten gesellschaftlichen Kontexte von Bedeutung: Geht man davon aus, dass Musikpädagogik und Musiktheorie zu einigen Gesellschaftsbereichen dichtere Verbindungen aufweisen als zu anderen, so rücken analytisch gesehen besonders diejenigen Strukturangebote in den Vordergrund, die speziell von den dort zugehörigen Kommunikationsmedien bereitgestellt werden.

Generell ist mit der Unterscheidung ›*Medium/Form‹* eine derjenigen ›Ausgangsdifferenzen‹ im Rahmen der systemtheoretischen Theoriearchitektur angesprochen, die als ›wiedereintrittsfähige‹ Unterscheidung auf verschiedenen Ebenen erscheinen und damit ähnlich basal gelagert sind wie die Unterscheidung zwischen System und Umwelt (s. Luhmann, 1995a, S. 166–170). Systemisches Operieren stellt sich vor dem Hintergrund der Medium/Form-Differenz als eine je aktuelle Formbildung innerhalb eines diese Formbildung erst ermöglichenden Mediums dar. Denkbar wird es auf diese Weise z.B., im Medium der ›Töne‹ gebildete Formen, wie etwa Melodien oder harmonische Wendungen, auf einer anderen Ebene selbst als Medium für neue Formbildungen zu betrachten oder Wörter einerseits als Formen im Medium ›Sprache‹, andererseits als Medium für satzartige Gestaltungen zu beobachten (s. ebd., S. 172f. bzw. Kreidler, 2007). Ähnlich wie der Strukturbegriff impliziert also auch der Begriff des Mediums anstelle vorgängiger und ›letzter‹ Elemente, die zur anschließenden Kombination zur Verfügung stünden, lediglich eine historisch besonders erfolgreiche Ansammlung ›lose gekoppelter‹ Elemente, die sich immer wieder neu zu zeitlich instabileren, dafür aber strukturell ›fester gekoppelten‹ Formen verbinden (s. Luhmann, 1995a, S. 167–171).

Eine Art ›Stoppregel‹ führt Luhmann lediglich beim *Basismedium ›Sinn‹* ein (s. z.B. Luhmann, 1984, S. 92–147 oder ders., 1997, S. 44–60): Trotz der prinzipiellen Fähigkeit der Medium/Form-Differenz, in sich selbst wiedereinzutreten, verschließt sich dieses Medium ab einem bestimmten Punkt jeder weiteren Auffächerung. Betroffen sind davon nicht ›hohe‹ Beobachtungsebenen – komplexere Sinnbildungen in immer komplexer werdenden sinnbasierten Medien sind prinzipiell endlos denkbar –, sondern das Rückverfolgen der entsprechenden Differenz in die Tiefe: Hier ist durch die unhintergehbare Sinnbasis eine allen sozialen wie psychischen Systemen gemeinsame Ausgangslage gegeben, die sich Luhmanns theoretischem Setting nach nicht selbst wiederum als eine ganz bestimmte Form beobachten« lässt. Ein Über- bzw. ›Unterschreiten‹ dieser Ebene ist daher nicht vorgesehen (s. Luhmann, 1984, S. 92f. oder

50

ders., 1997, S. 92–96). Obwohl der Sinnbegriff ansonsten vergleichsweise ›neutral‹ bleibt,[77] wird durch seine Einführung »als ›differenzlosen‹ Begriff« (Luhmann, 1984, S. 93) jeder ›Nicht-Sinn‹ von vornherein exkludiert, sodass – ähnlich dem systemtheoretischen Verstehensbegriff – selbst die Negation von Sinn noch innerhalb des Sinnmediums stattfindet und das Beobachten von ›Sinnexzessen‹ schon allein aufgrund des stets sinnhaften Prozessierens der ›Sinnsysteme‹ verhindert wird (zur Problematik einer solchen Sinntheorie s. Stäheli, 2000a, S. 64–92).

Die Besonderheit ›*symbolisch generalisierter Kommunikationsmedien*‹[78] besteht nun darin, dass sie – anders als etwa Schrift oder Sprache – jeweils nur die Kommunikation innerhalb eines einzigen Funktionssystems betreffen.[79] Sie tragen dabei nicht nur dazu bei, dass Kommunikationszusammenhänge auch dann noch als solche erkennbar bleiben, wenn die konkreten Zusammenhänge stark variieren, sondern sie sorgen darüber hinaus vor allem für eine höhere Annahmewahrscheinlichkeit kommunikativer Ereignisse (s. Luhmann, 1997, S. 316).[80] So regelt z.B. das Erfolgsmedium ›Geld‹ wirtschaftliche Transaktionen unabhängig vom realen Wert der dabei in Anspruch genommenen Scheine und Münzen (s. ebd., S. 383), ähnlich wie etwa das politische Medium ›Macht‹ dazu beiträgt, dass kollektiv bindende Entscheidungen getroffen werden (s. ebd., S. 355–358).

Auffallend sind dabei jedoch grundlegende Differenzen hinsichtlich der jeweils vorherrschenden Medien*typik* (s. hierzu auch Lehmann, 2005): Anders als etwa das Wissenschaftsmedium ›Wahrheit‹, das, der obigen Beschreibung entsprechend, durch Generalisierbarkeit und eine hohe Stabilität charakterisiert ist, zeichnen sich z.B. ›Kunst‹ und ›Liebe‹ durch eine eher fragile Form der Medienbildung aus. Diese Medien

> »setzen ihren Ehrgeiz darein, *nicht technisierbar* zu sein, und sie verstehen das nicht als ein Defizit, sondern als ihre besondere Eigenart. […] Es ist denn auch kein Zufall, dass in diesen beiden Fällen das Allgemeine am *Besonderen* betont wird – in der Liebe am besonderen Subjekt, in der Kunst am besonderen Objekt. Historisch gesehen verstärkt sich ab dem 18. Jahrhundert dieser Kontrast als Reaktion auf die Entwicklung von technisierten Medien, und eine der Folgen ist, dass die gegenstrukturell gebildeten Medien Liebe und Kunst auf einige der Merkmale der anderen Medien verzichten müssen, vor allem auf gesicherte Systembildungsfähigkeit.« (ebd., S. 368)[81]

---

77 Ablesen lässt sich dies z.B. an der Distanz, die Luhmann zu einem »emphatischen, gegen bloße Natur abgrenzbaren« (Luhmann, 1997, S. 93, Fn. 2a) Sinnverständnis einnimmt.

78 Als ›*symbolisch* generalisiert‹ bezeichnet Luhmann die entsprechenden Medien, um sie normalsprachlicher Kommunikation gegenüberzustellen und zu kennzeichnen, dass jene »eine Differenz überbrücken und Kommunikation mit Annahmechancen ausstatten. Sie begnügen sich nicht, wie die Sprache, damit, unter hochkomplexen Bedingungen und einer erst ad hoc gewählten Kommunikation hinreichendes Verstehen sicherzustellen.« (Luhmann, 1997, S. 319).

79 Zur Sprache als ›Mehrsystemereignis‹ s. Stäheli, 2000a, S. 154 bzw. zur systemtheoretischen Sprachtheorie generell s. ebd., S. 131–137.

80 Deutlich wird hier daneben die grundsätzlich *nichtlinguistische* Anlage des Luhmannschen Kommunikationsbegriffes (zur Unterscheidung von ›Kommunikation‹ und ›Sprache‹ s. z.B. Luhmann, 1997, S. 82, Fn. 110).

81 Der Philosoph und Kunsttheoretiker Harry Lehmann (s. Lehmann, 2005) hat diese von Luhmann beschriebenen ›*Gegensätze in der Medien-Semantik*‹ (Luhmann, 1997, S. 984–989) zum Aus-

Setzt man diese medialen Differenzen in Bezug zu den nachfolgenden Beobachtungen, so sind sie schon allein deshalb von Belang, weil diese von Verbindungen des musikpädagogischen und musiktheoretischen Kommunizierens sowohl zum Wahrheitsmedium der Wissenschaft als auch zu fragileren Prozessen ausgehen, wie Luhmann und Lehmann sie unter anderem für das Kunstsystems beobachten (vgl. hierzu besonders weiter unten, S. 116). Noch vor jeder näheren Untersuchung wird dann eine gesellschaftliche Positionierung deutlich, die dafür sorgt, dass die beiden Fächer in strukturell grundlegend verschiedene Kommunikationskontexte involviert sind.

2.2.2 Offene Geschlossenheiten

»Die folgenden Überlegungen gehen davon aus, dass es Systeme gibt.« (Luhmann, 1984, S. 30) Dieser viel zitierte erste Satz des ersten Kapitels von ›Soziale Systeme‹ schafft einen ungewöhnlichen Einstieg in einen ersten systematischen Aufriss eines Theoriegebäudes.[82] Nicht etwa mit der ersten Unterscheidung zwischen einem System und dessen Umwelt[83] oder der Klärung epistemologischer Vorbedingungen beginnt Luhmann seinen ›Grundriss einer allgemeinen Theorie‹, sondern mit dieser pragmatisch wirkenden Setzung, die klingt, als hätte man das Wichtigste bereits verpasst.

Dass dieser erste Satz jedoch keine Hinweise auf erkenntnistheoretische Unachtsamkeiten gibt oder gar einen Rückfall in ontologisch unreflektiertes Denken erkennen lässt, wie Kritiker bisweilen mutmaßen,[84] wird deutlich, sobald man seine

---

gangspunkt einer Unterscheidung zwischen ›normalen‹ und ›stabilen‹ *Kommunikationsmedien* (in Wirtschaft, Wissenschaft, Recht, Politik) und ›besonderen‹, weniger stabilen ›*Humanmedien*‹ (in Kunst, Liebe, Religion, Philosophie) gemacht (s. Lehmann, 2005, S. 135–289). Bei letzteren »geht es um eine gezielte Rückfrage bei den Subjekten, die sich auf eine Kommunikation in diesen Medien einlassen.« (ebd., S. 244). Trotz der mitunter einleuchtenden Argumentationen (vgl. hierzu z.B. Lehmanns Überlegungen zur Kunstfunktion, dargelegt weiter unten, S. 122f.), erweisen sich Lehmanns Ausführungen jedoch insofern als problematisch, als dieser zwar sämtliche von Luhmann thematisierten Funktionsbereiche entsprechend gruppiert, das Erziehungssystem hingegen komplett ausspart. Auch ohne an dieser Stelle eine ausführlichere Untersuchung anzustellen, lässt sich dies nicht zuletzt als ein Zeichen dafür lesen, dass die dortigen Verhältnisse eine entsprechende Zuordnung – und damit eine ›Zweiteilung‹ der Gesellschaft im Lehmannschen Sinne – zumindest erschweren (s. hierzu auch die Überlegungen zur erziehungssystemischen Binnendifferenzierung weiter unten, S. 95). Nahe liegt es deshalb, die Lehmannschen Beobachtungen zwar aufzugreifen, sich von seiner »Philosophie der Systemtheorie« (s. Lehmann, 2005, S. 289–357) jedoch bereits dann abzugrenzen, wenn sie eine Unterscheidung in ›Kommunikations-‹ und ›*Reflexionssysteme*‹ voraussetzt (s. ebd., S. 82–85).

82 Die ›*Sozialen Systeme*‹ markieren den Beginn der mittleren Schaffensphase Luhmanns und bilden in dessen Augen sogar den Anfang dessen, was über die »Null-Serie der Theorieproduktion« (Luhmann, 1987, S. 142) hinausgeht (s. Nassehi, 2012a, S. 163).

83 Vorgestellt hat er die System/Umwelt-Unterscheidung aber bereits im Rahmen der theoriegeschichtlich angelegten ›*Einführung*‹ zum ›*Paradigmawechsel in der Systemtheorie*‹ (vgl. Luhmann, 1984, S. 22).

84 So berichtet Nassehi im Vorfeld seiner Auseinandersetzung mit dem ›*ontologischen und epistemologischen Status*‹ der Luhmannschen Theorie (vgl. Nassehi, 1992): »Aus (radikal-)konstruktivistischer Sicht analytischer Systemtheorien wird Luhmanns Realitätsunterstellung sozialer Systeme mit dem Vorwurf der erkenntnistheoretischen Naivität quittiert.« (ebd., S. 44).

52

theoriestrategische Funktion in den Blick nimmt: Die Pragmatik der Feststellung ist Programm, weist sie doch darauf hin, dass zu dem Zeitpunkt, an dem die ›Überlegungen‹ einsetzen, ›immer schon‹ ein systemisches Geschehen stattfindet (s. ebd., S. 16 bzw. Nassehi, 2009, S. 296). Ein analytisches ›Stillstellen‹ ist zwar nicht ausgeschlossen, erfordert aber eine eigens zu erbringende Beobachterleistung. Die Systemtheorie lässt sich damit bereits auf einer grundlegenden theorietechnischen Ebene als ›*Praxistheorie*‹ begreifen, (s. Nassehi, 2009, S. 296) deren zentrales Kennzeichen das Beobachten operativer Prozesse darstellt.

Da Systeme aus dieser Perspektive als dynamische Ketten zeitlich fixierter Ereignisse betrachtet werden, die mit ihrem Sich-Ereignen bereits wieder zerfallen, lassen sich keine festen äußeren Systemgrenzen angeben. Beobachtbar sind lediglich systemspezifische Operationsweisen, die dadurch zustande kommen, dass das jeweilige System bei jedem Operieren auch auf die eigenen Operationen Bezug nimmt (s. Luhmann, 1984, S. 70–83). Strukturen sind in einer solchen Anordnung nur im Sinne einer Wiederholung gleichartiger Systemereignisse denkbar, so dass zwar Erwartungen möglich werden, dabei aber keine determinierte Entwicklung vorliegt (s. ebd., S. 73–75).

Ein systemtheoretisch perspektiviertes Beobachten musikpädagogisch/-theoretischer Beziehungsprobleme geht dementsprechend zwar von der Manifestation bestimmter, in ähnlicher Weise wiederkehrender Kommunikationsmuster aus – sei es im Rahmen der zwischenfachlichen Beziehung, innerhalb eines Einzelfaches oder auch, in Anknüpfung an die Luhmannschen Gesellschaftsanalysen, innerhalb eines Funktionsbereiches – argumentiert dabei jedoch nicht mit ontologisch vorgeordnete Systemstrukturen oder einer wie immer zu legitimierenden Fachsystematik.

Zentral ist in diesem Zusammenhang die Kombination aus einer *operativen* Form der *Geschlossenheit* und einer grundsätzlichen *Offenheit* gegenüber der systemischen Umwelt.[85] Nur unter der Voraussetzung, dass Systeme sich in ihrer Operationsweise separieren, ist es ihnen möglich, sich auf Systemfremdes zu beziehen, ohne damit zu verschmelzen (s. Nassehi, 2003, S. 14). Gleichzeitig, so die Erläuterung Nassehis,

> »geht [es] bei *operativer Geschlossenheit* nicht um Beziehungslosigkeit von Systemen, nicht darum, dass etwa Funktionssysteme oder Organisationen autonom in dem Sinne seien, dass sie unabhängig voneinander agieren könnten, mithin also *frei* wären. Das wäre soziologischer Unsinn – ein Unsinn freilich, auf den man nur kommen kann, wenn man den Gedanken der *Geschlossenheit* nicht in den Rahmen einer *operativen* Theorieanlage stellt.« (ebd., S. 15, Hv.i.O.)

Die Systemtheorie zeichnet gesellschaftliche Teilsysteme demnach als Geschlossenheiten, die ohne äußere Einflüsse, wie etwa Bewusstseinsoperationen, körperliche Wahrnehmungsprozesse oder auch andere Sozialzusammenhänge, gar nicht auskommen, dabei aber als *autopoietische* Komplexe die Elemente, aus denen sie bestehen,

---

Ähnlich stellen aber auch Joas und Knöbl fest: »Was mit [...] Bewährung an Wirklichkeit gemeint ist, bleibt unklar und erinnert eher an eine dogmatische Setzung« (Joas & Knöbl, 2004, S. 380).

85 Joas und Knöbl sprechen hier von einer ›physikalischen‹ Offenheit (s. Joas & Knöbl, 2004, S. 381).

selbstgesteuert generieren. Geht man also z.B. von Kopplungen zwischen Wissen-
schafts- und Erziehungssystem aus, deren Folge unter anderem das Bearbeiten
wissenschaftlicher Erkenntnisse in erzieherischen Zusammenhängen ist (s.u.,
S. 70–78), so sorgt die spezifische Operativität des Erziehungssystems für eine speziell
›erzieherische‹ Einbettung der entsprechenden Informationen.

Umstritten ist dabei unter den Rezipienten der Luhmannschen Systemtheorie, inwieweit das Moment der Autopoiesis im Vergleich zur differenztheoretischen Anlage
der Theorie eine Art Rückschritt darstellt: Kritiker werfen Luhmann unter anderem
vor, indem er Theoriefiguren wieder aufgreife, bei denen anstelle einer ›Differenz‹ die
(System-)Identität‹ am Anfang stehe, tradiere er implizit subjektphilosophisches Gedankengut (vgl. Habermas, 1971, S. 188).[86] So konstatiert etwa Michael Wimmer, in
der »Systemtheorie von Luhmann« habe »das System«, das

> »die Unterscheidungen macht oder setzt, zuerst die zwischen System und Umwelt, also
> analog derjenigen zwischen Ich und Nicht-Ich [...] die Funktionsstelle des vormals trans-
> zendentalen Subjekts« (Wimmer, 2006, S. 353)

inne. Ähnlich erörtert Werner Friedrichs eine Lesart, bei der »das *idealistische* Subjekt
in einem autopoietischen System« (Friedrichs, 2008, S. 209, Hv.VW.) aufgehoben sei:

> »Solchermaßen zugespitzt stellt sich die Frage, ob die Theorie autopoietischer Systeme
> nicht lediglich neuen Wein in alte Schläuche füllt; die Infragestellung fixer Grenzen
> kannte auch schon die idealistische Philosophie.« (ebd.)

Darüber hinaus wären hier Einwände anzuführen, die speziell auf die autopoietische
Konzeption psychischer Systeme (s. Luhmann, 1987/2008) bzw. daraus abgeleitete
pädagogische Folgerungen zielen. So weist z.B. Jürgen Vogt auf Probleme hin, die in
lern- und bildungstheoretischer Hinsicht entstünden, sobald »man die Bildungssemantik radikal-konstruktivistisch auf Autopoiesis umcodiert« (Vogt, 2001, S. 249, Fn. 76):

> »Wird das Subjekt zum autopoietischen System erklärt, so entsteht die Paradoxie, dass es
> seine eigenen Systemgrenzen selbst setzt, also die Regeln, nach denen es sich von seiner
> Umwelt absetzt, selbst erzeugen muss. Dies verleitet dann die Pädagogik, nach den ›Re-
> geln der Transformation‹ zu fragen, ›aufgrund derer ein Organismus sich selbst konzi-
> piert‹, um daran anschließend diejenigen Mechanismen zu beseitigen oder zumindest zu
> bekämpfen, die einer solchen Selbstorganisation im Wege stehen (Lenzen 1996, S. 65).
> [...] Von solchen Tendenzen ist auch die Musikpädagogik nicht frei. Während einerseits
> der ›Tod des Subjekts‹ herbeizitiert wird, wird andererseits unbefangen von der *musikbe-
> zogenen ›Schöpfungsarbeit des eigenen Ich‹* und einem *›Entwurf des Selbst‹*
> (Schläbitz 1998, S. 177) gesprochen, als handele es sich bei diesem ›schöpfenden‹ und
> ›entwerfenden‹ Nicht-Subjekt um eine *causa sui* oder um einen ›ersten Beweger‹.« (ebd.,
> Hv.i.O.)

Der Bildungstheoretiker Ludwig Pongratz wiederum mahnt an, »auf feine Begriffsver-
schiebungen zu achten«, die der »(neoliberale) Tiger im (konstruktivistischen) Tank«
(Pongratz, 2009, S. 174) mit sich bringe:

---

86 Luhmann selbst schlägt »die Differenz von Identität und Differenz« als »neue Leitdifferenz«
    (Luhmann, 1984, S. 26) vor und weist dabei explizit auf den Unterschied zur »dialektischen Tra-
    dition« hin (s. ebd., Fn. 19).

54

»Sie kommen z.B. in der sozio-technischen Instrumentierung des konstruktivistischen Vokabulars zum Ausdruck, etwa in der feinen, aber folgenreichen Verschiebung vom aufklärerisch fundierten Begriff der ›Selbststeuerung‹. Die seit den 80er Jahren politisch entschieden forcierte Implementation von Marktmechanismen im Bildungsbereich braucht ihre ideologische Überhöhung, um die realen Zunahmen von Friktionen und Repressionen in einem anderen Licht erscheinen zu lassen. Zwar wird nun niemandem mehr der ›Marschallstab im Tornister‹ versprochen, aber dass jeder als ›autopoietisches System‹ zum unverwechselbaren Urheber seines eigenen Lernerfolgs werden kann und muss – das ist die neoliberale Botschaft des Konstruktivismus.« (ebd.)

Ähnlich wie dies im Zusammenhang mit der Frage nach möglichen Beschreibungsstilen deutlich wurde, sind diese Einwände sowie das in ihnen Beschriebene für die nachfolgenden Beobachtungen in erster Linie ex negativo von Interesse. Entscheidend ist der jeweils zugrunde gelegte Systembegriff: Setzte man z.B., wie es die zitierte Kritik überwiegend suggeriert, die an das Erziehungssystem gekoppelten psychischen Systeme der Lernenden oder auch innergesellschaftliche Kommunikationszusammenhänge wie etwa den musikpädagogischen und den musiktheoretischen Fachdiskurs mit sich ausschließlich selbst erschaffenden und sich in einer vorweg festgelegten Weise fortschreibenden Systemkomplexen gleich, so stellte sich nicht nur aus pädagogischer Sicht die Frage nach dann noch verbleibenden Möglichkeiten des Intervenierens. Gerade mit Blick auf die *Gestaltung* der musikpädagogisch/-theoretischen Fächerbeziehung (s. dazu vor allem Kapitel 4 der vorliegenden Arbeit) wäre also zu fragen, ob die Systemtheorie rein technisch gesehen dafür überhaupt die nötigen Spielräume eröffnet bzw. inwieweit sie der Gesellschaft und den in ihr lebenden Personen ebendiese Spielräume als Potential unterstellt.

Aufgreifen lassen sich in Anbetracht dieser Problemlage erneut die ›dekonstruktiven Lektüren‹ Urs Stähelis (Stäheli, 2000a) sowie die damit verbundenen ›Verschiebungen‹ einzelner systemtheoretischer Theoriemomente.[87] Methodisch gesehen steht dann die Lokalisation theorietechnischer ›Abschlussformeln‹ oder ›Letztbegriffe‹ im Zentrum (s. Stäheli, 2000a, passim), die sich gerade wegen ihres abschließenden Charakters als potentielle Öffnungen für dekonstruktive Einschreibungen und infolgedessen auch für andere als die von Luhmann favorisierten Theorietechniken deuten lassen (s. ebd., S. 17–21).

Stäheli macht dabei zuerst bestimmte ›Gabelungen‹ innerhalb der Theoriearchitektur sichtbar – Theoriestellen also, an denen Luhmann sich entweder für genau einen Weg entschieden hat, obwohl theorielogisch auch andere möglich gewesen wären, oder an denen er in seinen Aussagen hinsichtlich der gewählten Deutung schwankt –, bevor er im Anschluss daran andere als die von Luhmann hegemonial gewählten Artikulationsvarianten auf ihre theorietechnischen Folgen hin untersucht (s. ebd.).[88]

---

87 Stäheli weist dabei explizit auf den Unterschied hin, der zwischen seiner Lektürestrategie und der Luhmannschen Art die Dekonstruktion zu beobachten, bestehe. Diese werde bei Luhmann »häufig allzu zwanglos in den eigenen ›supertheoretischen‹ Horizont ein[ge]fügt« (Stäheli, 2000a, S. 13). Vgl. hierzu auch Luhmanns Ausweis der *›Dekonstruktion als Beobachtung zweiter Ordnung‹* (Luhmann, 1995d).

88 Inwieweit diese »*parasitäre* Lektürestrategie« (Stäheli, 2000a, S. 19) Stähelis bzw. die ihr folgende ›poststrukturalistische Information‹ der Systemtheorie (s. ders., 2008, S. 108) damit bereits im

Angesprochen ist hier also nicht nur ein mehr oder weniger eklektisches Herausgreifen einzelner systemtheoretischer Begriffe und Denkmodelle, die als solche vielleicht mit alternativen als den von Luhmann vorgeschlagenen Denkweisen zu kombinieren wären, sondern gemeint sind Veränderungen des systemtheoretischen Theoriekomplexes an einzelnen und architektonisch gesehen nicht beliebigen ›Stellen‹, in Verbindung mit einer Prüfung der damit einhergehenden Folgen für die übrigen Theorieteile.

Eine zentrale Rolle spielt in diesem Zusammenhang das systemtheoretische Konzept des ›Selbstbeobachtens‹ (s. ebd., S. 46–53). Analog zu den im gesellschaftstheoretischen Kontext thematisierten Unterschieden in der Deutung semantischer Prozesse bzw. analog zu der dort rezipierten Diskussion um das Verhältnis zwischen gesellschaftlichen Selbstbeschreibungen und sozialstrukturellen Entwicklungen stellt sich aus theorielogischer Perspektive die Frage nach der Funktion des Selbstbeobachtens für das je operierende System.

Von Bedeutung ist diese Frage insofern, als der Bezug auf die je eigene (System-)Einheit zwangsläufig eine paradoxale Struktur aufweist: »Die Beobachtung des Einen im Einen müsste [...] das, was sie ausschließt (das, wovon sie das Bezeichnete unterscheidet), einschließen.« (Luhmann, 1990, S. 716). Anknüpfen lässt sich hier an das Formenkalkül, das Luhmann von George Spencer-Brown übernimmt (s. Spencer-Brown, 1969 bzw. Luhmann, 1990, S. 374–383). Eine Unterscheidung konstituiert sich demnach aus einer ersten Operation der Grenzziehung und einer zweiten Operation, die ebendiese Grenzziehung beobachtet:

> »Eine Unterscheidung markiert einen Bereich und wird dann in das durch sie Unterschiedene wiedereingeführt. Sie kommt dann doppelt vor: als Ausgangsunterscheidung und als Unterscheidung in dem durch sie Unterschiedenen. Sie ist dieselbe und nicht dieselbe. Sie ist dieselbe, weil der Witz des re-entry gerade darin besteht, dieselbe Unterscheidung rekursiv auf sich selbst anzuwenden; sie ist eine andere, weil sie in einen anderen, in einen bereits unterschiedenen Bereich eingesetzt wird.« (Luhmann, 1990, S. 379f.)

Für die Differenz System/Umwelt bedeutet dies eine Verdopplung, so dass der »Unterschied« einmal als ein »*durch* das System *produzierter*« (Luhmann, 1997, S. 45, Hv.i.O.), das andere Mal als ein »*im* System *beobachteter*« (ebd., Hv.i.O.) in Erscheinung tritt, so als ob das System das mit der Grenzziehung Ausgeschlossene mit in den Blick nehmen könnte.

Plausibel werden die Schwierigkeiten einer solchen durch Selbstbeobachtung verursachten Paradoxie, sobald nicht nur abstrakt die je verfehlte Systemeinheit zum Thema wird, sondern man das Problem an dem die Systemeinheit ›repräsentierenden‹ (s. ders., 1995, S. 317) System*code* exemplifiziert (s. Stäheli, 2000a, S. 48–50 und ebd., S. 252–254). Mehr noch als im Zusammenhang mit der primär systemgenetisch

---

systemtheoretischen Theoriehorizont angelegt ist – inwieweit die eingangs zitierten Einwände letztlich also berechtigt sind – ist dabei ebenso schwer zu beantworten wie die weiter oben aufgeworfene Frage nach der Theorieimmanenz pädagogisch-ethischer Selbstbeschreibungen. Entscheidend ist für den vorliegenden Zusammenhang jedoch das Zurückweisen von Lesarten, die der Luhmannschen Systemtheorie und darauf basierenden Beobachtungen totalisierende Tendenzen unterstellen (vgl. dazu auch Stäheli, 2000a, S. 18).

interessanten »Ausgangsdifferenz« (Luhmann, 1984, S. 23) System/Umwelt[89] wird die Frage nach der Identität eines Systems dann auch inhaltlich in einer Weise greifbar, die erkennen lässt, wie basal selbst ausdifferenzierte Funktionssysteme von ansonsten eher formal erscheinenden Paradoxieproblemen betroffen sind.

Die Grundschwierigkeit besteht dabei darin, dass die Selbstanwendung einer Codierung eine Form von Kontingenz offenlegt, die mit systeminternen Kriterien nicht zu bearbeiten ist. So kann z.B. die sich im Kontext des Rechtssystems stellende Frage, ob der Code recht/unrecht selbst als rechtmäßige oder unrechtmäßige Differenz zu gelten hat (s. Stäheli, 2000a, S. 50), oder die im politischen Kontext virulente Frage danach, wie z.B. eine »Demokratietheorie [...] ein Herrschaftsverhältnis zwischen dem Souverän und sich selbst« (Nassehi, 2003, S. 44) erreicht, vom jeweils zur Diskussion stehenden System ebenso wenig beantwortet werden, wie dies für das Kunstsystem und die dort relevante Frage nach der ›Schönheit‹ der Differenz ›schön/nicht-schön‹ gilt.

Steht beispielsweise zur Diskussion, inwieweit bestimmte Musikstile *überhaupt* dem Kunstsystem zuzurechnen sind bzw. inwieweit deren Zurechnung grundlegende Veränderungen der für das Kunstsystem zentralen Maßstäbe zur Folge habe, so betrifft dies Entscheidungen, die mit den bis dato gegebenen kunstspezifischen Kriterien nicht zu treffen sind (vgl. hierzu besonders die Ausführungen zur ›*Musik der Kunst*‹ weiter unten, S. 110–118).[90]

Erzeugt wird durch das ›Auf-sich-selbst-Treffen‹ des Codes also eine ›*Unentscheidbarkeit*‹ (s. Luhmann, 1997, S. 179 bzw. Stäheli, 2000a, S. 232f.), von der man zum einen erwarten könnte, dass sie das weitere Operieren des betreffenden Systems wenigstens behindert, die zum anderen aber auch auf ein an der Herbeiführung einer Entscheidung beteiligtes Systemäußeres verweist.

Luhmanns Theoriestrategie dagegen besteht darin, derartige Sinnbrüche als ›*Reflexionsprobleme*‹ auszuweisen, die erst für einen aus Perspektive der klassischzweiwertigen Logik agierenden Beobachter relevant sind:

> »Im Moment genügt die Feststellung, dass damit nicht die autopoietische Operation, sondern nur deren Beobachtung in Schwierigkeiten gerät.« (Luhmann, 1997, S. 91)

Stäheli zufolge erfordert dies einerseits die Annahme einer basalen Form von Operativität, die, obwohl ›beobachterfrei‹ prozessierend, in einer Weise selbstreferentiell gebaut ist, dass systemzugehörige Anschlüsse möglich werden, andererseits die Installation eines Beobachters, der, anstatt in die basalen Systemstrukturen involviert zu sein, lediglich für optionale Komplexitätssteigerungen sorgt (s. Stäheli, 2000a, S. 51f. und 277).[91] Der Effekt sei eine ›immer schon‹ operierende ›sozio-logische‹

---

89   Als ›Ausgangs-‹ oder ›Leitdifferenzen‹ bezeichnet Luhmann diejenigen basalen und paradigmatischen Unterscheidungen, die steuern, wie Information verarbeitet wird (s. Luhmann, 1984, S. 19).

90   Theorielogisch ähnlich problematisch ist das Aufeinandertreffen zweier unterschiedlicher Codierungen innerhalb eines Systems, wie Luhmann es z.B. für Politik (Regierung/Regierte bzw. Regierung/Opposition, s. Luhmann, 2000), Wissenschaft (wahr/unwahr bzw. Reputation/ohne Reputation, vgl. ders., 1990, S. 245–251) und Erziehung (besser/schlechter bzw. vermittelbar/nichtvermittelbar, s.u., S. 95) beschreibt (s. Stäheli, 2000a, S. 255–261).

91   Gleichzeitig merkt Luhmann andernorts jedoch an, ›Selbstbeobachtung‹ im Sinne einer Identitätsreflexion scheine notwendig für die Systemkonstitution zu sein (s. z.B. Luhmann, 1984, S. 234).

Systemebene,[92] die von einer paradoxalen »Bedrohung« (ebd., S. 277) weitgehend unbehelligt bleibe und die entsprechenden Konstellationen im Rahmen ›zeitweiser Entparadoxierungen‹ sogar produktiv werden lasse (s. Nassehi, 2003, S. 73–79 oder ders., 2009, S. 295f.).

Eine ähnliche Strategie macht Stäheli nun im Zusammenhang mit dem ebenfalls potentiell systembedrohenden Moment systemischer ›Irritation‹ aus (vgl. hierzu besonders die Überlegungen zur Irritation der Wissenschaft durch von außen an sie herangetragene Leistungsanforderungen, s.u., S. 76 sowie zur Provokation gesellschaftlicher Selbstbeschreibungen durch irritierende künstlerische Formbildungen, s.u., S. 122f.). Als ›irritierend‹ begreift Luhmann zunächst »alles, was erfahren wird, aber noch nicht spezifizierbar ist« (Luhmann, 1990, S. 307), oder auch eine Art Zwischenphase bzw. ein »Zeitverhältnis« (ebd.), während dessen ein System bereits einen gewissen Bezug zu etwas ihm Äußeren hat, das Außenstehende aber erst noch als systematisierte Information aufnehmen und in die eigenen Systemprozesse einspeisen muss (s. auch ebd., S. 40f.). Bis dahin könne das betreffende System nur eine nicht näher klassifizierte ›Störung‹ konstatieren, also »momentane interne Konstruktionen von Umwelteinwirkungen« (ebd., S. 307) anfertigen, »die noch nicht als Information bearbeitet werden können.« (ebd.). In diesem »Zwischenzustand« (Stäheli, 2000a, S. 45), so die damit noch weitgehend konforme Beschreibung Stähelis, ist dieses ›Außen‹ für das System nur als eine Art ›Lärm‹ wahrnehmbar, der in seiner Geräuschhaftigkeit lediglich anzeigt, *dass* da ›etwas‹ ist:

> »Der irritierende Lärm vor meiner Tür stellt sich als das Klopfen des Postboten heraus. Würde nicht die Sinnmöglichkeit bestehen, dass ›Klopfen‹ zum Beispiel die Gegenwart einer Person, die eintreten möchte, signalisiert, bliebe der Lärm sinnlos (gerade weil er zu viele Informationen erzeugt!) Bevor ich aber aus diesem Lärm Sinn machen kann, bleibt ein Moment des Stutzens und des Unverständnisses, ein Lärm, der sich (noch) nicht attribuieren lässt und der noch keine sinnhafte Fixierung erhalten hat – es könnte auch der Wind gewesen sein, der einen Ast gegen meine Türe schlägt.« (Stäheli, 2000a, S. 174)[93]

Angesprochen ist hier, neben der Systemrelativität der jeweiligen Störmomente (s. hierzu auch Luhmann, 1990, S. 307), ein ähnliches Umweltverhältnis wie im Zusammenhang mit systemischen Paradoxien: Das Verhältnis zu einer ›(Um-)Welt‹, die (noch) nicht systemspezifisch konstituiert wird, sondern sich als etwas *radikal Fremdes* im System bemerkbar macht.

Anstatt jedoch das Irritationsmoment als Theoriefigur zu behandeln und seine Beziehung zum Systembegriff offenzulegen, beschränkt Luhmann sich darauf, von einer »Restkategorie« (ebd.) zu sprechen, und, so Stäheli, »auf vornehmlich deskriptive Weise« (Stäheli, 2000a, S. 43) zu demonstrieren, »wie Irritationen vorkommen« (ebd.). Ungeklärt bleibe dabei das begriffliche Verhältnis zum Autopoiesis-Theorem (s. ebd., S. 43f.). Das Bedeuten der zuerst nicht sinnvollen Wahrnehmung nämlich werte Luhmann schließlich pauschal als Routinevorgang, der für das systemische Ope-

---

92   Zum Begriff der ›Sozio-Logik‹ s. z.B. Göbel, 2000, S. 170, zur Unterscheidung zwischen ihr und der ›klassischen Logik‹ s. Nassehi, 2003, S. 34f.

93   Luhmann selbst rekurriert in diesem Zusammenhang unter anderem auf »das Klingeln des Telephons« (Luhmann, 1984, S. 386) oder den »Anbrenngeruch aus der Küche« (ebd.).

rieren keine weiteren Auswirkungen habe: »Ein autopoietisches System ist diesen Umgang mit Störungen gewohnt« (Luhmann, 1990, S. 649).[94] Sinnerzeugung sei demnach bei Luhmann

> »stets entweder vorgefallen oder eben nicht [...] Übrig von der Verstörung bleibt einzig die Überraschung, die durch eine Information erzeugt wird und deren Konstitution von einem Beobachter abhängt, der eine momentane Störung wiederum ins System integriert« (Stäheli 2000a, S. 174).

Wo man vorher noch von einem »Staunen oder Stutzen« (ebd., S. 42) oder sogar von »*shock*-ähnlichen Erfahrungen« (ebd., Hv.i.O.) habe sprechen können, dort bleibe es in Folge der »ethisch-politischen [Theorie-]Entscheidungen« (Stäheli, 2000a, S. 26, Einschub VW.) Luhmanns bei der lediglich systemintern verursachten ›normalen‹ Sinnerzeugung.

Die Umwelt eines solchen Sinnsystems sei bei Luhmann folglich stets als »Negativkorrelat des Systems« (Luhmann, 1984, S. 249 bzw. Stäheli, 2000a, S. 33) zu begreifen, das von ebendiesem System »konstruiert« (Stäheli, 2000a, S. 32) werde, indem es »*sich selbst* mit der S/U-Unterscheidung beobachtet« (ebd.). Der Luhmannsche Beobachter ›schütze‹ auf diese Weise die basale Systemebene nicht nur vor störenden Paradoxien, sondern er sorge durch seine Fähigkeit zum stets gelingenden systeminternen Verstehen auch für eine folgenlose Neutralisation irritierender Erfahrungen.

Kritiker sehen darin eine ›Normalisierungsstrategie‹ (s. Stäheli, 2008, S. 116), der es, so etwa Michael Wimmer,

> »um Bewältigung von Kontingenz, Unbestimmtheit, Unentscheidbarkeit [geht], d.h. um die Möglichkeit, unter Bedingungen der Unmöglichkeit, die Umwelt als solche zu erfassen, die Umwelt intern ›kleinzurechnen‹, unter Bedingungen der Unmöglichkeit kalkulierbarer Entscheidungen doch zu rational begründeten Entscheidungen zu kommen [...] Die Systemtheorie [...] nimmt die Unmöglichkeit, Unentscheidbarkeit und Unbestimmtheit als Bedingung der Möglichkeit von Entscheidungen und Bestimmungen auf, die sich nun aus den Bedingungen der Systemkonstruktion ergeben, wobei die Konsequenzen in der Umwelt auch nur wieder nach Maßgabe der systeminternen Beobachtungsmöglichkeiten, d.h. selbstreferentiell wahrgenommen und bearbeitet werden können.« (Wimmer, 2006, S. 356)

Aus Perspektive der Dekonstruktion

> »ist dies immer noch eine Lösung vom – als System interpretierten – Ich aus, d.h. der Versuch, der erkannten Unentscheidbarkeit und Unbestimmtheit auszuweichen und in der Unmöglichkeit des Realen, der Erfahrung der Umwelt oder des Anderen die Möglichkeit ihrer Konstruktionen, d.h. deren Legitimität und Funktionalität zu begreifen. Denn das Paradoxe, das als Motor und Prinzip der selbstreferentiellen Problembearbeitung aufgefasst wird, funktioniert in dieser ›Logik‹ so, dass die Entscheidung immer möglich bleibt, indem die nächst höhere Ebene eingenommen wird, die neue Entscheidungskriterien zu bekommen erlaubt. Es handelt sich um Rettungsstrategien der Geschlossenheit des Systems, das zwar seine Paradoxien und blinde Flecken nicht beseitigen kann, aber auf dieser Fluchtbahn die Kontrolle behält.« (ebd., S. 356f.)

---

94 Vgl. hierzu auch Luhmanns Deutung ›logischer‹ und ›rhetorischer‹ Paradoxien: »In beiden Fällen irritiert ein Problem den Beobachter, und in beiden Fällen führt die Konstruktion des Problems und seiner Lösung zum *Aufbau von Ordnung*.« (Luhmann, 1990, S. 197, Hv. VW.).

Urs Stäheli schlägt deshalb vor, systemischen Störungen innerhalb der systemtheoretischen Theoriearchitektur eine größere Bedeutung beizumessen und sie folglich enger mit der systemischen Autopoiesis zu verknüpfen (s. Stäheli, 2000a, S. 58). Voraussetzung dafür sei eine ›Verschiebung‹ der Luhmannschen Annahme präkonstituierten Sinns in Richtung eines Modells operativer Sinn*bildung*:

> »Eine operative Kommunikationstheorie [...] lokalisiert den Sinn gerade in der *Verbindung* von zwei Ereignissen durch ein Verstehen. Während die erste [Luhmanns] Herangehensweise sich mit der Bestimmung einer Unterscheidung (Klopfen/alles andere) zufriedengibt, interessiert im zweiten Modell, wie eine Kommunikation sich für eine weitere Kommunikation öffnet; [...] Wenn Sinn *in der Öffnung und damit in der Verbindung* von zwei Kommunikationen entsteht, dann lässt sich das Moment der Überraschung (Information) nicht mehr vom Sinn trennen. Die Öffnung einer Kommunikation ist nicht auf eine effektlose Sinnselektion reduzierbar, sondern das Moment des Stutzens schiebt sich in den Sinnprozess als minimaler Bruch der Sinngebung.« (ebd., S. 174f.)

Anstelle eines folgenlosen Bedeutens sei dann eine genuin gestörte Form der Sinnbildung anzunehmen, bei der jedes Sinnereignis Spuren einer radikalen Öffnung aufweise.

Der im gesellschaftstheoretischen Zusammenhang thematisierte ›Verschliff‹ zwischen Sozialstruktur und Semantik (s.o., S. 43) wiederholt sich damit auf einer theorietechnischen Ebene: Der von den basalen Systemstrukturen getrennte Beobachter, der in unentscheidbaren Situationen prinzipiell dazu in der Lage ist,

> »die inneren Grenzen [...] durch eine neue, höherstufige Unterscheidungsoperation [...] zu *überschreiten* und genau durch diese Dynamik von Paradoxierung und Entparadoxierung die System-Umwelt-Grenze als Grenze zum Außen zu festigen und zu stabilisieren.« (Wimmer, 2006, S. 354).

wird im Zuge der Lektüre Stähelis durch einen Beobachter ersetzt, der in seinen Beobachtungsmöglichkeiten dadurch beschränkt ist, dass ihm die Grenzziehung nicht vollständig gelingt.[95]

Für das Verhältnis zwischen System und Umwelt bedeutet dies eine »Strategie nicht der Überschreitung, sondern der *›Verwindung‹* der Grenze« (Wimmer, 2006, S. 354f, Hv.i.O.), und damit eine »Strategie«, die, so Michael Wimmer, eine

> »Stabilisierung der Grenze gegenüber dem Außen dadurch konterkariert, dass sie die Stabilität der inneren Grenzziehungen und Unterscheidungen [...] *nach innen öffnet*, d.h. das durch die Unterscheidung Unterschiedene als in sich different konstituiert darlegt, als ein Außen im Innen, wovon also auch die Systemgrenze oder die System-Umwelt-Differenz selbst betroffen wäre.« (ebd., S. 355)

Bezogen auf die nachfolgenden Untersuchungen verbindet sich diese veränderte Blickrichtung zunächst mit einer stärkeren Berücksichtigung derjenigen Momente, die nicht ohnehin schon in der jeweiligen Systemstruktur vorgebildet waren: Die Tatsache etwa, dass Musikpädagogik und Musiktheorie als Kommunikationszusammenhänge *quer* zu

---

95 Relevant werden hier die Derridasche ›différance‹, die auf eine ›Spur‹ von Nicht-Sinn im Sinn hinweist (s. Derrida, 1976 bzw. Stäheli, 2000a, S. 85–92 oder Wimmer, 2006, S. 353), bzw. die Figur der ›Dissemination‹, mit der eine ›Verstreuung‹ von Sinnmomenten angedeutet ist (s. Derrida, 1981 bzw. Stäheli, 2000a, S. 95f.).

unterschiedlichen gesellschaftlichen Ordnungen verlaufen, lässt sich dann nicht mehr nur als Hinweis auf die Verschiedenartigkeit der Perspektiven deuten, aus denen die dort stattfindende Kommunikation zu betrachten ist, sondern denkbar werden dann auch *Übergänge zwischen* Funktionszusammenhängen, die dafür sorgen, dass z.B. die Irritation gängiger Forschungsmechanismen durch ein pädagogisch-ethisches oder ästhetisches ›Außen‹ nicht zwangsläufig durch wissenschaftliche ›Standards‹ neutralisiert wird.

Deutlich werden darüber hinaus aber auch Veränderungen hinsichtlich des systemtheoretischen ›Blicks‹ auf das Zusammenspiel von Kommunikation und Bewusstsein. Impliziert ist durch sie nämlich nicht nur ein ›*Weniger an Subjektphilosophie*‹ – bezogen auf Luhmanns ›subjektartig‹ geschlossenen Systembegriff, sondern denkbar wird dann auch eine Form von ›*Subjektivität*‹, die sich als ein strukturell nicht zu reduzierendes ›Außen im Innen‹ darstellt.[96]

Verweisen kann man hier auf eine Differenzierung, die Luhmann selbst im Hinblick auf verschiedene Kopplungsarten trifft: Während man im Normalfall von ›geräuschlosen‹ Kopplungen ausgehen könne, zeichne sich etwa die Familienkommunikation durch die Existenz ›lärmiger‹ Kopplungen aus. »Über *Anteilnahme an Bewusstsein*, über geräuschvolle strukturelle Kopplung steht das System mithin unter *Dauerirritation*, die sowohl interne als auch externe Quellen hat.« (Luhmann, 1990/2009, S. 214, Hv.VW.) Das System selbst bekomme dabei »Schwierigkeiten mit den eigenen Strukturen« (ebd.). Ähnlich weist Luhmann auch in Bezug auf das Kunstsystem darauf hin, dort werde »offenbar ein anderes, nicht normales, irritierendes Verhältnis von Wahrnehmung und Kommunikation [gesucht], und allein das wird kommuniziert.« (ders., 1995a, S. 42).[97]

Im Hinblick auf die Frage nach potentiellen ›Spielräumen‹ zur Gestaltung kommunikativer (Fächer-)Beziehungen geht die Berücksichtigung dieser ›nicht normalen‹ Kopplungen mit einer Art ›Aufwertung‹ derjenigen Momente einher, die nicht durch kommunikativ bereits ausgebildete Muster vorgegeben sind: Anstatt eine vollständig gelingende operative Schließung sowie eine rein *auto*-poietische Konstitution kommunikativer Systeme anzunehmen und ›Subjekte‹ entweder als deren Resultat (›Person‹) oder als ein der Kommunikation Exkludiertes zu betrachten (›Bewusstsein‹), geht eine in dieser Weise re-artikulierte Systemtheorie von einer genuin unvollständigen Schließung sowie einem innerhalb einer Kommunikation zu verortendem ›Rest‹ aus. Entkräftet wird auf diese Weise nicht nur die Kritik an einem totalitaristisch ›bereinigten‹ Systembegriff, sondern denkbar werden dann auch Formen des Beobachtens, die neben dem Beschreiben problematischer Konstellationen entsprechende Veränderungen für möglich halten.

---

96 Vgl. hierzu die Diagnose Nassehis, der Luhmannschen Theorie werde nicht nur »ein Zuviel Subjektphilosophie«, sondern auch »ein Zuwenig an Subjektivität als Movens des Sozialen« (Nassehi, 2012b, S. 419) zum Vorwurf gemacht (s. auch Stäheli, 2008, S. 114).

97 Harry Lehmann greift diese Beobachtungen zur Begründung seiner Humanmedientheorie (s. Lehmann, 2005, S. 156 bzw. S. 135–288) auf (s.o., S. 51 f., Fn. 81).

3. Probleme einer Beziehung – Analysen

So selten die Beziehung zwischen Musikpädagogik und Musiktheorie explizit als das Verhältnis zweier Fächer thematisiert wird, so häufig finden sich in der Literatur *Problematisierungen* einzelner, für das Fächerverhältnis relevanter Aspekte.

Auffällig ist hier vor allem die Beobachtung, dass trotz zahlreicher Entwicklungen innerhalb wie außerhalb der Musikfächer dieselben Probleme immer wieder thematisiert werden, ohne dass entsprechende Lösungen in Sicht wären. Der Vorwurf etwa, die Musiktheorie sei ›praxisvergessen‹ (s.u., S. 71 und S. 86–93) oder die Kritik, der Musikpädagogik mangle es am nötigen Kunstverstand (s.u., S. 110–118), dürfte, ungeachtet eventueller Veränderungen sprachstilistischer Art, letztlich ähnlich alt sein wie die Fächer selbst.[98]

Um dem nicht bloß eine weitere, vielleicht lediglich ausführlichere Problembeschreibung hinzuzufügen, liegt es deshalb nahe, nicht nur die Probleme selbst in den Blick zu nehmen, so wie sie im Rahmen der entsprechenden Texte dargelegt werden, sondern auch die für diese Beschreibungen relevanten *Kontexte*.[99]

Ausgehen kann man dabei von den Gesellschaftsbereichen *Wissenschaft, Erziehung* und *Kunst*: Auch wenn sich sowohl Musikpädagogik als auch Musiktheorie als Fachzusammenhänge bisweilen ebenso mit rechtlichen oder wirtschaftlichen Fragen konfrontiert sehen – ihre fachliche Identität gewinnen sie primär in der Auseinandersetzung mit wissenschaftlichen, erzieherischen und künstlerischen Fragestellungen.[100]

Aufgegriffen werden im Folgenden also verschiedene zwischenfachlich relevante Problembeschreibungen, die in unterschiedlicher Weise den Themenbereichen ›Forschung‹, ›Unterricht‹ oder ›Ästhetik‹ zuzuordnen sind. Die im Einzelnen zentrale Problemlage wird mit bereichsspezifischen Unterscheidungen und damit einhergehenden wissenschaftlichen, erzieherischen oder kunsttypischen Kommunikationsmustern in Verbindung gebracht.

Ähnlich wie es sich im Zusammenhang mit der Literaturauswahl feststellen ließ (s.o., S. 28), ist auf diesem Wege zwar weder eine erschöpfende Darstellung sämtlicher zwischenfachlich relevanter Problembeschreibungen möglich, noch lassen sich diese quantitativ auswerten, etwa hinsichtlich ihrer tatsächlichen Streuung oder Verbreitung innerhalb der Fachdiskurse. Möglich wird aber eine Kontextualisierung der exemplarisch zu verstehenden Beschreibungen in einer Weise, die neue und mit Blick auf den zukünftigen zwischenfachlichen Austausch gewinnbringendere Sichtweisen offenlegt.

---

98   Dies gilt zumindest dann, wenn man den Fachbegriff vergleichsweise eng fasst, musikpädagogische und -theoretische Gedankengänge also nicht etwa bis in die Antike verfolgt.

99   Systemtheoretisch gesehen entspricht dies einem Beobachten des Beobachters. Die Grundfrage lautet dann: ›Wie wird beobachtet?‹

100 S. dazu auch die Überlegungen zur musikpädagogischen und musiktheoretischen Fachsystematik, S. 158–167. Die bereichsspezifischen Adjektive sind an die Luhmannschen Systembezeichnungen angelehnt, werden nachfolgend aber mitunter durch verwandte Bezeichnungen ersetzt. Ist im weiteren Verlauf also von ›pädagogischen‹ oder ›ästhetischen‹ Zusammenhängen die Rede, so betrifft dies – sofern nicht explizit anders formuliert – ebenfalls sämtliche Prozesse des Erziehungs- bzw. des Kunstsystems.

Die weitere Gliederung der drei Hauptkapitel ergibt sich im Rekurs auf funktionssystemische Äquivalenzen: Während im je ersten Abschnitt die von Musikpädagogik und Musiktheorie in Anschlag gebrachten *Musikbegriffe* auf ihre bereichsspezifischen Implikationen hin untersucht werden (S. 63–70, S. 86–93 und S. 110–118 und im je zweiten Abschnitt (S. 70–78, S. 93–100 und S. 118–125) Bezüge hergestellt werden zur *Funktion* des betreffenden Systems sowie seiner Position innerhalb der Gesamtgesellschaft, stellen die jeweils dritten Abschnitte (S. 78–84, S. 100–109 und S. 125–131) eine Verbindung her zwischen einzelnen musikfachlichen Problematisierungen und kontextspezifischen *Reflexionsweisen*.

3.1 ›Forschung‹ – Wissenschaft als Horizont

Beobachtet man die Beziehung Musikpädagogik – Musiktheorie mit Blick auf das Wissenschaftssystem, so fallen als Erstes gewisse Ähnlichkeiten zur entsprechenden Beziehung zwischen Musikpädagogik und Musikwissenschaft ins Auge: Unabhängig sowohl von der je fachspezifischen Ausrichtung als auch von der konkreten zwischenfachlichen Beziehung lassen sich beide Fächer in Relation zur Musikpädagogik als deren ›Fachwissenschaften‹ betrachten, deren zentrale Aufgabe in der Erforschung musikalischer Phänomene besteht.

Mehr noch als in anderen fachlichen Kontexten[101] liegt es deshalb im Zusammenhang mit wissenschaftlichen Überlegungen nahe, zur Analyse der musikpädagogisch/-theoretischen Beziehung auch solche Texte und Diskussionen heranzuziehen, die vordergründig ausschließlich das Verhältnis Musikpädagogik – Musikwissenschaft betreffen.

Wenn in diesem Kapitel also nicht allein die musikpädagogisch/-theoretische Fächerverbindung thematisiert wird, sondern auch die der Musikpädagogik zur Musikwissenschaft, so dient dies weniger der Analyse letzterer, als vielmehr der Kontextualisierung der Fächerverbindung Musikpädagogik – Musiktheorie: Ausgehend von der Frage nach einem *›gemeinsamen Nenner‹* zwischen den Musikfächern (S. 63–70), dem Problem der *›Praxisrelevanz‹* (S. 70–78) sowie dem Plädoyer für zwischenfachliche *›Anschlussfähigkeit‹* (S. 78–84) wird dabei gerade der Vergleich unterschiedlicher musikfachlicher Beziehungskonstellationen deutlich machen, welche Schwierigkeiten sich speziell für die Kommunikation zwischen Musikpädagogik und Musiktheorie ergeben.

3.1.1 ›Die gemeinsame Sache‹ – Die Musik der Wissenschaft

Die naheliegendste Antwort auf die Frage, worin im Rahmen der zwischenfachlichen Beziehungen von Musikpädagogik, Musiktheorie und Musikwissenschaft ein Potential für wechselseitige Anknüpfungen bestehe, ist der Hinweis auf das gemeinsame Interesse am Thema ›Musik‹. Der gemeinsame Gegenstand scheint dabei eine Art

---

101 Vgl. hierzu insbesondere die Unterschiede, die sich diesbezüglich im Erziehungskontext feststellen lassen (s.u., S. 84–86).

Schnittmenge zwischen den Fächern herzustellen, der überhaupt erst dafür sorgt, dass die fächerübergreifende Verständigung Aussicht auf Erfolg hat.[102]

Gleichzeitig lassen manche Äußerungen vermuten, dass sich diese Erwartung wohl nur in den seltensten Fällen auch erfüllen wird. Einige der zwischenfachlichen Konflikte scheinen sich im Gegenteil gerade am Musikbegriff zu entzünden, ohne dass dabei Momente der Einigung oder zumindest der wechselseitigen Anerkennung ersichtlich würden. Nimmt man beispielsweise die Debatte zwischen Norbert Schläbitz und Jürgen Heidrich daraufhin in den Blick, so wird deutlich, dass ein je unterschiedliches Musikverständnis sogar mit zu einer Verhärtung der Fronten beiträgt. Während Schläbitz nämlich den Musikbegriff der Musikwissenschaft »schlicht« für »antiquiert und anachronistisch« (Schläbitz, 2009a, S. 23) hält, stößt Heidrich sich an »solchen ephemeren Banalitäten wie ›Beethoven als Klingelton‹, ›Techno mit Mahler‹ oder ›musikalische[n] Wettstreite[n] der Vergangenheit als Casting Shows‹«, denen der Musikpädagoge sich geradezu »anbiedert« (Heidrich, 2009, S. 61).

Ähnliches lässt sich für die Ehrenforth-Rohringer-Debatte[103] sowie für weiter zurück liegende Diskussionen[104] feststellen: Dort, wo man auf selbstverständliche Übereinstimmung hofft, geraten Fachvertreter wiederholt in einer Weise aneinander, angesichts derer man die Möglichkeit gelingender zwischenfachlicher Kooperationen in Frage stellen kann.

Bezieht man diese Uneinigkeiten auf Strukturen des Wissenschaftssystems, so lassen sie sich zunächst in Anknüpfung an Rudolf Stichweh als *Verständnisschwierigkeiten* deuten, die als Folge wissenschaftsinterner Ausdifferenzierungsprozesse auftreten: Sobald sich innerhalb des Wissenschaftssystems selbst noch einmal Subsysteme – verschiedene Disziplinen oder Fächer[105] – ausbilden, sei analog zur Gesamtgesellschaft mit unterschiedlichen Sinnprozessen zu rechnen (s. Stichweh, 1994, S. 16f.): Obwohl

---

102 Entsprechend merkt etwa Wolfgang Birtel an, das Verhältnis Musikpädagogik – Musikwissenschaft sei »seit langem eher von argwöhnischem Misstrauen denn von Bereitschaft zur Kooperation geprägt, und dies, obwohl sich beide Disziplinen mit demselben Gegenstand, der Musik, beschäftigen.« (Birtel, 1978, S. 187). Ähnlich konstatiert Günther Katzenberger: »In jedem Fall sollte eine Diskussion weitergeführt werden, die eigentlich gar nicht zum Stillstand kommen dürfte. Denn zu groß sind die Überschneidungsflächen im Bezug auf die ›Sache Musik‹ [...]; nur dass in dieses Gespräch eigentlich noch die Musiktheorie einzubeziehen [...] wäre.« (Katzenberger, 1995, S. 73).

103 Während Rohringer kritisiert, die Musikpädagogik sei »einseitig dem reduzierten Gebrauchswert« (Rohringer, 2001, S. 104) von Musik zugeneigt, vertritt Ehrenforth die Meinung, dieser »muss sich seinerseits den Vorwurf gefallen lassen, einer ›Sache‹ nachzulaufen, die es so nicht gibt, weil deren ästhetische Realität verkannt wird.« (Ehrenforth, 2001, S. 108).

104 Am prominentesten dürfte diesbezüglich die Auseinandersetzung zwischen Adorno und der Jugendmusikbewegung sein, wie sie sich z.B. am Briefwechsel zwischen Theodor W. Adorno und Erich Doflein ablesen lässt (s. Adorno & Doflein, 2006 bzw. Vogt, 2006 [online]): Wo Doflein die Vielgestaltigkeit der Musik betont (»Versucht man sie als Ganzes zu sehen, so fächert sich diese, unsere Musik, in eine beängstigende Vielfalt auf.«, Brief 64, Doflein an den ebenfalls am Disput beteiligten Walter Dirks, vom 29.12.1955, S. 192 (s. Vogt, 2006, S. 30), dort gibt Adorno sich explizit »theologisch« (»es gibt nur eine Wahrheit«), indem er trotz der Pluralität dessen, was »[s]oziologisch ableitbar« sei, die »Entfaltung der großen Musik« (Brief 66, Adorno an Doflein vom 07.11.1956, S. 200; s. Vogt, 2006, S. 30) in den Fokus rückt.

105 Zu dieser Unterscheidung s.u., S. 160f.

die wissenschaftliche Autopoiesis auf einer operativen Ebene also für Anschlussfähigkeit sorgt, entstehen auf diese Weise *systeminterne System/Umwelt-Verhältnisse*, die das Kommunizieren über Fachgrenzen hinweg erschweren.

Folge einer solchen Perspektivierung kann eine generelle Skepsis im Hinblick auf ›sinnvolle‹ interdisziplinäre Prozesse sein. Albrecht Koschorke beispielsweise schließt sich diesbezüglich einem Kollegen an, der die Kommunikationsform ›Wissenschaft‹ mit mystischen Ritualen verglichen haben soll. Sein Sitznachbar, »der Ethnologe«, habe ihn darüber aufgeklärt,

> »das Gruppenspiel [...] sei transkulturell zu verstehen. Eine wissenschaftliche Tagung laufe grundsätzlich nicht anders ab als ein Medizinmännertreffen, bei dem sich gewisse, mit dem Geheimwissen ihrer Kultur betraute Experten versammeln, um sich durch Drogen, Gesänge oder das Murmeln unverständlicher Wörter in eine spirituelle Erregung zu steigern, die sie dem Mysterium näher bringt.« (Koschorke, 2003, S. 142)

Besonders plastisch werden solche Effekte natürlich dann, wenn fachspezifische Fremdwörter oder Neologismen im Spiel sind, die von ›Nicht-Eingeweihten‹ lediglich als eine Art ›Rauschen‹ wahrgenommen werden. Für Außenstehende werden diejenigen, die diese Begrifflichkeiten nutzen, deshalb häufig zur Zielscheibe des Spotts, verbunden mit der Aufforderung, man möge sich doch bitte in Zukunft verständlicher ausdrücken.[106]

André Kieserling ist dagegen der Ansicht, dass ein Großteil der im wissenschaftlichen Kontext zu beobachtenden Verständnisschwierigkeiten nicht von einzelnen »irritierenden Wörtern« (Kieserling, 2004b, S. 291) oder einem bestimmten »Jargon« (ebd.) herrühre. Wissenschaftssprache unterscheide sich nämlich »nicht durch eigene Wörter, sondern durch eigene *Begriffe* von der Alltagssprache« (ebd., Hv. VW.). Zwar könne es auch »Kunstwörter« geben, »die das Verständnis der Laien schon als Wort (und nicht erst: als Begriff) überfordern« (ebd.), doch dies »sollte nicht davon ablenken, dass die sozialen Zumutungen einer wissenschaftlichen Sprache in den Begriffen liegen« (ebd.). Gerade wenn »die ganz normalen Wörter der Alltagssprache«, die als solche »ganz unverdächtig daherkommen« (ebd.) *begrifflich* verwendet würden, »lenkt« die damit einhergehende »Vertrautheit des Wortmaterials [...] von der Fremdheit des Denkens ab.« (ebd., S. 293) Diese Überlegungen legen es nahe, das Wortfeld ›Musik‹ nicht nur auf ›unverständliche‹ Fremdwörter hin zu prüfen, sondern es daneben als eines zu beobachten, das in vielerlei Hinsicht vielleicht Vertrautheit vorgaukelt, obwohl im Hinblick auf fachspezifische Begrifflichkeiten eine gewisse Vorsicht geboten wäre.[107]

Doch egal, wo genau die Ursachen innerwissenschaftlicher Sprach- oder Übersetzungsprobleme auszumachen wären – fest steht bereits jetzt, dass das Argument der

---

106 Beispiele wie »Terztorus« (Noll, 2005, S. 232), »Dichotomiehälfte [...] der Konsonanzen« (ebd.), »Cutoff-Wert« (Wolf, Kopiez & Platz, 2012, S. 14 [online]) oder »Interquartilsabstand« (ebd., S. 15) – Begriffe der mathematischen Musiktheorie bzw. der empirischen Musikpädagogik – ließen sich zahllose anführen, die genannten Effekte jedenfalls sind dann kaum zu vermeiden.

107 So hat z.B. der Formbegriff, wenn er im Kontext einer Schenker-Analyse gebraucht wird, mit einem klassischen ABA-Schema wohl ähnlich wenig gemein wie das Klassenmusizieren als Konzept mit einer Unterrichtssituation, in der lediglich ›die ganze Klasse Musik macht‹.

›gemeinsamen Sache‹ deutlich an Überzeugungskraft verliert, sobald man davon ausgeht, dass sich über Musik nicht perspektivenunabhängig kommunizieren lässt.

Relevant dürfte diesbezüglich auch eine mit Systembildungsprozessen generell und in dem Fall mit speziell innerwissenschaftlichen Differenzierungsvorgängen einhergehende Doppelbewegung sein, bestehend aus einer *Komplexitätsreduktion* in Bezug auf die jeweilige Umwelt bei gleichzeitiger *Komplexitätssteigerung* hinsichtlich der systeminternen Informationsverarbeitung (s. Luhmann, 1990, S. 364).

Dass diese Doppelbewegung sich dem systemexternen Beobachter häufig anders darstellt als dem sich systemintern positionierenden Betrachter, beweist erneut die Debatte Schläbitz – Heidrich. Wenn Schläbitz nämlich konstatiert, die Historische Musikwissenschaft bearbeite seit Jahrzehnten die gleichen Themen mit dem stets gleichen methodischen Werkzeug (s. Schläbitz, 2009a, S. 24–26 bzw. ders., 2009b, S. 53), dann liegt sein Fokus offenbar auf dem Moment der Komplexitätsreduktion: Obwohl die musikalische Umwelt sehr viel mehr zu bieten hätte, beschränke sich die Historische Musikwissenschaft auf einen kleinen Ausschnitt. Heidrich hingegen deutet – ohne die Reduktion als solche zu thematisieren – gerade den Blick *des Kollegen* als »Tunnelperspektive eines externen, dabei lediglich musikpädagogischen Reflexionsvermögens und Werteverständnisses« (Heidrich, 2009, S. 59) und nimmt stattdessen die innersystemischen Prozesse als »Vielfalt« (ebd., S. 60), ja als eine »geradezu abundante Diversifikation« (ebd., S. 61) wahr, aus der sich die Musikpädagogik – hätte sie dazu die nötige Fachkompetenz (s. ebd.) – nur wie aus einem »Füllhorn« (ebd.) zu bedienen bräuchte.[108]

Weitere Hinweise auf die Frage, warum die Musikfächer nur selten auf einer inhaltlichen Ebene ins Gespräch kommen, gibt die von Stichweh vorgenommene Spezifizierung der wissenschaftsinternen Differenzierungs*form* (s. Stichweh, 1994, S. 16–27). Anders als im Zusammenhang mit der Primärdifferenzierung der Gesamtgesellschaft handle es sich bei der Primärdifferenzierung innerhalb der Wissenschaft nicht um eine *funktionale* Differenzierung, da die einzelnen Disziplinen nicht auf je unterschiedliche Problemlagen *innerhalb* der Wissenschaft (analog zu: innerhalb der Gesellschaft) reagierten, sondern auf solche der Wissenschafts*umwelt*:

> »Sinnvoll formulierbar werden *systeminterne Problemvorgaben* erst durch den Bezug auf *systemexterne Gegenstandsbereiche*, die zugleich Ausschnitte der (sozialen, physischen, personalen) Umwelt der Wissenschaft sind. Zwar unterliegt die Definition und Abgrenzung der Umweltausschnitte, die zu Gegenstandsbereichen der Wissenschaft werden, systeminternen Rekonstruktionen; dennoch gilt, dass Disziplinen sich spezialisieren auf den Umgang mit Ausschnitten der natürlichen und sozialen Umwelt der Wissenschaft. Die Differenzierung der Umwelten des Wissenschaftssystems wird nach innen genommen und dort zur Basis der primären internen Differenzierung der Wissenschaft. Die ausdifferenzierten Disziplinen beziehen sich demnach auch konsequenterweise primär nicht etwa

---

108 Eine alternative Argumentationsstrategie wählt hingegen Klaus-Wolfgang Niemöller, wenn er die konservative Einstellung seines Faches ins Positive wendet: »Historische Musikwissenschaft bildet bei der jeweiligen Anlehnung der Musikpädagogik an die wechselnden Denkrichtungen aktueller Pädagogik, Psychologie oder Sozialwissenschaft eine Konstante, die zum steten Bezug auf die unveränderte Sache ›Musik‹ anhält, unter welcher Perspektive man sie auch betrachten mag.« (Niemöller, 1976, S. 249)

auf die anderen Disziplinen, sondern auf die jeweiligen Umweltausschnitte.« (Stichweh, 1994, S. 21f.)

Als Folge dieser speziellen System/Umweltbeziehungen der Wissenschaft ergebe sich eine vergleichsweise starke wechselseitige Unabhängigkeit der Disziplinen. Im Gegensatz zu den gesellschaftlichen Funktionssystemen seien diese nämlich »nicht durch *notwendige* Kooperations- und Austauschbeziehungen miteinander verbunden« (ebd., S. 22).

> »Von daher ist es auch verständlich, dass Kontakte zwischen Disziplinen über lange Zeiträume nahezu abreißen können. Produktion von Wahrheiten als Primärfunktion von Wissenschaft wird von den Disziplinen nicht in einem arbeitsteiligen Zusammenwirken erbracht, vielmehr nimmt jede Disziplin die ›Wahrheiten‹ über ihren Gegenstandsbereich in eigene Regie.« (ebd.)

Was diese Beschreibung als eine, die rein auf die wissenschaftliche Codierung, ›wahr‹/›falsch‹ abstellt, jedoch nicht erfasst, das sind Abhängigkeiten im Hinblick auf universitäts- und hochschul*politische* Mechanismen (zu ›verstreuten‹ politischen Momenten noch ›vor‹ dem politischen System s.o., S. 36f.).[109] Dass sie im Fall der Musikdisziplinen eine wichtige Rolle spielen dürften, äußert sich nicht nur direkt in Fragen der Ressourcenverteilung oder indirekt im aggressiv-streitbaren Unterton, der den Gesprächen mitunter eigen ist, sondern dies zeigt sich beispielsweise auch dann, wenn die *Positionierung* der einzelnen Disziplinen *zueinander* zur Diskussion steht.

Aufschlussreich ist dabei der bereits erwähnte Text aus dem späten 19. Jahrhundert (Adler, 1885), in dessen Rahmen Guido Adler die damalige Musikwissenschaft zu systematisieren versuchte. Heute gilt diese Systematik als eine Art ›Geburtsurkunde‹ der universitären Musikwissenschaft, die auch in Bezug auf aktuelle Verhältnisse immer wieder zur Argumentation herangezogen wird. Helga de la Motte-Haber z.B. erwähnt mehrfach, Adler habe dort »zum ersten Male den Ausdruck ›systematische Musikwissenschaft‹ [benutzt]« (de la Motte-Haber, 1976, S. 252), man könne also sagen, dass der Begriff »auf ihn […] zurückgeht« (de la Motte-Haber, Loesch, Rötter & Utz, 2010b, S. 7).

Auf den ersten Blick scheinen die Verhältnisse dort recht klar zu sein: Adler skizziert eine in einen historischen und einen systematischen Teil untergliederte Musikwissenschaft, deren Fundament ein »System der Musik« (Adler, 1885, S. 16f.) bilde, welches sich wiederum aus einzelnen Bereichen zusammensetze. Die Brisanz dieser Systematik besteht aus heutiger Sicht zunächst darin, dass Adler die »musikalische Pädagogik und Didaktik« (ebd., S. 13) der Musikwissenschaft insofern ›unterordnet‹, als er sie innerhalb ihres »systematischen Theiles« (ebd.) lokalisiert.

Von der neueren Musikwissenschaft wird diese Kategorisierung nun aufgegriffen, um entweder eine ›quasi-natürliche‹ Subordination der Musikpädagogik zu belegen oder zumindest eine in diese Richtung gehende Argumentation durch den Hinweis auf

---

109 Stichweh hat diese Mechanismen jedoch im Blick. So stellt er gleich im Vorwort zu ›*Wissenschaft, Universität, Profession*‹ fest, »[d]ie Analyse der neuen Steuerungsform ›Wissenschaftspolitik‹ ist fundamental für das Verständnis der Wissenschaft des 20. Jahrhunderts und zugleich ein spannender Testfall für soziologische Theorien funktional differenzierter und operational geschlossener Sozialsysteme.« (Stichweh, 1994, S. 10f.).

die Adlersche Systematik zu bekräftigen (zur Möglichkeit politisch fungierender Beschreibungen vgl. auch die dekonstruktive Lektüre des systemtheoretischen Semantikkonzepts durch Stäheli und Stichweh, weiter oben, S. 43f.). So eröffnet Günter Kleinen – bevor er kurz danach für ein »offenes Wechselverhältnis« (Kleinen, 1997, S. 24) zwischen Musikpädagogik und Musikwissenschaft plädiert – seine Ausführungen mit einer »Vorbemerkung« (ebd., S. 23), die zunächst an die ›ursprüngliche‹ Situation erinnern soll. Diese legt er anschließend nicht komplett ad acta, sondern verschiebt sie lediglich in einer Weise, bei der man sich fragen kann, ob sich seine Darstellung überhaupt von der Adlerschen unterscheidet:

> »Im 1885 von Guido Adler vorgestellten System der Musikwissenschaft ist die Musikpädagogik eine der Systematischen Musikwissenschaft untergeordnete Rubrik! Längst ist für die Systematik *der Musikwissenschaft* [!] eine Neufassung angesagt, *in* [!] der beispielsweise die Ethnomusikologie, aber auch die Musikpädagogik eine eigene Position und Wertigkeit beanspruchen dürfen.« (Kleinen, 1997, S. 23, Hv.VW.)

Ebenso vergisst auch Helga de la Motte-Haber nicht, zumindest beiläufig darauf hinzuweisen, dass Adler »die Unterweisung als Pädagogik zur systematischen Musikwissenschaft gerechnet« (de la Motte-Haber, 1976, S. 252) habe. Und selbst der Eröffnungsvortrag Peter Maria Krakauers, der, obwohl er in humoristischer Art eine gewisse ›Feindschaft‹ zwischen Musikwissenschaft und Musikpädagogik feststellt (s. Krakauer, 1997c, S. 207), insgesamt möglichst unparteilich und konstruktiv die »Idee eines Diskursaufrufs« (ebd.) durchzuspielen beabsichtigt, weist derartige Argumentationsmuster auf. Wenn Krakauer zum Beispiel feststellt, dass »[s]ehr wohl [...] seit Guido Adlers Aufriss [...] die Musikpädagogik als Sektor der Musikwissenschaft« (ebd., S. 217) gelte, so konstruiert er dabei eine scheinbar ungebrochene, spätestens seit dem Ende des 19. Jahrhunderts bestehende Traditionslinie. Die Frage nach einer eventuell vollständigen Loslösung der Musikpädagogik von der Musikwissenschaft lässt sich auf diese Weise nur noch in Form eines Einspruchs stellen, der eine solch scheinbar bruchlose Entwicklung in Zweifel zieht. Auf diese Weise machen sich auch spätere Formulierungen Krakauers, wie sein beiläufiger Ausweis des eigenen Modells als eines, das »von Guido Adler im Prinzip ja schon vorgestellt« (ebd., S. 218) worden sei, einer gewissen Politizität verdächtig – und das, obwohl sie unter anderen Vorzeichen wohl einfach als eine wissenschaftlich gebräuchliche und vor allem angebrachte Referenz auf bereits bestehendes Gedankengut gelten könnten.

Eine sich als emanzipiertes Fach begreifende Musikpädagogik wird dementsprechend das Adlersche Modell ebenso zurückweisen wie seine historischen Nachfolger. Zu beobachten ist dies beispielsweise bei Hermann J. Kaiser und Eckhard Nolte, die sich klar vom Standpunkt Willibald Gurlitts, es gebe »keinen eigenen Gegenstandsbereich der Musikpädagogik« (Gurlitt, 1954, S. 37) distanzieren, um stattdessen auf die je unterschiedliche Beobachterposition von Musikwissenschaft und Musikpädagogik zu verweisen (s. Kaiser & Nolte, 1989, S. 23f.). Der Behauptung, man habe »die musikerzieherischen Momente aufzuspüren, die in der musikologischen Forschung und Lehre implizit enthalten sind« (Gurlitt, 1954, S. 37), halten sie entgegen,

> »dass die Musikwissenschaft (solange sie sich als Musik-Wissenschaft versteht) musik*erzieherische* Momente weder implizit noch explizit enthält bzw. enthalten kann: Musikwissenschaftliche Forschung hat es mit dem Herstellungsprozess, mit dessen Ergebnis

und der Wirkung musikalischer Sachverhalte zu tun. Dabei ist ihr die pädagogisch motivierte Absicht einer methodisch kontrollierten Einflussnahme auf die Prozesse der Aneignung und Vermittlung eben jener Sachverhalte zunächst völlig fremd. Im Gegensatz dazu versteht sich die Musikdidaktik weitgehend als ›praktische Wissenschaft‹, d.h. der Zweck musikerzieherischer Praxis dient der Theorie zum Prinzip (Ritzel, 1973, S. 120).« (Kaiser & Nolte, 1989, S. 23)[110]

Geht man nun z.B. mit Josef Sulz davon aus, es sei besonders »im Anfangsstadium […] für eine junge Wissenschaft charakteristisch, sich gegenüber den Nachbar- oder Bezugswissenschaften zu begründen und zu definieren« (Sulz, 1997, S. 188f.), dann werden *Parallelen* zwischen der *musikpädagogischen* und der späteren *musiktheoretischen Fachgeschichte* sichtbar: Ähnlich wie die Musikpädagogik sich spätestens ab den 1970er Jahren von ihrer ›Mutter-Disziplin‹ distanzierte, hat sich spätestens im vergangenen Jahrzehnt die Musiktheorie von der Musikwissenschaft emanzipiert, und zwar trotz oder gerade wegen einer verstärkten Entwicklung eigener wissenschaftlicher Diskursformate. Deutlich macht dies beispielsweise der Artikel zum Stichwort ›Musiktheorie‹, den Ludwig Holtmeier für das ›*Lexikon der Systematischen Musikwissenschaft*‹ verfasst hat. Auch ihm dient das Adlersche Konzept als eine Argumentationsgrundlage, wobei es jetzt jedoch gilt, das »autonome Fach Musiktheorie« (Holtmeier, 2010c, S. 335) zu verbürgen. Unter anderem sei es nämlich den Schwierigkeiten zuzuschreiben, die Adler mit der Verortung musiktheoretischen Denkens gehabt habe, »dass die Musiktheorie in vielen jüngeren Definitionen gar nicht mehr als Teildisziplin erscheint« (ebd.). Holtmeier plädiert deshalb dafür – angelehnt an die im angelsächsischen Raum etablierte Trennung von ›musicology‹ und ›music theory‹ – die »›ortlose Ominpräsenz‹« (ebd.), die der Musiktheorie in der Adlerschen Systematik zukomme, durch eine klare Differenzierung zu ersetzen:

> »Auch die autonome Musiktheorie ließe sich somit in einen stärker historisch und einen stärker systematisch ausgerichteten Teil unterteilen, wobei sich eine ›Systematische Musiktheorie‹ dann von einer ›Systematischen Musikwissenschaft‹ nur durch ihre spezifischen Forschungsschwerpunkte unterschiede.« (ebd., S. 336).

Unabhängig davon jedoch, ob man diesen Weg hin zu mehreren ›autonomen‹ Einzelfächern letztlich für richtig hält, weisen diese unterschiedlichen Argumentationsstrategien – die tendenziell ›vereinnahmende‹ der Musikwissenschaft im Gegensatz zu den ›emanzipatorischen‹ Ansätzen von Musikpädagogik und Musiktheorie – indirekt alle

---

110 Ähnlich argumentierte bereits Michael Alt: »Jenseits d[es] Transfers musikwissenschaftlicher Forschung in den Bildungsraum fragt die Didaktik aber nicht bloß nach der Sache, sondern nach dem Verhältnis des Menschen, vor allem des Jugendlichen und Laien zu ihr.« (Alt, 1969, S. 80). Oder später noch einmal sehr deutlich Josef Sulz: »Musikpädagogik ist weder die didaktische Umformung der Musikgeschichte oder der Musiktheorie, noch ist sie gleichzusetzen mit Bereichen der Systematischen Musikwissenschaft, auch ist sie nicht Musikdidaktik schlechthin. Steht in der Musikwissenschaft die ›Sache Musik‹ im Mittelpunkt des Forschungsinteresses, so in der Musikpädagogik die Beziehung zwischen Musik und Mensch, und das bei weitem.« (Sulz, 1997, S. 190, vgl. hierzu aber auch die entsprechenden Einwände, s. weiter unten, S. 197). Neutraler dagegen Schulten und Lothwesen: »Seit Guido Adler 1885 in seiner Abhandlung […] die Musikpädagogik als Disziplin der Systematischen Musikwissenschaft rubriziert hat, lassen sich in beiden Fächern unabhängige aber auch abhängige Entwicklungen feststellen.« (Schulten & Lothwesen, 2009, S. 13).

darauf hin, dass der Musikbegriff den Musikfächern allenfalls nach außen hin eine gewisse Identität garantieren kann. Wissenschaftsintern hingegen scheint allein der Verweis auf ›die gemeinsame Sache‹ oder aber ein gemeinsames ›Musiksystem‹ kaum auszureichen, um zwischenfachliche Differenzen sprachlicher oder perspektivischer Art zu überbrücken oder überhaupt erst ein Interesse an fächerübergreifender Kommunikation zu wecken, sondern eher noch Anlässe für nicht zuletzt politisch motivierte Auseinandersetzungen zu bieten.

3.1.2 ›Praxisrelevanz‹ – Die Funktion der Wissenschaft

Ein Bereich, der, anders als die nur auf den ersten Blick ›gemeinsame Sache‹ Musik, tatsächlich zwischenfachliche Kooperation erfordert, ist die Musiklehrerausbildung. Dass gerade diesem Thema im Rahmen der zwischenfachlichen Kommunikation eine so hohe Bedeutung beigemessen wird, obwohl auch in Bezug auf alle anderen musikbezogenen Studiengänge musiktheoretische oder -wissenschaftliche Zusammenhänge ebenso eine Rolle spielen wie musikpädagogische, dürfte mehrere Gründe haben.

Zum einen treffen im Rahmen der Musiklehrerausbildung die verschiedenen Kontexte nicht nur in Form der universitär üblichen Kopplung von ›Forschung‹ und ›Lehre‹ aufeinander, sondern auch in thematischer Hinsicht: Anders als rein künstlerische oder rein wissenschaftliche Studiengänge haben pädagogische Ausbildungen, selbst wenn man die im schulmusikalischen Bereich gängige Trennung zweier unterschiedlicher Ausbildungsphasen mitberücksichtigt, zumindest zu einem gewissen Teil die Vermittlung pädagogischen Wissens zum Ziel. Für die Musikpädagogik sind diese Studiengänge damit sowohl in Bezug auf die verhandelten Inhalte relevant – und zwar einerseits thematisch, andererseits performativ-selbstreferentiell – als auch im Hinblick auf personelle Ressourcen, die auf diesem Wege gewonnen werden.

Das Interesse, das dem Thema von musiktheoretischer und musikwissenschaftlicher Seite entgegengebracht wird, erklärt sich wiederum am ehesten aus dem arbeitsteiligen Verhältnis mit der Musikpädagogik: Während beide Fächer im Zusammenhang mit genuin musiktheoretischen bzw. -wissenschaftlichen Studiengängen weitestgehend autonom agieren können, sind in Bezug auf pädagogische Ausbildungsgänge die *Zuständigkeiten* nicht eindeutig zu klären. Für beide Fächer stellt sich deshalb die Frage, wie ›frei‹ sie in der Gestaltung von Forschung und Lehre tatsächlich agieren können, bzw. wie sehr musikpädagogische Vorgaben diese Freiheit letztlich beschränken (vgl. hierzu auch die Forderungen Richters, weiter unten, S. 166).

Daneben dürften auch in diesem Zusammenhang Überlegungen politischer Art eine Rolle spielen, in dem Fall speziell die Ressourcenverteilung betreffend: Je geringer die Musikpädagogik den Wert musiktheoretisch/-wissenschaftlichen Denkens für musikpädagogische Kontexte einschätzt, desto wahrscheinlicher sind Etatkürzungen und Stellenstreichungen in musiktheoretischen und musikwissenschaftlichen Bereichen. Dementsprechend ist z.B. der Musiktheoretiker Holtmeier der Auffassung: »Die Zukunft der Schulmusik ist [...] von zentraler Bedeutung für das Fach« (Holtmeier, 1997, S. 122). Ähnlich auch Rohringer:

> »Bekanntlich verdankt sich der universitäre Status der Musikhochschulen nicht zuletzt
> dem Auf- und Ausbau von Schulmusikabteilungen im Zuge einer wissenschaftlichen

Lehrerbildung. Davon hat zweifellos auch die Musiktheorie profitiert.« (Rohringer, 2011a, S. 9)

Die Aussage Holtmeiers gelte deshalb »immer noch uneingeschränkt« (ebd.).

Konkret werden die sich hieraus ergebenden Konflikte besonders am viel diskutierten Problem der ›Praxisrelevanz‹ des jeweils verhandelten Wissens. Tenor aktuellerer Diskussionen ist der von Seiten der Musikpädagogik erhobene Vorwurf, die traditionellen musiktheoretischen und musikwissenschaftlichen Inhalte seien weder in Bezug auf die berufliche Praxis künftiger Musiklehrer und -lehrerinnen noch im Hinblick auf derzeitige gesellschaftliche Problemlagen von hinlänglicher Relevanz und sollten entsprechend angepasst werden (s. Schläbitz, 2009a, 2009b, 2011; ähnlich auch Gies, 2011, S. 18). Musiktheorie und Musikwissenschaft heben daraufhin ihren Status als ›autonome‹ Fächer hervor, mitunter in Verbindung mit dem Hinweis, für Vermittlungsaufgaben sei gerade die Musikpädagogik zuständig (s. Heidrich, 2009, S. 59f.).

Beobachtet man diese Konstellation im Horizont der modernen Gesellschaft, so lässt sie sich zunächst ganz allgemein als Folge funktionaler Differenzierung lesen: Wenn die Codierungen unterschiedlicher Funktionskontexte weder hierarchisch geordnet, noch mit übergeordneten Werten in Verbindung zu bringen sind, dann ist eine wechselseitige ›Vermittlung‹ nicht mehr einfach möglich. Dies führt nicht nur zu einem ›Nebeneinander‹ verschiedener Ordnungen, sondern auch zu einem Auseinandertreten von *funktionaler Ausrichtung* der *einzelnen Systeme* und *intersystemisch* sich ergebenden *Leistungsbeziehungen* (vgl. hierzu auch das durch die Systemtheorie gezeichnete Verhältnis von ›operativer Geschlossenheit‹ und ›physikalischer Offenheit‹, s.o., S. 53)

Speziell für die Wissenschaft bedeutet dies eine Differenz zwischen dem autopoietisch generierten wissenschaftlichen Wissen und den (Leistungs-)Erwartungen, die von Seiten der Umwelt an die Wissenschaft gestellt werden. Notwendig ist diese Differenz dann, wenn man davon ausgeht, dass die Wissenschaft ihre Funktion – das Bereitstellen spezifisch *wissenschaftlich* generierten *Wissens* – nur solange ausreichend störungsfrei erfüllen kann, als ihre Prozesse vor außerwissenschaftlichen Einflüssen weitestgehend geschützt sind (zum systemtheoretischen Begriff des ›Störens‹ s.o., S. 57–59). Luhmann macht hier eine Art ›*Inflationsgefahr*‹ aus, vor der die Wissenschaft trotz ihrer operativen Unzugänglichkeit für Umwelteinflüsse nicht ganz gefeit sei:

»Die selbstreferentielle Geschlossenheit des Wissenschaftssystems besagt vor allem, dass die Strukturen dieses Systems nicht im Durchgriff von außen bestimmt werden können; oder genauer: dass die Verteilung der Werte ›wahr‹ und ›unwahr‹ auf Sätze nur im Wissenschaftssystem entschieden werden kann und folglich auch die dazu nötigen Konditionierungen ausschließlich Sache des Wissenschaftssystems sind. Damit ist nicht geleugnet, dass es externe Interventionen geben kann bis hin zu massivem Druck, sich mit bestimmten Themen zu befassen. Die Wissenschaft kann darauf intern aber nur in der Form von Irritation reagieren. Hält eine solche Situation an, kommt es zu einer Inflationierung des Wahrheitsmediums im entsprechenden Themenbereich. Das heißt: Wahrheitsversprechen (analog zu: Zahlungsversprechen) werden hoch gehandelt, ohne dass die Einlösbarkeit ausreichend garantiert ist.« (Luhmann, 1990, S. 622f.)

Die von musikpädagogischer Seite erhobene Forderung nach praxisrelevanteren musiktheoretisch/-wissenschaftlichen Inhalten wird vor diesem Hintergrund als Konkretisierung der Problematik um das Auseinandertreten von Funktions- und Leistungsbeziehungen im wissenschaftlichen Kontext lesbar. Alternative semantische Formulierungen für das gleiche strukturelle Problem wären demnach Unterscheidungen wie ›Grundlagenforschung‹/›Anwendung‹, ›Wissenschaft‹/›Vermittlung‹ oder ganz allgemein »die immer wieder beklagte Kluft zwischen Theorie und Praxis« (Edler, Helms & Hopf, 1987b, S. 7).

Zeichnet man mit Hilfe dieser Schablone die ›deutsche Nachkriegsgeschichte‹ der Musikfächer nach, so wird deutlich, dass sowohl die jeweiligen Problembeschreibungen als auch die Lösungsvorschläge mit bestimmten *Stationen der musikfachlichen Ausdifferenzierung* korrelieren.

Die entsprechenden Texte der 50er Jahre des vergangenen Jahrhunderts beispielsweise heben zuvorderst die Notwendigkeit einer (musik-)wissenschaftlichen Grundlegung musikerzieherischer Prozesse hervor. Obwohl dies zum Teil wohl darauf zurückzuführen ist, dass einige der zitierten Publikationen im Rahmen eines musikwissenschaftlichen Kongresses entstanden sind (s. Brennecke, 1954), scheint es doch allgemeine Meinung gewesen zu sein, dass die gesamte ›Musikerziehung‹ grundsätzlich der jeweils zweiten Seite der oben genannten Unterscheidungsäquivalente zuzuordnen sei, also der ›Praxis-‹ oder ›Anwendungs-‹Seite. Deshalb benötige sie

> »die Mithilfe der Musikwissenschaft [...] zur eigentlichen *Fundamentierung* der Musikerziehung als Wissenschaft. Denn wenn wir von den zwei Bänden des zu früh verstorbenen Georg Schünemann und einer Reihe jugendpsychologischer Dissertationen zur Schulmusik absehen, fehlt es – wenigstens in Deutschland – meines Erachtens noch recht erheblich an Forschung und Besinnung über die eigentlichen *Voraussetzungen* unseres musikerzieherischen Tuns, das sich meist mit etwas blindem Ungestüm einer bloßen Erfahrungsroutine bedient und gerade deshalb nicht selten mit dem Begriff der ›Methode‹ primitiven Reklameunfug treibt und treiben kann. Es fehlt unserer – gewiss nicht zu unterschätzenden – Empirie die Apriorik.« (Moser, 1954, S. 29, Hv.i.O.)

> »Die Musikwissenschaft braucht daher im Leben der Musikerziehung, also auch im Berufs- und Tätigkeitsdasein des Musikerziehers, Entfaltungsraum. [...] Allzu dürftig ist die Verbindung der Universität als Träger der musikwissenschaftlichen Forschung zur Musikpädagogik.« (Oberborbeck, 1956, S. 255)

»Zu wünschen wäre [...] eine umfassende Aktivierung der Lehrer und Musikerzieher als Forscher« (Oberborbeck in Oberborbeck, Laaf & Müller-Blattau, 1954, S. 43). Abgesehen von »guten Urtextausgaben für die Praxis« (ebd.) sei konkret

> »eine Reihe von Denkmälern für die Musikerziehung; etwa aus Platos Schriften, Augustinus' ›*De musica*‹, Michael Praetorius' ›*Syntagma musicum*‹, Philipp Emanuel Bachs ›*Versuch über die wahre Art das Klavier zu spielen*‹, Quantz' Flötenschule, Leopold Mozarts Violinschule, Goethes wichtigste Äußerungen über musische Erziehung, Emile Jaques-Dalcrozes ›*Rhythmus, Musik und Erziehung*‹ u.a.« (ebd.)

erforderlich. »Ebenso wichtig erscheint« Oberborbeck

> »eine stärkere Berücksichtigung des Kindes und des Jugendlichen in der Musikpsychologie. Von den drei in der Musikerziehung beteiligten Faktoren Erzieher, Kind und Musik hat man den weitaus stärksten Teil des wissenschaftlichen Interesses, der Kraft und der Forschungsaufgaben der Musik selbst, einen geringeren der Persönlichkeit des Erziehers, fast keinen, dem Objekt der Erziehung, dem Kinde selbst, gewidmet. Während die Jugendpsychologie, die Erforschung des Kindes in der bildenden Kunst beachtliche Ergeb-

nisse gezeitigt hat, steht die musikalische Jugendkunde noch in den Anfängen. Das Ausland ist uns hier weit voraus.« (ebd.)

Die Frage einer *wissenschaftlichen* Konkurrenz zwischen den Fächern hat, wenigstens diesen Textpassagen zufolge, in diesem Zeitraum also gar keine Rolle gespielt. Einzig die während der Zeit des Nationalsozialismus versäumte und jetzt nachzuholende wissenschaftliche Fundierung musikerzieherischer Prozesse, wie sie von Kestenberg in Anschlag gebracht worden war, scheint ausschlaggebend dafür gewesen zu sein, die Beziehung Musikwissenschaft – Musikpädagogik zu thematisieren. Die von Kaiser und Nolte kritisierte Behauptung Gurlitts, die Musikpädagogik habe keinen von der Musikwissenschaft unabhängigen Gegenstandsbereich, wäre demzufolge weniger als ›Affront‹ oder als Tendenz zur Vereinnahmung zu interpretieren, denn als Widerspiegelung des damals erreichten geringen Grades an fachlicher Ausdifferenzierung.

Daneben zeigen die Texte der 50er Jahre jedoch bereits deutlich, dass eine Trennung zwischen Fach- und Vermittlungsdisziplin es stets nahe legt, bestehende *Schwierigkeiten* mit der Vermittlung von fachspezifischem Wissen *zu externalisieren*. Wenn der Musikwissenschaftler Friedrich Blume beispielsweise konstatiert, das fragliche »Wissensgebiet hat sich in den letzten 30 – 40 Jahren so ungeheuer erweitert, und der Wissensstand hat sich innerhalb der einzelnen Gebiete so ungeheuer verfeinert und spezialisiert« (Blume, 1958, S. 65), so deutet er damit ein Problem an, das unter dem Stichwort ›Wissensgesellschaft‹ als allgemein gesellschaftliches verstehbar wäre. »[Ü]ber die Wege und Methoden zu sprechen, die gangbar erscheinen, um das gewünschte Ergebnis zu erreichen« (ebd., S. 68) jedoch zähle nicht zu seinen Aufgabe (s. ebd.). »Hier nun setzt« nämlich

> »das dringende Anliegen der Musikwissenschaft an. Ein musikwissenschaftliches Studium an einer Universität, das zur Promotion führen soll, ist erfahrungsgemäß eine Sache von 10 – 12 Semestern, und zwar Semestern, die mit dem Studium dieses Hauptfaches und zweier Nebenfächer streng ausgefüllt sind. Sollen sie erfolgreich sein, so muss unabdingbar vorausgesetzt werden, dass der anfangende Student ein Mindestmaß an soliden Grundkenntnissen und Grundfähigkeiten mitbringt. Ist das nicht der Fall, so hängen ihm die Lücken sein ganzes Studium hindurch an, und das Endergebnis ist dann der Musikwissenschaftler, wie er nicht sein soll: ein junger Doktor, der zwar eine hochspezialisierte Dissertation über die Sondernotationen des John Hothby oder über eine Handschriftenquelle des 15. Jhs. verfasst hat, der aber in Verlegenheit gerät, wenn er ein Schubertlied am Klavier begleiten oder rasch einmal eben einer lustigen Gesellschaft einen Kanon einstudieren soll.« (ebd., S. 65)

Auch ohne zu thematisieren, wer letztlich für die musikpraktische Ausbildung eines Musikwissenschaftsstudenten verantwortlich ist, wirkt es aus heutiger Perspektive zumindest einigermaßen befremdlich, wenn ein Musikwissenschaftler sich selbst von sämtlichen Verantwortlichkeiten den ›jungen Doktor‹ mit der ›hochspezialisierten Dissertation‹ betreffend befreit und diese stattdessen der allgemeinschulischen Bildung überträgt. Dabei ist Blume sich der Schwierigkeiten, welche die Wissenschaft mit der Vermittlung ihrer Inhalte hat, durchaus bewusst. Wenn man ihn aber frage, »was die Musikerziehung« im Gegenzug »von der Musikwissenschaft zu erwarten habe« (ebd., S. 72), müsse er leider passen:

> »Ideen sind genug vorhanden, aber wenn Sie mich nach konkreten Leistungen fragen, so bringen Sie mich in Verlegenheit. Die Wissenschaft ist frei und geht ihre eigenen Wege.

> Sie stellt sich ihre Themen nicht aus dem Tagesbedarf. [...] Ein Gegenstück zu der kon-
> kreten Hilfe zu leisten, die sich die Musikwissenschaft von der Schulmusikerziehung er-
> wartet, liegt nicht in ihrer Natur.« (ebd., S. 72f.)

Dass sich hier eine Argumentation andeutet, die in der vielzitierten ›wissenschaftlichen Freiheit‹ ihren vermeintlichen Rückzugsort findet, bei gleichzeitiger Weiterreichung des ›Schwarzen Peters‹, genannt ›Anwendbarkeit‹ oder ›Vermittelbarkeit‹, an die Musikpädagogik, ist unschwer zu erkennen.

Bald danach werden aber auch Warnungen laut, die sich gegen eine »Verwissenschaftlichung« (Heindrichs, 1969, S. 44) der Gesellschaft überhaupt sowie der Musikpädagogik im Speziellen richten. Um die Qualität einer in dieser Manier forschenden Musikpädagogik fürchtet man besonders dann, wenn diese, als eine »Wissenschaft des defizitären Faktors« (Warner, 1970, S. 130), »eine eben überwundene musische ›Ganzheit‹« (ebd.) durch ein wissenschaftliches Komplement ersetze (s. ebd.).

> »In einer solchen Situation laufen weitreichende Programme von ›Forschung in der Mu-
> sikerziehung‹ Gefahr, in eine alexandrinische Geschäftigkeit umzukippen, der in spätes-
> tens zehn Jahren die Basis fehlen dürfte, wenn nicht – ja, wenn nicht zunächst dem un-
> mittelbaren realen Gegenstand Musik auf die Beine geholfen wird, und zwar durch eine
> an sich selbst gezogene reflektierte Praxis, die dann irgendwann auch die Dignität von
> ›Forschung‹ erringt.« (ebd.)

»Bestrebungen, eigene musikwissenschaftliche Seminare an den Musikhochschulen einzurichten« (Mahling, 1970, S. 124) wiederum ließen »die Gefahr« erkennen,

> »dass sich die Musikerziehung nun ihrerseits in die Isolation begibt und in eben den
> Fachprovinzialismus verfällt, den sie der Musikwissenschaft vorwirft und den diese gera-
> de zu überwinden versucht« (ebd.).

Besonders

> »Bestrebungen, die darauf abzielen, dass die Ausbildung der Schulmusikerzieher *nur*
> *noch ›schulrelevant‹* sein soll, lassen eine derartige Entwicklung befürchten.« (ebd.,
> Hv.i.O.)

Einem »qualitativen Absinken der Musikwissenschaft« (ebd., S. 125) sei deshalb am ehesten mit einer stärkeren institutionellen Trennung beizukommen, bei der »[d]ie Universität [...] die Schulmusikerzieher« zwar »nicht als bloße Zaungäste betrachten« dürfe, »sondern [...] in jedem Semester geeignete Lehrveranstaltungen anbieten« (ebd.) müsse, »[d]ie musikwissenschaftliche Forschung« grundsätzlich aber »ihren Platz an der Universität und nicht an der Musikhochschule« (ebd., S. 124) behalte. Im Fokus steht hier also offensichtlich weniger das Ideal eines ›praxisrelevanten Wissens‹ als vielmehr die Sorge um die Qualität der Wissenschaft.[111]

Die Texte der 1970er Jahre lassen schließlich erkennen, dass spätestens dann die Beziehung zwischen den Fächern als angespannt empfunden wird.[112] Zwar begrüßt

---

111 Diese Sorge wird nicht nur von Seiten der Musikwissenschaft geäußert, hier vertreten durch Mahling, sondern, wie das Beispiel Theodor Warners gezeigt hat, auch aus den Reihen der Musikpädagogik.

112 Schon Blume berichtet aber davon, er sei von der Musikerziehung »zu meinem Leidwesen öfters als das schwarze Schaf dargestellt« worden, »das ungeladen und unbefugt auf der Nachbarkoppel

man grundsätzlich die mit jeder »Auseinandersetzung« (Ehrenforth, 1975, S. 33) – beispielsweise um die Frage, ob Musikwissenschaft ein ›Erstes Schulfach‹ darstellen soll (s. ebd.)[113] – verbundene »erzwungene Kontaktnahme« (ebd.), doch sei es »dringlich« (Memorandum, 1976, S. 254), dass künftig »an die Stelle bildungspolitischer Machtkämpfe [...] eine sachbezogene Kooperation beider Fächer tritt.« (ebd.) Die Tatsache, dass immer häufiger betont wird, Musikwissenschaft und Musikpädagogik seien »aufeinander angewiesen« (ebd.; ähnlich auch Ehrenforth, 1975, S. 33) lässt vermuten, dass dies nicht mehr ganz selbstverständlich gilt bzw. dass die Fächerdifferenzierung selbst inzwischen als Problem wahrgenommen wird. Ähnlich verweisen auch Systematisierungen wie das ›Studienmodell‹ von Peter Brömse, im Rahmen dessen er die Musikwissenschaft als zentrale Bezugsdisziplin der Musikpädagogik ansetzt um auf diese Weise ein Modell mit ›pädagogischer Mitte‹ zu verhindern (s. Brömse, 1975), auf zunehmende Richtungskämpfe.

Noch komplizierter wird das Fächerverhältnis dadurch, dass sich zu der Zeit zusätzlich eine Systematische Musikwissenschaft etabliert, die viele der Probleme, die bis dato zwischen der Musikpädagogik und einer vor allem historisch ausgerichteten Musikwissenschaft bestanden, zu lösen verspricht. Dabei kapriziert sie sich einerseits auf ›aktuelle Themen‹, mit denen sich die Musikpädagogik bislang allein gelassen sah, und greift andererseits methodische Neuerungen aus Disziplinen abseits der Geschichtswissenschaft auf (s. z.B. de la Motte-Haber, 1976). Auf diese Weise kommt sie unter anderem dem von der Musikpädagogik geäußerten Wunsch nach ›praktischer Anwendbarkeit‹ ein Stück weit entgegen – ein Argument, das bis heute in Anschlag gebracht wird, wenn es gilt, ihre Stellung als bevorzugter Gesprächspartner des pädagogischen Nachbarfaches zu legitimieren.

Einen Höhepunkt erfährt die zwischenfachliche Kommunikation mit der Tagung der Bundesfachgruppe Musikpädagogik zum Thema ›Musikwissenschaft und Musiklehrerausbildung‹, die 1977 in Gießen stattfand (s. Gieseler & Klinkhammer, 1978). Dem Bericht Wolfgang Birtels nach lässt sich diese Veranstaltung als versöhnliche Reaktion auf bereits zurückliegende Machtkämpfe verstehen:

> »Der gleichsam programmierte Schlagabtausch zwischen Musikwissenschaftlern und Musikpädagogen fand auf dieser Tagung nicht statt. In den beiden ersten Veranstaltungen, die klären sollten, was die einzelne Disziplin von der jeweilig anderen erwarte, kam es zwar zu heftigen Diskussionen, das ein oder andere Vorurteil über Musikwissenschaft wie Musikpädagogik wurde laut, aber allgemein zeichnete sich eine Tendenz ab, die auch für die übrigen Gesprächsrunden charakteristisch wurde: eine Tendenz zur Bereitschaft, sich gegenseitig zu respektieren. Damit wurde denn auch die Grundlage für eine mögliche Kooperation beider Fächer gelegt.« (Birtel, 1978, S. 187)

Immer häufiger werden aus dem Verhältnis Wissenschaft/Nicht-Wissenschaft resultierende Differenzen jetzt auch als zumindest in der Form nicht auflösbare Widersprüche thematisiert. Anstatt die Aufgabe der Vermittlung musikwissenschaftlichen Wissens

---

grasen gegangen ist«, und glaubt zugleich »manches Missverständnis« bereits »ausgeräumt« (Blume, 1958, S. 60).

113 S. hierzu auch die diesbezügliche ›Stellungnahme‹ der Leiter der Schulmusikabteilungen an den Musikhochschulen der BRD (Arbeitsgemeinschaft, 1975).

allein der Musikpädagogik anzulasten, beschreibt z.B. Heinz Meyer das Adressieren wissenschaftlichen Wissens selbst als Problem:

> »Wendet man sich aber bewusst an eine bestimmte Adresse, etwa an die der Musikpädagogik, so kommt es gelegentlich zu eher peinlichen Fehlleistungen, die darauf schließen lassen, dass man über die Bedürfnisse (und den Informationsstand) eben dieses Adressaten nur sehr unzureichende Vorstellungen hat.« (Meyer, 1978, S. 27f.)

Auch Carl Dahlhaus erinnert daran, dass die zu beobachtenden Widersprüche ihre Ursachen nicht unbedingt in einem Fehlverhalten der Beteiligten hätten, sondern prinzipieller Natur seien. So seien die »Teile, durch die sie [die Musikwissenschaft VW.] sich öffentlich nützlich macht, […] mit den anderen, deren Nutzen manchen Außenstehenden nicht einleuchtet, untrennbar verwachsen. Man kann sie nicht amputieren, ohne dass sie zugrundegeht.« (Dahlhaus, 1978a, S. 59). Generell habe eine

> »unmittelbare Adressierung wissenschaftlicher Arbeit […] ihre Tücken. Wenn Wissenschaft nicht von ihren eigenen Voraussetzungen aus arbeitet, sondern sich von außen herankommenden Postulaten fügt, besteht nicht nur die Gefahr, dass sie bodenlos wird, sondern es ist auch zu befürchten, dass die an sie gestellten Ansprüche nicht erfüllt werden. Es kann sehr oft der Fall sein, dass die Arbeiten, die mehr oder weniger einer internwissenschaftlichen Konsequenz folgen, gerade diejenigen sind, die sich dann auch extern, d.h. im Sinne öffentlicher Brauchbarkeit, als die nützlichsten erweisen. Mit anderen Worten: Misstrauen ist zu äußern gegenüber einer zu unmittelbaren Adressierung. Das soll nicht heißen, Adressierbarkeit solle es schlechthin nicht geben. Nur ein unmittelbares Nachlaufen erscheint verfänglich und bedenklich.« (Dahlhaus, festgehalten in Pape, 1978, S. 45)

Vergleicht man diese Darstellung mit Luhmanns Inflationsmetapher, so wird deutlich, dass jeweils ähnliche Problemlagen angesprochen sind: Wo Dahlhaus die Gefahr einer ›bodenlosen Wissenschaft‹ sieht, die ihren Anforderungen nicht gerecht zu werden droht, dort diagnostiziert Luhmann eine systemspezifische Immunreaktion:

> »Die systeminterne Anschlussfähigkeit, die empirische Verifikation, die Genauigkeit der Begriffe werden vernachlässigt, um dem verbreiteten Interesse an Forschungsresultaten entgegenzukommen. Inflationäre Erscheinungen dieser Art sind, wie Fieber, ein deutliches Symptom dafür, dass das System sich gegen Außeneinflüsse wehrt, indem es ihnen Rechnung trägt.« (Luhmann, 1990, S. 623)

Was die Beziehung Musikwissenschaft – Musikpädagogik anbelangt, so scheint das Wesentliche damit vorerst gesagt zu sein: Die (Musik-)Wissenschaft forscht und wirft dabei gewisse Leistungen ab, die als solche jedoch nicht unbedingt durch wissenschaftsinterne Planung oder musikpädagogische Forderungen zu erzielen sind.

Dementsprechend ratlos wirken die Publikationen der Folgejahre: Das Problem einer mangelnden Koordination zwischen den Fächern besteht nach wie vor, und man weiß inzwischen auch, wie es nicht zu lösen ist – wie jedoch sinnvolle Kooperationen aussehen könnten, scheint nach wie vor nicht klar zu sein. Viele bereits bekannte Motive und Postulate werden noch einmal wiederholt, meist in dem Vorsatz, alte Konflikte nicht wieder aufleben zu lassen und in Zukunft stattdessen die zwischenfachliche Zusammenarbeit zu verstärken. Der von Edler, Helms und Hopf herausgegebene Aufsatzband von 1987 (Edler et al., 1987a) beispielsweise fasst vor allem noch einmal zusammen, was Ende der 70er Jahre angestoßen worden ist, ohne dem wirklich Neues hinzuzufügen.[114] Auch der zehn Jahre später unter der Herausgeberschaft Krakauers publizierte Band lässt auf eine Tagung schließen, bei der die Fächer eher nebeneinander zum Stehen gekommen sind, als dass sich ›im Dazwischen‹ Wesentliches ereignet hätte (s. Krakauer, 1997a; vgl. hierzu auch die Überlegungen zum jeweiligen Tagungsformat, weiter unten, S. 151–158). Eine Steigerung stellt so gesehen nur noch der im selben Jahr veröffentlichte Band von Guido und Siegfried Bimberg dar, der das Thema ›*Musikwissenschaft und Musikpädagogik*‹ in Form zweier voneinander vollständig unabhängiger Textteile behandelt, die einzig aus der Feder des jeweiligen Fachvertreters stammen (s. Bimberg & Bimberg, 1997).[115]

Erst mit Beginn des neuen Jahrtausends werden die Gespräche insgesamt wieder lebhafter. So spielt man zum Beispiel erneut die Möglichkeit durch, institutionelle Unterschiede zur Aufgabendifferenzierung zu nutzen. Während man in den 70er Jahren jedoch noch versuchte, die Musikwissenschaft gewissermaßen an die Universität zurückzuholen, versucht man jetzt, die Probleme, die sich aus der Differenz zwischen Forschung und Anwendung ergeben, durch die Unterscheidung zweier Musikwissenschaften zu lösen. Im Gegensatz zur universitären, ›wissenschaftlichen‹ Musikwissenschaft habe es die »Musikwissenschaft an Musikhochschulen [...] mit einem konkret anwesenden Abnehmerkreis, d.h. gleichsam mit Anwendungs- oder Verwertungskunden zu tun« (Richter, 2001, S. 71) und sei folglich ein »Dienstleistungsfach« (ebd., S. 72).[116] Gesteigert wird diese Sichtweise noch durch die einige Jahre später erhobene Forderung, die gesamte Musikwissenschaft solle sich, um ihrer ›gesellschaftlichen Relevanz‹ willen, zu einer Dienstleistungsinstanz der Musikpädagogik entwickeln (s. hierzu vor allem Schläbitz, 2009a).[117] Die Positionierung der Musikwissenschaft wird damit vergleichbar mit derjenigen der Musiktheorie, wenn an sie in ähnlicher Manier appelliert wird, sie solle sich an musikpädagogischen Zwecken orientieren (s. Richter, 2002a, S. 53 sowie Schläbitz, 2011).[118] Dass diese Forderungen die zwi-

---

114 So auch die Wahrnehmung Gruhns, der sich aus musikpädagogischer Sicht andere Perspektiven gewünscht hätte: »Erstaunlich ist an diesem Band, wie selten und wenig tatsächlich das Verhältnis von Musikwissenschaft und Musikpädagogik angesprochen und ausgeführt wird; meist bleibt es bei systematischen Aufrissen einer Teildisziplin ohne jeglichen Bezug auf explizit musikpädagogische Vermittlungsbedingungen und Vermittlungsinteressen.« (Gruhn, 1997, S. 13).

115 Einen ähnlichen Eindruck hinterlässt aber auch die 2008 veröffentlichte ›Festschrift für Ute Jung-Kaiser‹: ›Musikwissenschaft und Musikpädagogik im interdisziplinären Diskurs‹ (Brusniak et al., 2008).

116 Vgl. hierzu den Disput, der sich im Ausgang von dieser These zwischen Richter und Gunter Kreutz sowie Hans Günther Bastian entspinnt (Richter, 2001, Kreutz & Bastian, 2002, Richter, 2002b) sowie den Vermittlungsversuch durch Ehrenforth (Ehrenforth, 2002).

117 Ähnlich reduzieren aber auch Christoph Richter und Bernd Enders die Musikwissenschaft auf ein Hilfsfach der Musikpädagogik: »Musikunterricht ist nicht Unterricht in Musikwissenschaft, sondern die Musikwissenschaft ist eine unverzichtbare, anregende und helfende Dienstleistungsinstanz für die Aufgaben des Musikunterrichts.« (Enders & Richter, 2009, S. 4) Verständlich ist vor diesem Hintergrund die Beschwerde Heidrichs darüber, »dass [...] von musikpädagogischer Seite gleichsam ein Diktat ausgesprochen wird, was die Musikwissenschaft zu tun und zu lassen habe« (Heidrich, 2009, 59).

118 Richter hat mittlerweile seine Auffassung zumindest insofern revidiert, als er die Musiktheorie als »dienende-didaktische *Lehre*« und »ein selbstzweckliches *Fach*« (Richter, 2011, S. 33, Hv.VW.) Musiktheorie unterscheidet.

schenfachliche Kommunikation zwar in gewisser Weise ›anregen‹, sie erwartungsgemäß aber weder entspannen noch zu einem wechselseitigen Austausch auf inhaltlicher Ebene führen, zeigen die jeweils anknüpfenden Publikationen (s. Heidrich, 2009, Schläbitz, 2009b bzw. Rohringer, 2011b).

Spürbar werden stattdessen Veränderungen im *hochschulpolitischen Gefüge*: Während die Musikpädagogik der 50er und 60er Jahre noch um ihren autonomen Status kämpfte, scheint sich das (Macht-)Verhältnis inzwischen nahezu umgekehrt zu haben – eine Veränderung, die sich wohl nur zum Teil als quasi zu erwartendes Ergebnis eines ›normalen‹ Emanzipationsprozesses auslegen lässt. Entscheidend dazu beitragen dürfte auch der gesamtgesellschaftlich gesehen größere Einfluss der Musikpädagogik, den man zum einen auf deren organisatorische Anbindung an ›Schule‹, zum anderen auf eine in Folge dessen wesentlich breitere Verbandslobby[119] zurückführen kann.

Insgesamt machen diese Ausführungen jedoch vor allem deutlich, dass die Musikfächer, noch unabhängig vom Stand ihrer Ausdifferenzierung, alle von *derselben* und *beständigen Problemlage* betroffen sind: der Schwierigkeit, trotz unterschiedlicher systemischer Orientierungen zwischen fachwissenschaftlich gewonnenen Erkenntnissen und pädagogisch-didaktischen Entscheidungen vermitteln zu müssen. Als genuin gesellschaftsstrukturell bedingte Problemlage lässt diese auch für die Zukunft zwar *unterschiedliche semantische Bearbeitungen*, nicht aber einfache Lösungen erwarten.

3.1.3 ›Anschlussfähigkeit‹ – Die Reflexion der Wissenschaft

Greift man an dieser Stelle noch einmal die Ausgangsfrage nach Möglichkeit und Art der Kommunikation zwischen den Musikfächern auf, so kann man feststellen, dass von *wissenschaftsinternen* Formen des Anschlusses, sofern man darunter den fächerübergreifenden Gewinn wissenschaftlichen Wissens versteht, bislang kaum die Rede war. Die bisherigen Überlegungen lassen eine solche Kommunikationsform im Grunde auch kaum erwarten: Wenn der Musikbegriff weder zu automatischer Verständigung noch zu zwangsläufigen Überschneidungen im Hinblick auf bestimmte Forschungsfragen führt, und der Aufgabenbereich ›Musiklehrerausbildung‹ ebenfalls eher für politische Auseinandersetzungen als für inhaltliche Anknüpfungen sorgt, dann stellt sich stattdessen sogar die Frage, ob gelingende zwischenfachliche Anschlüsse wissenschaftlicher Art überhaupt wahrscheinlich sind.

Wie bereits angedeutet, spielt der Aspekt wissenschaftlicher Anknüpfungen für den musikpädagogisch/-theoretischen Diskurs selbst bislang kaum eine Rolle. Die Beziehung Musikpädagogik – Musikwissenschaft dagegen wird häufiger vor diesem Hintergrund diskutiert. Im Zentrum steht dabei – weitgehend unabhängig davon, zu welchem Zeitpunkt die jeweiligen Fächerkonstellationen beobachtet werden[120] – die Feststel-

---

119 Zu nennen wären hier besonders der ehemalige Verband Deutscher Schulmusiker (VDS) mit rund 5000 Mitgliedern (s. Verband Deutscher Schulmusiker 11.04.2015 [online]) sowie der ehemalige Arbeitskreis für Schulmusik (AfS) mit ca. 2800 Mitgliedern (nach Auskunft der Bundesgeschäftsstelle vom 09.03.2014). Mit Beginn des Jahres 2015 sind beide Verbände im neu gegründeten Bundesverband Musikunterricht (BMU) aufgegangen.

120 Voraussetzung ist natürlich die Differenzierung der Musikwissenschaft in unterschiedliche Forschungszusammenhänge.

78

lung, dass die Musikpädagogik sich zwar immer weiter von der Historischen Musikwissenschaft entferne, stattdessen aber in der Systematischen Musikwissenschaft eine ideale Partnerin finde. So konstatiert z.B. Wilfried Gruhn eine im Kontext »der Curriculumreform Ende der 60er, Anfang der 70er Jahre« anzusiedelnde »Wende«, deren Folge eine »Krise im Verhältnis von historischer, auf geschichtliches Verstehen gerichteter Musikwissenschaft und sich lernpsychologisch [und sozialwissenschaftlich, VW.] orientierender Musikpädagogik« gewesen sei, während zur selben Zeit »für die Musikpädagogik die Disziplinen der systematischen Musikwissenschaft an Bedeutung [gewonnen]« (Gruhn, 1987, S. 64) hätten. Ebenso wird beispielsweise von Reinhard Kopiez noch 2009 »die These vertreten, dass die Systematische Musikwissenschaft das ausgewiesene Potenzial dazu hat, zur Bezugswissenschaft für die Musikpädagogik zu werden.« (Kopiez, 2009, S. 8), und Ehrenforth widmet der ›integrativen *Aufgabe von Systematischer Musikwissenschaft und Musikpädagogik*‹ (Ehrenforth, 2005, S. 512) sogar ein eigenes Unterkapitel (s. ebd., S. 512–515).[121]

Diese Eingrenzung auf einen Teilbereich der Musikwissenschaft deutet darauf hin, dass ein ›Mehr‹ oder ›Weniger‹ an zwischenfachlicher Anschlussfähigkeit weder allein durch den Verweis auf unterschiedliche Fachbezeichnungen (Musik*theorie* vs. Musik*wissenschaft*), noch durch institutionelle Unterschiede (Musikhochschule vs. Universität) zu erklären ist. Als lohnend erweist sich deshalb ein Blick auf die Programme der einzelnen Fächer.

Unterschiede lassen sich hier vor allem hinsichtlich der Einschätzung des jeweiligen Faches von Seiten der Musikpädagogik feststellen. Während nämlich Musiktheorie und Historische wie Systematische Musikwissenschaft gleichermaßen darauf hinweisen, dass die Musikpädagogik von ihrem Fachwissen profitieren könnte, fällt das musikpädagogische Urteil jeweils sehr verschieden aus. Ein Argument, das in diesem Zusammenhang bisweilen eine Rolle spielt, ist das der mehr oder weniger großen ›*Wissenschaftlichkeit*‹ des potentiellen Partnerfaches. Die Systematische Musikwissenschaft nämlich sei schon allein deshalb der bessere Partner für die Musikpädagogik, weil sie nicht nur die neueren, sondern vor allem auch die wissenschaftlicheren Herangehensweisen vorzuweisen habe.[122]

---

121 S. hierzu auch Altenburg et al., 2001, S. 355, Richter, 2009a oder Schläbitz, 2009a. Mitunter wird auch »die *Ethnomusikologie*« als eines der »ursprünglich als systematisch bezeichneten Gebiete« (de la Motte-Haber, Loesch & Rötter, 2010b, S. 7, Hv.i.O.) als eigener musikwissenschaftlicher Bereich diskutiert (s. z.B. die ›*Veranstaltung 6: Umsetzung von musikethnologischen Erkenntnissen in die Schulpraxis*‹, in: Gieseler/Klinkhammer, 1978, S. 166-191; ähnlich auch Hickmann, 1987 und Seebaß, 1997) – eine Unterscheidung, die für die vorliegende Fragestellung jedoch nicht von Bedeutung ist.

122 S. z.B. Schläbitz, 2009a und 2009b sowie Gruhns Beurteilung der sich wandelnden Fächerbeziehungen (s. Gruhn, 1987, S. 64). Zu einem ähnlichen Schluss kommt die Musikwissenschaft der 1970er Jahre aber auch selbst, wenn sie unterscheidet zwischen einer »Musikhistorie«, die »in wesentlichen Teilen Interpretation« sei, und einer Systematischen Musikwissenschaft, die »in einigen ihrer Zweige [...] als Fortsetzung der traditionellen Theorie der Musik [...] und als deren Präzisierung im Sinne moderner Wissenschaft verstanden werden« (Memorandum, 1976, S. 250) könne.

Bezieht man diese Begründung auf die systemtheoretische Wissenschaftstheorie,[123] so wird vor allem die Unterscheidung zweier Programmtypen relevant, und zwar ›Theorieprogramme‹ und ›Methodenprogramme‹, die laut Luhmann »getrennt und kombiniert werden müssen« (Luhmann, 1990, S. 428):

> »Die Regeln richtigen Entscheidens über wissenschaftliche Kommunikation sind entweder theoretischer oder methodischer Art. Der Vorteil dieser Doppelung liegt auf der Hand: Beide Arten von Programmen können unter wie immer willkürlichen und vorläufigen Limitierungen in Operation gesetzt werden, da jede Limitation von der anderen Seite der Unterscheidung her infrage gestellt und gegebenenfalls ausgewechselt werden kann. Limitationen ohne Limitation also! Die Theorien können ausgewechselt werden, je nach dem, was ihre methodische Überprüfung ergibt. Und die Methoden werden gewählt, korrigiert und gegebenenfalls weiterentwickelt je nach dem, was man zur Überprüfung von Theorien braucht, und je nach dem, welche Theorien den Voraussetzungen der Methoden (zum Beispiel: Kausalität) Plausibilität verleihen.« (ebd., S. 403)

Notwendig wird eine solche *innerwissenschaftliche Limitation* (s. ebd., S. 408), sobald man davon ausgeht, dass außerwissenschaftliche Kontrollen, wie etwa Normen religiösen oder politischen Inhalts, für wissenschaftliche Prozesse ihre Gültigkeit verloren haben (s.o., S. 34). Soll die Zuordnung zu den Codewerten ›wahr‹ und ›falsch‹ dennoch nicht bloß zufällig erfolgen, ist das System auf selbstgewählte und selbstkontrollierte Kontingenzbeschränkungen angewiesen, um ›Beliebigkeit‹ reduzieren zu können:

> »Theorien und Methoden können als ganz und gar kontingent angesetzt werden, und strikt erforderlich ist nur, dass in jeder Situation eine Verknüpfung von Theorien und Methoden hergestellt wird. Die Notwendigkeit der Relationierung der Kontingenzen ersetzt deren sachliche Limitation. Man muss nur bei der Wahl der Methode wissen, was das theoretische Forschungsprogramm ist, und umgekehrt auf die Methode, die man benutzt, Bezug nehmen, wenn es um die Feststellung geht, ob die Theorie sich bewährt hat oder nicht. Auch insofern tritt also an die Stelle eines ›Prinzips‹, das das System ontologisch und teleologisch richtig ausrichtet, eine Unterscheidung, an die Stelle von Einheit also eine Differenz.« (ebd., S. 404, vgl. hierzu auch die Ausführungen zum systemtheoretischen Umgang mit Selbstreferenz, s.o., S. 29f.)

Denkbar ist vor dem Hintergrund dieser Trennung in ›Theorien‹ und ›Methoden‹ nun nicht nur eine Zuordnung bisheriger oder zukünftiger Wissenschaftsprogramme zu genau einer der beiden Unterscheidungsseiten, sondern möglich wird auf Basis dieser Differenz auch eine generelle Untersuchung der *Struktur* wissenschaftlicher Programme und Programmkombinationen.

Beobachtet man aus dieser Perspektive die von der Musikpädagogik gewählten Begründungen für ›wissenschaftliches‹ oder eben ›unwissenschaftliches‹ Kommunizieren bzw. für ein dementsprechend besseres oder schlechteres Gelingen der fächerübergrei-

---

123 Gemeint ist auch jetzt nicht etwa ein philosophischer Ansatz, sondern die soziologische Systemtheorie, sobald sie als Reflexionstheorie des Wissenschaftssystems auftritt. Zum Status derartiger Theorien vgl. auch die Überlegungen zum systemtheoretischen Beobachterkonzept bzw. speziell den Hinweis auf einen möglichen ›Beobachter dritter Ordnung‹ (S. 29, Fn. 31).

fenden Kommunikation, so lassen sie sich in unterschiedlicher Weise auf die von Luhmann elaborierten Kriterien wissenschaftlichen Kommunizierens beziehen.[124]

So lässt sich der seitens der Musikpädagogik erhobene Vorwurf an die Historische Musikwissenschaft, sie tradiere eine veraltete Methodologie als Hinweis auf eine aus Sicht der Musikpädagogik nicht ausreichend kontrollierte Programmierung lesen. Deutlich macht dies beispielsweise der von Norbert Schläbitz erhobene Vorwurf, die zeitgenössische Historische Musikwissenschaft sei immer noch von derselben »Transzendenzideologie« (Schläbitz, 2009a, S. 25) geprägt, die sie »in ihren Anfängen« vertreten habe:

> »Die Geburt der Musikwissenschaft aus dem Geist der Romantik hat die (aus der Religion eingewanderte) Leitdifferenz von *transzendent/immanent* etabliert. Die Musikwissenschaft pflegt so eine romantisch codierte (und implizit religiös motivierte) Kommunikation.« (ebd.)

Für die Beziehung Musikpädagogik – Musiktheorie ist diese Deutung dann relevant, wenn sie die Musiktheorie mit den ›großen Theorien‹ des 19. Jahrhunderts in Verbindung bringt. Zu nennen wäre hier insbesondere die gerade in musikpädagogischen Zusammenhängen nach wie vor gebräuchliche ›dialektische‹ Sonatentheorie nach Adolf Bernhard Marx.[125]

Aus Sicht der Luhmannschen Wissenschaftstheorie gestaltet sich dabei allerdings nicht das theoretische Ausgreifen an sich oder die spekulative ›Weite‹ der in Frage stehenden Ansätze als problematisch. »Spezifisch wissenschaftliche Theorieleistungen« nämlich lägen ohnehin

> »nur dann vor, wenn die Abstraktion der Vergleichsgesichtspunkte so vorangetrieben wird, dass auch evident Ungleiches verglichen werden kann.« (Luhmann, 1990, S. 409f.)

> »Auch normale, alltagssprachliche Sätze implizieren einen Vergleich und damit eine verdeckte Suchanweisung. Theoretisch inspirierte Vergleiche sind nur gewagter, unwahrscheinlicher, verblüffender. « (Luhmann, 1990, S. 408f.)

Fasst man das Moment des Vergleichs dementsprechend sehr weit, so dass theoretische Aussagen auch dann als Vergleiche beobachtbar sind, wenn dies der Formulierung nach nicht sofort ersichtlich ist, wird deutlich, dass den diskutierten Theorien weniger ein Mangel an wissenschaftlich akzeptabler Theorieleistung zu diagnostizieren wäre, denn das Fehlen einer adäquaten Methodik. Geht man beispielsweise von der Marxschen These einer dialektisch zu verstehenden Sonatensatzform aus (s. Marx,

---

124 Die mit dieser Blickrichtung einhergehenden Komparative ›wissenschaftlicher‹ und ›unwissenschaftlicher‹ widersprechen dem systemtheoretischen Theoriedesign zunächst insofern, als die Systemtheorie keine Zwischenzustände kennt: Eine Operation ist entweder wissenschaftlich codiert oder eben nicht (s.o., S. 53). Da jedoch kaum zu leugnen ist, dass Luhmann trotz der primär deskriptiven Anlage seiner Analysen im Zuge der entsprechenden Untersuchungen auch Kriterien ›gut funktionierenden‹ wissenschaftlichen Kommunizierens elaboriert, steht eine auf wissenschaftliche Qualitätsmerkmale – oder in den Worten der Musikfächer: auf mehr oder weniger wissenschaftliche Vorgehensweisen – hin ausgerichtete Untersuchung der Luhmannschen Theorieanlage nicht entgegen.

125 Fraglich ist allerdings, inwieweit die Musikpädagogik die Musiktheorie überhaupt als Wissenschaft – ergo: als potentiellen Kandidaten für eine schlechte Wissenschaftspraxis – wahrnimmt. Aktuell sind in diese Richtung weisende Beschreibungen jedenfalls nicht auszumachen.

1837, 1838, 1845 und 1847), so wäre aus Sicht der systemtheoretischen Wissenschaftstheorie noch nicht der auf den ersten Blick gewagte Vergleich zwischen Musikstücken und wortsprachlich verfassten Erörterungen problematisch, zu fragen hätte man jedoch, ob die sich damit verbindenden Aussagen einer empirischen Prüfung standhalten bzw. inwieweit auf diesem Wege überhaupt eine Überprüfung möglich ist.[126] Wenn die Musikpädagogik die entsprechenden Diskurse also als ›unwissenschaftlich‹ markiert, so wäre dies systemtheoretisch gesehen darauf zurückzuführen, dass sie diese als reine und somit *methodisch unkontrollierte Theorieprogramme* interpretiert.

Bezogen auf das musikpädagogische Musiktheoriebild dürfte jedoch mindestens ebenso sehr die zweite Variante unkontrollierter Programme eine Rolle spielen, nämlich *rein methodische Ansätze*, mit denen keine eigene Theorieleistung zu erbringen ist (s. hierzu auch Weidner, 2012, S. 304f.). Sichtbar wird dieses Bild häufig dann, wenn die Musikpädagogik konstatiert, wie Musiktheorie in der Schule *nicht* aussehen dürfe. Wenn Christoph Richter z.B. betont,

> »Musikunterricht ist nicht Unterricht in Musiktheorie, sondern lehrt theoretische Haltungen einzunehmen, zu erproben, vorhandene Theorieangebote zu benutzen und zu befragen, Gesetzmäßigkeiten und Muster zu entdecken und anzuwenden« (Richter, 2002a, S. 53),

so lässt dies umgekehrt auf eine Form von Musiktheorie schließen, die Richters unmittelbar zuvor aufgestellte Forderungen notwendig erscheinen lässt:

> »Nicht aber kann es Aufgabe und Bestimmung der Musiktheorie als Disziplin und Lehrfach sein, lediglich bestimmte vorgegebene Modelle und Regeln anzuwenden, zu lehren und zu trainieren, ihre Gültigkeit dogmatisch zu postulieren und entdeckendes Erproben, Versuchen, Anwenden auszusperren.« (ebd.)

Ein ähnliches Bild machen auch scheinbar neutralere Formulierungen deutlich wie z.B. die Äußerung Stefan Gies', »[a]ls Lehre von der strukturellen Beschaffenheit der Musik steht Musiktheorie zu den Musikwerken in einem ähnlichen Verhältnis wie Grammatik zur Sprache« (Gies, 2011, S. 17) oder sie sei »im Sinne eines abrufbaren Regelsystems« (ebd.) zu verstehen.

Insgesamt trifft sich diese Vorstellung von Musiktheorie mit derjenigen Position, die diese innerhalb der Musikwissenschaft lange Zeit eingenommen hat bzw. die sie wohl nach wie vor mitunter einnimmt. Mit ›Musiktheorie‹ ist dann in erster Linie eine Art *Propädeutik* gemeint, die man zu beherrschen habe, noch bevor das ›eigentliche‹, musik*wissenschaftliche* Arbeiten beginnen könne.[127] Auch dieses Bild lässt sich zum

---

126 So gesehen kann man natürlich bereits eine Theorieleistung als nicht nur faktisch unkontrollierte, sondern auch potentiell unkontrollierbare Herangehensweise kritisieren. Auf ein solches Defizit scheint z.B. Friedrich Neumann die (nicht nur) von ihm konstatierte ›Krise der Musiktheorie‹ (Neumann, 1978) zurückzuführen: Ursache sei unter anderem »eine wissenschaftliche Spätform der Musiktheorie« (ebd., S. 180), so wie sie im 19. Jahrhundert unter anderem von Riemann gepflegt worden sei, sowie der ebenfalls diesem zuzuschreibende »Versuch«, auf dogmatischem Wege »eine Art von Primat der Wissenschaft über die Kunstlehre zu errichten« (ebd.).

127 So stellt z.B. Helga de la Motte-Haber fest, Adler verstehe unter Musiktheorie »die Darstellung eines nach allgemeinen Regeln geordneten Systems, das Voraussetzung für eine Untersuchung im

Teil auf die musiktheoretische Fachgeschichte selbst zurückführen. So dürfte besonders die Tatsache, dass die deutschsprachige Musiktheorie sich während des Nationalsozialismus zu einem wenig innovativen ›Tonsatz-Unterricht‹ entwickelt hat, der in eine bloß »›pragmatische‹ Nachkriegs-Musiktheorie« (Holtmeier, 2003, S. 11, s.o., S. 20) mündete – Theorie im emphatischen Sinne also tatsächlich kaum mehr stattfand –, mit ein Grund dafür sein, dass ›Musiktheorie‹ außerhalb des eigenen Faches nach wie vor als reines Methodenarsenal gilt.[128]

Verlässt man sich nun auch umgekehrt in der Frage, warum der Musikpädagogik die Systematische Musikwissenschaft als so viel wissenschaftlicher erscheint, zunächst auf Argumente, wie sie sich den musikpädagogischen Beschreibungen entnehmen lassen, dann kann man feststellen, dass die Kommunikations*form* hier kaum eine Rolle spielt. So fällt Schläbitz' Urteil über das Kommunizieren der Systematischen Musikwissenschaft zwar durchweg positiv aus, eine Begründung dafür, warum gerade ihre Programme als wissenschaftlich adäquat zu beurteilen seien – Theorien und Methoden also gleichzeitig »getrennt und kombiniert« (Luhmann, 1990, S. 428) verwendeten – bleibt er jedoch trotz der explizit systemtheoretischen Herangehensweise[129] letztlich schuldig. Dass ›Systematizität‹ an sich hier noch keine ausreichende Erklärung darstellt, wird deutlich, sobald man berücksichtigt, dass zwar sowohl Theorie- als auch Methodenprogramme systematisch zu verstehende Aussagen erfordern, diese jedoch nicht zwangsläufig auch eine ›systematische‹ Kombination der beiden Programmtypen garantieren.[130] Ebenso kann das Argument der ›aktuelleren‹ oder der ›neueren‹ Metho-

---

Tonsatz ist« (de la Motte-Haber, 1976, S. 252), ohne sich im Folgenden klar von dieser Auffassung zu distanzieren: »Musiktheorie im Sinne einer umfassenden Theorie der Musik zu betreiben« nämlich »ist angesichts der Vielfalt musikalischer Erscheinungen nicht mehr möglich«. Sie sei deshalb entweder »zur Handwerkslehre geworden, oder sie neigt dazu, Geschichte der Theorie zu sein.« (ebd., S. 254). Entsprechend konstatiert Fladt noch Jahrzehnte später eine »Begriffs-Verwirrung, die in jedem ernsthaften Disput über den Status der Musiktheorie immer wieder auftaucht […] ›Musiktheorie‹ gilt […] weithin als schlicht propädeutisches Fach, in dem handwerkliches Rüstzeug erworben wird, mit dem der Schritt zum EIGENTLICHEN dann erst getan wird.« (Fladt, 2002b, S. 202, Hv.i.O. bzw. ders., 2002a, S. 37, hier mit Hervorhebung des gesamten Absatzes).

128 Zurückverfolgen lässt sich diese Entwicklung Dahlhaus zufolge aber bis ins vorletzte Jahrhundert: »Institutionell war die Musiktheorie des 19. und frühen 20. Jahrhunderts in einer unglücklichen Mitte angesiedelt: zwischen der historisch-philologisch orientierten Universitätswissenschaft« – die damalige Musikwissenschaft –, »von der sie als Hilfsdisziplin behandelt wurde, die man benutzte, aber draußen hielt, und dem Unterricht an Konservatorien, dessen Organisationsform eine wissenschaftliche Emanzipation darum niederhielt, weil sie mit dem Makel des Spekulativen, für die Praxis Unbrauchbaren behaftet war.« (Dahlhaus, 1989, S. 29).

129 Gerade die systemtheoretische Wissenschaftstheorie wird von Schläbitz mehrfach in Anschlag gebracht (s. besonders Schläbitz, 2009a, S. 24–26 und 2009b, S. 52f.).

130 Heidrich wirft Schläbitz im Gegenteil gerade in diesem Punkt implizit ›Unwissenschaftlichkeit‹ vor, indem er dessen »absurde Auslassungen« dahingehend interpretiert, sie »gipfeln in der grotesken Forderung einer grundsätzlich allein systematischen (recte: ahistorischen) Neuausrichtung des Fachs« (Heidrich, 2009, S. 59). Einzuwenden wäre demgegenüber jedoch, dass die Bezeichnung ›Systematische Musikwissenschaft‹ als eines bestimmten wissenschaftlichen (Teil-)Diskurses nicht zwangsläufig mit dem Prinzip eines ausschließlich ›systematischen‹, im Sinne von ahistorischem Denken übereinkommt. Das Gleiche gälte folglich für entsprechende musiktheore-

den im Hinblick auf die Frage, ob selbige auch als wissenschaftlich adäquat zu beurteilen seien, kaum überzeugen, genau wie man wohl einräumen muss, dass ›alte‹ und damit ›bewährte‹ Methoden nicht zwangsläufig mit ›Unwissenschaftlichkeit‹ gleichzusetzen sind. Insgesamt liegt demnach die Vermutung nahe, dass der Sympathie, die der Systematischen Musikwissenschaft von Seiten der Musikpädagogik offenkundig entgegengebracht wird, noch andere Ursachen zugrunde liegen als eine wissenschaftlich angemessene Kommunikationsform.

Aufschlussreich ist diesbezüglich vor allem die Herkunft der jeweils bevorzugt gewählten Programme: Sowohl für die Systematische Musikwissenschaft als auch für die Musikpädagogik kann besonders die Adaption von ursprünglich psychologischen und soziologischen Methoden als typisch gelten – eine Adaption, die zudem beiden Fächern erst ihren Status als Wissenschaftsfächer gesichert hat.[131] Greift man an dieser Stelle noch einmal auf die Darstellung Kieserlings zur wissenschaftlichen Begriffsbildung zurück (s.o., S. 65), so wird deutlich, dass eine solche Ähnlichkeit in den je eingenommenen Beobachterperspektiven für ein zwischenfachliches Anknüpfen von größerer Bedeutung sein dürfte als eine nur oberflächliche Annahme gemeinsamer Themen oder Gegenstände.

Zu fragen wäre dann jedoch, inwiefern angesichts einer solchen psychologisch oder soziologisch ›vermittelten‹ Zwischenfachlichkeit letztlich von ›*Interdisziplinarität*‹ die Rede sein kann. ›Vernetzungen‹, im Sinne einer Kombination unterschiedlicher Wissenskontexte, oder gar Formen der »Grenzüberschreitung« (Richter, 2009a, S. 1), wie sie von Interdisziplinaritätsbefürwortern häufig gefordert werden, jedenfalls sind in diesem Zusammenhang kaum zu erwarten (s. hierzu z.B. Voigt, 2010, S. 32 bzw. vgl. die Überlegungen zur Struktur musikfachlicher Kooperationsprojekte weiter unten, S. 158–167).[132]

3.2 ›Unterricht‹ – Erziehung als Horizont

Obwohl das Thema ›Unterricht‹ als Erstes an pädagogische Kontexte denken lässt, betrifft es Musikpädagogik und Musiktheorie als Fächer schon insofern gleichermaßen, als beide im hochschulischen bzw. im universitären Umfeld mit Lehre betraut sind. Auf diese Weise sorgt der Erziehungskontext sogar noch vor jedem ausdrücklichen Bemühen um ›Anschlussfähigkeit‹ für zwischenfachliche Überschneidungen im

---

tische Entwürfe: ›Systematizität‹ und ›Historizität‹ schließen sich in diesem allgemeinen und metatheoretischen Sprachgebrauch keineswegs automatisch aus.

131 Die Frage nach ›Ursache‹ und ›Wirkung‹ lässt sich dabei zumindest für die 1970er Jahre kaum klären: Hat die Musikpädagogik in der Systematischen Musikwissenschaft eine geeignete Partnerin gesehen, weil diese »gemäß ihrem eigenen Selbstverständnis vorwiegend sozialwissenschaftlich orientiert« (de la Motte-Haber, 1976, S. 254) war, oder hat sich die Musikpädagogik aufgrund ihrer Zusammenschlüsse mit der Systematischen Musikwissenschaft an der Soziologie orientiert?

132 Uwe Voigt weist unter anderem darauf hin, Interdisziplinarität setze voraus, dass sich »verschiedene wissenschaftliche Disziplinen aufeinander beziehen können, und zwar als solche.« (Voigt, 2010, S. 32) Entsprechend sei »eine psychologische Studie über die Einstellungen von Ökonomen zur Astrophysik [...] noch kein interdisziplinäres Projekt in irgendeinem interessanten Sinne.« (ebd.)

Sinne einer chiastischen Verschränkung: Während die Musiktheorie im weiteren Sinne
›musikpädagogisch‹ agiert, sobald sie ihre Inhalte lehrend vermittelt und die Form dieser Vermittlung spätestens dann explizit zu verhandeln hat, wenn es um die Ausbildung des facheigenen Nachwuchses geht,[133] tradiert die Musikpädagogik im schulischen (Erziehungs-)Kontext Formen musiktheoretischen Wissens.[134]

Feststellen lässt sich dabei, dass die in anderen Disziplinen übliche Aufteilung in
›Fachwissenschaft‹ und ›Vermittlungsinstanz‹ in diesem Kontext weniger Tradition
hat als im Zusammenhang mit der Beziehung Musikpädagogik – Musikwissenschaft.
So kann man zwar zumindest in der Anfangszeit des musikfachlichen Ausdifferenzie-
rungsprozesses die Musikpädagogik als Anwendungsdisziplin der Musikwissenschaft
betrachten, die *Musiktheorie* dagegen hatte stets eine starke *eigene pädagogische Tradition* vorzuweisen. Letzteres spiegelt sich bis heute in den entsprechenden Konzepten
wider: Wenn aktuell beispielsweise auf breiter Basis das Partimento-Spiel wiederbe-
lebt wird (s. Holtmeier, 2007, Paisiello, 1782/2008, Froebe, 2010) oder die improvisa-
torischen Momente älterer Kontrapunkt-Traditionen (s. Söllner, 2011) hervorgehoben
werden, dann nicht zuletzt mit pädagogisch-didaktischen Zielen. Auch sieht entsprechend dieser Tradition und wie an künstlerischen Hochschulen üblich das Verfahren
zur Besetzung einer musiktheoretischen Stelle als zentrales Element meist eine oder
sogar mehrere Lehrproben vor, in denen neben der fachlichen vor allem die pädagogische Eignung des jeweiligen Bewerbers geprüft werden soll, so wie die *ZGMTH* als
musiktheoretisches Fachorgan seit 2006 (Ausgabe 3/3) eine Rubrik ›*Musiktheorie in
der Lehre*‹ vorzuweisen hat.

Verständlich wird vor diesem Hintergrund, warum die Musiktheorie zwar kaum
weniger als die Musikpädagogik an Vermittlungsfragen interessiert ist, diese jedoch
weitgehend unabhängig von den entsprechenden musikpädagogischen Thematisierungen bearbeitet. Obwohl beide Fächer diesbezüglich also ähnliche Inhalte verhandeln,
überschneiden sich die Diskurse selbst vergleichsweise selten.[135] Als Indiz dafür kann
das Programm des VI. Jahreskongresses der *Gesellschaft für Musiktheorie* 2006 in
Weimar gelten: Obwohl die Veranstaltung unter dem Thema ›*Musiktheorie und Vermittlung*‹ stand, beschränkte sich die Zahl der rein personell der Musikpädagogik zu-
zuordnenden Vorträge auf ein Minimum (s. Kubicek, 2014).[136] Ähnlich enthält das
Themenheft ›*Musiktheorie lehren*‹ der *ZGMTH* (Ausgabe 7/1 von 2010) ausschließlich

---

133 Der meistverbreitete Abschluss eines grundständigen Musiktheoriestudiums sind das pädagogische Diplom bzw. der entsprechende modularisierte Abschluss.

134 Dies schließt Unterschiede zwischen schulischem und hochschulischem Unterricht natürlich nicht
aus. So spitzt Luhmann seine Ausführungen zum ›erziehenden Unterricht‹ speziell auf den
»Schulunterricht« (Luhmann, 2002a, S. 177 bzw. Luhmann & Schorr, 1988, S. 205) zu, in der
Hochschuldidaktik dagegen dürfte dem ›Erziehen‹ im Vergleich zum ›fachlichen Unterricht‹ ein
weitaus geringerer Stellenwert zukommen.

135 So auch das Urteil Rohringers (s. Rohringer, 2011a, S. 11). Zur kritischen Einschätzung des musiktheoretischen Sprechens über Pädagogik oder Didaktik s. aber auch weiter unten,
S. 164, Fn. 296.

136 Als Ausnahme ist der Beitrag Schäfer-Lembecks zu nennen (Schäfer-Lembeck, 2006). Eine singuläre Stellung hat daneben der Beitrag Michael Polths (Polth, 2006): Polth bezieht sich dabei aus
Sicht der Musiktheorie auf Hermann J. Kaisers (Kaiser, 2003 [online]) musikpädagogische Deutung didaktischer ›Zeigehandlungen‹.

Beiträge aus den Reihen der Musiktheorie, die zudem nahezu ohne explizite Bezüge zu musikpädagogischen oder gar hochschuldidaktischen Diskursen auskommen.[137]

Auch wenn ein solcher Verweis auf einzelne Veranstaltungen und Publikationen noch keine endgültigen Rückschlüsse auf die Situation an den Musikhochschulen zulässt – denkbar sind natürlich Formen des Austauschs, die zwar regelmäßig, aber eher informell, z.B. im Rahmen nichtdokumentierter hochschulinterner Projekte stattfinden –, so ist doch eine gewisse Tendenz zur je fachinternen Bearbeitung unterrichtsbezogener Aspekte zu erkennen.[138]

Ausgehend von dieser Diagnose sollen im Folgenden anhand der Themen ›*Musikalische Praxis*‹ (S. 86–93), ›*Selbstbestimmtes Lernen*‹ (S. 93–100) und ›*Bildung*‹ (S. 100–109) zwischenfachlich relevante Fragestellungen zum Bereich ›Unterricht‹ näher untersucht werden. Deutlich wird dabei, dass die jeweils angesprochenen Schwierigkeiten, anders als die analysierten Texte es überwiegend suggerieren, nicht allein auf das (Fehl-)Verhalten eines einzigen Faches oder einzelner Fachvertreter zurückzuführen sind, sondern mit grundlegenderen Problemen zusammenhängen, wie sie sich aus Strukturen speziell des Erziehungssystems sowie seiner Stellung innerhalb der Gesellschaft ergeben.

3.2.1 ›Musikalische Praxis‹ – Die Musik der Erziehung

Ein Thema, das im Rahmen unterrichtsbezogener Texte eine wichtige Rolle spielt, betrifft die Frage, welche musikalischen Umgangsweisen im schulischen Musikunterricht sinnvollerweise ihren Ort haben sollten. Oft wird dabei die Auffassung deutlich, ›schlechten‹ Musikunterricht habe man vor allem bestimmten Formen musiktheoretischen Unterrichts zu verdanken, bei dem die ›musikalische Praxis‹[139] zu kurz komme. Greift man beispielsweise einen kurzen, einer generellen Umschau über verschiedene Schulfächer entnommenen Essay des Feuilletonisten Claus Spahn auf, so zeigt sich, dass man diesbezüglich sogar in der öffentlichen Meinung fündig wird:

---

137 Entsprechend auch Rohringer: Keiner der vier Beiträge »zum Thema ›Musiktheorie lehren‹« beziehe sich »auf didaktische Fragestellungen der aktuellen Debatten in der Musikpädagogik« (Rohringer, 2011a, S. 11, Anm. 15). »Nur ein Beitrag (Menke, 2010) berührt durch das hier angesprochene Normativitätsproblem zumindest indirekt einen Aspekt, der im derzeitigen musikpädagogischen Diskurs kontrovers diskutiert wird (vgl. Kaiser, 2006[a]).« (ebd.); Zum Kanonbegriff s. auch weiter unten, S. 104.

138 Ähnliches gilt für musikpädagogische Rückgriffe auf musiktheoretische Themen. So ist zwar Clemens Kühn innerhalb des Diskurses sehr präsent (s. z.B. Kühn, 1988, 1996, 2002a, 2002b, 2004b, 2006b, 2009, 2012, 2013a, alle in ›*Musik & Bildung*‹, ›*Musik und Unterricht*‹ oder ›*Diskussion Musikpädagogik*‹), in Ansätzen auch Hartmut Fladt (s. z.B. Fladt, 2002a, 2013, beide ›*Diskussion Musikpädagogik*‹) andere Musiktheoretiker kommen (bzw.: melden sich) jedoch nur selten zu Wort.

139 In Anknüpfung an die rezipierten Texte fungiert der Praxisbegriff in diesem Abschnitt als Differenzbegriff zu ›Theorie‹ oder ›Reflexion‹. Die Frage nach ethischen Implikationen oder detailliertere Unterscheidungen wie diejenige zwischen ›Praxis‹ und ›Poiesis‹ (vgl. z.B. Kaiser, 2001, 2010 [online]) bleiben an dieser Stelle ebenso unberücksichtigt wie ein sehr weiter Praxisbegriff, bei dem etwa auch ›Theorie‹ als eine ›Praxis‹ aufgefasst wird (s. z.B. Luhmann, 1969/2009).

»Wie heißt doch gleich die Tonart mit den vier b? Und welche Töne darin werden durch diese Vorzeichen um einen Halbton erniedrigt? Sie wissen das nicht, obwohl sie im Land Bachs und Beethovens leben? Dann müssen wir jetzt schnell noch mal den berühmten Quintenzirkel an die Tafel schreiben, der die Tonartenfolge auffächert. Man lernt ihn am besten mit den guten alten Eselsbrücken-Merksätzen [...] Sind sie nun musikalisch gebildeter? Nein. Aber so wird vielen Kindern in der Schule immer noch die geheimnisvolle Welt der Musik nahegebracht: als ein theoretisches Buchstaben- und Zahlenspiel, als ein staubiges Kreidewissen. Wenn aber im Musikunterricht nur die Kreide quietscht, dann sollten wir die Musiktheorie verbannen. Dann können wir sie getrost vergessen! Es stimmt ja, dass mit dem Quintenzirkel alles beginnt. Man kann ihn und all das, was mit ihm zusammenhängt, [...] zur unverzichtbaren Allgemeinbildung erklären. Aber dieser Anfang ist zugleich das Ende, wenn er nur Kinderköpfe quälende Theorie bleibt.« (Spahn, 2011, S. 31, Hv.VW.)

Unabhängig davon, ob es überhaupt »stimmt [...], dass mit dem Quintenzirkel alles beginnt«, machen schon diese wenigen Zeilen unmissverständlich klar, wie die im Hauptartikel aufgeworfene Frage, welche schulischen Inhalte man unter der Annahme, dass es nicht um »Detailwissen«, sondern um »das Verstehen« gehe (Drösser, 2011, S. 31), am ehesten »streichen« (ebd.) könne, Spahn zufolge für den Musikunterricht zu beantworten ist:

»Kreidewissen bringt in Musikstunden gar nichts. Das haben viele Lehrer allerdings nicht verstanden [...] Im Musikunterricht hängt alles am Praxisbezug. Wer Spaß am Schwimmen sucht, muss ins Wasser gehen. Wenn die Musikklasse anfängt, selbst ein Bluesschema zu jammen, beantworten sich die Fragen nach den Vorzeichen und dem Tonika-Gegenklang von selbst.« (Spahn, 2011, S. 31)

Eine feste Position hat diese Auffassung aber auch innerhalb der entsprechenden Fachdiskurse. Besonders musikpädagogische Abhandlungen vertreten immer wieder die These, ein wenig gewinnbringender Musikunterricht, der lediglich floskelhaftes Auswendiglernen zur Folge habe, sei wesentlich auf ein *Übermaß an ›Theorie‹* zurückzuführen. »Dass der Musikunterricht nicht ohne Musiktheorie auskommen kann«, gilt z.B. Matthias Rheinländer zwar als »Binsenweisheit« (Rheinländer, 2002, S. 20), »aber dennoch muss« seiner Ansicht nach »die Frage erlaubt sein, *wie viel* Musiktheorie in der Schule gebraucht wird.« (ebd., Hv.VW.)
Sein eigenes unterrichtliches Handeln jedenfalls habe er im Zuge einer langjährigen Unterrichtspraxis diesbezüglich variiert:

»Ich [...] trat nun in der Schule mit dem pädagogischen Ideal an, wenigstens einen Teil meines musiktheoretischen Wissens weitergeben zu wollen [...] Die siebente Klasse, die ich mit Kadenzen quälte, reagierte entnervt und stellte mich vor die ersten disziplinarischen Hürden. [...] Nach und nach habe ich meinen Unterricht musiktheoretisch teilentsorgt, indem ich immer mehr musiktheoretische Komponenten fortließ und nur da einbrachte, wo es musikalisch geboten war.« (ebd., S. 20f.)

Mehr noch als die quantitative Komponente stehen meist jedoch Fragen des *Ablaufs* und der *Zielsetzung* des jeweiligen Unterrichts zur Diskussion. »Erfolgreich im Sinne von Spaß und geglückter Vermittlung waren« Rheinländer zufolge nämlich

»jeweils die Stunden, in denen die musiktheoretischen Inhalte im praktischen Musizieren angewendet werden konnten. In der Oberstufe konnte ich auf die in der Unter- und Mittelstufe gelegten Vorgaben zurückgreifen und einen eher theoretisch ausgerichteten Unterricht praktizieren. Aber auch hier waren geglückte Stunden eher jene, in denen das praktische Musizieren im Mittelpunkt stand.« (ebd., S. 21)

Dem entspricht, was Schäfer-Lembeck über den Bayerischen Lehrplan für Gymnasien berichtet: Ein »›selbstzweckhaftes unterrichtliches Handeln‹ mit Musiktheorie« (Schäfer-Lembeck, 2003, S. 206) lehne dieser mittlerweile kategorisch ab. Stattdessen werde

> »durchgängig an erster Stelle ›Musikpraxis‹ als das benannt, was es zu unterrichten gilt, und durchweg erst viel weiter hinten Musiktheoretisches als Lehrgegenstand aufgeführt. Außerdem findet sich dann jedes Mal der Verweis, dass solches ›nur in Verbindung‹ mit musikpraktischen Anteilen unterrichtlich thematisiert werden solle.« (ebd.)

Als Anlass dafür, dass dieser »recht dringliche Wunsch [...], der sogar wie ein Gebot zu verstehen ist« (ebd.), geäußert wird, mutmaßt Schäfer-Lembeck eine dem entgegenstehende Unterrichtspraxis, wie sie »landauf, landab gang und gäbe ist« (ebd.), nämlich eine »rein kognitiv verfahrende, von außen steuernde Implantation eines Fachvokabulars in das Bewusstsein der Kinder und Jugendlichen« (ebd., S. 207).[140]

Anknüpfen kann man hier an die von den Sprachwissenschaften entlehnten Begriffe ›*Grammatikalismus*‹ (s. Schäfer-Lembeck, 2003) oder ›grammatischer Fundamentalismus‹ (s. Ehrenforth, 1993, S. 14), mit denen zwei unterschiedliche, aber aufeinander zu beziehende Aspekte kritisiert werden sollen: erstens die Vorrangstellung grammatikalischer Strukturen in didaktischen Kontexten und zweitens die generelle epistemologische Auffassung, Grammatikkenntnisse seien die Voraussetzung für (sprachliches) Erkennen (s. Schneider, 1992, S. 15). Da grammatikalisches Wissen beim Spracherwerb im Gegenteil eine bloß nach- und untergeordnete Rolle spiele, sei die (musik-)didaktische Praxis entsprechend anzupassen.[141]

Die historischen Entwicklungen des schulischen Musikunterrichts sowie die damit korrelierenden musikpädagogischen Programme scheinen die Vermutung noch zu bestätigen: Sobald sich ein allzu theoriebetonter Unterricht etabliert hat, sorge erst der Rückbezug auf die musikalische Praxis für eine Verbesserung. So verstanden lässt sich eine erste ›Praxiswende‹ im Zusammenhang mit der sich zu Beginn des 20. Jahrhunderts etablierenden *Reformpädagogik* feststellen: Vor allem im Hinblick auf die besondere ›Natur des Kindes‹ sei eine Schule, die »das eigene Schaffen« (Gruhn, 1993, S. 224) ins Zentrum stelle, der Schule des 19. Jahrhunderts, die »nur totes Buchwissen vermittelt« (ebd., S. 175) vorzuziehen und der schulische Unterricht generell ebenso wie der Musikunterricht im Besonderen von einer bloßen ›Stoffanhäufung‹ zu befreien. In den Vordergrund rückten deshalb musikalische Umgangsweisen wie das Singen von Volksliedern, das dazu beitragen sollte, einer ›Entfremdung‹ des Menschen von seiner unmittelbaren Lebenswelt entgegenzuwirken (s. Gruhn, 1993, S. 161–181 und S. 213–228). Als eine Parallele dazu lassen sich die *programmati-*

---

140 Auch Benedikt Ruf fragt noch ein paar Jahre später: »Obwohl schon so lange angemahnt wird, dass Musiktheorie nicht losgelöst vom praktischen Musizieren unterrichtet werden solle – warum wird diese Mahnung bis heute nicht ernst genommen?« (Ruf, 2010).

141 Diese Parallelisierung von Spracherwerb und Musiklernen und damit auch die Übertragung der sprachwissenschaftlichen ›Lösungen‹ auf die Musikdidaktik sind umstritten (s. z.B. Jank, 2001, S. 32–36 oder Flämig, 2003 [online]).

schen Neuerungen der 1970er Jahre lesen, die unter anderem auf Basis handlungsorientierter Konzeptionen eine Art Gegenbewegung zur zuvor proklamierten ›Wissenschaftsorientierung‹ einläuteten.

Argumentativ stützt sich die Musikpädagogik in ihrer Kritik an ›theorielastigem Musikunterricht‹ meist auf *handlungsorientierte Lerntheorien.* Zu nennen sind hier vor allem Ansätze, die auf der Entwicklungspsychologie Jean Piagets basieren, wie etwa die Arbeiten Hans Aeblis (s. Gruhn, 1993, S. 327) oder die entsprechenden musikdidaktischen Spezifizierungen durch Hermann Rauhe, Hans-Peter Reinecke und Wilfried Ribke (Rauhe, Reinecke & Ribke, 1975), Edwin E. Gordon (s. Gordon, 1984) und Wilfried Gruhn (s. Gruhn, 1999).[142] Gemeinsam ist diesen Ansätzen die Kritik an einer

> »einseitig kognitive[n] Dimension des Lernens, die die Lernzielorientierung deutlich bevorzugt hatte.« (Gruhn, 1993, S. 327)

Stattdessen vertreten sie die These,

> »dass das Denken aus dem Tun hervorgeht. [...] Durch [...] Erfahrungen gewinnt das Kind innere Vorstellungen, die im Akt des Erkennens (der Kognition) aktiviert werden. Diesen Vorgang der Vorstellungsbildung nennen wir auch Lernen. Für das Lernen ist somit das Handeln konstitutiv. Nur was man handelnd erfahren hat, kann zur Vorstellung werden, die Grundlage für Erkennen und Verstehen ist.« (ebd.)[143]

›Lernen‹ basiere also stets auf konkretem Handeln, das abstrahierende Denken hingegen setze sowohl im Verlauf des kindlichen Entwicklungsprozesses als auch in einzelnen Lernprozessen erst später ein.

Entsprechend sieht das musikdidaktische Modell eine Anordnung vor, die handlungsbasierte Konzepte an den Anfang stellt. Nennen ließen sich hier etwa auf ›Audiation‹ beruhende Unterrichtsverfahren, bei denen sich durch ›Hören‹ und ›Nachsingen‹ bzw. allgemeiner ›Nachahmen‹ einzelne musikalische Patterns in der Hörvorstellung einprägen sollen.[144] »Ausgangspunkt des Musiklernens sollte« dementspre-

---

142 Hans-Ulrich Fuß dagegen rekurriert zur Untermauerung seiner Argumentation auf den philosophischen Pragmatismus: »Nur durch den Gebrauch musiktheoretischer Kenntnisse in einem konkreten Handlungszusammenhang gelingt es, sie den Schüler (sic) nahezubringen. Musikunterricht, in dem die Theorie nur *für sich* steht und daher abstrakt bleibt, verschwendet so viel Kraft und Energie wie ein Sportunterricht, der körperliche Geschicklichkeit durch das Stemmen von Zuggewichten in der Turnhalle anstatt durch Bewegungsspiele im Freien zu erlangen sucht. Auch für Musiktheorie gilt der pädagogische Grundsatz des Pragmatisten John Dewey, dass der Mensch ihrer erst dadurch gewahr wird, dass sie in seinem Handeln eine Rolle zu spielen beginnt, dass er ihr als zweckbewusst Mitwirkender gegenübertritt.« (Fuß, 1997, S. 176)

143 Entsprechend lauten die Folgerungen, die Klaus Velten daraus für musiktheoretische Inhalte ableitet: »Auch entwicklungspsychologische Erkenntnis legt nahe, den didaktischen Stellenwert des musiktheoretischen Aufgabenfeldes zu begrenzen. Indem ›Operationen des Denkens als verinnerlichte, beweglich gewordene und systematisierte Handlungen‹ erklärt werden (Aebli, 1985, S. 212), ist musiktheoretische Unterweisung zumeist nur im Wechselbezug mit Musikpraxis denkbar.« (Velten, 1995, S. 144f.)

144 Prominent geworden ist in dem Zusammenhang besonders die dieser Anordnung folgende Konzeption des ›Aufbauenden Musikunterrichts‹ (s. z.B. Jank, 2005 bzw. Jank & Schmidt-Oberländer, n.d. [online]). Auch Spahns Lob an die »Verantwortlichen in den Kultusministerien«, denen das Problem »längst klar« sei, zielt in diese Richtung: »In den neu geschriebenen Lehrplänen Baden-Württembergs etwa steht der schöne Satz: ›Musikalisches Lernen ist dann besonders

chend »das Hören sein, erst anschließend ist eine Auseinandersetzung mit Notentext und musiktheoretischem Wissen sinnvoll.« (Süberkrüb & Gordon, 2007, S. 1 [online])

Vergleicht man nun diese musikpädagogische ›Praxisorientierung‹ mit Entwicklungen innerhalb der Musiktheorie, so kann man feststellen, dass dieselben Begründungsmuster auch dort zu finden sind. Deutlich macht dies z.B. ein Text von Siegfried Borris,[145] der anlässlich eines Kongresses zum Thema ›*Probleme des musiktheoretischen Unterrichts*‹ (s. Baecker, 1967) ›*Probleme der traditionellen Harmonielehre*‹ benennt (s. Borris, 1967). Da der Unterricht »mehr als jemals zuvor mit totem Material befasst« (Stephan, 1967a, S. 6) sei, bedürfte er der »Aktualisierung, wahrscheinlich grundsätzlicher Umgestaltung« (ebd.). Betroffen sei davon vor allem die Harmonielehre, die »noch immer als unentbehrliche Grammatik für das Arbeiten mit der traditionellen Musik« (Borris, 1967, S. 23) gelte und »ohne Rücksicht auf musikalischen Geschmack« (ebd.) bestimmte Aufgabentypen am ›erkalteten Material‹ (s. ebd., S. 24) durchführen lasse. Wesentlich dazu beigetragen habe

> »eine entscheidende grundsätzliche Einstellung akademischer Denkart: eine gewisse Verfemung des Klaviers im Harmonielehre-Unterricht. Im Namen einer ›inneren Tonvorstellung‹ sollen theoretische Arbeiten auf dem Papier exerziert werden und das Klavier möglichst selten zu einigen Überprüfungen herangezogen werden.« (ebd.)

Dabei sei doch

> »anzunehmen, dass [der Schüler] als Musiker mit der Unterstützung von Hören und Greifen viel schneller und klarer Zusammenhänge begreifen und verstehen wird und daraus eine Vorstellung gewinnt. Papierene Exerzitien bleiben meist stumm für den Studenten, und manche korrekten Schreibübungen enthalten so hanebüchene Verstöße gegen Musikalität und Geschmack, dass der gleiche Schüler solche Ergebnisse, sobald sie erklängen, selbst ablehnen würde.« (ebd.)

Borris schlägt deshalb eine ›*Praktische Harmonielehre*‹ (Borris, 1972) vor, die »zeitgemäß modifiziert, auf ein ökonomisches Maß reduziert und für konkrete Aufgaben praktikabel gemacht« (Borris, 1967, S. 27) werden solle. Auch wenn der Praxisbegriff in dieser Formulierung nicht in erster Linie auf die Musikausübung abstellt, sondern im Sinne des ›Pragmatisch-Praktikablen‹ zu verstehen ist, wird deutlich, dass Borris hier auf ein ähnliches Defizit aufmerksam macht wie die zitierten musikpädagogischen Beschreibungen bzw. der zu Anfang nachgezeichnete Essay Claus Spahns.

Das gleiche lässt sich auch für die nachfolgenden Generationen feststellen. Besonders nachdrücklich formuliert dies z.B. Diether de la Motte in einem Text mit dem Titel ›*Musikpraxis, nicht Musiktheorie*‹:

> »Ich bin also [...] gegen die Trennung von Musik und Musiktheorie. Letztere darf im Musikunterricht nie Exerzierplatz sein, nie Vorstufe, um sich später dann auch mit Musik zu beschäftigen. Immer sollten präzise musikalische Ereignisse im Bewusstsein und im

---

erfolgreich, wenn es über das eigene Handeln zum Können und erst dann zum Wissen und zu den Begriffen führt‹. Genau so ist es« (Spahn, 2011, S. 31).

145 Den Recherchen Burkhard Meischeins zufolge war Borris »Komponist, Pädagoge, Musikwissenschaftler und Schriftsteller« (Meischein, 2000, Sp. 445). Sowohl das von ihm bearbeitete Thema als auch der Kongresstitel rechtfertigen es aber, das zur Diskussion stehende Argumentationsmuster der Musiktheorie zuzuordnen.

Ohr sein, wenn musiktheoretisch gearbeitet wird, immer sollten also musiktheoretische Fakten abgeleitet werden vom musikalischen Kunstwerk. [...] Immer sollte Musiktheorie von musikalischer Praxis handeln.« (de la Motte, 1988, S. 736)

Wiederum etwa 20 Jahre später mahnt Clemens Kühn unter der Überschrift ›Von der Musik zur Theorie‹ an,

>»Begriffe brauchen, um erfüllt zu sein, konkret erfahrene Musik. Begriffe ohne musikalische Anschauung bleiben leer, bloße Anschauung wird haltlos. Aus diesen Überlegungen folgert eine elementare Formel: *Der Weg führt von der Musik zur Theorie*. Die lebendige Begegnung muss dem abstrahierend Begrifflichen vorausgehen; denn ›Theorie‹ kann nachgereicht werden, musikalische Erfahrungen sind unersetzlich.« (Kühn, 2006a, S. 42f.)

Dies legt zunächst einmal mehr die Vieldeutigkeit des Begriffs ›Musiktheorie‹ offen: Während musikpädagogische Texte ihn im Sinne einer bestimmten Unterrichtspraxis (sic!) verwenden, fungiert er im musiktheoretischen Raum als Bezeichnung für das Fach oder seine Diskurse – in jedem Fall aber in einer Weise, die erklärt, warum das Bezeichnete dort nicht pauschal abgelehnt wird.[146]

Bringt man die sowohl im musikpädagogischen als auch im musiktheoretischen Kontext zu beobachtende ›Praxisorientierung‹ darüber hinaus jedoch mit den systemtheoretischen Analysen zum Erziehungssystem in Verbindung, so wird deutlich, welche Probleme sich in diesem Zusammenhang lesen lassen. Relevant werden hier vor allem die von Luhmann und Schorr eher nebenbei gezogenen Abgrenzungen im Hinblick auf die »alte Kontinuität des ›Lernens in der Praxis‹« (Luhmann & Schorr, 1988, S. 92). An Stelle dieser Kontinuität sei heute – in Analogie zur Innen/Außen-Differenz der Wissenschaft (s.o., S. 71) – ein zwar »enttäuschender« (ebd.), gleichzeitig aber kaum zu eliminierender Bruch zwischen Ausbildung und praktischer Anwendung zu beobachten.[147] »Mit den Anforderungen an die Ausbildung« nämlich

>»nehmen [...] die Diskrepanzen zu den realen Anforderungen an das Verhalten im Beruf zu; die Ausbildung mindert nicht, sie steigert diese Diskrepanz. Es wäre ganz falsch, die Schuld hieran bei einem ›zu theoretischen‹ oder ›akademischen‹ Charakter der Ausbildung zu suchen, wie es zumeist geschieht. Bei aller möglichen Kritik von Lehrplänen und Lernzielen – gerade Abstraktion und theoretischer Gehalt, gerade Buchwissen und kondensierte Fremderfahrung ließen sich nicht eliminieren, ohne dass die Ausbildung als Ausbildung zusammenbräche.« (ebd.)[148]

Auch wenn Luhmann und Schorr hier die berufliche Ausbildung und den »›Realitäts-Schock‹« (ebd.) beim Übergang ins Berufsleben im Blick haben, weist die Problematisierung als solche darauf hin, dass ein ›Lernen in der Praxis‹, sofern es nicht um reflexive Perspektiven ergänzt wird, auch für den Musikbereich nicht ohne Schwierigkeiten bleiben dürfte.

---

146 Vgl. hierzu die Analysen Kieserlings zur grundsätzlichen Affirmation des Systems durch systeminterne Reflexionstheorien (Kieserling, 2004a, S. 58).

147 Für Luhmann und Schorr besteht die einzige Möglichkeit darin, generell auf ›Lernfähigkeit‹ abzustellen (Luhmann & Schorr, 1988, S. 84–94).

148 Plausibel machen dies auch die Überlegungen zur Komplexitätsproblematik bzw. die Ausführungen zum ›Nebeneinander‹ der innerhalb der modernen Gesellschaft relevanten Ordnungen, s.o., S. 34f.

Deutlich wird dies beispielsweise dann, wenn man berücksichtigt, dass Borris sich als Theoretiker ausdrücklich in eine Traditionslinie mit Hermann Grabner und Wilhelm Maler begibt (s. Borris, 1967, S. 27) – Autoren, die heute ganz selbstverständlich in die Nähe eines eher einseitigen Theorieunterrichts und eines »gebrauchsmusikalisch zubereiteten und den nationalsozialistischen Gesellschaftsbedingungen angepassten Praxisbegriffs« (Holtmeier, 2003, S. 15) gebracht werden. Liest man die Forderung nach ›mehr Praxis‹ und ›weniger Theorie‹ vor diesem Hintergrund, so lässt sich ein direkter Zusammenhang herstellen zwischen ihr und der später vielkritisierten ›Nachkriegsmusiktheorie‹, bei der »ein früheres Teilgebiet der Musiktheorie – der sog. ›Tonsatz‹ mit seinen praktischen Inhalten – an die Stelle des Ganzen [trat]« (ebd., S. 11) und zunächst rein methodisch zu verstehende Anweisungen wie ›Satzregeln‹ den Status scheinbar unhinterfragbarer Dogmen einnehmen konnten (s. besonders Holtmeier, 2003, daneben Holtmeier, 2010b).

Diether de la Motte hat diesen Gedanken bereits in den 1960er Jahren im Rahmen seiner Überlegungen zu einer anstehenden ›*Reform der Formenlehre*‹ aufgegriffen. Argumentativer Ausgangspunkt ist für ihn die Meinung »der Praktiker« (de la Motte, 1967, S. 30) – nämlich Autoren bekannter Formenlehren wie Leichtentritt, Lemacher/ Schroeder und Stöhr –, die der Ansicht gewesen seien, die Formenlehre müsse sich mit einigen wenigen typischen Modellen begnügen, daraus ließen sich ohnehin alle konkreten »Varianten« ableiten: »Das ist praktisch. Das ist richtig. Das ist notwendig. Das ist – schade.« (ebd., S. 31). De la Motte stellt stattdessen ein »Lehrbuch zur Analyse« (ebd., S. 55) als Ergänzung der Formenlehre in Aussicht, da nur so sichergestellt werden könne, dass Musik nicht schablonisch, sondern in ihrem »Wachstum« (ebd., S. 30) begriffen werde. Gerade die ›praktischen‹ Lehren der in Frage stehenden Musik›theoretiker‹, in denen die Theoriearbeit auf ein geringstmögliches Maß reduziert ist – Begriffe und Modelle nur und erst dann, wenn sie ›gebraucht‹ werden – sind so gesehen also verantwortlich für theoretische Verkürzungen und satztechnische Dogmatismen.

Vergleicht man dieses Zusammenspiel aus forciertem Praxisbezug und unterkomplexer Theorie mit musikpädagogischen Konstellationen, so kann man zumindest ähnliche Tendenzen auch dort feststellen: Wenn Gruhn beispielsweise im Kontext der von ihm befürworteten ›Audiationspraktiken‹ von bestimmten Wendungen ausgeht, die sich bei den Lernenden hörend einschleifen sollen, dann zeigt ein Blick auf diese Wendungen, dass – abgesehen vom traditionellen Musikrepertoire (s. Vogt, 2004, S. 60) – eine *historisch wenig informierte Musiktheorie* im Hintergrund steht. Besonders die ›modalen‹ Wendungen nämlich, die dort zum Einsatz kommen (s. z.B. Süberkrüb & Gordon, 2007, S. 2, Lied Nr. 56 und 97 [online]), sind weniger Extrakte der in Frage stehenden Musikrichtung, als vielmehr Ausläufer einer Geschichtsschreibung, deren Modelle zwischenzeitlich längst als überholt gelten.[149] Dadurch, dass

---

149 Abgedruckt sind dort z.B. die von Gordon selbst komponierten Lieder ›*Morning*‹ (Nr. 56) und ›*Red Umbrella*‹ (Nr. 97) (s. Süberkrüb & Gordon, 2007, S. 2 [online]). Beide sollen offenbar mit einer ›dorischen Kadenz‹ (e – c – d) enden. Neuere Forschungen dagegen betonen, »[e]ntgegen einem […] Vorurteil erklangen früher Kadenzen in allen Tonarten mit einem Leitton. In den Tonarten, in denen sie nicht auf natürliche Weise vorhanden waren, findet man sie zwar meistens

›Theoriebildung‹ als solche im Gruhnschen Konzept jedoch gar nicht zur Disposition steht und ›abstraktes Denken‹ erst am Ende der jeweiligen Lernsequenz bzw. auf einer höheren Entwicklungsstufe eine Rolle spielt, bestehen zunächst weder Anlass noch Möglichkeit, dieses Verhältnis im Unterricht zu problematisieren.

Hinzu kommt, dass sowohl eine praktisch ausgerichtete Musiktheorie, bei der die immer gleichen Modelle ›spielerisch‹ geübt werden, als auch eine Musikdidaktik, die große Stücke auf das ›Einschleifen‹ musikalischer Pattern hält, *Formen des Lernens* tradieren, bei denen fraglich ist, ob sie sich vom ›bloßen Theorie-Lernen‹ tatsächlich so grundlegend unterscheiden, wie es zunächst den Anschein hat (s. Vogt, 2004, S. 55–62). Bezieht man nämlich das anfangs thematisierte ›Grammatikalismus‹-Moment nicht prinzipiell auf ›Theorie‹ als Modus, sondern konkreter auf das bloße Hantieren mit und Auswendiglernen von bestimmten und feststehenden Wendungen, dann liegt es nahe, dieser (Unterrichts-)Praxis einen Begriff des Lernens entgegenzuhalten, der ›Erfahrung‹, anstatt sie auf einfache Speichervorgänge zu reduzieren, als komplexes Phänomen beschreibt, (s. ebd., S. 72–76 bzw. Vogt, 2001, S. 247–254). Die Kritik an einer Theorie als ›Selbstzweck‹ wäre um eine Art *›Praxiskritik‹* – eine Kritik an ›selbstzweckhaft‹ repetierten musikalischen Floskeln – also zumindest zu ergänzen.

3.2.2 ›Selbstbestimmtes Lernen‹ – Die Funktion der Erziehung

Ein weiterer Einwand, der neben dem des ›mangelnden Praxisbezugs‹ pauschal gegen Musiktheorie vorgebracht wird, basiert auf der These, im Musikunterricht hätten, anstelle der Vermittlung *feststehender Wissensbestände*, Prozesse des *selbstständigen Erarbeitens* bestimmter Gegenstandsbereiche im Mittelpunkt zu stehen. Die Warnung Schäfer-Lembecks,

> »eine von außen steuernde Implantation eines Fachvokabulars in das Bewusstsein der Kinder und Jugendlichen führt nicht per se zu Kenntnissen über das, was diese Begriffe bezeichnen sollen« (Schäfer-Lembeck, 2003, S. 207),

lässt sich aus dieser Perspektive z.B. als Warnung vor einer mangelnden Beteiligung der Lernenden lesen.

Christoph Richter plädiert in dem Zusammenhang in Anlehnung an die (Physik-)Didaktik Martin Wagenscheins (s. z.B. Wagenschein, 1982) für das Konzept einer *»genetischen Musiktheorie«* (Richter, 1993, S. 45) bzw. eine »Genetische Musiklehre« (ebd., S. 47), die sich vor allem dadurch auszeichne, dass sie von den Schülern selbst und dadurch jeweils neu entwickelt werde:

> »Im Verlauf des Musikunterrichts gilt es, immer wieder zu […] einfachen und elementar ansetzenden Theorie-Ursprüngen zurückzukehren, sie zu verfeinern, sie kritisch zu kontrollieren, sie zunehmend mit Regeln und Mustern der Theorieangebote zu verbinden (im Sinne von: ›für diese Erscheinung gibt es übrigens folgende Muster-Vorstellung oder Lehre. Wir wollen prüfen, ob sie uns bei unseren Fragen und Untersuchungen ›nützt‹) […] kurz: sich stets im notwendigen Zirkel von Einzelfalluntersuchung und Verallgemeinerung bewegend.« (ebd., S. 49)

---

nicht in den Noten, aber sie wurden von den Sängern um der Schönheit willen improvisierend gesungen (pulchritudinis causa) bzw. stillschweigend ergänzt.« (Kaiser & Helmberger n.d. [online]).

Entscheidend sei, dass diese »»theoretische Erforschung‹« (ebd., S. 46) durch »einen unabschließbaren Versuchscharakter« (ebd.) gekennzeichnet sei, weshalb

> »Musiklehrerinnen und Musiklehrer […] die traditionellen Theoriebereiche auf die ihnen zugrundeliegenden Gedanken und Erscheinungen hin zu befragen lernen [sollten]; und sie sollten lernen, […] alle Fragen an Musik immer wieder neu zu stellen und sich von Antwort zu Antwort vorzuarbeiten, um Sinnerfahrungen mit Musik zu machen.« (ebd., S. 49)

Bis hierhin würden die Forderungen Richters wohl auch den meisten Fachvertretern aus der Musiktheorie gangbar erscheinen, spiegeln sie doch in erster Linie einen reflektierten Theoriebegriff wider sowie die Auffassung, eine so verstandene Theoriearbeit müsse selbstverständlich auch im schulischen Musikunterricht ihren Platz haben.

Potentiell konfliktträchtig werden Richters Ausführungen jedoch, sobald sie über die Kritik eines unzureichenden Theorieverständnisses hinaus recht deutlich *das gesamte Fach* bzw. sämtliche Fachvertreter ansprechen. So meint Richter beobachten zu können:

> »Allzuleicht und oft wird die geforderte Theorie- und Entdeckerhaltung – im Theorieunterricht ebenso wie im Musikunterricht – ersetzt durch die Anwendung und Übung vorgegebener Regeln.« (ebd., S. 46)

Abgelehnt wird von ihm deshalb eine »Abbilddidaktik«, bei der

> »Theorien, Methoden, Praktiken und das Routineverhalten aus den Wissenschaften und aus der irgendwie gewachsenen Hochschularbeit unversehens zum Gegenstand, zum Ziel und zur Methode in der schulischen Erziehung« (ebd., S. 45)

gemacht würden.

> »Sie gibt es in vielen Fächern: besonders weit verbreitet ist sie wohl im Verhältnis zwischen Musiklehrerausbildung an der Hochschule und Musikunterricht (in ihren sogenannten theoretischen Anteilen)« (ebd.).

Spätestens hier wird klar, dass Richter nicht nur eine ›irgendwie‹ zu verortende Theoriepraxis anprangert – beispielsweise die eines musiktheoretisch wenig bewanderten Musiklehrers oder diejenige früherer Hochschulgenerationen – (vgl. hierzu auch die Überlegungen zur ›Musiklehre‹, weiter unten, S. 133–141), sondern auch ›die‹ Musiktheorie ausdrücklich miteinbezieht, die seiner Ansicht nach professionelle Fachvertreter im Jahr 1993 betreiben; und zwar noch bevor das ›Abbild‹ davon – ob berechtigterweise oder nicht – überhaupt Bestandteil des schulischen Unterrichts werden kann.

Ähnlich pauschalisierend äußert sich im selben Jahr etwa auch Ehrenforth, wenn er bezogen auf musiktheoretische Inhalte über eine generelle »Schieflage« spricht,

> »welche die Schüler oft eher spüren als ihre mit Musiktheorie und Musiklehre unbefangen umgehenden Lehrer in Schule und leider auch Hochschule.« (Ehrenforth, 1993, S. 14)

Auch in diesem Zusammenhang wird ›Musiktheorie‹ also offensichtlich als technisches »Rüstzeug« (Fladt, 2002a, S. 37 oder ders., 2002b, S. 202 bzw. Schläbitz, 2009a, S. 23) für die Beschäftigung mit Musik kritisiert, das als solches dem ›eigentlichen‹

Lernen ebenso vorgeordnet ist, wie die ›propädeutische‹ Musiktheorie der Wissenschaft.[150]

Beobachtet man dieses Negativbild von Musiktheorie im Horizont des Erziehungssystems, so werden Zusammenhänge zu einer dort angesiedelten Binnendifferenz sichtbar: Über den Standardverweis auf die angeblich notwendige ›didaktische Reduktion‹[151] hinaus kann man dann nämlich die musikpädagogische Art musiktheoretisches Wissen zu verwenden als eine Lösung für Probleme deuten, wie sie sich aus der *Verschiedenartigkeit von Lern- und Bewertungsprozessen* ergeben (zum Folgenden s. auch Weidner, 2012, S. 307f.). Relevant wird dabei die dem Erziehungssystem immanente Schwierigkeit, dass schulischer Unterricht sowohl für ›*Erziehung*‹ im engeren Sinne als auch für ›*soziale Selektion*‹ zuständig ist (s. Luhmann & Schorr, 1988, S. 253–258 oder Luhmann, 1986/2009). Der Begriff ›Selektion‹ stellt dabei auf die Besonderheit ab, dass Schule und Universität vor dem Hintergrund einer für die moderne Gesellschaft typischen sozialen Vollinklusion – der *prinzipiellen* Zugänglichkeit aller gesellschaftlichen Bereiche für alle Mitglieder – unterschiedliche Lebensläufe strukturieren. Auf diese Weise ergeben sich Unterschiede in den *tatsächlichen* Karrieremöglichkeiten, die häufig zwar anderweitig ›ausgeglichen‹ werden können – man kann das Abitur auch auf dem zweiten Bildungsweg nachholen oder einen freien Medizinstudienplatz ›abwarten‹[152] – die *als Differenzen* aber in jedem Fall außerhalb des Erziehungssystems relevant sind (s. Luhmann & Schorr, 1988, S. 277–282 oder Luhmann, 1986/2009, S. 198–201). Die Besonderheit besteht also darin, dass das Erziehungssystem einerseits interne und nach Möglichkeit autonome Selektionskriterien ansetzt, die Folgen dieser Strukturierung jedoch, vielleicht mehr als dies für andere Funktionsbereiche gilt, auch in anderen gesellschaftlichen Bereichen eine entscheidende Rolle spielen (vgl. dazu die systemtheoretische Differenz zwischen ›Funktion‹ und ›Leistung‹, s.o., S. 36 bzw. den Begriff des ›Codes‹, s.o., ebd.). Für die pädagogische Reflexion wird ›Selektion‹ vor allem dann problematisch, wenn sie in Widerspruch zu ›Erziehung‹ tritt, selektionsbedingte Entscheidungen pädagogisch motivierte Lernvorgänge also eher stören anstatt sie zu befördern. Im vorliegenden Zusammenhang interessiert dabei weniger der Konflikt selbst – der als solcher für die Allgemeine Pädagogik bzw. die Erziehungswissenschaften ebenso wenig ›neu‹ ist wie für die Musikpädagogik – als vielmehr die musikpädagogische Art des Umgangs mit derartigen Widersprüchen.

Teilt man die Einschätzung von Luhmann und Schorr, die Pädagogik sympathisiere mit ›Erziehung‹ und lehne ›Selektion‹ ab (s. Luhmann & Schorr, 1988, S. 255–258),[153]

---

150 Für zusätzliche Missverständnisse dürften begriffliche Unschärfen zum Begriff ›Musiklehre‹ bzw. dem der ›Allgemeinen Musiklehre‹ sorgen, siehe weiter unten, S. 135–137.

151 Mit Blick auf die Luhmannsche Trennung verschiedener Funktionsbereiche wäre hier besser von ›didaktischer Transformation‹ zu sprechen (s. Weidner, 2010, S. 134).

152 Von ›Ausgleich‹ kann hier nur oberflächlich die Rede sein, da die Betroffenen währenddessen natürlich älter werden – karrieretechnisch ein nicht zu vernachlässigender Faktor.

153 »Man findet Einbahnvorstellungen: Auslese sei bildungsfeindlich, aber Bildung sei nicht auslesefeindlich. [...] Darüber hinaus entwickeln sich zunehmend radikale Pauschalablehnungen von Selektion jeder Art – eine Möglichkeit, sich eine genauere Bestimmung des Verhältnisses von Erziehung und Selektion zu ersparen. Schon die Lehrerschaft scheint nach empirischen Erhebungen

so lässt sich eine Verbindung herstellen zwischen dieser grundsätzlichen »Wertpräferenz« (ebd., S. 256) der Pädagogik und der innerhalb der Musikpädagogik mitunter zu beobachtenden *Abneigung gegenüber musiktheoretischen Inhalten*. Wenn in einem musikpädagogischen Text z.B. »die Bestimmung von Harmonien in einem Abschnitt« exemplarisch für eine »*geschlossene* Aufgabe« (Lehmann-Wermser, 2008, S. 122, Hv. VW.) angeführt wird,[154] so ist – besonders vor dem Hintergrund eines auf die *Offenheit* von Lernprozessen abstellenden Bildungsverständnisses – noch vor jeder diesbezüglichen Einordnung eine in pädagogischer Hinsicht wenig interessante Lerneinheit oder eben eine Bewertungsphase als Kontext zu vermuten.[155] Entsprechendes deutet sich schließlich in Lehmann-Wermsers Charakterisierung der Aufgabentypen an: »Geschlossene Aufgaben« nämlich »ermöglichen es Schülerinnen und Schülern, erworbene Fähigkeiten zu festigen, zu üben oder zu wiederholen« und seien »in diesem Sinn für die Festigung von Kompetenzen wichtig« (Lehmann-Wermser, 2008, S. 122). »Offene Aufgaben« dagegen seien

> »eher geeignet, um Neues zu erschließen, neue Kompetenzen aufzubauen. Der Umgang mit ihnen ermöglicht auch ›eine höhere Flexibilität beim Einsatz des Gelernten und eine erhöhte Nachhaltigkeit‹. (Lankes et al., 2006, S. 27) Solche Aufgaben sind in der Regel etwas anspruchsvoller, sie entsprechen aber zugleich eher dem Ideal eines beweglichen Wissens und des Erwerbs flexibler Kompetenzen.« (ebd.)

Selbst wenn »an dieser Stelle« kein »Qualitätsurteil« gefällt werden soll und eingeräumt wird, dass »auch geschlossene Aufgabenformate Vorteile« (ebd., S. 123) hätten, legt die Zuordnung von musiktheoretischen Inhalten im engeren Sinne zum erstgenannten Aufgabentyp es nahe, die (musik-)pädagogische Relevanz von ›Musiktheorie‹ insgesamt gering zu schätzen.

Voraussetzung dafür ist wiederum ein verhältnismäßig enger und vor allem rein ›technischer‹ Theoriebegriff: Unbestritten nämlich erfordert zwar auch eine »offene

---

die Rolle der sozialen Selektion abzulehnen, und eine entsprechende Bewertung findet man vorherrschend in der Literatur. Offenbar würde man am liebsten Selektion als einen naturalen Prozess ansehen, der von selbst abläuft und für den man nicht verantwortlich ist und dem man nach Kräften entgegenwirken sollte.« (Luhmann & Schorr, 1988, S. 255f.)

154 Dass diese Zuordnung nicht zwingend ist, beweisen zahlreiche Analysen, die gerade die harmonische Struktur einzelner Musikabschnitte ausführlich diskutieren. Ähnlich wären theoriemotivierte Fragestellungen zu interpretieren, wie z.B. die Auseinandersetzungen darüber, ob der kadenzierende Quartsextakkord auf die erste oder die fünfte Tonleiterstufe zurückzuführen sei (s. z.B. Moraitis, 2006, S. 59), oder ob man bei einer bestimmten Tonkonstellation von einer IV. Stufe mit sixte ajoutée oder einem Quintsextakkord der II. Stufe auszugehen habe (s. ebd., S. 59–61).

155 S. hierzu auch das Ergebnis der Studie Bieneck-Hempels: »Für alle Jahrgangsstufenbereiche ist ein überdurchschnittlich hoher Häufigkeitsgrad für die Einbindung musiktheoretischer Anteile in schriftliche Formen der Leistungsüberprüfung zu erkennen« (Bieneck-Hempel, 2009, S. 217). Ähnlich konstatiert Christoph Hempel, »die Frustration über den scheinbar geringen Erfolg beim Bemühen um die eigene Sachkompetenz, sprich: die Angst und Plackerei vor dem Tonsatzexamen, erstickt von vornherein die Lust an einer für die späteren Schüler interessanten Beschäftigung mit der Musiklehre.« (Hempel, 1988, S. 745). Vgl. hierzu auch den Bericht Matthias Rheinländers über die Reaktionen seitens des Kollegiums auf seine musiktheoretischen Unterrichtsversuche hin: »Der ältere Musikkollege von meinem pädagogischen Engagement erfahrend lobte, dass dem ›Jungen‹ ein Instrumentarium an die Hand gegeben war, mit dem er bei den Zensuren ja ›zur Sache kommen‹ könne.« (Rheinländer, 2002, S. 21).

Aufgabe« wie die »Untersuchung der musikalischen Mittel, die für eine bestimmte Wirkung verantwortlich sind« (ebd., S. 122), zur Lösung ›musiktheoretisches Wissen‹ – die Ergebnisse der bisherigen Untersuchungen allerdings lassen kaum vermuten, dass eine Aufgabe wie diese innerhalb der Musikpädagogik als ›musiktheoretische Aufgabe‹ wahrgenommen würde. So lauten z.B. die methodischen Hinweise im Lehrerband zu ›*Musik um uns. Für den Kursunterricht in Klasse 11*‹:

> »Es bieten sich verschiedene Wege an, das Kapitel ›Musiklehre‹ zu erarbeiten. – In Wiederholungsstunden systematisch anhand der Beispiele vorzugehen, ist nicht unmöglich. Das kann aber leicht Überdruss bei den Schülern hervorrufen. Man täte wohl besser daran, im laufenden Unterricht je einige Minuten dafür abzuzweigen und konzentriert auf handfeste Hausaufgaben hinzuarbeiten, die sich leicht aus diesem Kapitel ergeben und sich gut überprüfen lassen. [...] – Bei einer interessierten, gut vorgebildeten Klasse empfiehlt es sich, das meiste den Schülern zu selbstverantwortlicher Wiederholung zu überlassen und – unter Nutzung der Aufgaben – eine Erläuterungs- und Überprüfungsphase (Test) einzuschieben.« (Binkowski, 1988, S. 115)

Kaum zu beantworten dürfte dabei die Frage nach Ursache und Wirkung sein. Während die vorliegenden Überlegungen eher den Schluss von einem bestimmten Theorieverständnis auf eine ›selektierende‹ Verwendungsweise nahelegen, schließt etwa Hans Bäßler umgekehrt von der Verwendung musiktheoretischer Inhalte in Bewertungszusammenhängen auf eine bestimmte Gestalt dieser Inhalte. Zu beobachten sei nämlich nicht nur, dass

> »musikalische Analysen besonders gern als Klausur-Aufgaben verwendet werden. Mehr noch: Messbarkeit und Vergleichbarkeit der Leistungen scheinen geradezu formale Analysen hervorzurufen.« (Bäßler, 1999, S. 2)

Ähnlich auch de la Motte in Bezug auf hochschulische Musiktheorie: Nur »schwer zu begreifen« ist für ihn, dass der Harmonielehreunterricht auf inhaltlich bedingte

> »*Faszination* weitgehend verzichten soll zugunsten eines *strengen Satzes*, der aus Gründen der Lehr- und Prüfbarkeit abgeleitet wird von Komponisten, die nicht zu den größten der Musikgeschichte gehören, wie Haßler, Praetorius, Osiander. Choralsatz unter Einbeziehung der Akkorde der Romantik als Rüstzeug fürs Leben künftiger Schulmusiker, Dirigenten, Instrumentalisten und Opernsänger: Das schreit doch zum Himmel.« (de la Motte, 1976, S. 7f., Hv.i.O.)

Unabhängig von der ›Richtung‹ der Kausalbeziehung erhält man jedoch schon allein auf Basis eines solchen Korrelationsverhältnisses neben einer Antwort auf die Frage, warum die Musikpädagogik musiktheoretischen Inhalten eher ablehnend gegenübersteht, auch Hinweise darauf, warum ›Musiktheorie‹ bei Schülern und Studenten als eher unbeliebt gilt.[156] Aufschlussreich ist hier die von Luhmann und Schorr vorge-

---

156 »Die Musiklehre genießt bei Eltern und Schülern hohes Prestige, ist letzteren jedoch *äußerst unsympathisch*.« (Kirchner, 2006, S. 206, Hv.VW.) »Befragt man Schülerinnen und Schüler nach ihren Wünschen, so steht [...] der *Verzicht auf Musiktheorie* [...] an vorderster Stelle. Das war schon so, als ich vor nunmehr 15 Jahren zu unterrichten begann, und das ist auch heute noch so, wenn ich an meiner derzeitigen Schule frage.« (Rheinländer, 2002, S. 20, Hv.VW.) »Nein, niemand schreit. Aber die Lustlosigkeit der Studierenden dem *Pflichtfach* gegenüber ist die stumme Antwort.« (de la Motte, 1976, S. 8, Hv.i.O.); vgl. dazu auch die Untersuchungen Bieneck-Hempels, dies., 2009, S. 85f.

nommene Elaboration *unterschiedlicher Kommunikationsstile*, die sich bei einer Analyse der Unterrichtskommunikation anhand der Unterscheidung ›Konsens/Dissens‹ ergeben:

> »Dem Erzieher wird erlaubt, ja es wird erwartet, dass er für seine Erziehung bei seinen Zöglingen Zustimmung und Kooperation sucht. [...] In bezug auf Selektion wird dagegen diese Voraussetzung selbst unsinnig. Es wäre, auch und gerade pädagogisch, nicht sinnvoll, Konsens mit einer selektiven Placierung zu erwarten bei denen, die irgendwie schlechter abschneiden als andere. Im Bereich sozialer Selektion muss der Lehrer daher ohne Konsens operieren. Das Ausdifferenzieren selektiver Aspekte seines Verhaltens als lobende und tadelnde Äußerung, Zensurgebung, Versetzungsentscheidung bis hin zur Veranstaltung besonderer Prüfungen nur zum Zwecke der Selektion, zieht aus dem konsentierten alltäglichen Verhalten im System die nichtkonsensfähigen Aspekte heraus und stabilisiert sie in eigenen Formen, wenn nicht in eigenen Subsystemen (Prüfungen). Kein Wunder also, dass die Präferenz der Erziehung gilt und nicht der Selektion.« (Luhmann & Schorr, 1988, S. 277f.)[157]

Und kein Wunder, dass die Präferenz sowohl der Lernenden als auch der Lehrenden *nicht* der Musiktheorie gilt, wenn diese im Unterricht explizit oder auch nur implizit stets mit einer ›richtig‹/›falsch‹-Bewertung einhergeht, weil *in diesem Zusammenhang* das ›offene Gespräch‹ über das Zustandekommen der entsprechenden Urteile gar nicht gesucht wird.

Dass dies weniger den Inhalten als dem jeweils aufgespannten Erwartungshorizont geschuldet ist, wird deutlich, sobald man die oben als ›geschlossene Aufgaben‹ titulierten Fragestellungen genauer in den Blick nimmt. So wäre es bei entsprechenden Vorkenntnissen bzw. einer schulgeeigneten ›Übersetzung‹ selbstverständlich denkbar, eine Aufgabe wie die oben angeführte Harmonieanalyse als ›offene‹ Fragestellung zu konzipieren. Anzuregen wären dann Unterrichtsgespräche, die sich um Fragen wie die nach den jeweils ›passenden‹ Harmonien oder den angemessenen Harmoniebezeichnungen entspinnen. Die ›technische‹ Modellierung musiktheoretischer Inhalte jedoch ermöglicht es allenfalls, dass die Aufgaben »durch variantenreiche und kreative Formen auch motivierend wirken« (Lehmann-Wermser, 2008, S. 122), nicht aber aufgrund eines Unterrichtsgesprächs, bei dem die Lehrenden *gemeinsam* mit den Lernenden die in Frage stehende Musik und ihre Theorien ›entdecken‹ und ›erforschen‹ (s. Richter, 1993).

Abgesehen von einer Erklärung für die geringe Popularität musiktheoretischer *Inhalte* geben sowohl die Unterscheidung ›Erziehung‹/›Selektion‹ als auch die damit in Verbindung stehende Kommunikationsgestaltung Hinweise darauf, warum ›Musiktheorie‹ als *Fach* negativ besetzt ist. Macht man sich noch einmal klar, dass Musikpädagogik und Musiktheorie besonders anlässlich der Musiklehrerausbildung miteinander in Berührung kommen, so lässt sich die These aufstellen, dass es wieder die selektiv fungierenden Zusammenhänge sind, bei denen die Fächer den größten Anteil an den Entscheidungen des jeweiligen Nachbarfaches haben dürften.

---

157 Daran ändert auch die Möglichkeit einer sozusagen ›erzieherisch genutzten‹ Kommunikation über ›Leistung‹ (s. z.B. Niermann, 2008) nichts: Der Selektionsmechanismus selbst und seine Konsequenzen bzw. die Tatsache, dass unabhängig von einer Zustimmung seitens der Lernenden letztlich der Lehrer zensiert, bleiben auch dann erhalten.

Zu nennen wären hier zuvorderst die an Musikhochschulen stattfindenden *Eignungsprüfungen*, die über den musikpädagogischen Nachwuchs entscheiden. Während im Kontext des schulischen Musikunterrichts zumeist nur ein ›schwacher Selektionsdruck‹ (s. Vogt, 2012a, S. 17) herrscht – Musik dürfte nur selten versetzungsrelevant oder problematisch für den Gesamtnotendurchschnitt sein – sind die selektiven Mechanismen dort durchaus karriererelevant.[158] Nahe liegt deshalb die Annahme, dass die Musikpädagogik dafür Sorge zu tragen beabsichtigt, dass potentielle Schulmusikstudierende nicht allein deshalb abgewiesen werden, weil sie – pointiert ausgedrückt – mit dem Begriff des ›doppelt übermäßigen Terzquartakkords‹ noch nichts anzufangen wissen oder ihre Schwierigkeiten damit haben, »einen Kontrapunkt der dritten Art nach Fux« (Prey, 1999, S. 307) zu setzen bzw. »von As-Dur nach fis-Moll« (ebd.) zu modulieren (s. hierzu auch Franke, 2010 bzw. die Überlegungen zur ›Harmonielehre‹ weiter unten, S. 142–150). Trotz der überspitzten Formulierung der Beispiele sowie der Unsicherheit darüber, wie viele Studienbewerber *tatsächlich* aufgrund einer nicht-bestandenen Eignungsprüfung *in Musiktheorie* abgewiesen werden,[159] verweist das Szenario auf eine grundsätzliche Problematik: Zu fragen wäre jetzt nämlich, wie die Musiktheorie die Studierfähigkeit potentieller Schulmusikstudierender *überhaupt* testen kann, ohne sich auf das Vorhandensein oder das Fehlen ganz bestimmter (!) Kenntnisse stützen zu können. Das Testen der prinzipiellen Eignung im Sinne von »Lern*fähigkeit*« (Luhmann & Schorr, 1988, S. 84, Hv.VW.)[160] würde wenigstens einen Lern*prozess* sowie die Überprüfung diesbezüglich feststellbarer Veränderungen erfordern[161] – eine Voraussetzung, die zumindest im Rahmen eines einzigen und folglich zwangsläufig nur einen *Status* konstatierenden Tests rein faktisch nicht gegeben ist. Hinzu kommt, dass sowohl Begriffsdefinitionen als auch rein schematisch konzipierte Modulationsaufgaben zumindest im Hinblick auf Operationalisierbarkeit denjenigen Aufgaben klar überlegen sind, die eine irgendwie geartete ›kreative‹ Leistung verlangen: Als unbestreitbare »Vorteile« (Lehmann-Wermser, 2008, S. 123) ›geschlossener Aufgaben‹ sind ja gerade zu nennen, dass sich anhand ihrer die Bewertungskriterien so transparent halten lassen, dass der oder die Studienbewerber/in nicht darauf angewiesen ist, die Prüfer bzw. deren musikalische oder theoretische Vorlieben zu kennen.[162]

---

158 Aufschlussreich sind in dem Zusammenhang auch Diether de la Mottes Hinweise auf äußere Unterschiede, hochschultypische Prüfungs*arten* betreffend: »Instrumentalprüfungen finden auf dem Podium statt, Harmonielehreprüfungen auf dem Exerzierplatz. ›Modulation von — nach —‹ (so schnell wie möglich gefälligst!) schnauzt der Unteroffizier.« (de la Motte, 1976, S. 7).

159 An der Musikhochschule München beispielsweise ist, im Gegensatz etwa zur Saarbrückener Musikhochschule, auch vor der Neugestaltung im Jahr 2002 – bei der u.a. aus der ›Eignungsprüfung‹ faktisch eine ›Einstufungsprüfung‹ wurde – kein einziger Bewerber wegen einer nichtbestandenen Theorieprüfung abgewiesen worden.

160 Zu dieser ›neuen Kontingenzformel‹ (s. Luhmann & Schorr, 1988, S. 85) für das Erziehungssystem siehe ausführlicher im nächsten Abschnitt, S. 100f.

161 Inwieweit es dann tatsächlich möglich wäre, die formale Fähigkeit zu testen, ohne das je unterschiedliche Vorwissen zu berücksichtigen, sei dahingestellt.

162 Spätestens in diesem Zusammenhang kann deshalb auch die Musiktheorie entgegen der Aussage Rohringers, es gebe »nur singuläre musikalische Sachverhalte« (Rohringer, 2011b, S. 133), nicht darauf verzichten, die diese Sachverhalte bezeichnenden Begriffe grundsätzlich ›wiederholbar‹ zu machen.

Insgesamt kann man also davon ausgehen, dass die negative Haltung gegenüber ›der‹ Musiktheorie nicht zuletzt deshalb so ›stabil‹ ist, weil die damit einhergehenden Kontexte negativ besetzt sind: Wird musiktheoretisches Wissen in erster Linie dann aufgerufen, wenn Bewertungszusammenhänge ein gewisses Maß an Technizität erfordern, so bleibt es erstens als Wissen zu begrenzt, als dass es in erzieherischer oder lerntheoretischer Hinsicht attraktiv erschiene, und geht zweitens mit einem Kommunikationsstil einher, der sich im Allgemeinen weder bei Lernenden noch bei Lehrenden großer Beliebtheit erfreut.[163]

3.2.3 ›Bildung‹ – Die Reflexion der Erziehung

Ein Thema, das sowohl die Frage nach den ›richtigen‹ musikalischen Umgangsweisen als auch diejenige nach sinnvollen Lehr-/Lernformen berührt, ist das der musikalischen Bildung.[164] Ähnlich wie die »gemeinsame ›Sache Musik‹« (Krakauer, 1997c, S. 213) koppelt die »Annahme einer gemeinsamen ›Sache Bildung‹« (ebd.) die Musikfächer zwar in gewisser Weise aneinander, sorgt gleichzeitig aber immer wieder für zwischenfachliche Unstimmigkeiten.

Ablesen lässt sich dies z.B. an der Ehrenforth-Rohringer-Debatte: Spricht Ehrenforth den »Fachsystemen« aufgrund ihrer angeblichen ›Lebensferne‹ die Fähigkeit ab, der vom Wege abgekommenen Schulmusik »einen Orientierungspunkt« (Ehrenforth, 2000, S. 9) zu bieten, um stattdessen eine Orientierung »am Menschen selbst, also human-lebensweltlich« (ebd.) vorzuschlagen, so überrascht es kaum, wenn von fachwissenschaftlicher Seite Einwände vorgebracht werden. Entsprechend nimmt Rohringer hier nicht nur die »Preisgabe von Inhalten« (Rohringer, 2001, S. 106) wahr, sondern sieht den gesamten »Bildungsbegriff« (ebd.) in Gefahr. »Der Grund« dafür kann seines Erachtens

> »in der Problematik vermutet werden, dass die Musikpädagogik keinen wirklich originären Anteil an jenen Traditionslinien hat, in denen die Deutung musikalischer Phänomene vorgenommen wird. Schwer einschätzbar ist, ob das in diesem Zusammenhang zu beobachtende abnehmende Bewusstsein für die Wertigkeit der fachsystematisch vermittelten Einsichten und Fähigkeiten eine Voraussetzung oder vielmehr Verdrängung dieser Problematik ist.« (ebd., S. 106f.)

In Anknüpfung an Vogts Studien zur Begriffsgeschichte (Vogt, 2012b [online]) wäre hier zunächst zu fragen, inwieweit das von Rohringer konstatierte »abnehmende Bewusstsein« für die Relevanz fachlichen Wissens und Könnens im Zusammenhang mit musikalischen Bildungsphänomenen überhaupt der Realität entspricht. Berücksichtigt man die auch im 19. Jahrhundert noch zu beobachtende Dominanz der Gefühlsästhetik sowie die solitäre Position, die dem Autonomieästhetiker Eduard Hanslick entsprechend zukommt (s. ebd., S. 9f.), so kann man die Annahme, dass »musiktheoretisches

---

163 Dass sich derartige unangemessene Reduktionen wenigstens vereinzelt auch für das musiktheoretische (Musik-)Pädagogikverständnis beobachten lassen, zeigen die Überlegungen zur Funktion der (Kunst-)Musik (s.u., S. 119).

164 Zur Geschichte des musikalischen Bildungsbegriffes s. Vogt, 2012b [online].

Wissen als Bildungswissen« in früheren Zeiten »allgemein als notwendig erachtet wurde« (ebd., S. 10), begründet bezweifeln.

Bringt man den bei Ehrenforth und Rohringer sich abzeichnenden Konflikt darüber hinaus mit Reflexionsproblemen des Erziehungssystems in Verbindung, so bietet besonders die von Luhmann und Schorr elaborierte *Autonomieproblematik* entsprechende Anhaltspunkte (Luhmann & Schorr, 1988, S. 18–114). Demnach stellt sich für die Erziehung genau wie für die Wissenschaft die Frage, wie sie ihre Prozesse strukturieren kann, ohne zusätzlich noch einer gesamtgesellschaftlichen Ordnung unterstellt zu sein (zum Wandel von der vormodernen zur modernen Gesellschaftsordnung s.o., S. 34.). Anders als für die Wissenschaft konstatieren Luhmann und Schorr im Fall der Erziehung jedoch einen Ablöseprozess, der stark durch die erziehungsexternen Funktionsbereiche Wirtschaft und Wissenschaft sowie die »Überschneidungsbereiche« (Luhmann & Schorr, 1988, S. 53) ›Familie‹, ›Betrieb‹ und ›Universität‹, geprägt sei. »In ihnen bleibt der Erziehungsprozess an die Erfüllung, ja an den Primat einer anderen Funktion gebunden.« (ebd., S. 54) Ein Wechsel der jeweils für einen bestimmten Zeitraum vorherrschenden Orientierung korreliere dabei jeweils mit Veränderungen hinsichtlich der Autonomiereflexion (s. ebd., S. 62).

Für die Beziehung Musikpädagogik – Musiktheorie sind hier vor allem diejenigen Veränderungen relevant, die sich im Verhältnis zwischen Erziehung und *Wissenschaft* (bzw. *Universität*) und damit im Verhältnis der Erziehung zum Bildungsbegriff ereignet haben (s. ebd., S. 73–94). So deuten Luhmann und Schorr die pädagogische Rezeption der *Humboldtschen Bildungstheorie* als Reaktion auf die Schwierigkeit, eine von der Familie losgelöste und religionsunabhängige Erziehung zu legitimieren.[165] Ihr entscheidendes Moment sei die Konvergenz von

> »Individualität und Wissenschaftlichkeit [...] in der Idee der Bildung. Die (als Begriff einmal gesicherte) Bildung ermöglicht Zuschreibungen in diesen beiden Richtungen: Die Bildung wird dem Individuum, die Wissenschaftlichkeit wird der Bildung zugeschrieben. Die Kontingenzformel wird eingesetzt als Vermittler von Attributionsprozessen, die Individualität und Wissenschaftlichkeit zusammenschließen.« (Luhmann & Schorr, 1988, S. 76)[166]

---

165 Grund dieser Notwendigkeit sei eine Art Bruch zwischen Erziehung und Wirtschaft gewesen, sobald erstere sich auf menschliche Perfektion im Sinne einer Steigerung der menschlichen Anlagen in Richtung ›Vollkommenheit‹ hin ausgerichtet habe. Zum Autonomie- und damit zum Reflexionsproblem habe sich dieser Bruch entwickelt, weil die Pädagogik zwar seitens der Wirtschaft einen Bedarf an erzieherischen Leistungen wahrgenommen habe, sich aber im Falle einer entsprechenden Indienststellung in Widerspruch zur eigenen funktionalen Ausrichtung gebracht hätte (s. ebd., S. 70–73). Im Humboldtschen Bildungsbegriff endlich habe die Pädagogik eine Formel gefunden, mit deren Hilfe sich dieser Widerspruch auflösen oder zumindest verdecken lasse. (s. ebd., S. 75f.)

166 Als Grundlage dieser ›Problemlösung‹ nennen Luhmann und Schorr erstens eine auf Kant zurückgehende Apriorisierung der Moral, bei der ›Sittlichkeit‹ als menschliches Grundprinzip ausgewiesen werde. Der Ebene empirisch erreichbarer (und deshalb verfehlbarer) Zwecke sei auf diese Weise eine transzendentale Ebene regulativer Ideen vorgelagert worden (s. Luhmann & Schorr, 1988, S. 74). Zweitens führen sie die Charakterisierung des Menschen als ›Individuum‹ und nicht mehr nur als Konkretum einer gleichbleibenden menschlichen ›Natur‹ (s. ebd., S. 75) an. Gehe man zudem davon aus, dass wissenschaftliches Wissen keine bloß äußerlich geordnete

Impliziert sei damit jedoch eine exklusive gesellschaftliche Wertschätzung speziell des wissenschaftlichen Wissens, aufgrund deren sich eine entsprechende Orientierung von Seiten der Erziehung erst rechtfertigen lasse. Luhmann und Schorr halten dem entgegen, die Wissenschaft habe im Zuge funktionaler Differenzierungsprozesse diese Position längst eingebüßt und stehe der Erziehung deshalb gar nicht mehr als ›Wegweiser‹ zur Verfügung. Die Erziehungs*reflexion* aber habe sich, um interne Widersprüche auszubügeln[167] und »aus Mangel an Alternativen«, semantisch dennoch in die Bildungstheorie geflüchtet. Die Folge sei ein begriffliches »Leerwerden«, wodurch »das Bildungsprinzip sehr rasch in ein gesellschaftspolitisches Abseits« (ebd., S. 83) gedrängt worden sei. Gleichzeitig »ermöglicht« gerade ein solches

> »Leerwerden [...] aber auch die Weiterverwendung. Der Bildungsbegriff selbst wird zunächst durch Extension und Generalisierung gerettet. Die anfangs nicht miterfasste Beziehung zur Sphäre beruflicher Arbeit wird nachträglich hineinsubsumiert. Die Bildungsformel verliert damit die besonderen Konturen ihres Bezugs auf Welt, Wissenschaft und Individualität im *allgemeinen*. Man substituiert nach und nach Tradition für Definition.« (ebd.)

Hinterher sei »Bildung« dann

> »nur noch ein Ersatzausdruck für Erziehung, der anscheinend immer dann einspringt, wenn es gilt, Orientierungslosigkeit durch Berufung auf Werthaftes zu überspielen. Wortwucherungen wie Bildungsforschung, Bildungsplanung, Bildungsdefizit, Bildungsrat, Bildungskommission, Bildungseinrichtungen, Bildungswert, Bildungssystem konvergieren in einer Semantik der Ratlosigkeit. Thematische Behandlungen des Bildungsbegriffs verlieren jede begriffliche Strenge. Die Kontingenzformel Bildung löst sich in jene Unbestimmtheit auf, die zu bestimmen ihre Funktion hätte sein sollen.« (ebd., S. 83f.)

Aus diesem Grund schlagen Luhmann und Schorr eine Umstellung der pädagogischen Programme vor, im Zuge derer der Bildungsbegriff durch den der ›Lernfähigkeit‹ ersetzt werden solle:

> »Die heute adäquate Kontingenzformel [...] muss auf Lernenkönnen abstellen. Die Teilnahme am Unterricht führt zum Lernen des Verhaltens in lernspezifischen Interaktionssystemen, führt im Erfolgsfalle zum Lernen des Lernens und entwickelt somit generell einsetzbare Lernfähigkeiten. Mit dem Lernen des Lernens beendet der Erziehungsprozess sich selbst, und zwar dadurch, dass er das Lernen auf Dauer stellt.« (ebd., S. 85)

Perspektiviert man diese systemtheoretische Kritik am traditionellen Bildungsbegriff[168] mit Blick auf den oben angesprochenen Konflikt der Musikfächer, so kann man beobachten, dass es besonders *(Historische) Musikwissenschaft* und *Musiktheorie* sind, die, wenn sie auf die Zeitlosigkeit musikalischer Kulturgüter bzw. »einer integralen

---

> »Sammlung« sei, sondern sich in einem »System der Erkenntnis« darstellen lasse, »das aus einem Prinzip begründet werden kann« (ebd., S. 76), so resultiere daraus eine Art Parallele zwischen ihm und dem ›Subjekt‹ (s. ebd.).

167 Neben der Autonomiethematik wäre hier vor allem das ›Technologieproblem‹ zu nennen, das sich auf die Unzugänglichkeit psychischer Systeme bezieht (s. Luhmann & Schorr, 1982).

168 In Reaktion auf entsprechende Einwände von Seiten der Erziehungswissenschaften (s. Luhmann & Schorr, 1988, S. 365f.) räumen Luhmann und Schorr im für die Wiederauflage verfassten ›*Nachwort*‹ grundsätzlich ein, dass diese Kritik »nur einen Teilstrang der Tradition des Bildungsbegriffs berücksichtige« (Luhmann & Schorr, 1988, S. 165).

102

›Sache Kultur‹« (Krakauer, 1997c, S. 213) generell bauen oder an den Bildungsbegriff des 19. Jahrhunderts anknüpfen, eher auf »Tradition« denn auf »Definition« (Luhmann & Schorr, 1988, S. 83) setzen. Zurückzuführen ist dies zunächst auf ihre spezielle und in dieser Hinsicht von der Musikpädagogik unterschiedene Position: Nur solange Wissenschaft und Erziehung im Begriff der Bildung ›zusammenfallen‹, lässt sich einerseits die Idee einer quasi ›automatischen‹ Identifikation von ›Forschung‹ und ›Lehre‹ aufrecht erhalten und andererseits der Fortbestand von Fächern legitimieren, die weder technologisch verwertbares Wissen produzieren noch ›der‹ Gesellschaft so unmittelbar von Nutzen sind wie eine um Musiklehrerausbildung und Schulunterricht bemühte Musikpädagogik.[169] Dass die im Rahmen dieser Argumentation aufgerufenen Ideen und Identitäten innerhalb des universitären Umfeldes mittlerweile ebenso angezweifelt werden wie außerhalb, wird zwar registriert, scheint aber eher für ein verstärktes Festhalten an ›Tradition‹ zu sorgen.[170] So konstatiert Krakauer:

> »Humboldts Grundlegung der untrennbaren Verknüpfung von Forschung und Lehre, die erst kürzlich in einer Fernsehdiskussion zum Problem der Sparmaßnahmen im Rahmen der österreichischen Hochschulen von einem im Übrigen sehr erfolgreichen Wirtschaftsmanager in Frage gestellt und heftigst mit Argumenten der Effektivität in Verbindung gebracht worden ist, ist zwar noch als Grundstein unseres Hochschulbetriebes unangetastet geblieben, wird aber innerhalb unseres Systems Hochschule selbst nicht immer allzu ernst genommen.« (Krakauer, 1997c, S. 216)

Wie eine Reaktion auf derartige Angriffe aussehen kann, machen z.B. die Ausführungen Heidrichs deutlich:

> »So ›antiquiert‹ es klingen mag: Wir sprechen über einen kulturhistorischen Werte- und Bildungskanon, dem wir uns – auch gegen heftige Widerstände der aktuellen Kulturpolitik (und -pädagogik) – zu stellen haben und der, bis eine quantifizierende Bildungs- und Gesellschaftsorientierung dessen nachhaltige Zerschlagung betrieb, allgemeinen Konsens bedeutete.« (Heidrich, 2009, S. 61)

Für ein »dramatisches Fanal« hält er es deshalb,

> »dass, wie geschehen, ein deutscher Professor für Musikpädagogik in einer universitären Struktursitzung erklären kann, Johann Sebastian Bach sei für die Musiklehrerausbildung schlichtweg irrelevant« (ebd., S. 62).

Nahezu dasselbe kritisierte Klaus Wolfgang Niemöller, ebenfalls ein Vertreter der Historischen Musikwissenschaft, bereits mehr als dreißig Jahre vorher:

> »Es entsteht zuweilen der Eindruck, als trete die Musik selbst vor den Problemen musikpädagogischer Aufgabenvorstellungen, Zielsetzungen und Ausrichtungen in dem Sinne zurück, dass eine solide Kenntnis selbst epochaler Werke der Geschichte und Gegenwart mangeln könnte.« (Niemöller, 1976, S. 249)

---

169 Dass man auch nach dem Nutzen schulischen Musikunterrichts und entsprechend nach dem der Musiklehrerausbildung fragen kann, sei dahingestellt; entscheidend ist in dem Zusammenhang, dass Musikwissenschaft und Musiktheorie der Musikpädagogik im Hinblick auf ›gesellschaftliche Relevanz‹ argumentativ regelmäßig unterlegen zu sein scheinen (s.o., S. 70–78).

170 Zum Gedanken des künstlerisch oder ästhetisch bedingten ›Widerstands‹ vgl. besonders weiter unten, S. 118–125.

Und für den Musikhistoriker Hermann Jung »klingt« es gar »nach einer Bankrotterklärung für jegliches Unterrichten und Erziehen« (Jung, 2007, S. 45, Anm. 10), wenn ein inhaltlicher Kanon grundsätzlich abgelehnt werde. »Noch weniger nachvollziehbar« ist für ihn die von musikpädagogischer Seite

> »kommentarlos hingenommene Feststellung: ›die Wertungen gesellschaftlicher Musikpraxen nach gut/schlecht, ernsthaft/oberflächlich, differenziert/einfach usf. lösen sich zunehmend auf.‹ (Kaiser, 2006b, S. 92)« (ebd.)

Ähnlich teilt der Musiktheoretiker Johannes Menke die Auffassung: »In der Ausbildung kommt man um eine freiwillige oder unfreiwillige Kanonbildung nicht herum.« (Menke, 2010, S. 69) Auch wenn Menke hier speziell einen »der Produktionsästhetik verpflichteten Kanon von Kompetenzen« im Sinn hat,[171] mit dem »[e]ine gelungene Teilhabe an der Kultur der Tonalität [...] ermöglicht werden [könnte]« (ebd.) und anmahnt, die Kanonisierung hätte sich »ideologischer Voreingenommenheiten zu enthalten«, weist der quasi im selben Atemzug unterbreitete Vorschlag »als Auswahlkriterium neben der Qualität die Repräsentanz und historische Bedeutung eines Werke einzubeziehen« (ebd.) darauf hin, dass entsprechende Vorannahmen nicht ausgespart bleiben werden und dies unter der Perspektive ›Kanon‹ wohl auch nicht können.

Wesentlich traditionsbewusster äußert sich diesbezüglich aber noch Clemens Kühn, indem er anmahnt,

> »Musikunterricht ist Unterweisung in Kunst. [...] Es geht um Gewichtungen: Vorrang hat die abendländische Kunstmusik, und alle didaktische Phantasie muss darauf aus sein, sie den Schülern zu vermitteln. [...] Andere Musikkulturen haben so lange keinen Platz im Musikunterricht, solange Schüler keine blasse Ahnung haben von ihrer *eigenen* Kultur. Denn nur *diese* Kompetenz macht sie innerlich gefestigt, urteilsfähig und – so paradox das klingt – erst tauglich zu *wirklicher*, da *fundierter* Offenheit gegenüber Fremdem. [...] Leitlinie [...] bleibt der musikalische Rang.« (Kühn, 2009, S. 3f., Hv.i.O.)

Die »generelle Haltung« der Musikpädagogik »Pop und Rock sowie außereuropäische Musik gleichwertig in die Lerninhalte einbeziehen« zu wollen, dagegen »schockiert« und »verstört« (ebd., S. 3).

Bei Andreas Jacob schließlich, der das Phänomen ›*Musikalische Bildung*‹ explizit ›*aus Sicht der Musikwissenschaft*‹ beleuchtet, ist zusätzlich zu traditionsgebundenen Werturteilen ein sich damit verbindender ›Elite‹-Gedanke erkennbar. »Festzuhalten bleibt« seiner Meinung nach,

> »dass Kunst (und um diese geht es hier letztendlich dann doch mehr, als um eine etwaige Sorge um die Popmusik) ebenso wie Bildung letztendlich Privilegcharakter hat. Ihrer Popularisierung stehen sie [die Kunstwerke] einerseits selbst durch ihr sperriges Wesen im Wege [...], andererseits ist ihre Verstrickung in gesellschaftliche Zusammenhänge zu tief, als dass sie durch pädagogisch-didaktische Maßnahmen im gleichen Maße demokratisierbar wären wie Kulturtechniken: Lesen, Schreiben, Rechnen, im vorliegenden Zusammenhang Notenlesen und -schreiben sind relativ gut vermittelbar, wie man ein

---

171 Zum Verhältnis von Kompetenz- und Bildungsbegriff innerhalb des musikpädagogischen Fachdiskurses vgl. die ›*Sonderedition 2*‹ der ›*Zeitschrift für Kritische Musikpädagogik*‹ aus dem Jahr 2008 zum Thema ›*Bildungsstandards und Kompetenzmodelle für das Fach Musik?*‹, Vogt, 2008b [online].

Beethoven-Streichquartett ›richtig‹ hört, gar ein Streichquartett schreibt oder wozu man das überhaupt tun sollte, bleibt individuelle Verhandlungssache, und zwar nicht nur ästhetischer sondern auch gesellschaftlicher Hinsicht (sic!).« (Jacob, 2007, S. 23)

Die *Musikpädagogik* nun scheint im Gegensatz zu den ›Fachwissenschaften‹ den ›Kult‹ (s. Schläbitz, 2009a, S. 27)[172] längst durchschaut zu haben. Ihr scheint klar zu sein, dass ein Streichquartett noch keine Bildung und die ›historische Bedeutung‹ noch keine Teilhabe an Kultur bedeuten muss. Gesellschaftlichen Wandel nimmt sie der Beschreibung Schläbitz' zufolge nicht als Bedrohung wahr, sondern als unabänderliche Entwicklung, der sich »das Programm der Musikpädagogik« (ebd.) zu stellen habe.

Bringt man auch diese Haltung mit den Analysen von Luhmann und Schorr in Verbindung, so läge es nahe, sie auf eine Anpassung der Erziehungsreflexion zurückzuführen: Die Musikpädagogik hätte dann, anders als die Musikwissenschaft und Musiktheorie, ›verstanden‹, dass wissenschaftlich generiertem Wissen keine ausgezeichnete Position mehr zukommt und sie in Erziehungsfragen auf sich selbst gestellt ist. Vermuten könnte man also, dass die Musikpädagogik aus den Erfahrungen mit ihren früheren Programmen gelernt und das Stichwort ›Wissenschaftsorientierung‹ im Zuge einer Umstellung in der Reflexionsweise aus ihrem Wortschatz gestrichen habe. Die gegenwärtige Musikpädagogik wäre dann – und zwar unabhängig davon, ob sie ›Bildung‹ als Begriff beibehält oder wortwörtlich auf ›Lernfähigkeit‹ umstellt – in ihrer Semantik deutlich ›weiter‹ als Luhmann und Schorr dies für die Erziehung der 70er Jahre konstatierten, und sie hätte im Gegensatz zu den vermeintlich immer schon rückständigen und entsprechend ›zu spät‹ kommenden Fächern Musikwissenschaft (vgl. Gerhard, 2000) und Musiktheorie (vgl. Holtmeier, 1997, S. 120) ihre Denkweise der modernen Gesellschaft angepasst, ähnlich wie Luhmann und Schorr dies für die Ablösung des Bildungsbegriffes andeuten:

> »Damit wird Bildung als funktionssystemspezifische Formel, als Perspektive eines Teilsystems, als funktionsabhängige Ideologie erkennbar. Das aber bedeutet, dass auf der Ebene der Reflexion der Reflexion diese Kontingenzformel nicht mehr befriedigen kann. Sie macht Überzogenheit der eigenen Ansprüche und zugleich historische Distanz bewusst. Die einfache Reflexion, nicht aber die Reflexion der Reflexion kann sich in der Tradition verschanzen.« (Luhmann & Schorr, 1988, S. 82)

Versucht man diese Vermutungen jedoch an tatsächlichen Veränderungen innerhalb der musikpädagogischen Programmatik festzumachen, so zeigt sich, dass eine grundsätzlich ideologieanfällige Reflexionsform das Manko der ›wissenschaftsorientierten‹ Musikpädagogik nicht gewesen sein kann: Wenn der Deutsche Bildungsrat im ›*Strukturplan für das Bildungswesen*‹ von 1970 nämlich formuliert, »Bildungsgegenstände sollen *in ihrer Bedingtheit und Bestimmtheit durch die Wissenschaften* erkannt und

---

172 »Woher wissen Autoren um das *Überzeitliche* ohne privilegierte Sicht auf ein platonisches Ideal zum Vergleich mit den weltlichen Formen, das sie das *Wesen des Musikdings* erkennen lässt? Folgen eines solchen Denkens können sein: Vor diesen großen Werken gleich für die ganze Ewigkeit fällt der Einzelne als Individuum in die Bedeutungslosigkeit, das Kunstwerk wird als *Überzeitliches* zum reinen *Kult*gegenstand, dem man als *Sterblicher* huldigen *muss*.« (Schläbitz, 2009a, S. 27, Hv.i.O.).

entsprechend vermittelt werden« (Deutscher Bildungsrat, 1970, S. 33, zit. in Günther & Kaiser, 1982, S. 86, Hv.i.O.), so weisen Günther und Kaiser zu Recht darauf hin, dass damit nicht die ›einfache Reflexion‹ im Sinne feststehender ›musikwissenschaftlicher‹ Begrifflichkeiten oder Normen gemeint sein kann:

> »Das heißt, dass es zunächst gar nicht darum geht, genuin wissenschaftliche Gegenstände kennenzulernen und wissenschaftliche Methoden im emphatischen Sinne zu vermitteln (und sie damit von den Schülern handhaben zu lassen). [...] Das kann nur heißen, dem Schüler soll als Problem deutlich werden, wie die Wissenschaften die musikalischen Gegenstände, die Weisen ihrer Produktion, die Formen ihrer Wahrnehmung und Analyse, die Art ihrer Bestimmung als Gegenstände für Wissenschaften, die Modi ihrer gesellschaftlichen Verwertung bestimmen und beeinflussen.« (ebd., S. 86f.)

Die »Reflexion der Reflexion« (Luhmann & Schorr, 1988, S. 82) im Sinne einer Thematisierung der Perspektivität einer jeden Beobachtung stellte also auch für eine grundsätzlich ›wissenschaftsorientierte‹ musikpädagogische Programmatik ein, wenn nicht *das* zentrale Moment dar:

> »Wir würden [...] es dem Lernenden ermöglichen wollen, dass er die ihm zugemutete Intentionalität u.U. dialektisch in ihr Gegenteil zu verkehren lernt, d.h. dass ihm die Methodik des Widerspruchs als analytisches und konstruktives Moment zugleich verfügbar wird. [...] Schüler müssten z. B. eine Einsicht darin gewinnen, dass die Schlussfolgerung ihres Lehrers (Graßmann, 1981, S. 377)[173] in zweierlei Hinsicht falsch ist: 1. Die Schüler sollten erkennen können [...], dass Graßmann eine ›elitäre‹ *Reproduktions*situation des 18. Jahrhunderts mit einer ganz ›populären‹ *Hör*situation des 20. Jahrhunderts vergleicht. 2. Die Schüler sollten lernen, den ideologischen, durchaus fachgeschichtlich bedingten Hintergrund der Wertung ihres Lehrers zu durchschauen, demzufolge Musik des Pop-Shop der gesellschaftlichen Anpassung und der *Nivellierung* des Geschmacks, Kunst-Musik dagegen der *Differenzierung* des Geschmacks diene. Des weiteren sollten die Schüler erkennen können, wie sehr diese Wertung im Aufbau der Unterrichtssituation begründet ist, deren Gegenstand – fälschlicherweise – ein Qualitätsgefälle suggeriert: hier der differenzierte Interpretationsanspruch Friedrichs II. bzw. C. Ph. E. Bachs, dort der nivellierte Höranspruch des zeitgenössischen Pop-Shop-Hörers. Die Wissenschaftsbestimmtheit und -bedingtheit der fachlichen Gegenstände kritisch in den eigenen Lebensvollzug aufzunehmen, heißt dann auch, die Wissenschaftsbestimmtheit eben dieser Gegenstände, die hier als Rückgriff des Lehrers auf eine bestimmte Werk- und Rezeptionsästhetik aufscheint, als für das eigene Leben nicht relevant einschätzen zu wollen, deshalb ferner der Sache andere Dimensionen abgewinnen zu wollen, als dieser von bestimmten Wissenschaftstraditionen im Hinblick auf den musikbezogenen Gegenstand vorgegeben werden.« (Günther & Kaiser, 1982, S. 87)

Die Parallelen zum Vorschlag Luhmanns und Schorrs sind offensichtlich: Obwohl dort aus metatheoretischen Gründen wohl nicht vom ›*kritischen* Infragestellen‹ die Rede

---

173 Sie besteht im Wesentlichen darin, die Musik Bachs auf- und Popmusik abzuwerten: »Pop Shop hören dürfte wie fast alles Radiohören kein ›empfindsames‹, sondern ein ›anreizendes‹ (stimulierendes) Hören sein [...] Die Musik [...] stell[t] Muster bereit, deren Übernahme ihrerseits den Nährboden für eine abstandslose, unkritische Beteiligung liefern, die das Klangidiom ebenso wie die Denkmuster umgreift. Dagegen zielte Bachs Musik auf einen wachen Mitvollzug der musikalischen Verläufe« (Graßmann, 1981, S. 377).

wäre (zur Ablehnung des Kritikbegriffes s.o., S. 39), ist auch ein Lernen, dessen primäres Ziel das Lernen der Lern*fähigkeit* ist, stets perspektivisch zu begreifen:

>»Autonom ist ein System, das die Hinsichten wählen, in denen es normativ bzw. lernbereit erwarten will, und das auch diese Wahl bei Bedarf wiederum normativ bzw. lernbereit programmieren kann. Die Grundfigur ist [...] hier: dass für den Vollzug selbstreferentieller Prozesse eine operative und eine sie reflektierende (und darin ihrerseits wiederum: operative) Ebene zur Verfügung steht.« (Luhmann & Schorr, 1988, S. 90)

Vergleicht man die Ausführungen von Kaiser und Günther also mit den systemtheoretischen Forderungen zur pädagogischen Reflexionsform, so kann man feststellen, dass zumindest diese im Konzept der Wissenschaftsorientierung bereits angelegt ist.[174]

Für die zwischenfachlichen Beziehungen der Musikfächer dürfte der musikpädagogische Programmwechsel also weniger aufgrund des sich damit vielleicht verbindenden reflexiven Fortschritts von Bedeutung sein, als vielmehr aufgrund der damit einhergehenden kommunikativen Mechanismen. So scheint sich mit dem Programmwechsel nämlich nicht nur der Versuch einer Neugestaltung des Musikunterrichts zu verbinden, sondern zugleich – ob beabsichtigt oder unbeabsichtigt – die *rhetorische Ausgrenzung* fachwissenschaftlicher Zusammenhänge aus dem facheigenen Diskurs (zur Politizität derartiger Ausschlussverfahren s.o., S. 36f.).

Hinweise darauf geben zunächst die kulturwissenschaftlichen Analysen von Andreas Reckwitz (s. Reckwitz, 2010, S. 441–630): Geht man davon aus, dass der musikpädagogische Programmwechsel von ›Wissenschaftsorientierung‹ hin zu ›Lebensweltorientierung‹ sowohl zeitlich als auch inhaltlich mit dem allgemein-kulturellen Wandel von der ›organisierten Moderne‹ hin zur ›Postmoderne‹ korreliert,[175] so kann man feststellen, dass einige der dort relevanten Charakteristika auch für das Verhältnis der Musikfächer relevant zu sein scheinen. Zu nennen wären hier zuvorderst einige derjenigen Merkmale, welche die Postmoderne ihrem ›*kulturellen Außen*‹ zuschreibt,[176] nämlich ›Technizismus‹, ›Regelorientiertheit‹, ›Angepasstheit‹ und mangelnde ›Ästhetizität‹ (zur potentiell systemkonstitutiven Funktion eines Systemäußeren s.o., S. 58–60): Sie finden sich fast unmittelbar wieder in der musikpädagogischen Kritik an der angeblich bloß ›*technizistischen*‹ *Sprachverwendung* der Musiktheorie, bei der alles Ästhetische, z.B. im Sinne eines bildlich-metaphorischen Sprachgebrauchs, von vornherein ausgeblendet bleibe, sowie der Auffassung, musiktheoretische Ansätze seien in erster Linie durch ein *starres Regelkorsett* gekennzeichnet, das jede Kreativität im Keim ersticke.

---

174 Offen bleiben muss an dieser Stelle die Frage, ob man stattdessen von *inhaltlich* zu verortenden ›Fortschritten‹ im Umgang mit der pädagogischen »Last der Autonomie« auszugehen hätte bzw. woran sie sich über den rein formalen Vorschlag Luhmanns und Schorrs hinaus überhaupt festmachen ließen.

175 Vgl. hierzu besonders die von Gruhn für die Musikpädagogik gewählte Bezeichnung ›*postmoderner Pragmatismus*‹ (Gruhn, 1993, S. 349–358).

176 Umgekehrt ließe sich aber z.B. auch die Kritik Rohringers, bei dem Musikpädagogen Christopher Wallbaum zeige sich »eine unverhohlen anti-theoretische Haltung«, die »blind gegenüber dem eigenen Tun« (Rohringer, 2011b, S. 128) sei, mit einer generellen ›Kultur-Kritik‹ an der Postmoderne in Verbindung bringen, wie sie z.B. von Habermas geübt wurde (s. Neuenfeld, 2005, S. 145).

Fast noch klarer als im Rahmen dieser allgemeinen kulturwissenschaftlichen Einordnungen wird die rhetorische Politizität des fraglichen musikpädagogischen Programmwechsels bei einem Blick auf konkrete musikpädagogische Beschreibungen: Nicht nur vom Musikunterricht selbst nämlich erwartet eine lebens(welt)orientierte Musikpädagogik die entsprechende Ausrichtung, sondern auch von der Musikwissenschaft wünscht sie sich, diese solle »»menschenorientiert‹ angelegt« (Richter, 2009a, S. 1) sein. Denn Orientierung sei eben nicht von den bereits erwähnten »lebensfernen Fachsystemen« zu erwarten, sondern nur vom »Menschen selbst« (Ehrenforth, 2000, S. 9), in einem »human-lebensweltlich« (ebd.) zu verstehenden Sinne:[177]

> »ABA-Form, Rondo, Sonatenhauptsatz, Quintenzirkel, Epochengliederungen, Komponistenbiographien, – alles wichtig und gut, aber kaum als ›Basic Need‹ zu verstehen. Vielmehr sollte dort angesetzt werden, wo junge Menschen spüren, dass es im Umgang mit Musik um sie selbst, um ihr Leben geht. Dann stehen nicht fis-Moll und der Quartsextakkord in vorderster Linie, sondern jene Resonanzen zwischen Musik und Leben, die in Tanz, Spiel, Trauer, Streit und Liebe, Fest und Feier im Hörer zum Klingen kommen.« (ebd.)

Zu Recht weist Stefan Rohringer darauf hin, dass Ehrenforths lapidare Bemerkung »alles wichtig und gut« den Schlag, den dieser Ansatz in Richtung ›Musiktheorie‹ vollführt, eher noch verstärkt, denn mildert (s. Rohringer, 2001, S. 104). Welche Rolle der (sprach-)klanglichen Ebene dabei zukommt, wird deutlich, sobald man den Blick auf das überzeichnende Repetieren von ursprünglich musiktheoretischen Begrifflichkeiten lenkt, die in der Form tatsächlich weitgehend sinnlos am Leser vorbei-›rauschen‹ und mit Sicherheit eher an das weiter oben beschriebene »Murmeln« (Koschorke, 2003, S. 142) von sich »in eine spirituelle Erregung« (ebd.) versetzenden »Experten« (ebd., vgl. weiter oben, S. 85) erinnert als an »das Verstehen von Musik selbst« (Ehrenforth, 1993, S. 14):

> »So mögen Quintenzirkel, Akkordtypen, Molltonarten, Modi, Kadenzformationen, Liedformen und dodekaphonische Techniken zum musikalischen ›Handwerk‹ gehören« (ebd.),

im Hinblick auf ›*Musik als Leben*‹ bzw. vor dem Hintergrund einer ›*lebensweltlich orientierten ästhetischen Hermeneutik*‹ (so Titel und Untertitel von Ehrenforth, 1993) jedoch seien sie »nicht unersetzlich, eher gar zweit- oder drittrangig« (ebd., S. 14).

Ob nun gerade diese »toposdidaktische Orientierung« (ders., 2000, S. 9) »den großen Vorteil« (ebd.) einbrächte, »tragfähige Brücken für eine glaubhafte überfachliche Zusammenarbeit« (Ehrenforth, 2000, S. 10) bereitzustellen, darf man bezweifeln. Fest steht dagegen, dass der Musiktheorie – ob als Wissenskomplex oder als Fach – im

---

177 Die auffällige Häufung von Begriffen aus dem Wortfeld ›Leben‹ legt zudem den Vergleich mit der von Luhmann und Schorr kritisierten Entwicklung der Bildungssemantik nahe: Musikunterricht soll vor dem Hintergrund dieser Programmatik zwar nicht mehr ›wissenschaftsorientiert‹, vielleicht noch (musikalisch) ›bildend‹, auf jeden Fall aber ›lebendig‹, ›lebensnah‹ und ›lebensvoll‹ sein und sich an der ›Lebenswelt‹ oder – wenn der Begriff inzwischen zu stark philosophisch vorbelastet erscheint (vgl. Vogt, 1997 sowie die Entgegnung Richters in Richter, 1997 bzw. Vogt, 2001, passim) – zumindest am ›Leben‹ der Schülerwelt orientieren. Angesichts dieser fast mantraartigen Wiederholungen kann man ein ähnliches ›begriffliches Leerwerden‹ zumindest vermuten, wie die Systemtheorie dies für den Bildungsbegriff konstatiert.

Rahmen einer solchen Programmatik eine Position zugewiesen wird, die es ihr schwer machen dürfte, den an sie gestellten Anforderungen gerecht zu werden.

3.3 ›Ästhetik‹ – Kunst als Horizont

Ähnlich wie das Thema ›Unterricht‹ scheint sich auch das Thema ›Ästhetik‹ zunächst recht eindeutig genau einer der beiden in Frage stehenden Disziplinen – in dem Fall der Musiktheorie – zuordnen zu lassen: Begreift man ›Ästhetik‹ nicht im Sinne eines historisch eng begrenzten Theoriediskurses, sondern allgemeiner, im Sinne einer ›Theorie der (schönen) Kunst‹,[178] so sind die Diskurse der Musiktheorie als speziell auf die (Kunst-)Musik bezogene ästhetische Teilbereiche beobachtbar.[179] Nahe liegt dann die Vermutung, die Musiktheorie stelle ästhetische Theoriebildungen bereit, die von der Musikpädagogik aufgegriffen und für erzieherische Kontexte fruchtbar gemacht werden. So geht z.B. Günther Batel davon aus, eine um musikästhetische und -psychologische Überlegungen erweiterte Musiktheorie könne »Anwendungsmöglichkeit in musikpädagogischen Konzeptionen« (Batel, 1979, S. 47) finden, während Adolf Nowak zu dem Schluss kommt: »Musikpädagogische Positionen sind abhängig von Auffassungen über musikalischen Sinn, die zu erhellen Sache der Ästhetik ist.« (Nowak, 1987, S. 217).

Ein Blick in die Programme der beiden Fächer dagegen lässt darauf schließen, dass diese in ihren musikästhetischen Teilen weder ineinander aufgehen, noch sich überhaupt zwangsläufig überschneiden. Offensichtlich macht dies z.B. der Rekurs auf den Begriff der ›Erfahrung‹: zwar spielt er innerhalb der Musikpädagogik häufig eine wichtige Rolle, sobald ästhetische Themen diskutiert werden,[180] kaum aber innerhalb der Musiktheorie.[181] Auch wenn eine solche bloß auf die je unterschiedliche Prominenz eines einzelnen Begriffes fokussierte Differenzierung noch kaum Rückschlüsse auf die Programm*zusammenhänge* der beiden Fächer erlaubt, gibt sie bereits erste

---

178 Gemeint ist also weder ein sehr enger Ästhetikbegriff, wie er de la Motte-Haber zufolge während des 18. Jahrhunderts formuliert »und wenig später auf die Betrachtung autonomer Kunst« (de la Motte-Haber, 2004, S. 12) beschränkt wurde, so dass man mittlerweile, etwa mit Werckmeister, längst von einem ›Ende der Ästhetik‹ (Werckmeister, 1971) sprechen müsste (s. de la Motte-Haber, 2004 S. 18), noch eine sehr weite Fassung, bei der zwischen ›Ästhetik‹ und ›Aisthesis‹ im Sinne von sinnlicher Wahrnehmung kaum mehr unterschieden wird (s. z.B. Welsch, 1997; kritisch dazu z.B. Seel, 1996, S. 37–46).

179 So ebenfalls de la Motte-Haber: »Ohnehin ursprünglich damit gleichzusetzen, ist die Musiktheorie auch heute noch eng mit der Musikästhetik verwandt.« (de la Motte-Haber, 2005a, S. 9).

180 S. hierzu besonders die Arbeiten, die im Rahmen des Graduiertenkollegs ›Ästhetische Bildung‹ an der Universität Hamburg (1991–2000) entstanden sind (vgl. z.B. Rolle, 1999, Wallbaum, 2000, Vogt, 2001), sowie die Wiederbelebung der Diskussion durch Brandstätter 2008 bzw. durch das auf deren Publikation bezogene Themenheft der *dmp* (2009/44).

181 Als Ausnahme wäre hier vielleicht die ›Generative Theory of tonal Music‹ von Lerdahl und Jackendoff (Lerdahl & Jackendoff, 1983) mit ihrem Konstrukt des ›erfahrenen Hörers‹ zu nennen (s. ebd., S. 3). Da es ihr jedoch in erster Linie um Erfahrung als Status sowie eine in heuristischer Absicht konzipierte Idealvorstellung eines solchen Rezipienten zu tun ist (s. Neuwirth, 2005, S. 309), gibt es auch in diesem Punkt kaum Überschneidungen zu dem in der Musikpädagogik gebräuchlichen Begriff von ästhetischer Erfahrung.

Hinweise in Bezug auf die Struktur der in diesem Kontext zu verortenden zwischen-fachlichen Beziehung: Ähnlich wie im Wissenschafts- und Erziehungskontext lassen sich nämlich auch im Zusammenhang mit ästhetischen Fragen bevorzugt dann Formen zwischenfachlichen ›Austauschs‹ ausmachen, sobald die unterschiedlichen Herange-hensweisen aufgrund ungeklärter Zuständigkeiten zu Konflikten führen (s. hierzu auch weiter unten, S. 165f.).

Da dies im Wesentlichen den Bereich musikalische Bildung betrifft – bezogen auf den hochschulischen wie schulischen Kontext – wird im Folgenden zuerst noch einmal die Frage nach den dafür relevanten ›Inhalten‹ aufgegriffen (S. 110–118), bevor an-schließend unterschiedliche Bildungsziele auf ihre Bedeutung für die zwischenfachli-che Kommunikation geprüft werden (S. 118–125). Anders als im Erziehungskontext liegt die Betonung jetzt stärker auf musikalisch-ästhetischen Prozessen sowie gewissen Erwartungen, die sich speziell mit damit in Verbindung stehenden Formen der Bildung verbinden. Abschließend werden bestimmte ›Funktionen‹ diskutiert, die musiktheore-tischen Praxen im Rahmen musikalischer Bildungsprozesse mitunter zugeschrieben werden, sowie die Frage gestellt, wie sich die Art einer solchen Zuschreibung zur zwi-schenfachlichen Beziehung Musikpädagogik – Musiktheorie verhält (S. 125–131).

3.3.1 ›Inhalte‹ – Die Musik der Kunst

Die im Erziehungskontext bereits angesprochene Frage nach einer inhaltlichen Ein-grenzung bildungsrelevanter Themen stellt sich vor dem Hintergrund des Kunstsys-tems ein zweites Mal. Im Zentrum stehen dann – unabhängig davon, ob man die Inhaltlichkeit an Werken, Begriffen oder etwa auch Umgangsweisen festmacht[182] – anstelle des konkreten Unterrichtsgeschehens oder einer pädagogisch orientierten Kommunikation generell speziell ästhetische Weisen, mit bestimmten Gegenständen zu verfahren.

Ausgehen kann man dabei von der These Clemens Kühns, der Musikunterricht ha-be primär »die abendländische Kunstmusik« (Kühn, 2009, S. 3) zu thematisieren. »Von Pop« (ders., 1988, S. 740) sei bei ihm

> »keine Rede. Das hat einen zufälligen Grund (andere können es besser als ich) und einen wesentlichen: Musikunterricht ist Kunstunterricht.« (ebd.)

Auslöser für eine erneute Herausgabe eines Textes mit der Hauptüberschrift ›*Musik als Kunst*‹ – ein Titel, der bereits 1988 zum Einsatz kam (s. Kühn, 1988) – im Jahr 2009 (Kühn, 2009) war eine innerhalb der Musikpädagogik laut werdende Kritik an Kühns für allgemeinbildende Schulen konzipiertem Lehrgang ›*Musik erforschen*‹ (Kühn, 2008) gewesen. Die entsprechenden Rezipienten hatten dabei unter anderem eine einseitige »Verteilung« (Lindenbaum, 2009, S. 59) der behandelten Werke mo-

---

182 So berichtet z.B. Martina Krause-Benz, die deutschsprachige Musikpädagogik fasse je nach Kon-zept sowohl »konkret festgelegte *Gegenstände*« als auch »musikbezogene *Tätigkeiten*« (Krause-Benz, 2010, S. 78, Hv.i.O.) unter den Inhaltsbegriff, während Kaiser und Nolte primär ›*Um-gangsweisen mit Musik als Inhalte des Musikunterrichts*‹ (s. Kaiser & Nolte, 1989, S. 32–45) thematisieren. Zur Missverständlichkeit des Begriffs speziell in musikdidaktischen Zusammen-hängen sowie zu seinen vielfältigen Auslegungsmöglichkeiten s. auch Rolle, 2006, S. 109–111.

niert: »von den 72 Klangbeispielen von Monteverdi bis Ligeti entfallen 45 zu etwa gleichen Teilen auf Bach, Haydn, Mozart, Beethoven und Schubert« (ebd.). Aufgrund dieser »Beschränkung auf die europäische Kunstmusik (die Beispiele entstammen überwiegend der klassisch-romantischen Musik)« (Jünger, 2009, S. 58) bzw. der Tatsache, dass »Jazz, Pop und Rock oder gar außereuropäische Musik [...] nicht vorkommen« »entspricht« das Lehrwerk »nicht heutigen musikdidaktischen Vorstellungen« (ebd.). Damit scheint die Kontroverse ebenso klar wie klassisch zu sein: Die Pädagogik mahnt eine Erweiterung und Aktualisierung des im Musikunterricht zu behandelnden Repertoires an, während ›die Fachwissenschaft‹ um ihre traditionellen Inhalte bangt (s.o., S. 103–105).

Zuspitzen lassen sich die Positionen noch, sobald man diejenigen Äußerungen besonders hervorhebt, die suggerieren, der Musikpädagogik ginge es nicht um musikalische Vielfalt generell, sondern ganz konkret um ›die‹ *Popmusik*,[183] während für die Musiktheorie genau diese Stilrichtung das sinnbildliche ›rote Tuch‹ darstelle. In eine solche Richtung lassen z.B. die Überlegungen Walter Lindenbaums denken, der seine Kühn-Rezension mit der ironischen Feststellung einleitet, Popmusik sei anscheinend »unordentlich«:

> »Nicht schmuddelig, aber ungeordnet. Diese Lektion vermittelt das vorliegende Arbeitsbuch zuallererst, denn Populäre Musik kommt in keinem der Abschnitte vor, die sich mit Teilaspekten musikalischer Ordnung, wie u.a. Bausteine, Raum und Zeit, Zusammenhänge, Farben beschäftigen. Dies ist m.E. schon Grund genug, das Buch zur Seite zu legen, da es nicht die Ansprüche des Musikunterrichts ›für die Jahrgänge 7 bis 9/10‹ erfüllt.« (Lindenbaum, 2009, S. 58)

Während man die Anfangssätze dieser Beschreibung noch als Kritik an der einseitigen Darstellung Kühns verstehen kann, ist am Ende nicht mehr ganz klar, ob Lindenbaum die Lektüre aufgrund eines *musiktheoretischen* Mangels abbrechen möchte – etwa weil es fälschlicherweise den Eindruck erweckt populäre Musik sei ungeformt – oder doch eher deshalb, weil man im Musikunterricht der entsprechenden Jahrgangsstufen seiner Meinung nach bzw. den Lehrplänen zufolge, auf die er hier möglicherweise rekurriert, ohne ›Populäre Musik‹ gar nicht auskommen könne. Ergänzt man das Bild noch um Stellungnahmen wie derjenigen Heidrichs, dem beim Stichwort ›Popmusik‹ als erstes die »Wildecker Herzbuben« (Heidrich, 2009, S. 61) einfallen, so scheint sich das Vorurteil von der popaffinen Musikpädagogik und den auf klassische Inhalte versteiften Fachdisziplinen einmal mehr zu bestätigen.

---

183 In diese Richtung weist auch der auf die Musikpädagogik bezogene Problemaufriss Matthias Rheinländers zur Frage nach »Pop und/oder Klassik?« (Rheinländer, 2009, S. 48): »Es besteht Gesprächs- und Denkbedarf. Natürlich muss jeglicher (Musik-)Unterricht sich befragen lassen, ob er noch zeitgemäß ist und den Ansprüchen an die Bildung gerecht wird. Was muss er darstellen, worauf kann er verzichten? [...] Soll sich der Musikunterricht nach einem noch zu definierenden Kanon richten oder soll er sich an den – z.T. vermuteten – musikalischen Bedürfnissen der Lernenden orientieren. (Es ist symptomatisch, dass die Musikpädagogik sich diese Frage stellt, andere Fachdidaktiken kennen diese Frage nicht.) [...] Das Interesse für klassische und populäre Musik driftet quantitativ auseinander, und für die Gestaltung zukünftigen Musikunterrichts drängt sich daher die Frage auf, ob er sich der klassischen Musik zunehmend verschließen und sich noch weiter der populären Musik zuwenden soll.« (ebd.).

Ertragreicher als das erneute Be- und Festschreiben dieser mittlerweile ohnehin mehr oder weniger überholten Positionen[184] – vielleicht in Verbindung mit der pauschalen Aufforderung, einander Toleranz entgegenzubringen oder ein paar Schritte ›aufeinander zuzugehen‹ – dürfte in dem Zusammenhang jedoch der Blick auf die diskursiven Kontexte diesbezüglicher Konflikte sein.

Anknüpfen kann man dabei vor allem an die systemtheoretischen Analysen zur Differenz ›Kunst‹/›Nicht-Kunst‹ bzw. an die daran anknüpfende Frage nach den Kriterien, die eine Zuordnung zu einer der beiden Unterscheidungsseiten ermöglichen (s. Luhmann, 1995a, passim bzw. Luhmann, 1995b, S. 95–128). Zu berücksichtigen ist hier zunächst das für die moderne und damit auf sich selbst verwiesene Kunst geltende Erfordernis, Begrenzungen zu anderen Kommunikationsformen und insbesondere zur Alltagskommunikation herzustellen.[185] Nicht ganz einfach sei dies für die Kunst vor allem deshalb, weil sie mit einer »Mehrzahl von Ausgangsmedien im Bereich der Wahrnehmungsmedien für Sehen und Hören und, davon abhängig, dann auch im Bereich der Sprache« (Luhmann, 1995a, S. 176f.) agiere, die alle auch anderweitig verwendet würden:

> »Die Ausdifferenzierung des schönen Scheins entfernt die Kunst nicht aus der zugänglichen Welt. Deshalb muss das Medium durch eine Doppelrahmung konstituiert werden: durch eine Täuschung, die zugleich auf Grund besonderer Anhaltspunkte als solche durchschaut wird; durch ein inneres Medium der Formung eines Materials wie Farbe, Sprache, Körperbewegung, räumliches Arrangement, in einem äußeren Medium der auffälligen Besonderheit und Abgrenzung, das sicherstellt, dass die Formen als Kunst wahrgenommen werden und nicht als Holz oder als Anstrich oder als einfache Mitteilung oder als menschliches Verhalten.« (ebd., S. 178)

Eine wichtige Rolle kommt im Hinblick darauf der kunstspezifischen »Eigenart« zu, »Wahrnehmung für Kommunikation verfügbar« zu machen, und zwar »außerhalb der standardisierten Formen der (ihrerseits wahrnehmbaren) Sprache« (ebd., S. 82).

Kunstkommunikation im engeren Sinne, also »Kommunikation durch Kunst« (ebd., S. 36) ist damit unterschieden von einer kunstbezogenen Kommunikation, die als »Kommunikation über Kunst« (ebd.) diese lediglich zum Thema hat. Den entscheidenden Unterschied macht Luhmann in der Art der Formbildung aus: Während die reflektierende Kommunikation über Kunst normalsprachlich verfasst sei, Sprache also als bifurkatives, nach Ja/Nein strukturiertes Medium nutze, zeichne sich die Kommunikation durch Kunst durch eine eigene Weise der Formbildung aus. Sprache werde

---

184 Dass die Auffassung eines diesbezüglichen Gegensatzes zwischen den Fächern zumindest in Teilen zu revidieren ist, beweist die andernorts, wenn auch vereinzelte, so doch selbstverständliche Einbindung von ›Popmusik‹ in den musiktheoretischen Fachdiskurs (vgl. z.B. Schönberger, 2006 oder Fladt, 2012) bzw. das nicht abreißende Bemühen der Musikpädagogik um die Vermittlung ›klassischer‹ Musik (vgl. z.B. Heß, 2005). Eine Brücke schlägt der Musiktheoretiker Hartmut Fladt mit einem popdidaktischen Beitrag in der *Diskussion Musikpädagogik* (Fladt, 2013). Erwähnenswert sind in diesem Zusammenhang auch die musikanalytischen Beiträge in den ›Samples‹ bzw. in ›Beiträge zur Popularmusikforschung‹, beides Magazine, die von der *Gesellschaft für Popularmusikforschung (GfPM)* (ehemals *Arbeitskreis Studium populärer Musik*) verantwortet werden (s. Gesellschaft für Popularmusikforschung n.d. [online]).

185 Das Adjektiv ›modern‹ bezieht sich auch jetzt auf den Zeitraum ab dem späten 18. Jahrhundert. ›Moderne Kunst‹ meint also nicht etwa speziell die Kunst des 20. Jahrhunderts.

112

dort allenfalls als nicht negierbares Medium gebraucht.[186] »Kommunikation« nämlich sei zwar generell in der Lage, »zu faszinieren und dadurch Aufmerksamkeit zu lenken« (Luhmann, 1995a, S. 41), anders jedoch als beim ›normalen‹ Kommunizieren wird im Zusammenhang mit der Kunstkommunikation »die Selbstreferenz der Information mitbeobachtet« (Luhmann, 1995b, S. 123):

> »Wenn selbstreferentiell, dann wird die Information im rekursiven Netzwerk des Kunstwerks gewürdigt, also bezogen auf das, was die Selektion gerade dieser Information (und keiner anderen) zum Formenspiel des Kunstwerks beiträgt.« (ebd.; s. auch Luhmann, 1995a, S. 240)[187]

Hinzu kommt die paradoxe, aber ›wesentliche‹[188] Eigenschaft der modernen Kunst, sich selbst immer wieder neu zu programmieren, also mittels gegenstruktureller Operationen, die jeweils »in einem gezielten Regelverstoß« (Lehmann, 2005, S. 149) eine »Selbstsubversion« (ebd., S. 150) der eigenen Programme vorzunehmen (s. Luhmann, 1995a, S. 328–340 oder Lehmann, 2005, S. 147–151). Auf diese Weise schaffen Kunstwerke selbst dann noch eine Abgrenzung zu anderen Kommunikationsformen, wenn beide dieselben Ausgangsmedien nutzen,[189] und verhindern dabei jede Normativierung der systemeigenen Strukturen.[190]

Gleichzeitig führt diese besondere Art der Mediengestaltung jedoch auch dazu, dass Kunstwerke – auch wenn das Kunstsystem selbst sich »durch Identifikation ›zeitloser‹ Klassiker« (Luhmann, 1995a, S. 212) anerkennt – durch ›Tradition‹ – also eine wiederholte Verwendung und ›Programmierung‹ der ursprünglich gegenprogrammatischen Formen[191] – anschlussfähig für den massenmedialen Gebrauch werden. So sei

> »viel Unterhaltung mit Bausteinen gearbeitet […], die zunächst für Kunstwerke entwickelt worden waren. Man wird hier kaum von wechselseitigen strukturellen Kopplungen

---

186 Geht man dementsprechend davon aus, dass Sprache selbst ein *ästhetisches* Medium ist oder das zumindest sein kann, dann lässt sich entgegen dem Vorschlag von Stefan Orgass (s. Orgass, 2011, S. 27) allein anhand der Frage, ob man es mit einem sprachlichen Medium zu tun habe, noch keine Entscheidung zwischen Kunst und Wissenschaft treffen.

187 Entsprechend vermutet Luhmann den entscheidenden Unterschied zwischen ›Kunst‹ und ›Unterhaltung‹, als einem Teilbereich der Massenmedien, in der jeweiligen »Problematisierung der Information […] Wenn trivial [hier im Sinne von: unterhaltend], dann wird die Information nur als Überraschung, als angenehme Aufhebung noch offener Unbestimmtheiten erlebt.« (Luhmann, 1995b, S. 123). Dabei nimmt er jedoch »eine mehr oder weniger breite Zone« (ebd., S. 124) an, »in der die Zuordnung zu Kunst oder Unterhaltung uneindeutig ist und der Einstellung des Beobachters überlassen bleibt.« (ebd.)

188 »Das ›Wesen‹ der Kunst ist die Selbstprogrammierung der Kunstwerke.« (Luhmann, 1995a, S. 332).

189 So z.B. bei »Sprachkunstwerken« (Luhmann, 1995a, S. 187): »Sprache muss alt sein, Kunstwerke müssen neu sein.« (ebd., S. 40).

190 Diesem Kunstbegriff entspricht eine Auffassung von Musikästhetik, die dieser eher deskriptive als normative Funktionen zuschreibt. So ist z.B. Heinz von Loesch der Ansicht, »Musikästhetik kann heute kaum noch den traditionellen Anspruch einer Systematik im Sinne einer normativen Disziplin erfüllen, die das Urteil ›Kunst – Nichtkunst‹ begründet. Dem steht die breite Auffächerung der Musikkultur ebenso entgegen wie ästhetische Auffassungen von Komponisten zeitgenössischer Musik, die dieses Urteil als überflüssig erachten.« (Loesch, 2004, S. 11)

191 »Das bloß programmierte Kunstwerk wird« aufgrund seiner mangelhaften Selbstprogrammierung entsprechend »als Kitsch wahrgenommen« (Lehmann, 2005, S. 149).

sprechen können, da nicht zu sehen ist, wie die Kunst von ihrer Trivialisierung als Unterhaltung profitieren könnte – es sei denn im Sinne eines drifting in Richtung auf Formen, die sich immer weniger als Unterhaltung eignen, also im Sinne eines Zwangs zum Bestehen auf Unterschied.« (Luhmann, 1995b, S. 123f.)

Bezieht man diese Charakterisierung der Kunst auf die Kontroverse zwischen Kühn und Vertretern der Musikpädagogik, dann lassen sich die Argumente beider Seiten auf einzelne Spezifika des Kunstmediums zurückführen. Entscheidend sind dabei die jeweils in Anschlag gebrachten Unterscheidungen: Fokussiert man in Kühns Plädoyer für die unterrichtliche Thematisierung von ›Kunstmusik‹ anstelle der Negation speziell popmusikalischer Inhalte die ebenfalls von ihm als notwendig erachtete Abgrenzung musikunterrichtlicher Inhalte vom ›bloß‹ *Alltäglichen* (s. Kühn, 2009, S. 3),[192] so kann man es ganz unabhängig von der Frage nach unterschiedlichen Musikstilen auffassen als eines, das in erster Linie auf die Besonderheit des Kunstmediums abhebt. Ebenso wäre der Vorwurf Heidrichs, Schläbitz öffne durch »die Heranziehung von Verkaufszahlen als Primärindikator für gesellschaftliche und schulpädagogische Relevanz der massenorientierten Banalität und postmodernen Beliebigkeit Tür und Tor« (Heidrich, 2009, S. 61) als Hinweis auf eine im Hinblick auf das Kunstsystem notwendige Trennung zwischen *ästhetischen* und *massenmedialen* bzw. *ästhetischen* und *wirtschaftlichen Zusammenhängen* zu deuten.[193]

Ein grundsätzlich ähnliches Anliegen ließe sich nun umgekehrt aber auch einer Musikpädagogik unterstellen, die eine ausschließliche Konzentration auf die immer gleichen ›Meisterwerke‹ sowie das damit einhergehende ›sachorientierte Vorgehen‹ kritisiert. Neben der Frage, inwieweit die Fachwissenschaft damit dem Neuheitsgebot der Kunst widerspricht, lässt sich die Kritik als Befürchtung deuten, der entsprechende Musikunterricht verhandle lediglich ein *kunstbezogenes Wissen*, ohne Kunst als *besonderes, nicht normalsprachlich* verfasstes Medium zu kommunizieren.[194]

Trotz der kontroversen Diskussion, in deren Rahmen man den Argumenten der Fachdisziplinen die Differenzen ›Kunst‹/›Alltag‹, ›Kunst‹/›Wirtschaft‹ oder ›Kunst‹/

---

192 Vgl. dazu auch die Diskussion um die Notwendigkeit ›widerständiger‹ Kunst, S. 118–125.

193 Ob eine solche Trennung in einer absoluten Form überhaupt notwendig oder möglich ist, kann man natürlich unter anderem im Rekurs auf die von Luhmann beschriebene ›Übergangszone‹ zwischen ›Kunst‹ und ›Unterhaltung‹ bestreiten. Ähnlich plädiert z.B. Michael Hutter (s. Hutter, 2004) dafür – in Reaktion auf den von Peter Fuchs und Markus Heidingsfelder entworfenen Vorschlag, ein eigenständiges und unter anderem marktförmig organisiertes ›Popsystem‹ anzunehmen (s. Fuchs & Heidingsfelder, 2004) –, die Popmusik als einen strukturell an die Wirtschaft gekoppelten Teilbereich der Kunst zu beobachten, dessen »Beiträge [...] durch die Menge verkaufter Reproduktionen mitevaluiert werden« (Hutter, 2004, S. 325) und der auf diese Weise für eine »Irritation« (ebd., S. 329) der Kunstkommunikation »durch Markterfolg« (ebd.) sorge.

194 Dieselbe Sorge zeigt sich z.B. in Gruhns Kritik an einer ›abbilddidaktischen‹ Umsetzung musikwissenschaftlicher Forschung. So stellt er im Rahmen seiner Untersuchung musikpädagogischer Curricula in Bezug auf den bayerischen sowie den baden-württembergischen Lehrplan fest: »Auffallend ist die positivistische Verdinglichung des Gegenstandes Musik zum reinen Wissensstoff. In 10 Unterrichtsstunden soll [...] die Geschichte der Oper von der Florentiner Camerata bis zu Bergs Wozzeck (S. 39) oder die geistliche Vokalmusik von der Gregorianik bis ins 20. Jahrhundert in acht Unterrichtsstunden abgehandelt werden (S. 40). Dass hier die Stofffülle, das Prinzip wissenschaftlicher oder künstlerischer Erfahrung unmöglich macht, ist [...] deutlich« (Gruhn, 1987, S. 70).

114

›Unterhaltung‹ unterlegen kann, den Argumenten der Musikpädagogik dagegen die Unterscheidung ›Kunst‹/›Kommunikation über Kunst‹, rückt damit in beiden Varianten die ›Aufgabe‹ der Kunst in den Fokus, Abgrenzungen zu nichtkünstlerischen Kommunikationsformen zu schaffen.

Für die zwischenfachliche Kommunikation bedeutet dies zunächst, dass sich trotz der einander widersprechenden Positionierungen eine Art *gemeinsames Anliegen* ausmachen lässt. Interessanter als die daraus vielleicht abzuleitende Folgerung, die entsprechenden Fachvertreter verfolgten eben doch, ähnlich wie Josef Sulz dies vermutet, »ein Ziel« und nutzten dafür nur verschiedene »Wege« (Sulz, 1997, S. 195), ist jetzt jedoch die Frage, wie sich dieser Zusammenhang unabhängig von der speziellen Diskussion zwischen Kühn und seinen Rezensenten darstellt.

Aufschlussreich ist dabei vor allem der Begriff des *›Kunstwerks‹*: Trotz der recht eindeutigen Bedeutung, die ihm auf den ersten Blick zuzukommen scheint, geht er je nach Diskurs mit unterschiedlichen Positionierungen und ebenso unterschiedlichen Wertungen einher.

Im musiktheoretischen Kontext ist hier zunächst der moderne Kunstbegriff zu nennen, so wie Dahlhaus ihn beschreibt:

> »Die emphatische, ins Metaphysische erhöhte Idee des Kunstwerks, die im späten 18. Jahrhundert entstand, ist von der Ästhetik des Bildungsbürgertums, der im 19. Jahrhundert tonangebenden Schicht, zum Inbegriff dessen, was Kunst immer und überall ist, erhoben worden. In dem Maße aber, in dem sich zeigt, dass sie früheren Epochen fremd gewesen ist, erweist sie sich als charakteristisch für das Zeitalter, aus dem sie stammt, gewinnt also an spezifisch historischer Bedeutung.« (Dahlhaus, 1989, S. 30)

Entscheidend seien dabei unter anderem »das Postulat der Originalität« sowie »die Idee der ästhetischen Autonomie« gewesen,

> »durch die sich ein Gebilde, das Anspruch auf Kunstcharakter erhob, vom Bereich der Zwecke und Funktionen distanzierte. Negativ ausgedrückt: Ein Werk, das auf Nachahmung beruhte und den Vorwurf des Epigonalen herausforderte, das sich als bloße Zusammenstückelung attraktiver Momenteffekte – als Potpourri – präsentierte, dem es misslang, ins imaginäre Museum der Meisterwerke aufgenommen zu werden, und das sich dadurch, dass es einen Zweck erfüllte, dem Trivialitätsverdacht aussetzte, verstieß gegen die Normen, die seit dem späten 18. Jahrhundert den Kunstbegriff von der Sphäre des Pragmatischen fernhielten und ihn in die Nähe des Religiösen rückten.« (ebd., S. 31)[195]

Bezieht man diese Darstellung auf die systemtheoretische Beschreibung der modernen Kunst, so ist es vor allem das Moment der ›Selbstprogrammierung‹, an das sich hier anknüpfen lässt. Für die Musiktheorie als Fach war dieser Perspektivwechsel nun nicht nur generell im Sinne einer lediglich historisch zu verortenden Veränderung relevant, sondern auch im Hinblick auf seine jüngere Entwicklung in der zweiten Hälfte des 20. Jahrhunderts. Diejenige »musiktheoretische Disziplin« (ders., 1984, S. 10) näm-

---

195 Vgl. aber auch Schatts Erläuterungen zum Begriff des Kunstwerks in seiner *›Einführung in die Musikpädagogik‹*: »Kunst steht [...] in einem Spannungsverhältnis zu Regelpoetiken [...] und zwar aufgrund des Originalitätsanspruchs.« (Schatt, 2007, S. 71) »Als musikalisches Kunstwerk kann demnach nur gelten, was eine unwiederholbare Schöpfung ist [...]« (ebd., S. 72).

lich, die den damit in Verbindung zu bringenden künstlerischen Erscheinungen entspreche, sei »nicht die generalisierende Satzlehre, sondern die *individualisierende Werkanalyse.*« (ebd., S. 12f.). Besonders Diether de la Motte hat infolgedessen mehr als einmal auf die zentrale Bedeutung hingewiesen, die dem ›*Stiefkind Analyse*‹ (de la Motte, 1968) im Rahmen einer modernen Musikbetrachtung zukomme:

> »Die entscheidende Frage ist und bleibt: Warum ist jenes Meisterwerk gerade so, wie es ist? Die Formenlehre kann eine solche Frage nicht beantworten. Sie kann sich nicht die Zeit nehmen, Meisterwerke in allen Einzelheiten gründlich zu untersuchen.« (ebd., S. 245)

»Nie würde« er deshalb,

> »eine musikalische Form im Unterricht darlegen, um sie sodann an einem Musikbeispiel, das die Kundschaft hörend mitliest, vorzuführen. So ist Sonate. Das ist Fuge. So und nicht anders wird Rondo gemacht. Der Komponist verschwindet hinter einem Musterschüler, der *formale Regeln* ausnahmslos befolgt hat. Null Fehler, sehr gut, Herr Mozart. Immer sollte man sich Zeit lassen zu mehreren Exempeln und das Augenmerk auf die Unterschiede richten. [...] Das Musikerzieher-Lebensproblem lautet: Bringe *das jeweils Besondere als das Besondere* zur Sprache« (de la Motte, 1988, S. 734f., Hv.VW.)[196]

Unabhängig davon, wie man dieses Vorgehen in theoretischer wie didaktischer Hinsicht letztlich bewerten will[197] – deutlich machen de la Mottes Beschreibungen, dass sich Begriffe wie ›Kunstwerk‹ oder ›Meisterwerk‹ nicht ohne bestimmte, damit in Verbindung stehende ästhetische Prämissen denken lassen. Ähnlich wie Kühns Plädoyer für die Kunstmusik lässt sich also auch die im Diskurs dieser ›neuen Musiktheorie‹ (s. Schwab-Felisch, 2011, S. 181)[198] zu beobachtende Affirmation des ›Kunstwerks‹ mit Besonderheiten der modernen Kunst in Verbindung bringen.

Im Gegensatz zu dieser positiv konnotierten Anbindung an die Spezifika des Kunstmediums scheint der Kunstwerkbegriff im Diskurs der Musikpädagogik gerade mit Kontexten einherzugehen, deren *normative Prämissen* den Bedingungen der modernen, sich selbst programmierenden Kunst zuwiderlaufen. Anführen kann man hier zunächst die Kunstauffassung Adornos, von deren normativ-dogmatischer Haltung gegenüber bestimmten Musikstilen sich selbst aktuelle musikpädagogische Konzeptio-

---

196 Ähnlich stellt er auch elf Jahre später im ›*Rückblick*‹ (de la Motte, 1999) noch fest: »Formenlehre? Kein Bedarf« (ebd., S. 299).

197 Wenn de la Motte in Erläuterung dieses Anliegens dafür plädiert, »[i]mmer sollten also *musiktheoretische Fakten abgeleitet* werden vom musikalischen Kunstwerk« (de la Motte, 1988, S. 736, Hv.VW.), so legt er damit zum einen ein in ontologischer Hinsicht wenigstens zu problematisierendes Theorieverständnis offen, zum anderen wird deutlich, dass sich ein Unterricht, bei dem die ›abgeleiteten‹ musiktheoretischen ›Fakten‹ ungeachtet anderweitiger Beteuerungen zumindest den Lernenden als Ziel einer jeweiligen Unterrichtssequenz erscheinen müssen, als extrem ›*theoriefixiert*‹ erweisen kann. Obwohl der »empirisch-induktive Weg« also gemeinhin als »lebendiger« (Gieseler, 1987, S. 150) gilt und auf dem Weg einer induktiv verfahrenden Analyse konzeptionell primär das ›singuläre Kunstwerk‹ in den Mittelpunkt gerückt werden soll, garantiert das Vorgehen selbst noch kein angemessenes Musikverständnis (s. dazu auch Vogt, 2004, S. 69–71).

198 Schwab-Felisch unterscheidet diese ›neue‹ Theorie nicht nur von einer ›alten‹ Variante, sondern macht aktuell zudem »eine Schwelle zu einer *neuen* ›neuen Musiktheorie‹« (Schwab-Felisch, 2011, S. 184, Hv.i.O.) aus.

116

nen noch eigens abgrenzen (s. Krause-Benz, 2008, S. 27f.). [199] Ähnlich sorgt die Kunstwerkdidaktik Michael Alts (s. Alt, 1968) mittlerweile für Widerspruch. Christoph Richter z.B. sieht in ihr letztlich nicht mehr als »ein systematisches Korsett« (Richter, 1995, S. 153):

> »Der Versuch einer Systematisierung der Musikwerke in verbundene und absolute Musik und deren weitere Untergliederungen, die verhängnisvollerweise Eingang in Lehrpläne gefunden hat, und eine Zuweisung von bestimmter Musik für bestimmte Altersstufen zerstückeln das gutgemeinte Auslegungskonzept Alts zu einer *normativen Kunstwerkdidaktik*, die Schüler, Lehrer und die Werke in ein nahezu bürokratisches Ablagesystem zwängt.« (ebd.)

Ebenso konstatiert Peter W. Schatt in Bezug auf die »Bestimmungen« mit denen der Werkbegriff einhergehe,

> »einer am Kunstwerk orientierten Didaktik [sind] enge Grenzen auferlegt: Sie hätte alle nicht schriftlich fixierte Musik auszublenden und ihre inhaltlichen Kategorien hätten sich nach Maßgabe dessen auszurichten, was als Kriterien für die Ordnung von musikalischen Kunstwerken als gültig erachtet wird.« (Schatt, 2007, S. 72)

Abgesehen davon ist es aktuell jedoch vor allem ein zur Jahrtausendwende publiziertes ›*Schulpolitisches Grundsatzpapier*‹ der Konrad-Adenauer-Stiftung (s. KAS, 2000/2006a) mitsamt des dort aufgelisteten *Kanons* »zentrale[r] Werke der Literatur, bildenden Kunst und Musik« (ebd., S. 25) das der Fachdidaktik diesbezüglich präsent ist (s. besonders Kaiser, 2006a). So stellt z.B. Martina Krause-Benz in Bezug auf die genannte Studie einen problematischen »Trend zur Fixierung von ›Inhalten‹ des Musikunterrichts« (Krause-Benz, 2010, S. 78) fest:

> »Im Zuge materialer Bildungskonzepte werden verbindliche inhaltliche Schwerpunkte festgelegt, welche durch obligatorisch zu behandelnde, konkret festgelegte *Gegenstände* im Sinne eines Werkkanons zu füllen sind.« (ebd., Hv.i.O.)

Auch Jürgen Vogt ist der Ansicht, man könne

> »im Entwurf eines verbindlichen musikalischen Bildungskanons durch die Adenauer-Stiftung einen theoretisch wie gesellschaftspolitisch bedenklichen Versuch sehen, materiale Bildung in ihrer reinen Form zu propagieren« (Vogt, 2010, S. 7).

Neben der Kanonisierung selbst wird dabei ein mit dem Kunstwerkbegriff einhergehendes Bildungs- und Kunstverständnis kritisiert, das zentral auf der Vermittlung bestimmter Wissensinhalte basiert. Für Hermann J. Kaiser stehen beide Aspekte schon allein deshalb in engem Zusammenhang, weil es »*inhaltlich* kanonisch bestimmbar« und »als fest umrissenes, in bestimmter Weise legitimiertes, und das heißt kanonisches Wissen abprüfbar« (Kaiser, 2006b, S. 88) sei. Bezogen auf die systemtheoretische Beschreibung des Kunstmediums wird hier erneut die Unterscheidung zwischen Kunstkommunikation im engeren Sinne und der nach Ja/Nein strukturierten Kommunikation *über* Kunst relevant:

---

199 Dass das Prinzip des normativen Werkkanons umgekehrt auch mit dem kritisch zu verstehendem Konzept der ›Halbbildung‹ in Verbindung gebracht werden kann (s. Vogt, 2010, S. 7), lässt sich als ein Hinweis darauf lesen, dass die Vorbehalte der Musikpädagogik speziell Adornos Kunstanalysen betreffen, nicht etwa dessen ›Kritische Theorie‹ generell.

»Geht man mit dem Katalog in der Hand durchs Museum, so wird man darauf aufmerksam gemacht: Hier hängt der Raffael, und geht hin, um sich ihn genauer anzusehen. Aber solche Aufmerksamkeitslenkung durch Kommunikation ist nicht eigentlich das, was man von einem Kunstwerk erwartet. Aber wenn nicht das, was dann? Offenbar sucht die Kunst ein anderes, nichtnormales, irritierendes Verhältnis von Wahrnehmung und Kommunikation, *und allein das wird kommuniziert.* Über die Zuordnung zu dem hier vertretenen Begriff der Kommunikation entscheidet das Kriterium, ob man von einer Differenz von Information und Mitteilung auszugehen hat und ob diese Differenz das Schlüsselproblem für das Verstehen des Kunstwerks ausmacht.« (Luhmann, 1995a, S. 41f.)

Ähnlich wie die Kritik am ›sachorientierten Vorgehen‹ Kühns lässt sich demzufolge auch die Kritik am wissensbetonten ›Kunstwerk‹-Programm der Konrad-Adenauer-Stiftung deuten als eine, die den Kunstcharakter der entsprechenden (Unterrichts-)Kommunikation in Frage stellt.

Anders also als der von der Musiktheorie rezipierte Paradigmenwechsel von der Regel- zur Werkästhetik, der schon qua Definition für eine gewisse Distanz gegenüber bestimmten Vorschriften und Regeln sorgt und stattdessen das singuläre Werk in den Vordergrund rückt, bringt der Werkbegriff, so wie er im Rahmen der musikpädagogischen Diskussion eine Rolle spielt, entsprechende Regelungen und scheinbar allgemeinverbindliche Normen geradezu mit sich. Auch wenn es im musiktheoretischen Kontext um einen historischen Kunstbegriff geht, im musikpädagogischen Zusammenhang dagegen um ›gute‹ Werke, über die von einem sich ›parasitär‹ (s. ebd., S. 495) zum Kunstsystem entwickelnden »Establishment mehr oder weniger gewichtiger Kenner« (ebd.) entschieden wird, dürfte dieser Aspekt nicht unwesentlich zur unterschiedlichen Haltung gegenüber damit in Verbindung stehenden Begriffen beitragen.

Vergleicht man nun die Vorbehalte der Musikpädagogik kunstwerkorientierten Programmen gegenüber mit der eher affirmativen oder zumindest neutralen Haltung, die dem Begriff des Kunstwerks von Seiten der Musiktheorie entgegengebracht wird, so wird deutlich, dass man es insgesamt wohl weniger mit einfachen Meinungsverschiedenheiten zu tun hat, wie sie z.B. dann zu erwarten wären, wenn lediglich ein je unterschiedlicher Musikgeschmack die Diskussion bestimmte. Stattdessen lassen sich Differenzen hinsichtlich der sich mit dem Kunstwerkbegriff verbindenden Unterscheidungen sowie den in seinem Zusammenhang assoziierten Fragestellungen ausmachen. Anstatt also lediglich unterschiedliche Ansichten oder Vorlieben (z.B. Kunstaffinität hier, Popaffinität dort) festzustellen, ermöglicht das Beobachten des jeweiligen Begriffsgebrauchs es, Konnotationen mit in den Blick zu nehmen, die mit fachspezifischen Diskurstraditionen einhergehen. Dies bedeutet im Umkehrschluss zwar weder zwangsläufig eine einheitliche Meinung in tatsächlich strittigen Punkten, noch ein ›gemeinsames Ziel‹, das für beide Fächer etwa auf einer Art ›Metaebene‹ leitend wäre, ersetzt aber das bloße Benennen einzelner Unstimmigkeiten durch den Rekurs auf die diskursiven Kontexte zwischenfachlicher Konflikte.

3.3.2 ›Widerstände‹ – Die Funktion der Kunst

Neben der Frage, welche Inhalte im schulischen Musikunterricht ihren Platz haben sollten, diskutieren die Musikfächer in ähnlich kontroverser Weise die Frage, inwiefern sich durch diese Inhalte oder durch den Unterricht generell bestimmte *Bildungsziele* erreichen lassen. Verhandelt wird dann jeweils nicht nur die konkrete inhaltliche oder methodische Ausrichtung des Musikunterrichts, sondern auch allgemeiner die Legitimation von Musik als einem (Pflicht-)Fach an allgemeinbildenden Schulen bzw. Musikpädagogik und Musiktheorie als darauf bezogene Hochschulfächer (s. z.B. Vogt, 2010, S. 6).

Auffällig ist in diesem Zusammenhang besonders die von fachwissenschaftlicher Seite erhobene Kritik, die Musikpädagogik instrumentalisiere den Musikunterricht bzw. die dort verhandelten Inhalte mit Blick auf außermusikalische Ziele. ›Bildung‹ im emphatischen Sinne könne deshalb gar nicht mehr stattfinden. Argumentativ sind es dabei vor allem zwei Aspekte, die diese These stützen sollen, nämlich erstens ein pädagogischen Zusammenhängen zugeschriebenes ›Reduktionsproblem‹, dessen Folge eine Verkürzung und Verfälschung der thematisierten Inhalte zugunsten unterrichtspraktischer Zwecke sei, und zweitens eine der Musikpädagogik attestierte Neigung zu einer ausschließlich ›schülerorientierten‹ Ausrichtung des Unterrichts, bei der bestimmte Inhalte überhaupt nicht zur Sprache kämen.[200]

Tendenzen zu einer generellen Kritik an einer pädagogisch-didaktischen Herangehensweise sind z.B. bei Dahlhaus zu erkennen. Besonders im Rahmen seiner historischen Darstellungen zur Musiktheorie des 18. und 19. Jahrhunderts kommt er an mehreren Stellen auf die problematische Rolle der Pädagogik bzw. der Didaktik zu sprechen, ohne die beiden Begriffe explizit voneinander zu unterscheiden und vor allem ohne dabei im Einzelfall immer eindeutig klarzustellen, ob die markierten Probleme einer bestimmten (historischen) Didaktikkonzeption oder dem pädagogisch-didaktischen Zugriff ›an sich‹ geschuldet seien. So schreibt Dahlhaus es zwar grundsätzlich der »Tradition der philanthropisch-pädagogischen Aufklärung« (Dahlhaus, 1989, S. 51) zu, dass in Lehrbüchern des 19. Jahrhunderts »das Elementare und Prinzipielle […] zum Trivialen schrumpft« (ebd.), wenn er unmittelbar anschließend aber vom »Schein der Simplizität« spricht, der sich, anstatt »wissenschaftlich zerstreut« zu werden, »pädagogisch verfestigt« (ebd.) habe, dann ist der gedankliche Rückbezug auf den dies bedingenden Philanthropismus nicht mehr zwingend. Ähnliches gilt für Formulierungen wie, die Didaktik sei »die gewöhnliche Entschuldigung für Verstöße gegen die wissenschaftliche Wahrheit« (ebd., S. 49) oder, man könne angesichts der von vielen Allgemeinen Musiklehren vertretenen »Behauptung, ein musikalisch Elementares sei jenseits von geschichtlichen und ethnischen Differenzen allgemein gültig«, nicht immer sicher sein, ob diese »überhaupt als wissenschaftliche These oder nur als didaktische Notlösung gemeint ist« (ebd., S. 52): Um tatsächlich auszuschließen, dass die Kritik hier verstanden werden soll als eine, die sich pauschal gegen ›die‹ Pädagogik bzw. ›die‹ Didaktik richtet – wodurch den beiden Bereichen praktisch per definitionem die Funktion des zwar zweckmäßigen, aber unredlichen ›Reduzierens‹ zugeschrieben wäre –, würde man zumindest die Andeutung von pädagogisch-didaktischen Alternativlösungen erwarten. Anstatt aber Gegenentwürfe zur philanthropistischen Pädagogik zu rezipieren, belässt Dahlhaus es dabei, die jeweils tradierten *Theorie*mo-

---

200 Vgl. hierzu auch die Überlegungen zum Bildungsbegriff sowie zu den entsprechenden Differenzen in den fachspezifischen Programmen, s.o., S. 100–109.

mente zu fokussieren. Nun kann man dieser Lesart zwar mit dem selbstverständlich nicht zu bestreitenden Hinweis begegnen, falsche (musik-)theoretische Inhalte könnten gar keine gute Lehre zur Folge haben – natürlich ist die Erziehung strukturell *auch* an das Wahrheitsmedium der Wissenschaft bzw. im Fall der Musikpädagogik eben auch an das Kunstmedium gekoppelt –, dies ändert jedoch nichts daran, dass relevante, den Kontext ›Lehre‹ betreffende Fragen, sobald sie über das rein Technische hinausgehen, bei Dahlhaus an dieser Stelle offen bleiben bzw. als solche gar nicht erst gestellt werden.[201]

Spezieller gegen den aktuelleren musikpädagogischen Fachdiskurs gerichtet ist dagegen die Kritik Rohringers an Ehrenforths ›Thesen‹ zur Schulmusik (s. Rohringer, 2001 bzw. Ehrenforth, 2000). Dieser blende nämlich genau diejenige »Qualität der Musik«, und zwar der Musik als einer »Kunstform« (Rohringer, 2001, S.104), aus, »in der das ›Humane‹ oftmals sich gerade darin zeigt, dass es sich vom unmittelbar Gegebenen des ›Lebensweltlichen‹ abhebt, aus ihm herausführt und durch Kontemplation innere Freiheit vermittelt« (ebd.):

> »Dies ist bezeichnend für eine verkürzte Sichtweise im Schlepptau eines überwiegend pragmatisch orientierten Ansatzes, bei dem das pädagogische Interesse kaum der Würdigung der ästhetischen Autonomie von Musik gilt, sondern einseitig dem reduzierten Gebrauchswert für die gelungene Sozialisation ihrer jeweiligen Rezipienten verpflichtet ist. […] Ein derart verengter Musikbegriff raubt folglich vielen Musiken eine wesentliche ästhetische Dimension und ihren Rezipienten eine grundlegende Erfahrung.« (ebd.)

Rohringer warnt deshalb davor,

> »Musik als bloßen Aufhänger für vermeintlich übergeordnete didaktische Zielsetzungen zu benutzen, die letztlich als wichtiger erachtet werden als die Musik selbst. Die Tendenz, allgemeine Schlüsselqualifikationen an die Stelle der Befähigung zum ästhetischen Urteil treten zu lassen, ist […] unübersehbar.« (ebd., S. 106)

Den Grund für eine solche »bei Ehrenforth zu beobachtende Preisgabe von Inhalten und Bildungsbegriff – beides gehört zusammen –« (ebd.) sieht Rohringer »im Wesentlichen« darin,

> »dass dem gesellschaftlichen Druck, der in Zeiten des homo öconomicus schwer auf den Geisteswissenschaften und Künsten lastet, auch in Teilen der Musikpädagogik zunehmend entsprochen wird. Eine derartig nachgiebige Schwäche der didaktischen Ausrichtung hat jedoch nur ihren Anlass, nicht ihren wesentlichen Grund in den sich verändernden gesellschaftlichen Verhältnissen. Der Grund hingegen darf in der Problematik vermutet werden, dass die Musikpädagogik keinen wirklich originären Anteil an jenen Traditionslinien hat, in denen die Deutung musikalischer Phänomene vorgenommen wird. Schwer einschätzbar ist, ob das in diesem Zusammenhang zu beobachtende abnehmende Bewusstsein für die Wertigkeit der fachsystematisch vermittelten Einsichten eine Voraussetzung oder vielmehr Verdrängung dieser Problematik ist.« (ebd., S. 106f.)

---

201 Vgl. hierzu auch den von Fuß angedeuteten »Aspekt […], der für den Erfolg bzw. Misserfolg von Musiktheorie von großer Bedeutung ist: Die Isolierung der ›Parameter‹ voneinander und damit: die Abstraktion von konkreter Musik. Die herkömmliche starre Trennung der musiktheoretischen Teildisziplinen ist *pädagogisch motiviert* (nur so konnten leicht erlernbare Tonsatzregeln formuliert werden), sachlich gerechtfertigt ist sie nicht.« (Fuß, 1997, S. 176f., Hv.VW.). S. dazu auch weiter unten, S. 142–150.

Eine ähnliche Argumentation weisen Kühns ›*Unzeitgemäße Thesen zu einem zeitgemäßen Musikunterricht*‹ (Kühn, 2009) auf. Wie bereits angedeutet, geht Kühn hier davon aus, nur ein primär auf die Kunstmusik, und zwar speziell die Kunstmusik der »*eigenen* Kultur« (ebd., S. 3, Hv.i.O.) ausgerichteter Musikunterricht könne neben musikalischer Bildung im engeren Sinne Kinder und Jugendliche »innerlich gefestigt« und »urteilsfähig« (ebd.) machen, da sie nur auf diese Weise »– so paradox das klingt – erst tauglich zu *wirklicher*, da *fundierter* Offenheit gegenüber Fremdem« (ebd., Hv.i.O.) würden. Musikunterricht dürfe sich folglich »nicht darin erschöpfen, Alltag zu verdoppeln« (ebd.) und lediglich »das widerspiegeln, was ohnehin das Leben bestimmt« (ders., 2002b, S. 17). Denn:

> »Was für jede Pädagogik gilt, die wahrhaft etwas bewirken will, gilt auch für Musikpädagogik: Sie hat – seelisch, geistig, intellektuell fordernde – *Widerstände* zu errichten und musikalische *Gegenwelten* anzubieten.« (ders., 2009, S. 3, Hv.i.O.)

Der Unterricht dürfte deshalb nicht »primär von der uns umgebenden Welt ausgehen und daran Musik heften«, sondern er

> »sollte primär von der Musik ausgehen und daran eigen-gestaltete Welt sichtbar machen; im ersten Fall wird Musik zu einer Art Garnierung, im zweiten Fall bleibt sie als Kunst erhalten.« (Kühn, 2002b, S. 17)

> »Es ist nur konsequent, dass jene Lehrer, die, bei all seiner Besonderheit, Musikunterricht ähnlich als Lern- und Leistungsfach ansetzen wie es für andere Fächer eine Selbstverständlichkeit ist, erfolgreicher sind als jene, die den Schülern nachlaufen oder zum Diskjockey verkümmern. Hinführung zu und Auseinandersetzung mit Musik als Kunst bleibt der Anspruch des Unterrichts. Daran festzuhalten in den Widrigkeiten des schulischen Alltags, ist zwar eine Aufgabe, die Stärke und Gelassenheit fordert. (Als jemand, der sehr lange an einer Gewerbeschule in Hamburg-St. Pauli Musikunterricht gegeben hat, ist mir bewusst, was Schulalltag heißen kann.) Aber eine Pädagogik, die darauf verzichtet, Widerstände zu bieten, gibt jene preis, an die sie sich wendet.« (ders., 1988, S. 741)[202]

Anstatt in der Wahl der Inhalte auf ›Schülernähe‹ zu setzen, vertritt Kühn also die Ansicht, die Kunstmusik trage gerade durch ihr ›Anderssein‹ dazu bei, den »pädagogischen Auftrag, die Schülerinnen und Schüler auf eine mündige Auseinandersetzung mit der Welt vorzubereiten« (Kühn, 2009, S. 3), zu erfüllen. Die »generelle Haltung« (ebd.), die er hinter den von Seiten der Musikpädagogik geäußerten Vorwürfen vermutet, seinen neueren Publikationen mangele es an einer über den ›klassischen‹ bzw. den ›E-musikalischen‹ Bereich hinausgehenden thematischen Breite, habe ihn folglich »schockiert« und »verstört« (ebd.).

In Verbindung bringen lassen sich besonders die Positionen Rohringers und Kühns zunächst mit Yvonne Ehrenspecks Darstellung der Schillerschen Bildungsphilosophie (s. Ehrenspeck, 1998, S. 113–177). Anders als noch bei Kant werde das Ästhetische dort nicht nur als theoretisches Verbindungsglied gedeutet, sondern »zu einem allgemeinen Bildungsprojekt« (ebd., S. 168) erhoben:

---

202 Vgl. hierzu auch die sich bei Graßmann andeutende Auffassung, Bachs Musik sorge für einen wachen Geist, während Popmusik ›unkritisch‹ mache, s.o., S. 106, Fn. 173.

»Schiller [...] erklärt das Ästhetische als real in der Zeit wirksam werdendes Mittel, welches zur Erziehung des Menschen und zu seiner Hinführung zu einem freien und selbstbestimmten Leben das einzig taugliche Medium darstelle. [...] Das Schöne und die Kunst [...] sind für Schiller quasi das ›Werkzeug‹ (Schiller, 1984, S. 160), mit welchem die Veredelung des Charakters, die Bildung des Menschen und der Menschheit und nicht zuletzt eine Verbesserung der politischen Lage und der Gesellschaft erzielt werden sollen.« (ebd., S. 168f.)

Schiller zufolge seien deshalb »im Grunde nur die Künstler und die Kunst als wahre Erzieher der Menschen und der ganzen Menschheit als Gattung berufen« (ebd.) und nicht etwa – wie man für die Kritik der Musiktheorie ergänzen könnte – eine (Musik-) Pädagogik, der die Kunst als ein jederzeit austauschbares Phänomen dient, das den Erwerb bestimmter Fähigkeiten eher begleite als tatsächlich eine »Veredelung des Charakters« anzuregen. [203]

Beobachtet man diese Thematik dagegen mit Blick auf das Kunstsystem, so steht primär die Frage nach seiner *Funktion* im Fokus. Dem Vorschlag Harry Lehmanns nach besteht die Aufgabe der Kunst darin, neue Selbstbeschreibungen zu »provozieren« (Lehmann, 2005, S. 84), also Beschreibungen der Gesellschaft anzustoßen, die für diese bis dato unbekannt waren oder nicht als solche zur Kenntnis genommen wurden:

»Genau an dieser Stelle, wo die Massenmedien jene Erwartungshaltungen in der öffentlichen Meinung reproduzieren, welche neu auftauchende gesellschaftliche Probleme gerade *nicht erwarten* lassen, hat Kunst die Chance zur Intervention. Wo die Gesellschaft die Wahrnehmung und Erfahrung ihrer Probleme blockiert, anstatt sie kommunikativ zu verstärken, erringt die Kunst ihre besondere Funktion.« (Lehmann, 2005, S. 84, Hv.i.O.)[204]

Impliziert ist damit auch ein zeitgeschichtliches Moment: Wenn Kunst überhaupt dazu in der Lage sein soll, Selbstbeschreibungen zu provozieren, die etablierten Beschreibungen zuwider laufen und dadurch das Potential haben Gesellschaft zu irritieren (zur

---

203 Vgl. hierzu auch die Deutung Vogts in Bezug auf die Bildungsphilosophie der Adenauer-Studie: »Im Wesentlichen soll es darum gehen, den ›Eigenwert‹ (›Konrad-Adenauer-Studie‹, in Kaiser, 2006, S. 20 [s. KAS, 2000/2006]) von Musik gegenüber allen möglichen Funktionalisierungen zu retten, und musikalische Bildung durch die Vermittlung eines umfangreichen Kanons von Musikwerken zu gewährleisten. Zugrunde gelegt wird dabei ein offenbar zeitenthobener, ›ästhetischer Wert‹ (ebd., S. 20) dieser Musikwerke, dem wiederum auf eine ganz unklar bleibende Weise eine entscheidender Anteil an der Herausbildung von persönlicher und kultureller Identität (vgl. ebd.) zugesprochen wird.« (Vogt, 2010, S. 7)

204 Das für das Kunstmedium typische Merkmal der ›Gegenstrukturalität‹ wird dann als ein gesamtgesellschaftlich wirksames Phänomen gedeutet, das der Kunst subversives Potential verleiht. Mit dieser Funktionsbeschreibung knüpft Lehmann an die Luhmannschen Ausführungen zum Kunstsystem an, versucht dabei jedoch, den autonomen Status des Kunstsystems noch stärker hervorzuheben. Während für Luhmann – seiner ›anti-postmodernistischen‹ Gesellschaftstheorie entsprechend – die Funktion der Kunst nämlich darin besteht, der Gesellschaft »die Unvermeidlichkeit von Ordnung schlechthin« (Luhmann, 1995a, S. 241) vor Augen zu führen, lässt die Lehmannsche Variante der Kunst mehr Spielraum: Obwohl auch sein Ansatz die generelle Präferenz für gesellschaftlich bedeutsame Kunstformen gar nicht zu verhehlen versucht, bleibt die Beschreibung der Kunstfunktion selbst davon unberührt (s. Lehmann, 2005, S. 81–85). Ähnlich kritisiert auch de la Motte-Haber an der Luhmannschen Kunsttheorie: »Letztendlich wird damit das Kunstwerk einem Zweck untergeordnet« (de la Motte-Haber, 2004, S. 27).

Irritationsfigur s.o., S. 57–59), so müssen die entsprechenden Phänomene »an der Zeit d.h. an den Problemen der Zeit« (Lehmann, 2005, S. 82) sein:

> »Es muss sich um Beiträge zu einer künftigen Selbstbeschreibung der Gesellschaft handeln, welche den Horizont der herrschenden öffentlichen Meinung übersteigt.« (ebd.)

»Entscheidend« aber sei, so Lehmann,

> »*dass diese Intervention auf die Schemata der Erfahrung zielt* [...] Kunst bringt das Problem nicht auf den Begriff – sie markiert es.« (ebd., S. 84)

Folge dieser Einschränkung ist ein ähnlich paradoxales Verhältnis, wie es bereits im Wissenschafts- und Erziehungskontext als das Auseinandertreten von Funktion und Leistung beschrieben wurde: Wenn die Kunst Selbstbeschreibungen lediglich ›provoziert‹, sie aber *nicht selbst herstellt*,[205] so kann man zwar von einer potentiell gesellschaftsrelevanten Kunst erwarten, dass diese in irgendeiner Form auf aktuelle gesellschaftliche Bedingungen Bezug nimmt.[206] Gleichzeitig ergibt sich jedoch unweigerlich eine ›technologische Lücke‹[207] zwischen den Formbildungen der Kunst und Beschreibungen, die zwar in gewisser Weise darauf basieren, aber in einem anderen Medium angefertigt sind. Die kunstspezifische Bearbeitung des zur Diskussion stehenden gesellschaftlichen Bezugsproblems – der Bedarf an neuen Selbstbeschreibungen – wird damit unabhängig von seiner Zielgerichtetheit als ein letztlich unberechenbarer Prozess sichtbar, der allenfalls im Nachhinein als solcher zu deuten ist.

Beobachtet man ausgehend von dieser Kunstauffassung unterschiedliche musikpädagogische und musiktheoretische Beschreibungen musikalischer Bildungsprozesse, dann lassen sie sich in unterschiedlicher Weise auf diese sich zwischen ›Kunst‹ und ›Gesellschaft‹ ergebenden Differenzen beziehen.

Auffällig ist dabei das Verhältnis zwischen der je gewählten Argumentationsstrategie und der Fächerkonstellation, innerhalb derer das jeweilige Fach legitimiert werden soll. Sigrid Abel-Struth z.B. legt im Hinblick auf eine ›*Musikpädagogik als Autonomie*‹ (Abel-Struth, 1970, S. 114–132) aus gegebenem Anlass offenbar vor allem darauf Wert, das Fach aus seiner drohenden Abhängigkeit gegenüber der *Allgemeinen Pädagogik* bzw. den Erziehungswissenschaften zu befreien. Eine solche »Abhängigkeit« nämlich könne

> »bis zur Adaption führen, hier im Sinne einer Anpassung an pädagogisches Denken verstanden, die soweit geht, dass die Zielvorstellung eine außermusikalische bei gleichzeitiger Beeinträchtigung der musikalischen wird. Eine solche Adaption stellt bereits die Me-

---

205 Dies ist Funktion unter anderem der Massenmedien (s. Luhmann, 1995b, S. 173f.) Für eine Kunst, die direkt gesellschaftlich wirksam sein will, wäre folglich eine ähnliche Inflationsgefahr anzunehmen, wie Luhmann sie der Wissenschaft attestiert (s. Luhmann, 1990, S. 622f. bzw. s.o., S. 71).

206 Sehr deutlich wird dies z.B. von Harry Lehmann gefordert: Fragen könne man nämlich angesichts des Doppelmodus, über den Humanmedien verfügten, »in welchem Modus ein solches System operieren *soll*.« (Lehmann, 2005, S. 240) Seines Erachtens mache die »intrinsische Normativität« (ebd.) der Humanmedien »einen normativen Medienbegriff erforderlich, so dass entsprechend auch die Kunstphilosophie sich nicht bloß auf die Beschreibung von dem, was Kunst ist, beschränken kann, sondern stattdessen einen normativen Kunstbegriff entwickeln muss.« (ebd.)

207 Zum Technologiebegriff s.o., S. 102, Fn. 167 bzw. S. 46, Fn. 71.

thodik Nägelis dar, da sie aus der Elementar-Methode ein Verfahren für Musikunterricht ableitet, das nicht mit der Struktur des musikalischen Gegenstandes in Übereinstimmung zu bringen ist, das sachfremd ist; pädagogisches Denken hat hier musikalisches adaptiert.« (Abel-Struth, 1970, S. 99)

Ähnlich sei

> »die nach 1945 einsetzende und sich verstärkende Kritik an konzeptionellen Entscheidungen der sogenannten musikerzieherischen Reform und der ihr zugehörigen sogenannten Jugendmusik [...] in ihrer theoretischen Substanz darauf zurückzuführen, dass eine Reaktion auf die Einführung außermusikalischer Theoreme in die Musikpädagogik einsetzte, die zunehmend als Fiktionen erkennbar wurden.« (ebd.)

Weit weniger problematisch scheint sich in ihren Augen dagegen das Verhältnis des Faches zur Musikwissenschaft zu gestalten, und das, obwohl eine ›als Partizipation‹ gefasste Musikpädagogik (s. ebd., S. 104–114), bei der diese als Teil der Musikwissenschaft betrachtet wird, ebenfalls nicht ihren Vorstellungen von einer unabhängigen Fachstruktur entspricht. Folglich stellt sie zwar auch hinsichtlich dieser Fächerkombination einige »Widersprüche« sowie eine »in gegenständlicher wie wissenschaftstheoretischer Hinsicht bestehende Unsicherheit« (ebd., S. 114) fest, verbunden mit der »Notwendigkeit der sachlichen Klärung« (ebd.), doch würden der Beziehung »durch die neue Hinwendung zur musikalischen Sache in der Fachdidaktik gerade jetzt zusätzlich neue Akzente« (ebd.) zuteil. Ein möglicher Ausgangspunkt für eine autonome Musikpädagogik kann aus ihrer Sicht deshalb die Konzeption Fritz Reuters darstellen (s. Reuter, 1929), da dieser – andernorts bekannt als Vertreter der Musiktheorie (s. Holtmeier, 2003, passim) – »mit Nachdruck einen Ausgang von der Musik selbst fordert« (Abel-Struth, 1970, S. 129).[208]

Norbert Schläbitz hingegen, ebenfalls Musikpädagoge, scheint eine ganz andere Problematik vor Augen zu haben. Anders als Abel-Struth fordert er eine Reform von in seinen Augen veralteten Praktiken der Historischen Musikwissenschaft und der Musiktheorie (s. Schläbitz, 2009a, 2009b und 2011). Im Rahmen seiner Vorschläge zur Neugestaltung des schulischen Musikunterrichts und der darauf bezogenen Hochschulfächer plädiert er zudem dafür, »den über das rein Fachliche hinausgehenden Schlüsselqualifikationen besonderes Augenmerk zu schenken« (Schläbitz, 2004, S. 397) und den

> »Computer als Instrument [...] gesamtstudienbegleitend in die Musikausbildung zu integrieren und [...] – vom Ausbildungsumfang her – der tradierten Instrumentalschulung gleichzusetzen. Bezogen auf die zusätzliche zeitliche Belastung, ist über eine Entlastung an anderer Stelle – Revidierung schulisch nicht mehr relevanter Inhalte – nachzudenken.« (ebd.)

Das Beharren auf einer ihm zufolge bloß ›romantisch‹ verbürgten ästhetischen Autonomie hingegen gilt ihm als eine Form der »Realitätsflucht« (Schläbitz, 2009b, S. 4), die den tatsächlichen Problemen und Aufgaben, denen sich der Musikunterricht zu stellen habe, kaum die Stirn bieten könne:

---

208 Zur ›Indienstnahme des Musikunterrichts für erzieherische Zwecke‹ (Kraemer, 2004, S. 69) bzw. zur ›Musik als pädagogische[r] Idee‹ (Abel-Struth, 1985, S. 25) s. auch Abel-Struth, 1985, S. 25–36, Kraemer, 2004, S. 68–80 oder Schatt, 2007, S. 49–56.

»Der Rekurs auf die Tradition tritt ganz gerne auf im Gewand des so genannt ›Unzeitgemäßen‹. Aber zeichnet sich darin überhaupt ein ›Gegen-den-Strom-Schwimmen‹ ab und
nicht viel eher der Konformismus von Traditionalisten, die den Traum der Romantik mit
ihren unhaltbaren Versprechungen mit Blick zurück unbeirrt weiterträumen? [...] Ob sich
mit Romantik und daraus abgeleitetem Wertegefüge ein wirklichkeitstaugliches Rüstzeug
für die Gegenwart ableiten lässt, das Schülerinnen und Schüler [sic] Hilfestellung in einer
globalisierten komplexen Welt liefert, daran darf man trefflich zweifeln.« (ebd., S. 3f.)

Während sich bei Abel-Struth also das Postulat abzeichnet, die Inhaltsfrage nicht ausschließlich mit Blick auf etwaige Qualifikationen zu beantworten, fordert Schläbitz
gerade eine stärkere Konzentration auf letztere ein.[209]

Geht man nun davon aus, dass diese argumentativen Differenzen nicht allein auf
unterschiedlichen persönlichen Ansichten basieren, sondern auch Bezüge zur jeweils
zur Diskussion stehenden Fächerkonstellation aufweisen, so eröffnet dies eine neue
Perspektive auf die eingangs dargestellte musiktheoretische Bildungskritik.[210]

Aufschlussreich sind dabei vor allem die Korrelationen, die sich zum diskursiven
›Außen‹ des jeweiligen Faches ergeben: Während sich nämlich die innerhalb der Musikpädagogik zu beobachtenden ›wechselnden‹ Argumentationsweisen – einmal *in
Richtung* eines stärkeren Bewusstseins für musikalische Inhalte, einmal *dagegen* – auf
deren Stellung ›zwischen‹ der Allgemeinen Pädagogik und den Fachwissenschaften
beziehen lassen, kann man die von musiktheoretischer Seite geäußerte Kritik an einem
generellen ›Inhaltsmangel‹ mit ihrer Position ›seitlich‹ sowohl von Musikpädagogik
als auch von Allgemeiner Pädagogik in Verbindung bringen.

Insgesamt liegt damit trotz der weniger ergiebigen Quellenlage die Vermutung nahe, dass sich innerhalb der Musiktheorie nicht zuletzt aufgrund dieser Positionierung
ein ähnlich verkürztes Bild von (Musik-)Pädagogik etabliert hat, wie sich dies umgekehrt für die musikpädagogische Vorstellung von Musiktheorie feststellen ließ: So wie
musiktheoretische Herangehensweisen aus Sicht der Musikpädagogik lediglich musikalisch wie pädagogisch ungenügende ›Techniken‹ darstellen, so scheint die (Musik-)
Pädagogik im musiktheoretischen Diskurs unabhängig von den tatsächlichen musikpädagogischen Fachdiskursen vereinzelt auf eine von inhaltlicher Beliebigkeit zeugende
›Pragmatik‹ reduziert zu sein, die musikalischen Bildungsabsichten eher entgegen-
steht.

3.3.3 ›Eine Brücke zur Musik‹ – Die Reflexion der Kunst

Die im Rahmen der einleitenden Überlegungen zum Thema ›Ästhetik‹ zur Disposition
gestellte Möglichkeit, musiktheoretische Herangehensweisen als ästhetische Reflexionsweisen zu begreifen, lässt sich an dieser Stelle auf die Frage nach einem angemessenen ›Musikverständnis‹ beziehen. Genau wie im Umfeld der Theorie/Praxis-

---

209 Dabei sind seine Postulate unabhängig von den darin zutage tretenden bildungspolitischen Prämissen schon allein deshalb problematisch, weil sie dem Medium ›Computer‹ eine Gruppe von
Inhalten gegenüberstellen.

210 Relativiert wird sie daneben natürlich auch insofern, als die entsprechenden Warnungen, wie die
Ausführungen Vogts und Abel-Struths gezeigt haben, ohnehin bereits von musikpädagogischer
Seite geäußert werden.

Diskussion (s.o., S. 86–93) lassen sich auch im Zusammenhang mit diesem Thema bestimmte Forderungen ausmachen, die als solche immer wieder neu gestellt werden, ohne dass klar wäre, warum keine entsprechenden Veränderungen eintreten.

Zu beobachten ist dies beispielsweise dort, wo die Musikpädagogik postuliert, ›Musiktheorie‹ habe – entweder speziell im Musikunterricht oder auch in der Auseinandersetzung mit Musik generell – eine Art Mittlerrolle einzunehmen. Häufig geschieht dies unter Verwendung metaphorisch zu verstehender Bilder wie dem des ›Werkzeugs‹, des ›Helfers‹ oder auch dem der ›Brücke‹. So spricht beispielsweise Matthias Rheinländer der Musiktheorie potentiell eine »helfende Funktion« zu und hebt das »analysierende und erklärende Werkzeug« hervor, »das die Musiktheorie zur Verfügung stellt« (Rheinländer, 2009, S. 49). Ähnlich fordert Hans Bäßler, »Musiktheorie« solle »die Brücke zwischen dem spielenden Verstehen und dem analytisch-historischen Verstehen bilden.« (Bäßler, 2005, S. 9) Folglich nehme sie »im schulischen Unterricht ausschließlich eine funktionale Rolle ein, indem sie zwischen dem aktiven Musikerfahren (Singen, Spielen, Bewegen) und dem reflektierenden Musikerfahren vermittelt« (ebd., S. 10). Als abzulehnendes Gegenstück wird auch hier eine ›selbstzweckhafte‹ Theoriearbeit genannt, die dem ›echten‹ Musikverständnis eher entgegenstehe, anstatt es zu befördern.

Das Gleiche gilt für das Thema ›Analyse‹: Auch sie soll ein nützliches Instrument im Umgang mit Musik sowie auf dem Weg hin zum ›eigentlichen‹ Musikverständnis darstellen, ohne dabei selbst das Ziel dieser Beschäftigung zu sein. »Abwehrhaltung entsteht, wenn die Analyse«, anstatt »immer nur Dienerin am Werk [zu] sein« (Hofmann, 1979, S. 175), »um ihrer selbst willen durchgeführt wird« (ebd.). Mit Misstrauen sei ihr also zu begegnen, wenn sie »ein Eigenleben zu führen beginnt« (Budde, 1979, S. 159) oder wenn sie lediglich »Musik zerpflücken, im Schülerjargon ›Musik zerfieseln‹« (Hofmann, 1979, S. 175) kann, ohne dabei ›das Ganze im Auge zu behalten‹ (s. Schmitt, 1999) und den Schritt ›[v]om Stück-Werk zum Kunst-Werk‹ (s. Schmitt, 1995) zustande zu bringen.

Festzustellen sind hier zunächst gewisse Unklarheiten hinsichtlich der thematisierten Funktionen. Zu fragen wäre beispielsweise, ob man Bäßlers Forderung, Musiktheorie habe *zwischen* reflektierenden und praktischen musikalischen Umgangsweisen zu vermitteln, nicht entgegenhalten müsste, dass ›Theorie‹ rein definitorisch wohl am ehesten selbst auf Seiten der Reflexion zu verorten wäre. Ähnliches gilt auch für andere Formulierungen: Wenn Bäßler z.B. für die Vermittlung von ›spielendem‹ und ›analytisch-historischem *Verstehen*‹ (s. Bäßler, 2005, S. 9) plädiert oder wenn er einerseits eine Form von Musik*erfahrung* kennt, die einem Singen, Spielen und Bewegen entspricht (s. ebd., S. 10) (nicht also etwa im Rahmen dieser Tätigkeiten gebildet wird), andererseits aber auch von einem »reflektierenden Musik*erfahren*« (ebd.) ausgeht, dann kann man dies zwar als ›rhetorische Wegweiser‹ verstehen, die anzeigen sollen, wo eventuelle ›Übergänge‹ erstrebenswert wären, die theoretisch-begriffliche Einbettung dieser Forderungen aber bleibt auf diese Weise eher unklar.[211]

---

211 Dies zeigt sich nicht zuletzt daran, dass Rudolf Klinkhammer in Bezug auf dieselbe Problematik die Begrifflichkeiten gewissermaßen ›umstellen‹ und ›*Die Entwicklung der musikalischen Vorstellung als [...] Integrationsfaktor zwischen Musiktheorie und Musikpraxis*‹ (Klinkhammer,

Im Kontext der klassischen Ästhetik bzw. der modernen Epistemologie in der Tradition Kants wäre Bäßler hier beispielsweise der Wunsch zu unterstellen, sinnliche Wahrnehmung und rationale Erkenntnis in der ›ästhetischen Erfahrung‹ oder dem ›ästhetischen Urteil‹ zusammenzudenken. Die Position, die der Musiktheorie von Seiten der Musikpädagogik zugewiesen wird, entspräche dann einem, wenn nicht *dem* neuralgischen Punkt innerhalb der klassischen Ästhetik bzw. – knüpft man auch jetzt an eine Idee des Ästhetischen an, derzufolge das Ästhetische selbst die Rolle eines vermittelnden Gliedes zur Integration der menschlichen ›Natur‹ einnimmt – innerhalb der kantianischen Epistemologie.

Uneindeutig ist daneben die Abgrenzung der Analyse von anderen musikalischen Umgangsweisen. So behandelt zwar die Musiktheorie den Bereich der ›musikalischen Analyse‹ als eines ihrer zentralen Teilgebiete, innerhalb der Musikpädagogik hingegen scheint gerade die Unterscheidung zwischen ›Musiktheorie‹ und ›Analyse‹ gebräuchlich zu sein (s. z.B. Velten, 1995 in Abgrenzung zu Fuß, 1995 im *›Kompendium der Musikpädagogik‹*). Dies hat zur Folge, dass ähnliche Auffassungen in methodologischer Hinsicht teils mit widersprüchlichen begrifflichen Differenzierungen einhergehen, wie es z.B. dann der Fall ist, wenn die Musiktheorie zwischen unterschiedlichen musiktheoretischen Programmstilen unterscheidet, während in der Musikpädagogik dieselbe Differenz zur Unterscheidung von scheinbar ›musiknäheren‹ – da ›von der Musik aus‹ entwickelten – *Analysen* und entsprechend ›musikferneren‹, da systematisch strukturierten *›(Musik-)Theorien‹* semantisiert wird.

Noch weitreichender sind die zu beobachtenden Zusammenhänge, sobald man die musikpädagogischen Postulate aus systemtheoretischem Blickwinkel betrachtet. Ein wesentlicher Effekt dieser Sichtweise besteht darin, dass subjekt- und objektbezogene Kunsttheorien vergleichbar werden, ohne dass dieser Vergleich ausschließlich von den je in Anschlag gebrachten rhetorischen oder epistemologischen Prämissen bestimmt würde. Anstatt also zwischen wahrnehmungsästhetischen Perspektiven, wie sie vor allem in der Musikpädagogik gebräuchlich sind, und in der Musiktheorie hauptsächlich tradierten werkästhetischen Ansätzen lediglich einen Gegensatz zu konstatieren, ermöglicht die systemtheoretische Kunsttheorie das Markieren gemeinsamer Problemlagen.

Als anschlussfähig erweist sich im Hinblick darauf besonders die systemtheoretische Variante der basalen Beobachterdifferenz: Luhmann ersetzt die von der klassischen Ästhetik tradierte Leitdifferenz zwischen (sinnlicher) Wahrnehmung und (begrifflicher) Erkenntnis durch die Unterscheidung von Wahrnehmung und Kommunikation (vgl. hierzu besonders die Ausführungen zum systemtheoretischen Verstehensbegriff bzw. zum Begriff der ›doppelten Kontingenz‹, s.o., S. 49). Eine Folge dieses Wechsels von »Erkenntnis [...] als Oberbegriff« (Luhmann, 1995a, S. 29) hin zu Kommunikation sei zunächst der Bruch mit einer »Tradition«, die uns nach wie vor »im Banne« halte, als eine,

> »die den Aufbau psychischer Fähigkeiten hierarchisch arrangiert hatte und dabei der ›Sinnlichkeit‹, das heißt dem Wahrnehmen, eine niedere Position zugewiesen hatte im

---

1982) ansetzen kann, ohne dass sich eindeutig ausmachen ließe, welchem der Autoren letztlich recht zu geben wäre.

Vergleich zu den höheren, reflektierenden Funktionen des Verstandes und der Vernunft.«
(ebd., S. 13)[212]

Zudem gibt die neue Leitunterscheidung Auskunft darüber, worin systemtheoretisch
gesehen die »*Bedeutung*« (Luhmann, 1995a, S. 82, Hv.i.O.) der Kunst besteht:

> »Sie kann Wahrnehmung und Kommunikation integrieren, ohne zu einer Verschmelzung
> oder Konfusion der Operationen zu führen. Integration heißt ja nur: Gleichzeitigkeit
> (Synchronisation) der Operation verschiedener Systeme und wechselseitige Einschrän-
> kung der Freiheitsgrade, die den Systemen von sich aus zur Verfügung stehen.« (ebd.,
> S. 82f.)

Sobald ein psychisches System im Kunstsystem gebildete »Formunterschiede wahrnehmen« könne, »die im sozialen System der Kunst für Zwecke der Kommunikation
erzeugt sind« (ebd., S. 83), sei es ihm demnach möglich, »aus Anlass der wahrnehmenden Teilnahme an Kunstkommunikation« innerpsychische »Erlebnisintensitäten
[zu] erzeugen« (ebd.), ohne dass dies »die Trennung von psychischen und sozialen
Systemen aufheben« (ebd., S. 82) würde (vgl. hierzu auch Luhmanns Hinweis auf die
›lärmige‹ Kopplung zwischen Kunstkommunikation und -wahrnehmung, s.o., S. 51f.).

Beleuchtet man vor diesem Hintergrund unterschiedliche, von musikpädagogischer
wie von musiktheoretischer Seite elaborierte Arten, Musik reflexiv in den Blick zu
nehmen, so zeigt sich, dass die Differenz zwischen (Kunst-)Wahrnehmung und
(Kunst-)Kommunikation immer dann zum Problem wird, wenn es darum geht, Übergänge zu schaffen oder eine Integration unterschiedlicher Beobachtungsweisen herzustellen.

So stellt sich für *subjektbezogene Ansätze*, die z.B. den epistemologischen *Status
ästhetischer Erfahrungen* oder *ästhetischer Urteile* zu bestimmen versuchen,[213] immer
auch die Frage, inwiefern diese Erfahrungen kommunizierbar sind bzw. umgekehrt,
inwieweit sie sich von außen beeinflussen lassen. Unabhängig davon, ob sich mit diesen Thematisierungen eine eher realistische Auffassung verbindet, bei der hauptsächlich die besondere Beschaffenheit eines ›Objekts‹ – eines Kunstwerks oder eines nicht
werkartig gestalteten Pendants wie etwa eine bestimmte Improvisationssequenz – für
die jeweilige Erfahrung verantwortlich gemacht wird, oder eine konstruktivistisch ge-
prägte Epistemologie, die in erster Linie das erfahrende Subjekt mitsamt seinen Vorer-

---

212 Für die Musikfächer spielt diese »Tradition« dann eine Rolle, wenn der theoretischen Auseinandersetzung mit Musik besondere Wirkungen zugeschrieben werden. So meint z.B. Matthias
Rheinländer: »Ein *nachhaltiger* Musikunterricht muss über Musik informieren, über die Machart,
über die Bedeutungen, über das Musizieren. *Auf längere Sicht* werden solche Informationen nicht
im schwammig emotional Beschreibenden verharren können – Erkenntnisse, die aus und an der
Musik gewonnen werden, müssen *konkret festgehalten* werden. Dazu bedarf es einer Systematisierung, die von der Musiktheorie geliefert wird.« (Rheinländer, 2009, S. 48, Hv.VW.) Ähnlich
begründet Hans-Ulrich Fuß die Notwendigkeit von ›Analyse‹ damit, sie fördere »die Speicherung
von Bewusstseinsinhalten« (Fuß, 1995, S. 96) Dass sich rein argumentativ gerade Aspekte wie
›Nachhaltigkeit‹ und ›Konkretion‹ genau umgekehrt auch mit praktischen Umgangsweisen in
Verbindung bringen lassen, muss nach den Ausführungen im Abschnitt zur Erziehungsfunktion
(s.o., S. 93–100) kaum eigens erwähnt werden.
213 S. z.B. Rolle, 1999, Vogt, 2001, Rolle, 2008 bzw. die ›*Sonderedition 2*‹ der *Zeitschrift für Kritische Musikpädagogik* (s. Vogt, 2008b [online]).

fahrungen und Motivationen im Blick hat, wenn es die Ursache ästhetischer Erfahrungen festzustellen gilt – als zentrale Probleme lassen sich in jedem Fall die mangelnde Zugänglichkeit innerpsychischer Kunsterfahrungen sowie ein sich damit verbindendes ›Technologiedefizit‹ ausmachen (vgl. Kaiser, 1992)

Eine ähnliche Form der ›Nichttechnisierbarkeit‹ kennzeichnet aber auch objektbezogene Auffassungen, bei denen psychische Prozesse zumindest auf Ebene der Programmrhetorik keine große Rolle spielen. Deutlich wird dies beispielsweise dann, wenn die Verortung musiktheoretischer Ansätze zur Diskussion steht (s. z.B. Polth, 2000, 2001 oder 2004). So betont Michael Polth im Hinblick auf die Frage, ›*Wie wissenschaftlich kann Analyse sein?*‹ (Polth, 2000):

> »Musikalische Analyse hat es mit Kunstgegenständen zu tun, auf deren Kunstcharakter sie sich in irgendeiner Weise einlassen muss, sobald beispielsweise von Harmonik, Metrik oder Form die Rede ist. Musikalische Analyse im Fach Musikwissenschaft oder Musiktheorie soll sich überdies *dem Kunstcharakter wissenschaftlich nähern*. Die Probleme sind beträchtlich, nicht zuletzt deswegen, weil ein Kunstwerk alle Momente, die an ihm deutlich werden, durch ein *konkretes Erscheinen* in allen seinen Details zum Ausdruck bringt, während die Begriffe, Methoden und Kriterien, die eine wissenschaftliche Analyse heranzieht, *abstrakt* sind und gerade von der besonderen Beschaffenheit der Gegenstände absehen müssen, um angewendet werden zu können.« (Polth, 2000, S. 63)[214]

Systemtheoretisch gesehen steht damit neben der weiter oben bereits thematisierten kunstwerktypischen ›Selbstprogrammierung‹ der ›*funktionale Ort*‹ der Kunstreflexion zur Diskussion:

> »Gerade wenn klargestellt ist, dass die Theorie der Kunst selbst kein Kunstwerk sein kann, wenn sie ihre Funktion erfüllen soll, stellt sich umso schärfer die Frage, ob sie das Kunstsystem von außen oder von innen beschreibt und wie diese Selbstpositionierung – es ist offenbar beides möglich – ihre Gegenstandskonstruktion bestimmt. Was Realität ›ist‹, wird unentscheidbar – und steht eben deshalb zur Disposition.« (Luhmann, 1995a, S. 454)

Aus ästhetischer Perspektive lasse sich diese Uneindeutigkeit dann entweder als »Widerständigkeit des Sachgebiets gegen die Theoriezumutung« (ebd., S. 450) oder aber als »Problem der Gegenstandsadäquatheit der Reflexion« (ebd., S. 454) deuten.

Einen »überspitzten Begriff von Wissenschaftlichkeit« (Polth, 2000, S. 66) attestiert Polth entsprechend den analytischen Arbeiten des Systematischen Musikwissenschaftlers Roland Eberlein. Da dieser tonale Eigenschaften mit Hilfe statistischer Auflistungen darzustellen versuche und dabei »von jedem Vorverständnis und jeglichem Kontext abstrahiert« (ebd.),[215] bleibe dort »das Moment des Zusammenhangs, das doch Tonalität erst ausmacht« (ebd.) weitgehend ausgeblendet:

---

214 Vgl. hierzu auch Gruhns Deutung zur »Äußerung einer Schülerin«, die »nach der theoretischen Darstellung der D-Dur-Tonleiter [...] lakonisch feststellte, dass sie gerade eine Sonatine in D-Dur spiele, eine derartige Tonleiter darin aber nicht vorkomme« (Gruhn, 1999, S. 61): »Was die Schülerin hier bemerkt, ist die Kluft zwischen abstraktem Modell und realer Musik.« (ebd.).

215 So auch Eberleins eigene Beschreibung: »Bei der praktischen Durchführung einer solchen Statistik von Klangfolgen stellt man sehr schnell fest, dass die gängigen Methoden der harmonischen Analyse für diesen Zweck ungeeignet sind: Der Bezug aller Klänge auf eine Tonika oder auf eine Dur- beziehungsweise Molltonleiter ist bei der Erkennung gleichartiger Klangfolgen auf ver-

»Regeln, Methoden und Kriterien widersprechen insofern dem Kunstcharakter eines musikalischen Werks, als Einzelmomente nicht von Strukturen und Strukturen nicht von Einzelmomenten abhängig sind. Das eine wird nicht aus dem anderen hergeleitet, sondern beides wird in gegenseitiger Kontrolle bei ein und demselben Verfahren der Analyse gemeinsam hervorgebracht.« (ebd., S. 74)

Selbst wenn man sich in der Einschätzung empirischer Forschungen von Polths Auffassung distanziert, lassen seine Ausführungen auf eine Differenz schließen, die als solche immer dann von Relevanz ist, sobald es gilt, die Besonderheit eines Kunstwerks reflexiv einzuholen: Sowohl die Unterscheidung zwischen ›künstlerischen‹ und ›wissenschaftlichen‹ Prozessen als auch der implizite Hinweis auf ein ›zusammenhängendes Ganzes‹, das als solches ›mehr‹ sei als ›die Summe seiner Teile‹, verweisen letztlich auf eine Form von Singularität, der zumindest auf rein technischem Wege nicht beizukommen ist.[216]

Nimmt man nun auf Basis dieser Überlegungen erneut die eingangs nachgezeichneten Forderungen in den Blick, so lassen sich die Differenzen, die den musikpädagogischen Beschreibungen zufolge mithilfe von ›Musiktheorie‹ oder ›Analyse‹ zu überbrücken wären, als Unterschiede zwischen Wahrnehmung und Kommunikation beobachten. Das Problem, das sich einer so verstandenen Theoriearbeit dann jedoch stellt, besteht in der Schwierigkeit, ihren Erfolg nachzuweisen: Begreift man ›Musikverstehen‹ bzw. das von Bäßler beschriebene, ›Reflexion‹ und ›Aktion‹ integrierende ›Musikerfahren‹ als einen Prozess, der sich trotz seiner Abhängigkeit von der Kunstkommunikation *innerhalb* eines psychischen Systems ereignet, so muss jeder Versuch, die Integration dieser systemverschiedenen Prozesse auf direktem Wege zu steuern, zwangsläufig misslingen. Dasselbe gilt für musikalische Analysen, die der Erwartung gerecht werden sollen, nicht nur »Stück-Werk« (Schmitt, 1995) zu beschreiben, sondern genau diejenigen Momente zum Ausdruck zu bringen, durch die ein Kunstwerk seine besondere Bedeutung erlangt. Folge dieses unterschiedlich gelagerten Steuerungsdefizits ist eine Form von ›Nicht-Technisierbarkeit‹, angesichts derer sich die Frage stellt, inwieweit man in diesem Zusammenhang überhaupt von einer geeigneten *Methode* im Sinne einer in gewissem Maße wiederholbaren Folge von Operationen sprechen kann, bzw. im Sinne eines ›*Mittels*‹, das eine Überbrückung der Differenz bzw. ein Gelingen der Prozessintegration garantieren würde oder sich zumindest im Nachhinein eindeutig als die entscheidende integrative Maßnahme identifizieren ließe. Zur Diskussion stellen kann man dementsprechend bereits jetzt die Vermutung, dass die Forderung nach einer ›zweckmäßigen‹ Musiktheorie oder Analyse nicht allein deshalb so beständig ist, weil

---

schiedenen Tonstufen äußerst hinderlich. Für den ins Auge gefassten Zweck wird ein harmonisches Analyseverfahren benötigt, das auf einen derartigen Bezug verzichtet und stattdessen die harmonischen Klangstrukturen sowie deren relative Stellung zueinander eindeutig und unabhängig vom Kontext beschreibt.« (Eberlein, 1994, S. 18; s. Polth, 2000, S. 65f.)

216 In eine ähnliche Richtung weist die Kritik Schatts an einer kunstwerkorientierten Didaktik: »Der innere Widerspruch liegt auf der Hand: In dem Maße wie Unwiederholbarkeit und Originalität Maßgaben für Kunst sind, entzieht sie sich gerade dem Versuch, didaktisch relevante Kategorien zumindest im Medium der Kunst selbst zu finden. Hierin ist letztlich auch ein zentraler Grund für das Scheitern einer am Kunstwerk orientierten musikdidaktischen Konzeption zu suchen.« (Schatt, 2007, S. 72).

die entsprechenden Ansätze generell zum ›Selbstzweck‹ neigten, sondern auch aufgrund der Unmöglichkeit, das Gegenteil zu beweisen.

Noch klarer wird die Problemlage, sobald man die ›neue‹ Leitdifferenz zum Ausgangspunkt eines Vergleichs zwischen Kunst- und Erziehungsreflexion macht. Geht man davon aus, dass die »Funktion« der Erziehung letztlich in der »Veränderung von Personen« (Luhmann & Schorr, 1982, S. 15) liegt, so stellt sich für die Erziehungsreflexion, deren Organisationen man »mit dem Auftrag der Personveränderung [...] auch Verantwortung für richtiges, erfolgsorientiertes Verhalten« zuschreiben kann, genauso wie für die Kunstreflexion »die Frage, wie [sie] sich auf ihr Technologiedefizit einstellen, sozusagen mit ihm leben« (ebd.) kann. Zwar steht im Erziehungskontext die Differenz zwischen der Unterrichtskommunikation und dem Innenleben der Lernenden im Vordergrund, während es im Kunstkontext in einer interaktional unspezifischeren Weise Formen speziell der Kunstkommunikation sind, die dem innerpsychischen Kunsterleben gegenüberstehen,[217] – ob die jeweilige Kommunikation jedoch mit ästhetischen (Bildungs-)Erfahrungen einhergeht, ist weder im einen noch im anderen Fall zu garantieren.

Entgegenzuhalten wäre der musikpädagogischen Kritik an einer bloß selbstzweckhaften Musiktheorie demnach die *funktional äquivalente* Forderung seitens der Fachdisziplinen nach einer Musikdidaktik, die ihren Vermittlungsaufgaben nachkommt: In beiden Fällen richtet sich der Vorwurf gegen eine Kommunikationsweise, die ein ›Eigenleben‹ führt, ohne die Differenz zwischen ›Schüler‹ (Psyche) und ›Musik‹ (Kommunikation) zu überbrücken.[218] Stellt man folglich nicht nur mit Luhmann in Richtung Erziehung, sondern ebenso in Richtung Kunstreflexion die Frage,

> »wie Professionen, für die ein solches Technologiedefizit typisch ist, diesen Mangel kompensieren, überdecken, durch Idealisierungen oder Moralisierungen oder Misserfolgszurechnungen ausgleichen« (Luhmann & Schorr, 1982, S. 15),

so liegt es nahe, ähnlich wie im Zusammenhang mit der erziehungssystemischen Selektionsproblematik (s. S. 93–100) von der *Externalisierung einer Problemlage* ins jeweilige Nachbarfach auszugehen, von der beide Fächer schon *vor* jedem zwischenfachlichen Appell betroffen sind.

---

217 Dies gilt unabhängig davon, ob man von Kommunikation *über* oder Kommunikation *durch* Kunst ausgeht (s. Luhmann, 1995a, S. 40, Anm. 40).

218 Interessant ist, dass dabei mitunter sogar dieselben Bilder verwendet werden. So kommt etwa Otto Schumann im Rahmen seiner Ausführungen zur *»Musikästhetik‹ des musikalisch Ungebildeten‹* zu dem Schluss: »Im Musikunterricht – *und das wäre dann die Aufgabe der Musikpädagogik* – ließe sich eine tragfähige *Brücke* zur völlig andersartigen musikalischen Vorstellungswelt dieser [musikalisch ungebildeten, V.W.] Schüler [...] schlagen« (Schumann, 1978, S. 38, Hv.VW.).

4. Strukturen einer Beziehung – Ausblick

Im Anschluss an das Beobachten zwischenfachlicher ›Beziehungsprobleme‹ stellt sich die Frage nach dem Verhältnis von Musikpädagogik und Musiktheorie nicht mehr nur im Sinne einer Problemanalyse, sondern auch im Hinblick auf Möglichkeiten der *Beziehungsgestaltung*. Anstatt einzelne Themen aufzugreifen, in deren Umfeld sich zwischenfachliche Konflikte beobachten lassen, nehmen die folgenden Überlegungen deshalb verschiedene strukturelle Konstellationen in den Blick, die deutlich machen, wie die Beziehung der beiden Fächer aktuell gestaltet ist, an denen sich darüber hinaus jedoch vor allem ablesen lässt, welche Aufgaben sich ihnen noch stellen.

Untersucht werden dabei zunächst zwischenfachlich relevante Wissensbestände auf *zu aktualisierende Semantiken*, bevor im Anschluss daran die zwischenfachliche Kommunikation selbst im Zentrum steht, so wie sie sich im Ausgang von *musikfachlich* angelegten *Projekten* darstellt.

4.1 Semantische Traditionen als Anlässe zwischenfachlicher Kooperation

Die bisherigen Überlegungen haben gezeigt, dass es neben komplexen Themenfeldern wie der Musiklehrerausbildung oder dem schulischen Musikunterricht auch konkrete Inhalte sind, in denen sich die Interessen von Musikpädagogik und Musiktheorie überschneiden. Ablesen lässt sich dies nicht zuletzt daran, dass zwischenfachliche Konflikte nicht nur im Zusammenhang etwa mit programmatischen Veränderungen oder mit einer Externalisierung systembedingter Schwierigkeiten, sondern auch im Zusammenhang mit der Verwendung einzelner Begriffe oder theoretischer Aussagen.

Die fachliche Zuordnung dieser Wissensbestandteile ist dabei nicht immer eindeutig. Deutlich wird dies z.B. anhand des Disputs zwischen Ehrenforth und Rohringer um die Frage, wer für problematische Formen der Begriffsverwendung verantwortlich zu machen sei: Während Ehrenforth hier die Musiktheorie zur Verantwortung zieht, spielt Rohringer den Ball an die Musikpädagogik zurück, mit dem Argument, »erst der methodische und didaktische Gebrauch führen ins Desaster.« (Rohringer, 2001, S. 104)

Aufgegriffen werden im Folgenden deshalb zwischenfachlich relevante Wissensbestände, die in ihrer Verwendung für Schwierigkeiten sorgen, ohne dass sich die Ursachen dafür in einem konkreten Fachdiskurs ausmachen ließen. Als Ausgangspunkt dienen dabei einzelne Darstellungen und Aufgaben aus Schulbüchern, die in unterschiedlicher Hinsicht problematische Umgangsweisen mit theoretischen Inhalten exemplifizieren. Im Zentrum stehen also weniger die im Einzelnen zitierten Publikationen oder die Bereiche ›Musiklehre‹ (S. 133–141) bzw. ›Harmonielehre‹ (S. 142–150) als solche, als vielmehr die sich mit den fraglichen Inhalten verbindenden zwischenfachlichen Probleme.[219]

---

219 Hans Jüngers Beobachtung, Schulbücher kämen im Musikunterricht ohnehin verhältnismäßig wenig zum Einsatz (s. Jünger, 2006, S. 244), steht einer solchen Blickrichtung nicht entgegen. Eher geben die dabei deutlich werdenden Schwierigkeiten zusätzliche Hinweise auf mögliche Ursachen.

4.1.1 Musiklehre zwischen Pragmatik und Programm

Bei der Durchsicht älterer wie neuerer Schulbücher auf musiktheoretische Inhalte hin fällt noch vor jeder näheren Analyse eine recht starke Einheitlichkeit auf: Obwohl die Reihen zum Teil große Unterschiede sowohl in der äußeren Gestaltung als auch im Hinblick auf ausgewählte thematische Schwerpunktbildungen aufweisen, sind bestimmte musiktheoretische Inhalte nahezu überall präsentiert. Dazu zählen zum einen rhythmisch-metrische Grundelemente wie Notenwerte und Taktarten, zum anderen tonhöhenbezogene Strukturierungen wie ausgewählte, im Violinschlüssel notierte Töne, verschiedene Intervalle und Tonleitern sowie akkordische Strukturen und einfache harmonisch-kadenzielle Verbindungen. Hinzu kommt ein gewisses Grundwissen in Bezug auf die formale Gestaltung musikalischer Kompositionen. Auffällig ist diese Einheitlichkeit nun nicht nur im Vergleich zur Diversität, die den genannten Schulbüchern ansonsten eigen ist, sondern vor allem mit Blick auf die Schwierigkeiten, die sich im Ausgang von den entsprechenden Inhalten sowohl in didaktischer als auch in theoretischer Hinsicht mitunter ergeben.

Deutlich wird dies z.B. anhand der dort üblichen Darstellungsweise der *Molltonart*. Bemerkenswert ist hier zunächst, dass kaum ein Schulbuch ohne die Unterscheidung zwischen der ›natürlichen‹, ›harmonischen‹ und ›melodischen‹ Moll*tonleiter* auszukommen scheint (s. z.B. Benker & Hammaleser, 1989, S. 109f.; Prinz & Scheytt, 1991, S. 161–163; dies., 1993a, S. 266f.; Aust, 1999, S. 187f.; Lugert, 2001, S. 218; Kemmelmeyer et al., 2003, S. 108f. und 114–117 oder Keller, 2009, S. 193), obwohl es historisch gesehen plausibler wäre, ›Moll‹ als »*Vorrat von 9 Tönen* (Dur: 7 Töne)« (de la Motte, 1976, S. 78, Hv.i.O) zu betrachten, »der jeder Moll-Komposition zur Verfügung steht« (ebd.; s. auch Fuß, 1997, S. 168).

Problematisch sind dabei weniger die drei Kategorien an sich, als vielmehr die damit einhergehenden Kontextualisierungen: Anstatt die fraglichen Tonleiterstrukturen nämlich als *systematische* Konstrukte zu behandeln, denen primär eine *theorie*geschichtliche Relevanz zukommt,[220] suggerieren die betreffenden Lehrwerke mitunter, diese Tonleitern entsprächen Stationen einer bestimmten *kompositions*geschichtlichen Entwicklung.

Das Lehrwerk ›*Musik um uns*‹ beispielsweise erklärt im Band 2 für die Klassen ab Jahrgangsstufe 7 (Prinz & Scheytt, 1993a), die im Vergleich zum ›natürlichen Moll‹

> »*jüngere* Art der moll-Tonleiter entstand aus dem Wunsch heraus, aus den Stufen 7 → 8 einen Leitton zu haben: Wir nennen diese Variante harmonisches Moll. [...] Die dritte Variante ›glättet‹ den unsangbaren Eineinhalbtonschritt an der Stufe [...]« (ebd., S. 266; ähnlich auch dies., 1991, S. 161)

Verkehrt sind dabei nicht nur die historischen Bezüge – leittönige Wendungen waren lange vor der dur-molltonalen Kompositionsweise in sämtlichen tonalen Kontexten in Gebrauch (s.o., S. 92f., Fn. 149) –, sondern auch die unter der Hand gestifteten Kausalzusammenhänge: Nicht etwa das theoretische Modell selbst, sondern erst die hier

---

220 So empfiehlt auch de la Motte, obwohl er »die Aufteilung der Elementarlehre in drei Arten Moll, in drei Molltonleitern« (de la Motte, 1976, S. 77) für »[u]nsinnig« (ebd.) hält, man solle »zwar keinen Gebrauch von ihr machen, sie aber kennen« (ebd.).

gegebene *genetische Begründung* nämlich legt die historisch nicht zutreffende Vorstellung nahe, Komponisten hätten jeweils erst eine neue Tonleiter erfunden oder gar auf die entsprechende Kreation eines Theoretikers gewartet, um anschließend einen oder – noch ein wenig später – zwei ›neue‹ Töne benutzen zu dürfen.[221]

Unterstützt wird eine solche Auslegung in ›*Musik um uns*‹ noch durch eine scheinbar praxisbezogene Aufgabe, die dazu auffordert herauszufinden, »[i]n welcher Moll-Art [...] die Lieder auf S. 30 und 64« (Prinz & Scheytt, 1993a, S. 267) stünden (s. auch dies., 1991, S. 163): Obwohl damit oberflächlich eine Art Verbindung zwischen den theoretischen Inhalten und anderweitig bereits thematisierten bzw. praktisch ›musizierten‹ Unterrichtsinhalten zustande kommt, sorgt die Ausgestaltung der Aufgabe dafür, dass man die Qualität einer solchen Verknüpfung in diesem Zusammenhang in Frage stellen muss. Ersichtlich wird dies beim Blick auf die konkrete Aufgabenstellung: »Sammelt jeweils den Tonvorrat, ordnet ihn zur Tonleiter und stellt fest, wo die Halbtöne liegen« (dies., 1993a, S. 267; s. auch dies., 1991, S. 163). Im Fokus stehen demzufolge nicht etwa, wie man es sinnvollerweise vermuten könnte, typische musikalische Wendungen – dabei würde man zu dem Ergebnis kommen, ›*Çarşiya vardim*‹, das Lied von S. 30, den ›charakteristischen 7. Ton‹ gar nicht verwendet und das auf S. 64 abgedruckte Lied ›*To i hola*‹ die Leiterstufen 6–7 ohnehin weder aufwärts noch abwärts als Tonfolge enthält –, sondern ausschließlich das theoretische Konstrukt der Molltonleiter.[222] Anstatt also eine Aufgabe zu gestalten, die beispielsweise dazu aufforderte, Unterschiede in der Tonhöhengestaltung auch und gerade *hörend nachzuvollziehen*, wird hier eine reine *Leseübung* präsentiert, die von den Lernenden vermutlich dann am besten und schnellsten zu bewältigen sein wird, wenn diese sich gar nicht erst von eventuellen Höreindrücken oder Klangerinnerungen ablenken lassen und stattdessen lediglich die Positionen der abgefragten Notenköpfe miteinander vergleichen.

Die Folge einer solchen Anordnung ist eine ›Praxisferne‹ im doppelten Sinne: zum einen hinsichtlich der kompositorischen wie generell ›musikalischen‹ Realität,[223] zum anderen mit Blick auf den Lernweg. Von einem ›sinnlich wahrnehmenden‹ oder ›erfahrenden‹ Umgehen mit Musik jedenfalls sind die Lernenden beim Lösen dieser Aufgabe denkbar weit entfernt.

Geht man davon aus, dass dieses Beispiel keine bloße Ausnahme darstellt,[224] so werden nicht nur gewisse Vorbehalte der Musiktheorie gegenüber ebenso verständlich

---

221 Damit soll nicht bestritten werden, dass in anderen historischen Zusammenhängen – man denke etwa an zwölftönige Reihenkompositionen – mitunter eine explizite Konstruktion der eigentlichen Komposition vorausgegangen ist.

222 Als ›Musterlösung‹ gibt das Lehrerhandbuch ›natürliches Moll‹ für das erste und ›natürliches Moll‹ für das zweite Lied an (s. Prinz & Scheytt, 1993b, S. 88 oder dies., 1991, S. 42).

223 Stücke ›in harmonisch Moll‹ dürften außerhalb der Schule lediglich im kompositorischen Umfeld von Béla Bártok zu finden sein und damit in einem Kontext, der sich selbst wiederum als eine historisierende Praxis beobachten lässt. De la Motte behauptet sogar: »Noch nie aber gab es z.B. eine Komposition in harmonisch Moll.« (de la Motte, 1976, S. 78).

224 Anzuführen wäre hier etwa auch die entsprechende Aufgabe aus den ›*Spielplänen*‹: Gewählt wird hier ein Stück, in die erste Zeile ›in natürlich Moll‹, die zweite ›in harmonisch Moll‹ und die dritte ›in melodisch Moll‹ steht. Spätestens bei den entsprechenden Zeilen des Liedtextes »Natürliches Moll mit tiefem sechsten Ton!«, »Harmonisches Moll mit einem großen Schritt!« und »Melodisches Moll: Erhöht hinauf, erniedrigt hinab!« (Kemmelmeier et al., 2003, S. 116) ist klar, dass das

wie einige spöttische Bemerkungen in Richtung ›Musikpädagogik‹ (s.o., Kapitel 3), sondern dann stellt sich vor allem die Frage, wie dieser Problematik unabhängig vom konkreten Einzelfall zu begegnen ist.

Auffällig ist dabei zunächst die unklare terminologische Situation: Zwar werden die anfangs beschriebenen Inhalte in Schulbüchern bisweilen unter Überschriften wie ›*Musiklehre*‹ (s. Keller, 2009, S. 182–203 oder Kemmelmeyer et al., 2003, S. 80–121), ›*Grundlagen*‹ (Lugert, 2001, S. 214–221) oder ›*Grundelemente der Musik*‹ (Prinz & Scheytt, 1993a, S. 264–285) gefasst, eine über die konkret abgedruckten Inhalte hinausgehende Aufklärung hinsichtlich der von fachwissenschaftlicher Seite damit benannten Themengebiete verbindet sich mit diesen Bezeichnungen jedoch nicht.

Offensichtlich wird dies besonders im Zusammenhang mit der ›*Musiklehre*‹. *Schulbezogene Texte* etwa verwenden den Begriff unter anderem dazu, entweder eine propädeutische ›Schul-Musiktheorie‹ von der hochschulischen ›Musiktheorie‹ abzugrenzen oder aber eine vorbereitende Theoriearbeit auf den unteren Klassenstufen von einer auf höheren Schulstufen praktizierten ›Musiktheorie‹ zu unterscheiden. Die von Helms, Schneider und Weber edierte ›*Handbuch*‹-Reihe zum ›*Musikunterricht*‹ (Helms, Schneider & Weber, 1997a, b und c) z.B. lässt zu Beginn eher die zweite Variante erkennen. So enthält der erste, auf die Primarstufe bezogene Band einen von Rudolf Weber verfassten Artikel mit dem Titel ›*Musik begreifen – Musiklehre – Musiktheorie*‹ und einem Unterkapitel zu ›*Musiklehre – Musiktheorie*‹. Unterschieden werden die beiden Bereiche anhand der Differenzen ›praktisch‹/›wissenschaftlich‹ bzw. ›frühere‹/›spätere Schulstufen‹:

> »Die Musiklehre ist der praktischen Sprachlehre bzw. Grammatik vergleichbar, in der die gültigen Regeln zum ›richtigen‹ Sprachgebrauch zusammengefasst sind. […] Musiktheorie oder genauer formuliert die ›Theorie der Musik‹ ist mit der wissenschaftlichen Grammatik der Sprachwissenschaft vergleichbar. Sie hat im Unterricht auf der Primarstufe keinen Platz. Um ihre Forschungsergebnisse begreifen zu können, müssen musikhistorische Kenntnisse und ein Überblick über das Regelwerk von Musiklehre vorausgesetzt werden, was auf folgenden Schulstufen eventuell gegeben sein kann.« (Weber, 1997, S. 266f.)[225]

Weniger eindeutig sind die Grenzen jedoch bereits im entsprechenden Beitrag für den der Sekundarstufe I zugedachten Folgeband. Zwar trägt er noch die Überschrift ›*Musik begreifen 1 – Musiktheorie, Musiklehre*‹ (Fuß, 1997)[226] – die umgekehrte Reihenfolge der Begriffe ließe sich als Hinweis auf einen bereits größeren Anteil an ›Musiktheorie‹

Lied keiner künstlerisch-kompositorischen Praxis entstammt, sondern eigens für das Einstudieren unterschiedlicher Molltonleitern komponiert worden ist.

225 Ähnlich die Differenzierung Klaus Mehners, sobald er betont, »was Musiklehre nicht ist – nämlich Spekulation über musikalische Zusammenhänge und Aufstellen von Systematiken auf dem Gebiet der Musiktheorie.« (Mehner, 1971, S. 437).

226 Mit ›*Musik begreifen 2*‹ (Schaper, 1997) ist ›*ein musiktheoretischer Ansatz*‹ überschrieben, der davon ausgeht, »dass alle Musikeindrücke auf einer Kombination von Energien beruhen.« (ebd., S. 179). Zwischen ›Musiklehre‹ und ›Musiktheorie‹ wird dabei nur implizit unterschieden: »In den zur Zeit geltenden Richtlinien für die Sekundarstufe I, (sic!) ist […] das Bemühen zu erkennen, die Ansätze zur Musiklehre und Musiktheorie, also das angebahnte Begreifen von Musik, den unterschiedlichen Leistungsfähigkeiten in den institutionellen Gliederungen des Schulsystems […] anzupassen.« (ebd.).

lesen –, im Text selbst spricht der Autor Hans-Ulrich Fuß hingegen ausschließlich von ›Musiktheorie‹ (s. ebd.). Ähnlich unterscheidet etwa Christoph Richter im Rahmen seiner Überlegungen zu ›*Musiktheorie in Studium und Unterricht*‹ (Richter, 1993) zwar zuerst zwischen »Musik*lehre* als Teil und Voraussetzung des Musikunterrichts und Musiktheorie als Teil des Musiklehrerstudiums« (ebd., S. 45, Hv.VW.), plädiert wenige Abschnitte später jedoch für die »Selbstentdeckung einer Musik*theorie*«, an der »Musiklehrer […] mit ihren Schülerinnen und Schülern zusammen […] basteln« (ebd., S. 49, Hv.VW.) sollen.

Mindestens ebenso uneindeutig gestaltet sich die *allgemeine Verwendungsweise* des Begriffs. Versucht man sich anhand einschlägiger Nachschlagewerke Klarheit über die ›Musiklehre‹ zu verschaffen, so kann man im Anschluss an Gerhard Kirchner (Kirchner, 2006) eine auffällige ›Wortkargheit‹[227] feststellen: Weder das musikwissenschaftliche Standardlexikon ›*Musik in Geschichte und Gegenwart*‹ (›*MGG*‹) (Blume, 1949–1987[1] bzw. Finscher, 1994–2008[2]) noch das ›*Riemann Musik-Lexikon*‹ (Ruf, 2012[13]) thematisieren bis dato den Begriff ›Musiklehre‹[228] oder die damit verwandte Bezeichnung ›Allgemeine Musiklehre‹.[229] Dasselbe gilt für fachspezifische Lexika wie das ›*Lexikon der Musikpädagogik*‹ (Helms, Schneider & Weber, 2005) oder das ›*Lexikon der Systematischen Musikwissenschaft*‹ (de la Motte-Haber, Loesch & Rötter, 2010a). Lediglich »eher volkstümliche Lexika« (Kirchner, 2006, S. 1999) wie das von Friedrich Herzfeld erstellte ›*Lexikon der Musik*‹ (Herzfeld, 1957[1] bis 1979[9]) oder die ›*Brockhaus Enzyklopädie*‹ (Bd. 13, 1971[17]) liefern knapp gehaltene Definitionen und Erläuterungen (s. Kirchner, 2006, S. 199f.), die als solche aber wenig zur terminologischen Klärung beitragen. Der »Musiklehre, meist Allgemeine Musiklehre genannt« (Herzfeld, 1957, S. 322; ähnlich auch Goodman, 1982, S. 144)[230] werden dort die Eigenschaften zugeschrieben, »sich mit den Voraussetzungen zum Musizieren« (ebd.) auseinanderzusetzen oder »von den Elementen […] zur musikalischen Gestalt des Werkes und seiner Darstellung über[zugehen]« (Goodman, 1982, S. 144). Der Brockhaus wiederum versteht darunter sogar »die Gesamtheit der theor. Fächer, die als Grundlage des Komponierens und des Musikverstehens angesehen werden« (›*Brockhaus Enzyklopädie*‹ Bd. 13, 1971[17]), wohingegen Gerhard Wahrig im ›*Deutschen Wörterbuch*‹ (Wahrig, 1968) vom Stichwort ›Musiklehre‹ direkt auf den Artikel zur ›Musiktheorie‹ verweist (s. ebd., Sp. 2497).

---

227 Kirchner stellt die Ergebnisse seiner diesbezüglichen Recherchen unter der Überschrift ›*Schweigsame Lexika*‹ (Kirchner, 2006, S. 199) zusammen.

228 ›*Die Musik in Geschichte und Gegenwart*‹ führt den Begriff zwar im Register auf, verweist den Leser jedoch auf den Artikel zur ›*Musiktheorie*‹ (Sachs, 1997). Der wiederum erwähnt zwar »diejenigen Lehrfächer […], die speziell auf eine analytische Beschäftigung mit Musik vorbereiten« (ebd., Sp. 1714), nicht jedoch die ›(Allgemeine) Musiklehre‹.

229 Auch zwischen ›Musiklehre‹ und der seit Anfang des 19. Jahrhunderts gebräuchlichen Bezeichnung ›Allgemeine Musiklehre‹ (s. Kirchner, 2006, S. 9) lässt sich keine klare Abgrenzung ausmachen. Ausgehen kann man jedoch von einem größeren systematischen Anspruch seitens ›Allgemeiner‹ Konzeptionen (s. Stephan, 1967, S. 7). Vgl. dazu auch Holtmeiers Darstellung der ›Bürgerlichen Musiktheorie‹ in Holtmeier, 2009 und 2010a, bzw. s.u., S. 145–147.

230 Der Eintrag ist Kirchner zufolge in allen neun Auflagen von 1957 bis 1979 derselbe (s. Kirchner, 2006, S. 199).

Auffallend ist angesichts dieser Zurückhaltung seitens der Fachlexika nun jedoch die Menge an diesbezüglichen *Einzelpublikationen*. Der erneute Rekurs auf die Recherchen Kirchners, der insgesamt rund 1000 ›*Lehrbücher der Musiklehre aus fünf Jahrhunderten*‹ durchgesehen und katalogisiert hat, zeigt z.B., dass sich allein für die Jahre zwischen 1945 und 1997 26 Publikationen anführen lassen, die den fraglichen Begriff schon in der Überschrift tragen. Nennen kann man hier etwa Titel wie die ›*Kleine Musiklehre*‹ von Ernst Hörler (Hörler, 1946), die ›*Allgemeine Musiklehre*‹ von Paul Söhner (Söhner, 1957), die ›*Musiklehre compact*‹ von Heinz-Christian Schaper (Schaper, 1976) oder die ›*Neue allgemeine Musiklehre*‹ von Christoph Hempel (Hempel, 1997). Dazu kommen noch 170 Bücher, die zwar anders betitelt sind, von Kirchner aus thematischen Gründen aber in die ›*Sammlung*‹ aufgenommen werden.[231]

Einerseits stehen der in Schulbüchern präsentierten ›Theorie‹ also eine recht hohe Diversität bezüglich der diese Inhalte kennzeichnenden Begriffe sowie eine auffällige lexikalische ›Schweigsamkeit‹ gegenüber, andererseits eine ›Flut‹ an Publikationen, die erkennen lässt, dass das Thema verlegerisch gesehen offenbar durchaus lohnend ist (s. Kirchner, 2006, S. 201–203).[232]

Systemtheoretisch gesehen bietet sich hier neben dem Verweis auf Unterschiede speziell zwischen wissenschaftlichen und pädagogisch-didaktischen Ausdrucksformen insbesondere der Anschluss an den der historischen Wissenschaftsforschung entstammenden Begriff ›*Popularisierung*‹ an. Laut Heiner Drerup und Edwin Keiner sind damit Prozesse bezeichnet, die dafür sorgen, dass »wissenschaftlich-disziplinäres Wissen im Übergang zu praktischen Feldern« (Drerup & Keiner, 1999, S. 9) in unterschiedlicher Weise »Formen der aneignenden Umdeutung« (ebd.) erfährt:

»Popularisierung lässt sich allgemein als eine Form des – mündlichen, medialen oder schriftlichen – Austauschs zwischen unterschiedlichen Einheiten (Niederhauser, 1997) beschreiben, die nach ihrer je spezifischen Funktionslogik operieren. Eben diese Systemlogiken bestimmen auch die Spezifik der Umarbeitung dieses Wissens.« (ebd., S. 7)

In Anknüpfung an Andreas W. Daum (s. Daum, 1998) kann man hier besonders auf die Genese populärwissenschaftlichen Wissens verweisen, wie es sich ab etwa der zweiten Hälfte des 19. Jahrhunderts vor allem für naturwissenschaftliche Erkenntnisse beobachten lasse. Kennzeichnend dafür sei ein von der Fachsprache sich abgrenzender ›verständlicherer‹ Schreibstil, der »erfahrungsgesättigte« (ebd., S. 256) und »öffentlichkeitswirksame« (ebd.) Darstellungen zum Ziel gehabt habe:

»Auf der Basis einer methodisch illusionären Voraussetzungslosigkeit und der Nichtklärung zentraler Untersuchungsbegriffe gestanden sich viele Verfasser eine erhebliche Autonomie in Logik und Konsistenz ihrer Texte zu. Sie konnten die vermeintlichen Fesseln akademischer Wissenschaftsstandards abstreifen und sich von der Notwendigkeit inter-

---

231 Ähnlich wie innerhalb der zitierten Schulbüche enthalten die entsprechenden Titel Bezeichnungen wie ›*Elementarlehre*‹ (s. Borris, 1951, Hohlfeld & Rauhe, 1970), ›*Grundlagen*‹ (s. Hohlfeld & Rauhe, 1970) oder ›*Grundwissen*‹ (s. Petri, 1991). Daneben hat Kirchner aber auch Schulbuchreihen wie die ›*Musik-Kontakte*‹ (Jung, 1983) oder ›*Singt und Spielt*‹ (Geck, 1986) aufgenommen. Zu den methodologischen Entscheidungen Kirchners s. Kirchner, 2006, S. 9f.
232 So auch das Urteil Kirchners: »Alle einschlägigen Verlage in beiden deutschen Staaten sind an diesem Geschäft beteiligt.« (Kirchner, 2006, S. 201).

subjektiver Überprüfbarkeit befreien. Hier entstanden Räume zur eigenen Theoriebildung, die nicht selten von der Selbstbezüglichkeit der Autoren ausgefüllt wurden.« (ebd.)[233]

Betrachtet man aus dieser Perspektive zunächst die erwähnten Einzelpublikationen zur ›Musiklehre‹, dann lässt schon allein die dafür typische Darstellungsweise solche Popularisierungstendenzen vermuten. So finden sich zwar zu den dort verhandelten Themen wie ›Notation‹, ›Tonalität‹, ›Form‹ jeweils auch eingehende wissenschaftliche Untersuchungen (s. z.B. Apel, 2006, Dahlhaus, 1967 oder Caplin, 1998), die all diese Aspekte zusammenfassenden Veröffentlichungen selbst sind dagegen durch einen Stil geprägt, der von wissenschaftlichen Standards klar abweicht. Stattdessen lassen das meist handliche Format der betreffenden Büchlein, die weniger zur ausführlichen Lektüre denn zur raschen Durchsicht bzw. einem schnellen Nachschlagen einzelner Aspekte einladende Aufmachung oder Charakterisierungen wie »leichter« (Pinksterboer, 2000, S. 5), »für jeden« (ebd.) oder »verständliche Sprache« (Ziegenrücker, 1997, Klappentext), mit denen die entsprechenden Publikationen beworben werden, darauf schließen, dass hier abgesehen von pädagogisch-didaktischen Überlegungen im engeren Sinne auch Formen der *›Öffentlichkeitswirksamkeit‹* eine Rolle spielen. So wirbt z.B. Hugo Pinksterboer damit, sein

> »Pocket-Info *Musiklehre* bietet dir eine der schnellsten Methoden, Noten lesen zu lernen und Musik zu verstehen. Die Grundlagen hast du schon nach ein paar Kapiteln gemeistert – weil es nicht so schwer ist, wie du denkst. Außerdem wirft das Buch Licht auf die Hauptverbindungen zwischen all diesen Noten, auf Tonleitern und Intervalle und das System, das dahinter steckt. Und auch das ist so leicht wie möglich gemacht – sehr leicht also.« (Pinksterboer, 2000, S. 5)

Formulierungen wie, das jeweilige Buch biete Möglichkeiten zur »gezielte[n] Selbstkontrolle« (Ziegenrücker, 1997, Klappentext) verweisen zudem auf eine von schulischen oder hochschulischen Unterrichtsformen letztlich unabhängige Zielgruppe und damit auf gewisse fachliche ›Grenzbereiche‹ sowohl musikpädagogische als auch musiktheoretische Zusammenhänge betreffend. Zur ›Popularität‹ beitragen dürfte hier auch die Tatsache, dass die betreffenden Inhalte – entweder unter dem Titel ›(Allgemeine) Musiklehre‹ oder im Sinne einzelner Themen[234] – zentraler Bestandteil vieler *hochschulischer Aufnahmeprüfungen* sind, also im Rahmen von Testverfahren eingesetzt werden, die zwar klare Bezüge zum Hochschulbetrieb aufweisen, im Normalfall

---

233 Daum spricht infolgedessen von den »Gefahren« des »»platte[n] Verständlichmachen[s]‹« (Daum, 1998, S. 255). Gleichzeitig verweist er jedoch immer wieder auf die »Chancen« (ebd., S. 2), die sich durch den Versuch, »Wissenschaft und Öffentlichkeit, Gelehrtentum und Publikum aufeinander zu beziehen« (ebd.), ergäben.

234 So haben z.B. Bewerber für Lehramtsstudiengänge an der Musikhochschule München im Bereich ›Musiktheorie‹ neben einer schriftlichen Prüfung in ›Tonsatz/Harmonielehre‹ eine Prüfung zur ›Allgemeinen Musiklehre‹ zu absolvieren (s. Hochschule für Musik und Theater München/Eignung n.d., S. 5 [online]), während in Berlin zum Teil ähnlich Aufgaben im Rahmen der Prüfung in ›Musiktheorie‹ zu lösen sind (s. Universität der Künste n.d., S. 1 [online]).

jedoch weder im hochschulischen, noch im allgemeinschulischen Kontext unmittelbar vorbereitet werden. [235]

Noch entscheidender als die Transformationsprozesse selbst sind für den vorliegenden Zusammenhang jedoch diejenigen Momente, die einer ›Aktualisierung‹ popularisierter Inhalte entgegenstehen. Anders nämlich als ein an bestimmte Programme gebundenes wissenschaftliches Wissen sei ›nicht-disziplinäres‹ Wissen, so Werner Besch, durch eine »langsame ›gleitende‹ und institutioneller Normierung schwer zugängliche Entwicklungsweise« (Besch, Betten & Reichmann, 1998, S. 47) gekennzeichnet. Ähnlich auch Drerup und Keiner:

> »Für akademische Disziplinen [...] gilt [...], dass sie den außerakademischen Umgang mit Derivaten von Wissenschaften, ja sogar den Umgang mit dem Namen von Disziplinen weder wissenschaftlich noch pädagogisch zu kontrollieren vermögen.« (Drerup & Keiner, 1999, S. 10)

Im Musiklehrekontext fällt eine diesbezüglich ›Effektlosigkcit‹ besonders in Bezug auf diejenigen Ansätze auf, die sich dem Thema bereits während der 1960er und 70er Jahre auf programmatische Weise zu nähern versuchten. Rudolf Stephan beispielsweise hat 1966 anlässlich einer Tagung des *Instituts für Neue Musik und hung*[236] eine Abhandlung ›*Zur Problematik der Allgemeinen Musiklehre*‹ verfasst, im Zuge derer er – ausgehend von einer Rekonstruktion verschiedener älterer Entwürfe (s. Stephan, 1967b, S. 7–12)[237] – eine eigene Fassung in Aussicht stellte: »Die Allgemeine Musiklehre, wie sie bisher war«, nämlich sei »obsolet geworden« (ebd., S. 12). Als Grund dafür führt er primär an, dass im Rahmen der bislang publizierten Entwürfe »nicht das Allgemeine aller Musik dargestellt wird, sondern nur das der Musik eines zeitlich und räumlich beschränkten Umkreises« (ebd.):

> »Eine neue Konzeption müsste das, was bisher stillschweigend vorausgesetzt wurde – nämlich, dass die abendländische Tonkunst die wahre Musik sei, mithin die einzige, deren Grundlagen erörtert werden müssten – entweder aufgeben und dann tatsächlich das Allgemeine aller Musikarten darstellen, oder sie müsste den Umkreis, dessen Grundlagen Gegenstand der Erörterung sein sollen, räumlich und zeitlich begrenzen und diese Begrenzung begründen.« (ebd.)[238]

---

235 Als Grenzfälle wären diesbezüglich Konstellationen zu nennen, bei denen an Schulen angestellte Musiklehrcr cinzelnen Schülerinnen und Schülern zusätzlichen Unterricht erteilen, oder bei denen an Hochschulen entsprechende Veranstaltungen zur Vorbereitung von Aufnahmeprüfungen stattfinden. So bietet etwa der ›*Bayerische Tonkünstlerverband*‹ Vorbereitungskurse an, die in den Räumen der Musikhochschule München stattfinden und von der Hochschule angehörigen Dozenten abgehalten werden. Ähnlich wäre die der Musikhochschule München zugeordnete ›Jugendakademie‹ zu werten (s. Hochschule für Musik und Theater München/Jugendakademie n.d. [online]).

236 Gemeint ist die bereits mehrfach angesprochene Tagung mit dem Thema ›*Probleme des musiktheoretischen Unterrichts*‹ (s. Stephan, 1967).

237 Er thematisiert dabei unter anderem Lehrbücher von Gottfried Weber, Johann Bernhard Logier, Christian Friedrich Michaelis, Adolf Bernhard Marx, August Reißmann und Hans Joachim Moser. Vgl. hierzu auch de la Mottes Rezeption diverser Lehrbücher, unter anderem von August Hoeglauer, Hermann Grabner und August Halm (de la Motte, 1978a, S. 43–47).

238 Angesprochen ist damit ein Aspekt, der zu der Zeit auch in anderen musiktheoretischen Zusammenhängen diskutiert wird (s. z.B. Stephan, 1967 oder Rummenhöller et al., 1972a).

Darüber hinaus weist Stephan darauf hin, einer zukünftigen ›Allgemeinen Musiklehre‹ stelle sich die »Aufgabe [...] Zusammenhalt und Einheit [...] zwischen der Musiktheorie und der Musikwissenschaft [zu] stiften, indem sie die Erkenntnisse dieser für jene fruchtbar macht (nicht sie bloß übermittelt)« (ebd., S. 14):

> »Das fängt bei der Beschreibung der Elemente aller Tonkunst, des Tons, Klangs, Schalls, Geräuschs und deren jeweils isolierbarer Eigenschaften, die bislang mehr von akustischem als von musikalischem Interesse gewesen sein mögen, vor allem aber bei der Beschreibung der Beziehungen dieser Eigenschaften zueinander, an.« (ebd.) »Ziel« einer solchen ›Musiklehre‹ könne es demnach »nur sein«,

> »die Grundlage einer Theorie zu legen, die der heutigen Situation gerecht wird, sowohl der musikalischen wie der wissenschaftlichen. Allgemeine Musiklehre sollte aber nicht nur Grundlage der Theorie sein, sondern zugleich Zusammenfassung, Vor- und Nachwort in einem. Sie sollte aufhören, bloße Elementarlehre für den Anfangsunterricht zu sein, sie sollte vielmehr selbst wieder Theorie werden. Der Erkenntnis des Elementaren und die Erkenntnis des Allgemeinen und der Allgemeinprinzipien sollte Anfang und Ziel aller Musiktheorie sein.« (ebd.)

Ähnlich hatte Erich Valentin einige Jahre zuvor »die Notwendigkeit einer neuen Terminologie und Gestaltung der ›Allgemeinen Musiklehre‹« (Valentin, 1960, S. 110) konstatiert,

> »jenes Fundamentes aller Wissenschaft von der Musik, zu der ebenso das gehört, was wir im landläufigen Sprachgebrauch ›Musiktheorie‹ nennen, wie die vom Formalen, Ästhetischen und Akustischen, von der historischen Beweisführung kommende Organik der Musik als wissenschaftliches und künstlerisches Phänomen. In dieser der lebendigen, gegenwärtigen Anforderung entsprechenden Aufgabe, an der der schöpferische Künstler ebenso teil hat, wie der Musikwissenschaftler und Musikpädagoge, liegt ein entscheidender Ansatzpunkt zur Bildung einer neuen Synthese.« (ebd.)[239]

Dass so hochambitionierte Vorhaben nun nicht nur aufgrund unterschiedlicher Systemlogiken schwierig zu realisieren sein dürften,[240] ändert nichts daran, dass zwischen den hier sichtbar werdenden fachwissenschaftlichen Forderungen und denjenigen Darstellungen, die dem eingangs thematisierten Beispiel zufolge bisweilen im Rahmen von Schulbüchern zu finden sind, eine ähnliche Kluft wahrzunehmen ist, wie Kirchner sie in Bezug auf die von ihm untersuchten Lehrbücher feststellt: Seinem Eindruck nach zeigt sich »die musikalische Praxis im weitesten Sinne« (Kirchner, 2006, S. 201) von der »Kritik« (ebd.), die

> »[i]n den letzten drei Jahrzehnten immer wieder von Musikwissenschaften, -pädagogen und -theorielehrern [...] an den Inhalten, Formen, Zielen und Verfahrensweisen der ›Allgemeinen Musiklehren‹ geübt worden ist« (ebd.)

---

239 Zum Moment der fächerübergreifenden Bezugnahme vgl. auch die im Hinblick auf ›Musiklehre‹ bescheidenere Forderung Klaus Mehners: »Zwischen der Musiktheorie als musikwissenschaftlicher Disziplin und der Musiklehre als Teil der Musikpädagogik muss [...] eine möglichst weitreichende Wechselbeziehung bestehen, um der Musiklehre größtmögliche Fundierung und der Musiktheorie umfassende Wirksamkeit zu sichern.« (Mehner, 1971, S. 71)

240 Dass Stephan eine solche Allgemeine Musiklehre nie publiziert hat (s. auch de la Motte, 1978a, S. 47) lässt sich nicht zuletzt als Hinweis darauf lesen, dass das Vorhaben, so wie er es plant, aktuell wahrscheinlich nicht mehr zu verwirklichen ist.

140

weitgehend unbeeindruckt.[241] Oder, in den Worten de la Mottes:

> »Befragt, auf welchem Gebiet musikalischer Unterweisung größtes Einverständnis hinsichtlich Aufbau und Ziel des Lehrgangs herrsche, wird man [...] mit Entschiedenheit [...] die Allgemeine Musiklehre [nennen]. Ein jeder hat sie gelernt und meint, sie sei eben das, was er gelernt hat.« (de la Motte, 1978a, S. 42)[242]

Aufschlussreich sind diese Beobachtungen an dieser Stelle weniger in Bezug auf gewisse aus fachlicher Sicht vielleicht fragwürdige ›long‹ oder ›good seller‹ des Musikbuchhandels,[243] als vielmehr im Hinblick auf die eingangs erwähnten Unstimmigkeiten im Zusammenhang mit der schulischen Musiklehre: Geht man davon aus, dass Schulbuchautoren sich bei der ›didaktischen Aufbereitung‹ musikalischer ›Grundelemente‹ ebenfalls eher auf das vermeintlich Selbstverständliche verlassen, als fachwissenschaftliche Abhandlungen zu den betreffenden Themen zu Rate zu ziehen, so lässt sich dies nicht nur als Erklärung für die teils langdauernde Tradition bestimmter Inhalte lesen, sondern auch als Hinweis auf eine zukünftige musikpädagogisch/-theoretische Zusammenarbeit. Unabhängig davon nämlich, ob eine ›Allgemeine Musiklehre‹ im Stephanschen oder Valentinschen Sinne für die Zukunft zu erwarten bzw. für schulische Belange überhaupt sinnvoll zu fordern ist[244] – nahe liegen, gerade *wegen* der im schulischen Kontext immer wieder konstatierten Schwierigkeiten mit musiktheoretischen Inhalten, Formen der zwischenfachlichen Kooperation, die dem jeweiligen Kontext angemessene Theorievarianten sicherstellen.

---

241 So auch das Urteil Kirchners. Nicht nur würden »die inkriminierten Lehrbücher in immer wieder neuen Auflagen munter weiter verbreitet [...], sondern auch [...] neue Bücher traditioneller Konzeption auf den Markt gebracht. [...] Diese Bücher werden gekauft, diese Bücher werden gebraucht.« (Kirchner, 2006, S. 201f.).

242 De la Motte grenzt die Allgemeine Musiklehre dabei insbesondere von anderen Lehrgebieten ab: In Reaktion auf die betreffende Frage »wird man nicht die Harmonielehre (Stufen oder Funktionen?), nicht den Kontrapunkt (Palestrina oder Bach?), nur mit Zögern die Formenlehre (ist ABA dreiteiliges Lied oder kleines Rondo...) nennen, mit Entschiedenheit aber die Allgemeine Musiklehre.« (de la Motte, 1978a, S. 42).

243 »Als ›long seller‹ wäre hier vor allem die ›*Allgemeine Musiklehre*‹ Hermann Grabners zu nennen (Grabner, 1924[1] – 2001[25]).

244 Notwendig ist selbstverständlich auch eine Thematisierung der Frage, ›wann‹ bzw. in welcher Form die entsprechenden Inhalte überhaupt sinnvollerweise im Unterricht zu behandeln wären. Zu berücksichtigen ist in diesem Zusammenhang insbesondere die häufig geäußerte Kritik an didaktischen Konzeptionen, die das Elementare an den Anfang stellen. Dahlhaus etwa spricht hier von einem »Zirkel, dessen wissenschaftliche Auflösung wegen der Komplikationen, die sie mit sich führte, die didaktischen Zwecke durchkreuzte, die man andererseits verfolgte.« (Dahlhaus, 1989, S. 46). Ähnlich bezeichnen Hans Bäßler und Ortwin Nimczik die ›*Elementarlehre*‹ als ein ›*elementares Missverständnis*‹ (Bäßler & Nimczik, 2002). Für sie ist es »kaum verständlich, wie man sich in eine wirkliche Aporie begeben kann, indem man die Sprache der musikalischen Grammatik als Ziel formuliert. [...] Das Konkrete als das Elementare – wenn die Musikpädagogik das begreifen könnte, dann würde sie wieder in einer Weise dastehen, die man sich nur wünschen kann: als Ort, an dem die ästhetischen Erfahrungen in einem sehr engen Konnex zur Reflexion stehen.« (ebd., S. 7) Vgl. dazu auch die Aufsätze von Köhler (Köhler, 2002) und Boch (Boch, 2002) im Themenheft ›*Elementarlehre*‹ (M&B, 2002/2), Stephan, 1967b, S. 8 sowie das von Richter angeregte Konzept einer ›Genetischen Musiktheorie‹ (s. Richter, 1993 bzw. s.u., S. 159) bzw. die weiter oben thematisierte Kritik an grammatikalistischen Herangehensweisen (S. 88).

4.1.2 ›Harmonielehre‹ zwischen Elementarisierung und Praxisbezug

Wenn ›Harmonik‹ »die Art, Abfolge und Organisation von mehrstimmigen Zusammenklängen« (Holtmeier, 2010b, S. 166) meint und ›Harmonielehre‹ als »deren Theorie und didaktische Vermittlung« (ebd.) zu begreifen ist, so lassen sich dem soeben thematisierten ›Musiklehre‹-Repertoire bestimmte Inhalte entnehmen, die im schulischen Kontext vergleichsweise häufig verhandelt werden. Zu nennen ist hier an vorderster Stelle die sogenannte *›Kadenz‹* im Sinne einer vierstimmig ausgesetzten Akkordfolge, bestehend aus den Hauptstufen einer jeweiligen Tonart (›I–IV–V–I‹ bzw. ›I–IV–I–V–I) (s. z.B. Benker & Hammaleser, 1989, S. 52 und 54, Prinz & Scheytt, 1993a, S. 279, [245] Lugert, 2001, S. 220f., Engel, 2002, S. 87, Kemmelmeyer et al., 2003, S. 105, Keller, 2009, S. 201). Die einzelnen Stationen sind durch römische Ziffern, durch die entsprechenden Funktionsbezeichnungen (›T = Tonika, S = Subdominante, D = Dominante‹) oder mit Hilfe von Akkordsymbolen gekennzeichnet oder weisen eine Kombination aus diesen Chiffrierungen auf. Auch wenn dieses Tonmodell in vielen Lehr- und Bildungsplänen inzwischen nicht mehr erwähnt wird,[246] kommt ihm schulisch gesehen besonders dann eine zentrale Rolle zu, wenn es, wie etwa in *›Musik um uns 2‹*, als letzte Station der ›Musiklehre‹ thematisiert wird und sich die Musiktheorie einer oder sogar zweier Jahrgangsstufen so quasi auf dieses Thema zuspitzt.

Problematisch ist eine solche Fokussierung auf ›die‹ Kadenz vor allem dann, wenn die Ziele, die mit ihr bzw. den in ihrem Zusammenhang platzierten Aufgaben zu erreichen sind, deutlich hinter dem zurückbleiben, was im schulischen Kontext als Desiderat gilt. Vergleicht man beispielsweise die Ansprüche, die im Lehrerband zu *›Musik um uns 2‹* erhoben werden, mit den zugehörigen Inhalten im Schulbuch, dann kommt man kaum umhin, gewisse Diskrepanzen wahrzunehmen. Im Rahmen eines im Begleitband abgedruckten Einleitungstextes speziell zum Kapitel *›Grundelemente der Musik‹* (Prinz & Scheytt, 1993b, S. 88–92) heben die Autoren beispielsweise explizit hervor:

> »Der Musikunterricht soll Freude an der Musik wecken, er soll zum eigenen Musizieren anregen und Verständnis für die inneren Strukturen und die Funktionen der Musik entwickeln. Diesen Aufgaben muss auch die Musiklehre dienen: Sie ist kein Selbstzweck; sie ist vielmehr das musikalische ›Handwerkszeug‹, das für die Erschließung der zentralen Bereiche des Musikunterrichts – das Singen und Musizieren, Musikhören und Reflektieren über Musik – von Nutzen, ja unumgänglich ist. […] Der Zugang zur Musiklehre erfolgt stets über das klingende Beispiel, von der Praxis her. Die Musiklehre darf sich nicht zum Lernstoff verselbstständigen.« (ebd., S. 88)

Fraglich ist allerdings, ob dies mit den im Schulbuch präsentierten Inhalten überhaupt gelingen kann. Geht man nämlich davon aus, dass im Schulunterricht die Notenschrift selbst schon als eher fremd empfunden wird, dann stellt das lesende Erfassen harmoni-

---

245 Mit V7 als dominantischem Akkord.

246 Eine Ausnahme bildet z.B. der Bayerische Lehrplan für Musik an Gymnasien. In der Jahrgangsstufe 6 sollen dort unter anderem »einfache Kadenzen in Dur und Moll« sowie »der Dominantseptakkord« durchgenommen werden, und die Lernenden sollen »Vierklänge beschreiben und bilden« (Staatsinstitut für Schulqualität und Bildungsforschung München, 2004 [online]).

scher Strukturen zwangsläufig eine hohe Abstraktionsanforderung dar, die wenig Raum für Kontextualisierungen oder die Entwicklung einer entsprechend differenzierten Klangvorstellung lässt.

Ablesen lässt sich dies auch an den im Umfeld dieser Inhalte gestellten Aufgaben. So lautet die erste Arbeitsanweisung in ›*Musik um uns 2*‹: »Schreibt vierstimmige Kadenzen in G-Dur und d-Moll« (Prinz & Scheytt, 1993a, S. 279), ähnlich wie in der ›*Musicassette*‹ verlangt wird: »Schreibe die Kadenz ins Arbeitsheft. Beginne auch in Oktavlage und Terzlage.« (Benker & Hammaleser, 1989, S. 52). Hinzu kommt zwar häufig eine »praktische Arbeit mit der Kadenz« (Prinz & Scheytt, 1993a, S. 279), bei der die Akkorde z.B. rhythmisiert am Instrument gespielt werden sollen (s. z.B. Benker & Hammaleser, 1989, S. 52, Lugert, 2001, S. 221, Engel, 2002, S. 87), ausgespart bleibt jedoch eine Form von Verbindung der unterschiedlichen Zugänge, die es den Lernenden ermöglichte, »Verständnis« (Prinz & Scheytt, 1993b, S. 88) dafür zu »entwickeln« (ebd.), weshalb gerade diese Akkordfolge so zentral präsentiert wird.

Vage bleiben die Erläuterungen besonders in Bezug auf die Frage, weshalb die einzelnen Akkorde jeweils eine ganz bestimmte Struktur aufweisen, sobald sie Teil einer harmonischen Kette sind.[247] Während Prinz und Scheytt hier ›Variantenreichtum‹ sowie eine Abneigung gegen Parallelen als Begründungen ins Feld führen,[248] enthalten Lugert und Aust et al. sich diesbezüglich jeder Thematisierung (s. Lugert, 2001, S. 221 bzw. Engel, 2002, S. 87). Benker und Hammaleser wiederum belassen es dabei, lediglich eine Art Regel aufzustellen:

> »Wenn zwei verschiedene Dreiklänge aufeinanderfolgen, werden sie so miteinander verbunden, dass die gemeinsamen Töne liegen bleiben und die anderen zum nächstliegenden Ton fortschreiten.« (Benker & Hammaleser, 1989, S. 52)

Anstatt »zum eigenen Musizieren an[zu]regen« (Prinz & Scheytt, 1993b, S. 88)[249] beschränken sich die im Umfeld der ›Kadenz‹ gestellten Aufgaben also darauf, Lese-, Schreib- und Spielkompetenzen in einem rein technischen Sinne zu fördern, ohne dass dabei deutlich würde, inwiefern dieses Können für die Lernenden darüber hinaus von Nutzen sein könnte.[250]

Will man es nun nicht dabei belassen, angesichts dieser Schwierigkeiten lediglich die für die ›Praxis‹ verantwortlichen Musiklehrer in die Pflicht zu nehmen oder aber ›der‹ Musiktheorie pauschal eine pädagogisch vermeintlich selbstredende ›Praxis‹ entgegenzuhalten, so stellt sich die Frage, inwiefern die Widersprüche zwischen An-

---

247 Hinzu kommen die Unklarheiten, die für die Lernenden entstehen, wenn der Begriff der ›Umkehrung‹ an dreistimmigen Akkorden in enger Lage erklärt wird, so als korrelierte eine bestimmte Umkehrung stets mit einer bestimmten Lage (s. z.B. Kemmelmeyer et al., 2003, S. 105).

248 »Im vierstimmigen Satz werden in den Oberstimmen Dreiklangsumkehrungen bevorzugt. Sie klingen abwechslungsreicher und vermeiden unerwünschte Parallelführungen der Stimmen, wie Quint- und Oktavparallelen.« (Prinz & Scheytt, 1993a, S. 279).

249 Selbst wenn die Kadenzfolgen am Instrument gespielt werden, ist fraglich, ob dies schon zum weiteren Musikmachen motiviert.

250 Als »musikdidaktische Legitimation« (Bäßler & Nimczik, 2002, S. 5) dürfte hier häufig das »recht schlicht begründet[e]« (ebd.) Vertrösten auf einen unbestimmten Zeitpunkt ›danach‹ zum Einsatz kommen: »Ihr werdet das später noch gebrauchen!‹« (ebd.).

spruch und Umsetzung mit den konkret thematisierten Inhalten in Verbindung zu bringen sind.

Feststellen lässt sich dabei zunächst, dass ähnliche Schwierigkeiten auch in *nicht schulischen Kontexten* beobachtet werden. Zu erkennen gibt dies beispielsweise die fast sprichwörtliche Kritik an einer Form der Modulationslehre, die Lernende – in dem Fall eher Studierende oder fortgeschrittene Musikschüler und Musikschülerinnen – wie »digitale Routenplaner« (Franke, 2010, S. 71) behandelt (s. auch dies., 2009, S. 101f.): »Start: A-Dur, Ziel: Es-Dur, über: den neapolitanischen Sextakkord – klick – die Route wird berechnet…« (dies., 2010, S. 71):

> »Unter Vorgabe einer Fortbewegungsart (vierstimmige Kadenz) soll über eine bestimmte Zwischenstation (Umdeutungsakkord) der schnellstmögliche Weg vom Ort A (Ausgangstonart) zum Ort B (Zieltonart) gefunden werden.« (ebd.)

Konstanze Franke hält derartigen Konzeptionen den Einwand entgegen, wer Modulation lediglich als »eine Art Training« ansehe, der spalte sie »von ihrer musikalischen Bedeutung« ab und degradiere sie »zum bloßen Übungsstoff« (ebd.):

> »Alles, was das Wesen einer Modulation in der Musik ausmacht – ihre klangliche Wirkung, ihre Ausdruckskraft, ihre formale Bedeutung etc. –, bleibt außen vor. Damit soll nicht gesagt werden, dass Kadenzübungen vollkommen aus dem Unterricht zu verbannen sind – im Gegenteil: Das ›Be-greifen‹ im Sinne des eigenen Tuns am Instrument oder auf dem Papier ist unentbehrlicher Bestandteil des Musiktheorieunterrichts. Zum Verständnis der Struktur und des Ausdrucksgehalts von Modulationen in der Musikliteratur wird eine mechanische ›Routenplanung‹ zwischen zwei Tonarten jedoch wenig beitragen können. Aufgaben, die Verständnis leisten wollen, müssen mit Musik in direkter Beziehung stehen und die tatsächliche Kompositionspraxis in irgendeiner Form widerspiegeln.« (ebd.)[251]

Ähnlich wie die ›Schulbuch-Kadenz‹ sind derartige Modulationslehren also vor allem dann problematisch, wenn sich mit ihnen Ideen verbinden, die über ein rein technisch

---

251 Alternative modulationstheoretische Herangehensweisen, ausgehend von verschiedenen kompositorischen Beispielen, präsentiert sie auch in ›*Modulationstheorie und musikalische Wirklichkeit*‹ (Franke, 2009). Vgl. dazu auch Stefan Preys Kritik gegenüber einer bestimmten Form von Tonsatzunterricht generell: »Künftige Berufsmusikerinnen und -musiker spielen im Examen einen Skrjabin, von dem sie keinen einzigen Akkord erklären können. Dafür schreiben sie im Tonsatzexamen einen Kontrapunkt der dritten Art nach Fux und eine Modulation von As-Dur nach fis-Moll. Generalbass spielen sie als vierstimmigen Satz in enger Lage in sehr langsamem Tempo, aber ohne erkennbaren Rhythmus. Die Liste ließe sich verlängern. Die Konsequenz bliebe dieselbe: Das Fach Tonsatz ist anfällig für Unterrichts- und Prüfungsinhalte, die den Bezug zur tatsächlich gehörten und gespielten Musik nicht mehr erkennen lassen. Kein Wunder, dass Tonsatz vielfach als ein Fach angesehen wird, das wohl nur aus Traditionsbewusstsein und Prestigebedürfnis beibehalten werden muss.« (Prey, 1999, S. 307). In eine ähnliche Richtung geht Ulrich Kaisers Kritik an einer bestimmten Gehörbildungstradition: »In vielen Lehrgängen wirkt sich […] auch heute noch die prinzipiell didaktisch notwendige, jedoch über das notwendige Maß hinausgehende Aufspaltung der Musik in einzelne Parameter negativ aus; obgleich die mahnende Kritik hieran schon so alt ist wie die Sache selbst (›Die Nägelische Singlehre fängt an mit dem Takte […] So wird auch der Rhythmus an Viertelnoten gelehrt, gerade wie ein Rechenmeister, der den Anfang mit den Brüchen machen wollte‹ (Briefwechsel Goethe und Zelter, Ffm. 1987, Bd. 3, Brief Nr. 684 vom 8. 8. 1829, Brief von Zelter an Goethe).« (Kaiser, 1996, Sp. 1130–1131, Zeichensetzung i.O.).

zu begreifendes Spiel- oder Denktraining hinausgehen.[252] Nicht erwähnt wird von Franke dagegen, dass derartige Lehrbücher inzwischen bereits durch neuere und anders gestaltete Veröffentlichungen abgelöst worden sind. Anzuführen ist hier insbesondere fast 500 Seiten starke und zum Zeitpunkt ihres Résumés bereits publizierte *Modulationslehre* von Heinz Acker (Acker, 2009).[253] Frankes

> »Anregungen für einen Modulationsunterricht, der von der Musik selbst ausgeht und so die Vermittlung eines angemessenen und differenzierten Modulationsbegriffs abseits mechanischen Kadenzspiels und festgefahrener Begrifflichkeiten ermöglicht« (ebd.),

kommen also zumindest dann zu spät, wenn man sie als Aufforderung versteht, entsprechende Lehrwerke zu konzipieren.

Aufgreifen kann man an dieser Stelle die These Ludwig Holtmeiers, »unser Verständnis von Musiktheorie« (Holtmeier, 2010a, S. 82) sei nach wie vor durch die sogenannte *Bürgerliche Musiktheorie* des frühen 19. Jahrhunderts geprägt (s. ebd. oder ders., 2009, S. 7). Angesprochen ist damit eine Theorietradition, die sich den Analysen Holtmeiers nach Ende des 18. Jahrhunderts vor allem im Ausgang von den Arbeiten Friedrich Wilhelm Marpurgs[254] entwickelt hat (s. ders., 2010a, S. 83) und insbesondere in Form der Lehrbücher Gottfried Webers und Adolph Bernhard Marx' weite Verbreitung fand (s. ebd., passim).[255]

Im Gegensatz zu vielen von und für Berufsmusiker entworfenen Generalbasslehren des 18. Jahrhunderts seien deren ›Praktische Harmonielehren‹ sowohl ›den Dilettanten‹ gewidmet (s. ebd., S. 85, Fn. 16) als auch von Autoren erstellt, die »nicht die handwerkliche Ausbildung eines praktischen Musikers durchlaufen haben« (ebd., S. 83), sondern – wie eben »der Fiskalprokurator Weber« (ebd., S. 84) oder »der Jurist Marx« (ebd.) – ihre musikalischen Kenntnisse gewissermaßen »auf dem zweiten Bildungsweg erlernt« (ebd.) und »Musiktheorie und Komposition gleichsam nach Dienstschluss betrieben« (ebd., S. 83) hätten.[256]

Anstatt dies jedoch als Manko zu begreifen, seien die Autoren dazu übergegangen, die ›alte Lehre‹ als »›zopfiges‹ Produkt« (ebd., S. 88) abzuqualifizieren und ihr eine in den Bildungsdiskurs der damaligen Zeit einzugliedernde ›Theorie‹ im emphatischen Sinne gegenüberzustellen (s. ebd., S. 89).[257]

---

252 Wilhelm Maler hingegen beabsichtigt mit den von ihm entworfenen Modulationsaufgaben lediglich, »die Vergegenwärtigung des Akkordmaterials der Tonarten zu beschleunigen und die Vorstellung von den tonalen Zusammenhängen zu schärfen.« (Maler, 1975, S. 60, s. Franke, 2010, S. 71) – Ziele, die unter Umständen auch mittels einer rein mechanistisch konzipierten Modulationslehre zu erreichen sein dürften.

253 Aus heutiger Sicht wäre außerdem das Büchlein *Modulation kompakt. Erkunden, Erleben, Erproben, Erfinden* von Clemens Kühn (Kühn, 2013b) zu nennen.

254 Holtmeier nennt daneben noch Lorenz Christoph Mizler, Johann Adolf Scheibe und Johann Mattheson (s. Holtmeier, 2010a, S. 83).

255 Dabei seien es besonders Deutschland und Frankreich gewesen, in denen sich der Wandel hin zur ›modernen‹ Harmonielehre am deutlichsten vollzogen habe (s. Holtmeier, 2010a, S. 82).

256 Die genaue Funktion der Bücher zwischen Basispädagogik und Kompositionslehre sei dabei unklar geblieben (s. Holtmeier, 2010a, S. 85, Fn. 16). Zur *Bildung des Dilettanten* s. auch Gruhn, 1993, S. 98–104.

257 Erwähnenswert ist im vorliegenden Zusammenhang besonders die Metaphorik, an der sich das ›bürgerliche‹ »›Generalbass-bashing‹« (Holtmeier, 2010d, S. 116, Fn. 6) unter anderem entzün-

Herausgebildet habe sich dabei ein neuer

> »Typus des autodidaktischen Musiktheoretikers [...], der die Musiktheorie des 19. und 20. Jahrhunderts nicht nur entscheidend geprägt hat, sondern vielleicht sogar als ihr eigentlicher Repräsentant gelten muss. Ganz am Ende dieser Entwicklung steht schließlich jener autodidaktische musiktheoretische Privatgelehrte und Eigenbrödler, der außerhalb des akademischen Betriebs steht und der vor allem die deutschsprachige Musiktheorie des späten 19. und frühen 20. Jahrhunderts mitgestaltet hat« (ebd., S. 85).

Als geistesgeschichtlichen Hintergrund dieser Entwicklung macht Holtmeier den Wandel von der Regelpoetik zur Genieästhetik aus (s. ebd., S. 85f.). Beobachten könne man nämlich,

> »dass mit der ›Erfindung‹ des Genies und der Herausbildung des modernen, ›inspirierten‹ Künstlertums im Laufe des 18. Jahrhunderts das, was man heute gemeinhin mit Musiktheorie bezeichnet, aus dem Zuständigkeitsbereich des Komponisten bzw. des ausübenden Musikers herausgefallen ist und quasi von einer anderen, neuen ›Berufsgruppe‹ übernommen wurde. Erst in der bürgerlichen Gesellschaft des 19. Jahrhunderts ist jene moderne Disziplin der ›Musiktheorie‹, in deren direkter Traditionslinie wir heute noch stehen, und der eigenständige Beruf des ›Musiktheoretikers‹ überhaupt entstanden.« (ebd., S. 86)

Charakterisiert seien die Harmonielehren dieser Theoretiker in erster Linie dadurch, dass sie musikalischen Zusammenhang anhand weniger theoretischer Prinzipien – zuvorderst die Idee der akkordischen ›Terzschichtung‹ sowie das Prinzip der ›Umkehrung‹ (ebd., S. 89, Fn. 22) – zu erklären versuchten und ein augenscheinlich einleuchtendes und vor allem komplettes ›System‹ der Präsentation konkreter Musikbeispiele vorzögen (s. ebd., S. 87–89).[258] Entsprechend, so Holtmeier,

> »wächst der praktischen Lehre von der Harmonie ein bisher unbekanntes spekulatives, ja experimentelles Moment zu. Die Musiktheorie scheint hier wie eine auf die Praxis gerichtete Naturwissenschaft, die die im ›Labor‹ gefundenen Klänge nach ihrer ›künstlichen‹

---

det. Während Albrechtsberger seine Außenstimmensätze als Skelette beschreibe, um ihren Fundamentcharakter anzudeuten, nimmt Marx das Bild zum Anlass um dessen Lehre zu kritisieren (s. Holtmeier, 2010a, S. 87, Fn. 19). Nahe liegt hier der Vergleich mit der bis heute anzutreffenden Abwertung von musiktheoretischen »Begriffsknochen« (Richter, 2010, S. 74), die »ohne das zugehörige Fleisch« (ebd.), wenig wert seien, oder die Gegenüberstellung von »›abstrakte[n], skelettartige[n]‹ musikalische[n] Formmodelle[n]«, (Brandstätter, 1997, S. 41) und anderen strukturbildenden »Hörweisen« (ebd.).

258 Auffällig seien, so Holtmeier, nicht zuletzt die medialen Veränderungen, durch die sich die ›Bürgerliche Musiktheorie‹ im Vergleich zu ihrer Vorgängertradition auszeichnet. Anders als die Generalbassbücher, die theoretische Zusammenhänge hauptsächlich anhand von handwerklich versierten Notenbeispielen dargestellt hätten (s. Holtmeier, 2010a, S. 89), wiesen die »wortreichen Bleiwüsten der bürgerlichen Tradition« (ebd., S. 97) einen wesentlich höheren Textanteil und schlichter gehaltene Musikbeispiele auf. In Verbindung bringen lasse sich dies auch mit der Entstehung einer »Disziplin der Musikkritik« (ebd., S. 87): »Professionelle Musiker mögen sie [die Autoren der ersten bürgerlichen Harmonielehren] nicht gewesen sein, aber das Handwerk des Schreibens betrieben sie auf eine durch und durch professionelle Weise. Sie importierten aus der ästhetischen und politischen Kritik der Zeit einen kämpferischen und polemischen literarischen Stil in die Musiktheorie, der von da an ein generelles Signum des musiktheoretischen Diskurses des 19. und frühen 20. Jahrhunderts ist.« (ebd.).

Schöpfung aus natürlichen Prinzipien auf ihre Praxistauglichkeit hin überprüft.« (Holtmeier, 2010a, S. 177)

Betrachtet man vor dem Hintergrund dieser theoriegeschichtlichen Entwicklungen nun noch einmal die oben angesprochene Kluft zwischen der schulischen ›Kadenzlehre‹ bzw. der von Franke kritisierten Modulationslehre und den damit jeweils einhergehenden Intentionen, so liegt auch unabhängig von der Konstruktion ›großer Erzählungen‹[259] die Vermutung nahe, dass diese unter anderem auf die von Holtmeier angesprochene implizite Tradition der bürgerlichen Musiktheorie zurückzuführen ist.

Systemtheoretisch gesehen lässt sich hier als Erstes der Begriff der ›*Leitdifferenz*‹ in Anschlag bringen. Als Leit- oder ›Anfangsdifferenzen‹ bezeichnet Luhmann Unterscheidungen, die über die »Informationsverarbeitungsmöglichkeiten« (Luhmann 1984, S. 19) einer Theorie bestimmen. Sorgen sie dafür, »dass praktisch die gesamte Informationsverarbeitung ihnen folgt« (ebd.), können sie »die Qualität eines herrschenden Paradigmas gewinnen.« (ebd.)

Vergleicht man aus dieser Perspektive die bürgerliche Harmonielehre mit der eingangs beschriebenen ›Lehrbuch-Kadenz‹ einerseits und der von Franke kritisierten Modulationslehre andererseits, so kann man feststellen, dass trotz der unterschiedlichen Kontexte jeweils die Unterscheidung ›Harmonie‹/›alles andere‹ zentral ist: Jede der drei ›Lehren‹ basiert auf einer Beobachterhaltung, bei der konkrete Musikstücke oder -ausschnitte primär auf harmonische Aspekte hin untersucht werden.[260]

In Korrelation dazu kann man zum einen eine Art ›*Segmentierung*‹ der Musik, zum anderen eine starke Gewichtung der *musikalischen ›Vertikale‹* konstatieren. So ist sowohl im schulischen Kontext als auch im Zusammenhang mit den betreffenden Modulationslehren eine ›Abtrennung‹ der Harmonielehre von anderen musiktheoretischen Unterrichtsinhalten wie etwa der Formenlehre zu beobachten. Damit einher geht eine gewisse (Über-)Betonung harmonischer Aspekte, sobald in einem eigenen Kapitel zur ›Musiklehre‹ oder zu ›Grundelementen der Musik‹ ein systematisches Fortschreiten in

---

259 Holtmeier räumt gleich zu Beginn ein: »Essayistischen Darstellungen übergreifender ideengeschichtlicher bzw. gesellschaftlicher Entwicklungen auf gedrängtem Raum, wie ich sie im Folgenden versuche, stehe ich selbst äußerst kritisch gegenüber: Sie erlauben nicht jene historischen Differenzierungen, die der Gegenstand eigentlich verlangt.« (Holtmeier, 2010a, S. 81, Fn. 1) Er ist »andererseits« (ebd.) aber auch der Meinung, »[j]ede Geschichtsschreibung, die nicht bei Einzelheiten stehen bleiben will, muss dieses Risiko eingehen.« (ebd.).

260 Rekurrieren lässt sich hier auch auf die sich mit der bürgerlichen Tradition verbindende Aufteilung der Theorie in unterschiedliche Fächer, von denen jedes nur je einen einzigen musikalischen Parameter behandelt (s. Holtmeier, 2010b, S. 166). Dieser ›klassische‹ Fächerkanon, dem neben der ›Harmonielehre‹ als »Kernfach« (Holtmeier, 2010b, S. 166) der musikalischen Ausbildung vor allem die Bereiche ›Kontrapunkt‹, ›Formenlehre‹ und ›Instrumentation‹ angehören, bildet den Recherchen Holtmeiers zufolge nach wie vor »weltweit das dominante Modell musiktheoretischen Unterrichts« (s. ebd.). Im Gegensatz dazu sind aktuell in mehrfacher Hinsicht Bestrebungen in Richtung ›integrativer‹ Theorien zu beobachten (s. z.B. Kühn, 2004a). Vgl. hierzu auch die Integration linearer und akkordischer Sichtweisen im Zuge der Wiederbelebung der Partimento-Tradition (s. z.B. Holtmeier, 2009, S. 9f.) bzw. der Erforschung satztechnischer Modelle generell. Vgl. dazu z.B. Ulrich Kaisers Gehörbildung (Kaiser, 1999b und 2000) sowie seinen systematisch geprägten Ansatz (s. Kaiser, 2007) bzw. die Überblicksdarstellung zur Modellforschung ›*in der deutschsprachigen Musiktheorie*‹ von Hans Aerts (s. Aerts, 2007).

Richtung ›Kadenz‹ zu beobachten ist, bzw. sobald beim rein akkordischen ›Routen-
planen‹ der Aspekt musikalischer Veränderung oder Entwicklung auf harmonische
Stationen reduziert wird.[261]

Dass man es hier nicht mit unbedingt notwendigen Betrachtungsweisen, sondern
mit Selektionen zu tun hat, zeigt sich beim Blick auf mögliche Alternativen.[262] Ausgeklammert bleiben im Rahmen der obigen Kontexte beispielsweise Beobachtungsfor-
men, die kadenzielle Verbindungen als das Resultat einzelner Stimmbewegungen auffassen,[263] oder Sichtweisen, bei denen Kadenzen als formal positionierte ›Absätze‹
fungieren.[264] Überraschend ist dies nicht nur angesichts der hohen Präsenz, die den
entsprechenden Theoriekontexten innerhalb der musiktheoretischen Fachdiskurse mittlerweile zukommt, sondern auch aufgrund der damit einhergehenden didaktischen Po-
tentiale: So dürften lineare Bewegungen die Lernenden sowohl lese- als auch hörtech-
nisch vor geringere Anforderungen stellen als die Verschiebung kompletter harmonischer ›Einheiten‹, ebenso wie die gliedernde Funktion formgebender Kadenzen von
Laien wohl gerade dann akustisch nachzuvollziehen sind, wenn diese nicht als abstraktes Tonmodell thematisiert werden.[265]

Darüber hinaus erweist sich im vorliegenden Zusammenhang der Verweis auf das
Moment der Theorie*funktion*[266] als aufschlussreich. Anders als dies die im Kontext der
Kunstreflexion thematisierten Postulate suggerieren, lassen sich diesbezüglich nämlich
nicht nur weitgehend unspezifische Metaphern ausmachen, mittels deren man der Mu-
siktheorie generell den Charakter eines ›Werkzeugs‹, eines ›Instruments‹ oder einer
›Brücke‹ zuschreiben kann, sondern auch konkrete und vor allem mit der jeweiligen
Theoriegestalt korrelierende Einsatzmöglichkeiten.

---

261 In Korrelation zu dieser Selektionsweise steht die Trennung ›harte‹ und ›weiche‹ Parameter. Sie
deutet sich z.B. in der Argumentation von Hans-Ulrich Fuß an: Der Harmonielehre solle man
trotz der didaktischen Probleme, die sich daraus im schulischen Musikunterricht ergeben, »nicht
ausweichen« (Fuß, 1997, S. 170). Denn »[u]m Aussagen über Musik zu treffen, die über Kategorien wie laut und leise, hoch und tief, schnell und langsam hinausgehen, benötigt man ein Be-
schreibungsvokabular, das die Harmonik umfasst« (ebd.).

262 S. hierzu auch den Hinweis von Fuß, die zu beobachtende »Isolierung der ›Parameter‹ voneinander und damit: die Abstraktion von konkreter Musik« bzw. »[d]ie herkömmliche starre Trennung
der musiktheoretischen Teildisziplinen ist pädagogisch motiviert (nur so konnten leicht erlernbare
Tonsatzregeln formuliert werden), sachlich gerechtfertigt ist sie nicht.« (Fuß, 1997, S. 176f.) Zu
ergänzen wäre allerdings, dass die Schere, die Fuß hier zwischen ›Pädagogik‹ und ›Sache‹ auf-
macht, ein Verständnis von Pädagogik voraussetzt, das in der Form aktuell wenigstens nicht mehr
hegemonial ist.

263 So der Kadenzbegriff des 15. und 16. Jahrhunderts (s. z.B. Kaiser, 1999b, S. 201–209 oder
ders., 2002, S. 59–63).

264 Zu erwähnen wären hier insbesondere Rückgriffe auf die Kadenzlehre Heinrich Christoph Kochs
(1749–1816) (s. z.B. Waldura, 2002 bzw. die Rezension durch Felix Diergarten, Diergarten,
2010b).

265 Alternativen ergeben sich in diesem Zusammenhang auch für die im schulischen Kontext überaus
präsente Marxsche Sonatentheorie (s. Kaiser, 2012 und 2003 bzw. Kaiser & Schäfer-
Lembeck, 2000 und 2001).

266 Der Begriff wird von Luhmann nicht explizit verwendet, der Aspekt deutet sich jedoch an, sobald
Luhmann die Möglichkeit unterschiedlicher Theoriestile in Aussicht stellt (s.o., S. 44).

Greift man vor diesem Hintergrund noch einmal die bürgerliche Harmonielehretradition auf, so kann man ihr in Anknüpfung an die Analysen Holtmeiers zunächst eine Art *zukunftsweisendes Moment* unterstellen, das auf der dort vorherrschenden ›experimentellen‹ Musik- bzw. Harmonieauffassung basiere:

> »Ihr wächst dadurch [...] eine ungeahnte Eigenständigkeit und ein *utopisches Potential* zu. [...] Ihre wahre Bedeutung liegt meiner Meinung nach [...] in der radikalen, ›neuen‹ Art, das musikalische Material zu denken: Webers ›mathematisch‹ strenge Entwicklung des Tonraums ist bereits Ausdruck jener Erkundung eines ›combinatorial space‹ (Nolan), dem sich das musiktheoretische Denken des 19. Jahrhunderts verschrieben hat. Am Ende dieser Entwicklung steht Schönberg. Bei ihm ist die *Harmonielehre* tatsächlich zu einer *Kompositionslehre* geworden, zu einer ›Materiallehre‹ im Sinne der musikalischen Moderne des 20. Jahrhunderts. Aus ihr geht – fast möchte man sagen: zwangsläufig – die ›Methode des Komponierens mit zwölf nur aufeinander bezogenen Tönen‹ hervor.« (Holtmeier, 2010a, S. 98f.)

Als eine Art Kehrseite dieser Entwicklung sei allerdings eine Loslösung der Theorie von der tatsächlichen musikalisch-kompositorischen Praxis zu beobachten. Deutlich macht Holtmeier dies anhand einer Gegenüberstellung von bürgerlicher Musiktheorie und der Generalbasstradition des 18. Jahrhunderts (s. ebd., passim): Während zuvor die ›Theorie‹ von ausübenden Musikern verfasst worden sei und als solche in erster Linie als Anleitung zur Improvisation und einer eng mit dieser Tradition verknüpften Komposition gedient habe, habe sich die Harmonielehre des 19. Jahrhunderts als eine von ›Liebhabern‹ konzipierte vom musikalischen ›Handwerk‹ gerade abzugrenzen versucht. Neben einem »schleichenden Niedergang der Improvisation« (ebd., S. 93) habe dies eine Theorietradition zur Folge gehabt, die dazu neige, im abstrakt Systematischen zu verbleiben:

> »Eine differenzierte Dissonanz- und Satzlehre, die immer auf die musikalische Praxis bezogen ist, wird auf ein mechanistisches Additionsverfahren reduziert und dadurch in eine gänzlich abstrakte und staubtrockene Ableitungstheorie verwandelt.« (ebd., S. 92)

Folglich habe sich die musikalische Analyse zwar zur »Königsdisziplin der bürgerlichen Harmonielehre« (ebd., S. 94) entwickelt, die betreffenden Ansätze seien für diesen Zweck jedoch wenig geeignet gewesen (s. ebd., S. 98).

Entscheidend sind im vorliegenden Zusammenhang nun weniger die historischen Deutungen der verschiedenen Theoriekontexte, als vielmehr die Frage, wie sich dieser ›Funktionswechsel‹ zur ›Schulbuch-Kadenz‹ bzw. den in der Kritik stehenden außerschulischen ›Lehren‹ verhält.

Dabei ist schon vor jeder näheren Einordnung offensichtlich, dass das ›utopische‹ Potential, das Holtmeier der bürgerlichen Musiktheorie zuspricht, aufgrund seines geschichtlichen ›Ortes‹ sowie der Tatsache, dass sie längst von der realen musikalischen Entwicklungen überholt worden ist, für spätere Rückgriffe nur noch im historischen Sinne relevant sein kann. Verweisen kann man dementsprechend z.B. auf Diskussionen um eine angemessene Revision traditioneller Ansätze, wie sie insbesondere während der 1960er und 70er Jahre geführt wurden. So mahnen etwa Drechsel und Ortwein an, im Hinblick auf »eine zeitbezogene Standortbestimmung musiktheoretischer Ausbildung [...] nicht am Tor zum 20. Jahrhundert abzubrechen.« (Drechsel & Ortwein, 1979, S. 4), ähnlich wie Rudolf Stephan kritisiert, der damals aktuelle »musiktheoretische Unterricht ist [...] mehr als jemals zuvor mit totem Material befasst, bedarf mindestens der Aktualisierung, wahrscheinlich grundsätzlicher Umgestaltung.« (Stephan, 1967a, S. 6)

Feststellen kann man daneben jedoch vor allem, dass von ›utopischen Funktionen‹ (s. Holtmeier, 2010a, S. 98) im schulischen Harmonielehrekontext ohnehin keine Rede ist:

> »Der Zugang zur Musiklehre erfolgt stets über das klingende Beispiel, von der Praxis her. [...] Musiklehre geht vom Singen, Musizieren oder Musikhören aus und führt immer wieder dorthin zurück. [...] Damit der Unterricht in Musiklehre nicht zur trockenen, einseitig rationalen Stoffvermittlung wird, sind hier handlungsorientierte Methoden notwendiger als in irgendeinem anderen Bereich des Musikunterrichts. Daher sind die musiktheoretischen Inhalte im Schülerbuch nach Möglichkeit in Aufgaben und Arbeitsanregungen aufgelöst, so dass sich die angezielten Informationen und Sachverhalte für die Schülerinnen und Schüler ›wie von selbst‹ aus ihrer eigenen ›Handlung‹ ergeben. Besondere Aufmerksamkeit wird der Improvisation gewidmet, da sie den ›trockenen Stoff‹ am lebendigsten in schülereigenes Tun umsetzt.« (Prinz & Scheytt, 1993b, S. 88)

Abgesehen davon, dass es auch unabhängig von den konkreten Inhalten fraglich sein dürfte, ob sich der Wunsch nach einer Verbindung von musikalischer Praxis und musiktheoretischem Wissen jeweils schon dann erfüllt, wenn man darauf hofft, dass Schülerinnen und Schüler bestimmte »Informationen« und »Sachverhalte« »wie von selbst« lernen – hält man dieser ›Funktionsbeschreibung‹ Holtmeiers Deutung der bürgerlichen Harmonielehre entgegen, so liegt es nahe, angesichts der im Umfeld der schulischen Musiktheorie beobachteten Probleme nicht für eine Abschaffung der Theorie zu plädieren, sondern für eine Anpassung der theoretischen Konzepte an die je aktuelle Situation.

4.2 Musikfachliche Projekte als Modelle fächerübergreifenden Kommunizierens

Auch unabhängig von den soeben beschriebenen Wissensbeständen kann man feststellen, dass eine gewinnbringende fächerübergreifende Kommunikation für die Beziehung Musikpädagogik – Musiktheorie ebenso als Desiderat gilt wie für die Beziehung zwischen Musikpädagogik und Musikwissenschaft. Deutlich machen dies sowohl zahlreiche mündliche Äußerungen, deren Inhalt an dieser Stelle nicht wiederzugeben ist, als auch die wenigen schriftlich verfassten Stellungnahmen, die sich ausdrücklich dem Verhältnis der beiden Fächer widmen. Gefordert wird dabei häufig nicht nur der wechselseitige ›Austausch‹ als ein eher ungerichtetes kommunikatives Phänomen, sondern die gezielte ›*Zusammenarbeit*‹ bezüglich gemeinsamer Arbeitsbereiche.

Rudolf Frisius z.B. fordert dazu auf, ein »beziehungsloses Nebeneinander« (Frisius, 1971, S. 9) durch »neue Beziehungen zwischen Musiktheorie und Musikpädagogik« (ebd., S. 11) zu ersetzen. Voraussetzung dafür seien »eine kritische Revision der bisherigen Musiktheorie und eine entsprechende Neubestimmung der Musikpädagogik« (ebd., S. 10), vor allem aber eine grundsätzliche »Öffnung zur Kooperation« (ebd., S. 12). Ähnlich problematisieren Peter Rummenhöller, Frieder C. Reininghaus und Jürgen H. Traber Positionen, die das jeweils andere Fach pauschal abwerteten, sei es aus »Theoriefeindlichkeit« oder aufgrund einer Vorstellung von »reiner Wissenschaft«, für die pädagogische Überlegungen allenfalls »Lippenbekenntnisse« (Rummenhöller et al., 1972a, S. 21) blieben. Den »Spalt«, der auf diese Weise entstanden sei, habe man durch ein »integrierendes Verhältnis von Musiktheorie und Musikpädagogik« (ebd., S. 21f.) zu ersetzen.

Wenn im Folgenden deshalb musikfachliche Projekte unterschiedlicher Art und Fachkonstellation aufgegriffen werden, so gilt das Interesse zum einen den in diesem Kontext bereits nachzuweisenden Kooperationsansätzen, zum anderen der Frage, wie die Kommunikation speziell zwischen Musikpädagogik und Musiktheorie zu strukturieren ist, sodass eine fächerübergreifende Zusammenarbeit wahrscheinlicher wird.

4.2.1 Tagungen und Sammelbände zwischen Vielfalt und Integration

Steht im musikfachlichen Kontext die Frage nach fächerübergreifender Kommunikation zur Diskussion, so kann man zunächst erneut die zu Beginn beschriebenen Gemeinschaftsprojekte von Musikpädagogik und Musikwissenschaft aufgreifen (s.o., S. 23f.). Auch wenn diese nur zum Teil der musikpädagogisch/-theoretischen Kommunikation direkt zuzurechnen sind – von Interesse sind dann in erster Linie diejenigen Beiträge, die sich konkret mit diesen beiden Fächern beschäftigen –, liegt es nahe, sie darüber hinaus auf ihre Anschlussfähigkeit für entsprechende Folgeprojekte im Bereich Musikpädagogik – Musiktheorie zu prüfen.

Der Rekurs etwa auf die Tagungsberichte von 1978 (›*Musikwissenschaft und Musiklehrerausbildung. Inhaltliche, bildungspolitische und institutionelle Perspektiven.*‹, hrsg. von Gieseler und Klinkhammer), 1997 (›*Artgenossen und andere Feinde. Musikwissenschaft für die Musikpädagogik?*‹, hrsg. von Krakauer) und 2011 (›*Musikalische Bildung – Ansprüche und Wirklichkeiten. Reflexionen aus Musikwissenschaft und Musikpädagogik*‹, hrsg. von Schäfer-Lembeck) sowie auf die Sammelbände von 1987 (›*Musikpädagogik und Musikwissenschaft*‹, hrsg. von Edler, Helms und Hopf) und 2008 (›*Musikwissenschaft und Musikpädagogik im interdisziplinären Diskurs*‹, hrsg. von Brusniak, Goebel und Kruse) zeigt, dass die jeweils bearbeiteten Themen als solche auch für die musikpädagogisch/-theoretische Beziehung von Bedeutung sind.

Während sich die drei selbstreferentiellen Bände von Edler, Helms und Hopf (1987a), Krakauer (1997a) und Brusniak et al. (2008) dabei als eine Art ›Vorbild‹ für ähnlich angelegte Reflexionen der Beziehung Musikpädagogik – Musiktheorie lesen lassen, verweisen die beiden von Gieseler und Klinkhammer (1978) bzw. von Schäfer-Lembeck (2011) herausgegebenen fremdreferentiellen Publikationen in ihrer Beschäftigung mit ›Musikalischer Bildung‹ bzw. ›Musiklehrerausbildung‹ auf Gebiete, die sich bereits im Zusammenhang mit der Analyse musikfachlicher Beziehungsprobleme als zwischenfachlich relevant herausgestellt haben.[267]

---

267 Obwohl sowohl musikpädagogische als auch musiktheoretische Belange in mehreren gesellschaftlichen Kontexten zu verorten sind und beide Fächer dementsprechend eine Vielzahl unterschiedlichster Fragestellungen bearbeiten, scheinen sich zwischenfachlich gesehen die meisten Berührungspunkte im Zusammenhang mit den Themen ›Musikalische Bildung‹ und ›Musiklehrerausbildung‹ zu ergeben.

Unter vorwiegender Berücksichtigung *thematischer Aspekte* läge es für eventuelle
Folgeprojekte von musikpädagogisch/-theoretischer Seite also nahe, die bereits existie-
renden musikfachlichen Vorhaben entweder mit Blick auf das anfangs konstatierte
Reflexionsdefizit zu imitieren oder an sie im Hinblick auf die fächerübergreifende Perspektivierung der fraglichen Themenbereiche anzuknüpfen. Spätestens die Inblicknahme der einzelnen Veröffentlichungen wirft darüber hinaus jedoch die Frage auf,
inwieweit die genannten Projekte auch in Bezug auf ihr jeweiliges *methodisches Vor-*
gehen eine Art Modellcharakter für zukünftige Kooperationsvorhaben innehaben können.

Anknüpfen lässt sich hier besonders an die Studien Philipp W. Balsigers (Balsiger, 2005). Dessen ›*Untersuchung disziplinenübergreifender Wissenschaftspraxis*‹ ist
an dieser Stelle schon allein deshalb relevant, weil sie – ausgehend von einer Diskussion bereits bestehender Begriffsprägungen – die entsprechenden Arbeitsformen nicht
nur postuliert, sondern auf eine ›*systematisch-vergleichende*‹ Weise beleuchtet. Wis-
senschaftstheoretisch kommt ihr damit eine Art Ausnahmestatus zu.[268]

Normalerweise nämlich ist, so z.B. Heinz Heckhausen, eine bloß unbestimmte
»Wolkigkeit des Redens über Interdisziplinarität« (Heckhausen, 1987, S. 129) bzw., so
Michael Jungert, eine auffällige »Diskrepanz zwischen Verwendungshäufigkeit und
theoretischer Reflexion« (Jungert, 2010, S. 1) zu beobachten:

> »Kaum ein Kontext, in dem sie [die Interdisziplinarität] nicht als förderlich erachtet,
> kaum ein Tag, an dem sie nicht in wissenschaftspolitischen Debatten als unverzichtbare
> Schlüsselkompetenz postuliert wird. Angesichts dieser Fülle alltäglicher Verwendungen
> und Forderungen erstaunt die starke ›wissenschaftsphilosophische Zurückhaltung‹
> (Schmidt, 2005, S 12) in Sachen Interdisziplinarität.« (ebd.)[269]

Generell scheint von Interdisziplinarität häufig bereits dann die Rede zu sein, wenn es
gilt, eine ›fortschrittliche‹ Haltung zu kennzeichnen oder allgemein positive Entwicklungen hervorzuheben oder in Aussicht zu stellen, ohne inhaltlich weiter ins Detail
gehen zu müssen. Jürgen Kocka beispielsweise rekapituliert mit Blick auf die häufige
Begriffsverwendung:

> »Wer beispielsweise als Gutachter zahlreiche Förderungsanträge oder wissenschaftspoli-
> tische Programme liest, mag ›Interdisziplinarität‹ zu den seit Jahrzehnten überbenutzten
> und verschlissenen Schlagworten rechnen. Doch das ist eine Sache der Antrags- und Pro-
> grammrhetorik.« (Kocka, 2008, S. 109)

Von wissenschaftstheoretischer Seite wird dieser Gebrauch entsprechend als »Wissen-
schaftsbegleitrhetorik« (Löffler, 2010, S. 159) und »antragsrelevantes Wortgeklingel«

---

268 Balsiger selbst wiederum wird ausführlich zitiert von Michael Jungert, der die von Balsiger etab-
     lierte Terminologie in weiten Teilen übernimmt (s. Jungert, 2010).

269 Ähnliches konstatiert Uwe Voigt, indem er ›implizite Modelle‹ als Ursache einer auf interdiszi-
     plinäre Zusammenhänge gerichteten »unreflektierte[n] Befangenheit« (Voigt, 2010, S. 31) beo-
     bachtet: »Diese Modelle [...] bleiben weitgehend implizit, weil sie in den grundlegenden Annah-
     men der Wissenschaftstheorie darüber verankert sind, worum es sich bei der Wissenschaft bzw.
     den Wissenschaften eigentlich handelt. Weil und insofern jene Modelle aber implizit bleiben, be-
     hindern sie die Reflexion über Interdisziplinarität [...] Sie tun dies wegen ihres impliziten Charak-
     ters, der zwar, wie ein – in diesem Fall ziemlich großer – blinder Fleck, vordergründige Klarheit
     und Orientierung schafft, damit zugleich aber auch den Blick verengt.« (ebd.).

152

(Potthast, 2010, S. 185) entlarvt, das lediglich in politischer Hinsicht von einiger Relevanz sei. De facto aber werde Interdisziplinarität, so Thomas Sukopp, erstens »selten betrieben« (Sukopp, 2010, S. 14), zweitens seien ihr »(enge) Grenzen« (ebd., S. 15) gesteckt und drittens sei sie »nicht immer wünschenswert oder gar notwendig« (ebd., S. 16).[270]

Als aufschlussreich erweist sich im vorliegenden Zusammenhang nun besonders Balsigers Begriff des *›transdisziplinären Forschens‹* (s. Balsiger, 2005, S. 174–188).[271] Bezeichnet sind damit zunächst nicht- oder mehr-disziplinäre Forschungsprozesse, die sich an *gesellschaftsübergreifenden Problemlagen* orientieren (s. Balsiger, 2005, S. 184f.). Anstatt von rein innerwissenschaftlichen Fragestellungen auszugehen, bearbeiten die entsprechenden Projekte also Probleme »›öffentlichen‹ Charakters« (ebd., S. 187),[272] weshalb man ihnen schon von Beginn an und unabhängig von einer möglichen ›Anwendbarkeit‹ der je erzielten Ergebnisse eine wissenschaftlich gesehen schwierige Ausgangslage bescheinigen kann. Folgen einer solchen ›Öffentlichkeit‹ nämlich seien, so Balsiger, eine große »Unbestimmtheit« im Hinblick »auf alle relevanten Faktoren« (ebd., S. 188) sowie eine komplexe »Interessenlage«, die »nicht an eine einzelne Person oder eine bestimmte Personengruppe gebunden« sei und die sich deshalb »oft nur vage [...] oder erst im Verlauf der sich abzeichnenden Problemlösung« (ebd.) konkret ausformulieren lasse.[273]

Abgesehen davon seien transdisziplinäre Prozesse dadurch charakterisiert, dass »die aus den verschiedenen Disziplinen stammenden Beiträge zu einer ›homogenen‹, eigenständigen Lösung integriert werden« (ebd., S. 188). Trotz einer anfänglichen ›Schwammigkeit‹[274] in Bezug auf die jeweilige Problemformulierung, erfolgt die anschließende Bearbeitung demnach in einer Weise, die es erlaubt, unterschiedliche Perspektivierungen aufeinander zu beziehen und im Hinblick auf das Gelingen gemeinsamer Konzepte entsprechend zu verändern.[275]

---

270 So auch Jürgen Kocka: »In der Realität bleibt Interdisziplinarität selten.« (Kocka, 2008, S.109f.).

271 Ähnlich auch Jungert, 2010 S. 6f. oder Mainzer, 2010, S. VII.

272 Vgl. hierzu auch den auf den Begriff ›Interdisziplinarität‹ bezogenen Vorschlag Hartwig Isernhagens, die entsprechenden Forschungsprozesse zur Legitimation von Kultur- und Geisteswissenschaften heranzuziehen (s. Isernhagen, 1997). Diese Wissenschaften »können ihre Aufgabe nur erfüllen«, indem »sie sich in ganz bewusster Weise einer Konzeption von Öffentlichkeit stellen, die das Gegenteil von Natur ist.« (ebd., S. 23). Ähnlich auch Hartmut von Hentigs Plädoyer für eine sich am Bildungsbegriff orientierende Interdisziplinarität, und zwar »Bildung als Souveränität gegenüber den Handlungszwängen, die die wissenschaftliche Zivilisation hervorbringt.« (Hentig, 1987, S. 49 in Anlehnung an Helmut Schelsky) Wissenschaft solle dann »Zusammenhänge herstellen, über sich hinausfragen« (ebd., S. 52).

273 Dies unterscheidet transdisziplinäre Forschungsvorhaben von ›angewandter Forschung‹ (s. Balsiger, 2005, S. 185–188): Das »Postulat der Verwendbarkeit« habe dort »zielführenden Charakter [...] Nicht Priorität ist für den Forschungsprozess der angewandten Forschung die Reflexion auf die entsprechenden theoretischen Grundlagen.« (ebd., S. 186).

274 »Der Kontext, in dem solche Forschungsvorhaben realisiert werden, muss als ›schwammig‹ bezeichnet werden.« (Balsiger, 2005, S. 188)

275 Gemeint ist also kein ›Modell der Summe‹ im Sinne einer bloßen Aggregation verschiedener Wissensinhalte (s. z.B. Nassehi & Saake, 2002, S. 67).

Entscheidend ist hier die explizit nicht normative Haltung, die sich mit der Beschreibung Balsigers verbindet: Weder wird ein Standort ›außerhalb‹ oder ›über‹ den übrigen Perspektiven vorausgesetzt, der im Sinne einer wiedererlangten wissenschaftlichen ›Einheit‹ für alle anderen Sichtweisen maßgeblich sein könnte (s. ebd., S. 173),[276] noch soll eine automatische »Hierarchisierung disziplinenübergreifender Wissenschaftspraxis« (ebd., S. 148) in Richtung einer besonders engen Verknüpfung der einzelnen Perspektiven suggeriert werden.[277] Ausschlaggebend für die Bewertung einer bestimmten Wissenschaftspraxis sei, so Balsiger, lediglich die Frage, inwieweit die jeweilige »Struktur eines wissenschaftlichen Forschungsprojektes [...] dem zu bearbeitenden Problem angepasst« (ebd., S. 150) sei. Oder, konkretisiert für den musikfachlichen Bereich: Nicht der generelle Wunsch nach ›Vereinheitlichung‹ legt ein transdisziplinäres Arbeiten nahe, sondern der ›öffentliche Charakter‹ der dort zentralen Aufgabenbereiche – schulischer Musikunterricht einerseits, hochschulisch-universitäre Musiklehrerausbildung andererseits – sowie das damit einhergehende Erfordernis, wenigstens für gewisse Zeiträume gemeinsame ›Lösungen‹ in Form von Bildungsplänen, Studien- oder Prüfungsordnungen zu formulieren.

Plastisch werden die Vorzüge einer transdisziplinären Arbeitsweise besonders dann, wenn man der Transdisziplinarität als einer Form disziplinenübergreifenden Forschens das ›*multidisziplinäre*‹ Arbeiten gegenüberstellt (s. ebd., S. 151–156 bzw. Jungert, 2010, S. 2).[278] Gemeint ist damit den Aufzeichnungen Balsigers zufolge eine Wissenschaftspraxis, die sich gerade durch ein »hohes Maß an *Unabhängigkeit*« (Balsiger, 2005, S. 154, Hv. VW.) der einzelnen Teilstudien auszeichnet. Typisch sei für sie folglich eine im ›*Multiperspektivischen*‹ verbleibende Betrachtungsweise, bei der

> »ein Thema aus verschiedenen wissenschaftlichen Blickwinkeln beschrieben und erklärt wird. Dabei ist festzustellen, dass diese unterschiedlichen Perspektiven während des Forschungsprozesses nicht oder allenfalls nur hinsichtlich vereinzelter Punkte wechselseitig aufeinander bezogen werden. Dies wiederum impliziert auf der Ebene des Gesamtprojekts, dass verschiedene wissenschaftliche Formen der Beschreibung nebeneinander zu stehen kommen, ohne dass zunächst weitergehende Anstrengungen notwendig werden, um eine einheitliche Ausdrucksform zu entwickeln.« (ebd., S. 155)

---

276 Dies suggeriert aber die Metaphorik von Jürgen Mittelstraß: »Interdisziplinarität im recht verstandenen Sinne [...] schwebt« zwar nicht, »dem absoluten Geist nahe, über den Fächern und den Disziplinen« (Mittelstraß, 1993, S. 27), als Aufgabe der Philosophie weist Mittelstraß es jedoch aus, zum ›*Flug der Eule*‹ anzusetzen und auf diese Weise wieder »die ursprüngliche *Einheit der Wissenschaft*« (ders., 1987, S. 156) im Sinne einer »*Einheit der wissenschaftlichen Rationalität*« (ebd.) herzustellen (s. auch ders., 1989). Kritisch dazu z.B. Hüffer, 2001.

277 »Es ist nicht einfach, sich des Eindrucks zu erwehren, einige Autoren würden die Auffassung vertreten, ein Forschungsprojekt sei umso ›höher‹ einzuschätzen, je komplizierter und verschlungener die Beziehungen zwischen den verschiedenen beteiligten Disziplinen sind.« (Balsiger, 2005, S. 149)

278 Diese beiden Begriffe fungieren nicht explizit als Gegenbegriffe. Balsiger rekurriert daneben noch auf die Bezeichnungen ›Co-Disziplinarität‹, ›Krossdisziplinarität‹, ›Kondisziplinarität‹, ›Infradisziplinarität‹, ›Intradisziplinarität‹ sowie ›Pluridisziplinarität‹ und macht dabei jeweils mehr oder weniger große Unterschiede in der Verwendungsweise aus (s. ebd., S. 140–148).

Hinzu kommt, so Balsiger, eine verhältnismäßig offen bleibende Fragestellung, die deshalb eher als ›Thema‹ denn als »wissenschaftlich bearbeitbares Forschungsproblem« (ebd., S. 153) zu bezeichnen sei:

> »In dieser Differenzierung zwischen *Thema* und *Problem* liegt mehr als nur eine wissenschaftstheoretische Spitzfindigkeit. Sie begründet den Unterschied zwischen einem multidisziplinären Ansatz und anderen disziplinenübergreifenden Ansätzen: Für die letzteren steht im Normalfall ein wissenschaftlich exakt formuliertes Problem, also eine präzise Frage oder Aufgabe, zur Beantwortung bzw. Lösung an. Für einen multidisziplinären Ansatz demgegenüber bedeutet die Orientierung auf ein Thema, dass mit einer größeren Anzahl von wissenschaftlich zu bearbeitenden Problemen zu rechnen ist, die alle unter dem vorgegebenen Thema subsumierbar sind. Allerdings kann nicht darauf gezählt werden, dass zwischen diesen wissenschaftlichen Problemen eine Kohärenz hergestellt zu werden vermag. Die Zusammenhänge, sofern sich welche einstellen, bleiben zufällig.« (ebd., Hv.VW.)

Wissenschaftstheoretiker begegnen einer solchen Forschungsweise zumeist mit Kritik. So hat sich insbesondere Jürgen Mittelstraß, ein klarer Verfechter transdisziplinärer Wissenschaftspraxis (s.o., S. 154, Fn. 276), bereits mehrfach darüber beklagt, dass »der wissenschaftliche Geist heute verzagt von Interdisziplinarität spricht […] um sich dann meist auch noch mit Multidisziplinarität zufriedenzugeben« (Mittelstraß, 1993, S. 20). Parallelen lassen sich außerdem zu einer Praxis ziehen, die Winfried Löffler spöttisch als »›Nice-to-know‹-Interdisziplinarität« (Löffler, 2010, S. 164) betitelt und als solche in den Kreis ›schlechter‹ Formen disziplinenübergreifender Wissenschaftspraxis einreiht (s. ebd.).[279] Auch wenn Löffler der »Ehrenrettung« solcher Projekte wegen und im Hinblick auf die »organisatorischen Bemühungen dahinter« einräumt, dass sie mitunter z.B.

> »zur Anbahnung von persönlichen wissenschaftlichen Kontakten beitragen, die sonst kaum zustande gekommen wären und die nicht selten zu echter, sinnvoller interdisziplinärer Zusammenarbeit führen« (ebd., S. 165),[280]

geht er in dem Zusammenhang von nur »scheinbarer Interdisziplinarität« (ebd., S. 164) aus, bzw. von

> »Aktivitäten ohne klar definierte interdisziplinäre Objekte, oder solche, bei denen der Zusammenhang vornehmlich durch Ähnlichkeiten auf metaphorischer Ebene oder auf der Ebene der sprachlichen Oberflächengrammatik hergestellt wird.« (ebd.)

Er selbst erinnert sich dabei unter anderem an »Veranstaltungen über ›Das Fremde‹« (ebd.) oder »interdisziplinäre Veranstaltungen von Astronomen und Musikwissenschaftlern über Sphärenmusik« (ebd.), bei denen zwar Vertreter unterschiedlichster Fächer einen gewissen Beitrag hätten leisten können, deren Effekte aber über »ein angenehmes Gefühl des Bereichertseins in vielerlei Hinsicht und des Viel-Gelernt-Habens in kurzer Zeit« (ebd., S. 165) meist nicht hinausgegangen seien.

---

279 Darunter subsumiert Löffler außerdem die sogenannte »›Als-ob‹-Interdisziplinarität« (Löffler, 2010, S. 166), sowie eine »Interdisziplinarität als unfreundliche Übernahme« (ebd., S. 169).

280 »Bildlich gesprochen sind die Vorgänge in der Cafeteria hier mitunter wirksamer als jene im Vortragssaal.« (Löffler, 2010, S. 165). Vgl. hierzu auch weiter oben, S. 9f.

Von Interesse sind diese Anmerkungen hier deshalb, weil sie auf das grundsätzliche Manko einer unbestimmt bleibenden ›Vielfalt‹ hinweisen: Zwar kann man im wechselseitigen Kennenlernen von ursprünglich fachfremden Sichtweisen eine nicht unwesentliche Voraussetzung zwischenfachlicher Verständigung sehen, soll ein solcher ›Austausch‹ jedoch in konstruktive Formen der *Zusammen*arbeit münden, so wird man es bei dem ›angenehmen Gefühl des Bereichertseins‹ nicht belassen können.

Nimmt man daraufhin jedoch noch einmal die eingangs als potentielle ›Vorbilder‹ zur Diskussion gestellten Gemeinschaftsprojekte von Musikpädagogik und Musikwissenschaft in den Blick, so zeigt sich, dass lediglich der von Gieseler und Klinkhammer publizierte Tagungsbericht Ansätze transdisziplinären Arbeitens aufweist, wohingegen die übrigen Publikationen alle multidisziplinäre Züge erkennen lassen.

Deutlich wird dies bereits anhand der inhaltlichen Aufteilung der einzelnen Bände: Während in den Veröffentlichungen von 1987, 1997, 2008 und 2011 die Beiträge mehr oder weniger beliebig aneinandergereiht sind, ist der Bericht von 1978 durch eine den Einzelbeiträgen vorgeordnete Struktur geprägt, die sichtbar macht, dass mehrere ›aufeinander aufbauende‹ Sektionen sowohl die Tagung selbst als auch deren Dokumentation rhythmisieren sollten:[281]

> »Die ersten beiden Veranstaltungen werden einmal von der Seite der Musiklehrerausbildung her, dann von der Seite der Musikwissenschaft her das Ziel haben, dass man seine gegenseitigen Gravamina abladen, seine Wünsche äußern, seine Bedenken artikulieren kann. Nach dieser einleitenden sehr notwendigen Prozedur, die möglicherweise etwas vom Barrieren-Wegräumen an sich haben wird, lassen sich in der dritten Veranstaltung Überlegungen zu Gemeinsamkeiten in den Eingangsvoraussetzungen und im Grundstudium anstellen, wohlgemerkt für beide Studiengänge, also die der Lehrerausbildung und die der Musikwissenschaft: Denn jetzt ist Kooperation das Schlüsselwort, ökonomische Ausnutzung aller vorhandenen Kapazitäten Gebot der Stunde. Die Veranstaltungen 4–6 versuchen, unter dem gemeinsamen Titel ›Umsetzung von […] Erkenntnissen in die Schulpraxis‹ mit Sach-Experten, Musikpädagogen und Schulpraktikern der Probleme Herr zu werden, die durch die Curricula der Primarstufe und der Sekundarstufe geistern und die Musiklehrerausbildung vor harte Anforderungen stellen: in Musikgeschichte, Musiksoziologie und Musikethnologie.« (Gieseler, 1978a, S. 18)

Wenngleich sich allein an dieser inhaltlichen Gliederung natürlich nicht ablesen lässt, inwieweit die Tagungsbeiträge tatsächlich aufeinander bezogen sind bzw. inwieweit man am Ende von einer ›integrativen‹ Perspektive sprechen kann, so kann man ihr doch entnehmen, dass es das vordringliche Ziel der Veranstaltung gewesen sein wird, nicht mehr nur möglichst viele Ansichten zum Thema zu sammeln, sondern darüber hinaus bereits brauchbare kooperativ zustande gebrachte Entwürfe bezüglich der schulischen Curricula zu erreichen. Eine »Aufklärung« und angemessene »Beschreibung eines bestimmten Gegenstandes oder Sachverhaltes« (Balsiger, 2005, S.153) und damit die »erste Aufgabe« (ebd.), die Balsiger zufolge bei multidisziplinären Forschungsprojekten anfällt (s. ebd.), scheint beim Projekt von Gieseler und Klinkhammer

---

281 Auf eine enge Zusammenarbeit lassen auch die nicht nur zum Abschluss der Veranstaltung, sondern im Anschluss an jede einzelne Sektion geführten Diskussionen schließen (vgl. hierzu die entsprechenden Protokolle im Tagungsbericht: Pape, 1978, Finscher, 1978, Dahlhaus, 1978b, Hoffmann-Erbrecht, 1978, Rummenhöller, 1978, Helms, 1978 und Gieseler, 1978).

also schon im Vorfeld, primär vermutlich im Rahmen der Gremienarbeit der *Bundesfachgruppe Musikpädagogik – Musikwissenschaft*, erfüllt worden zu sein.[282]

Demgegenüber erwecken sowohl die von Edler, Hopf und Helms (1987a), von Krakauer (1997a) und Brusniak, Goebel und Kruse (2008) edierten, die Beziehung reflektierenden Bände als auch der von Schäfer-Lembeck (2011) herausgegebene fremdreferentielle Band (›Musikalische Bildung‹) den Eindruck, »ein Thema« werde dort erst noch »*umrissen*« (Balsiger, 2005, S. 153, Hv.i.O.). Eventuelle Lösungsansätze beschränken sich dabei folglich auf einzelne Teilbereiche, ohne dabei (schon) das gesamte Themengebiet zu umgreifen.

Verstärkt werden diese Eindrücke noch durch die einleitenden Worte der jeweils Verantwortlichen.[283] So weisen einzig Gieseler und Klinkhammer schon im Vorwort darauf hin, es sei »die Intention der Tagung« gewesen,

> »dass sich Fachvertreter der Musikpädagogik an wissenschaftlichen und künstlerischen Hochschulen und Fachvertreter der Musikwissenschaften an Universitäten zu Gesprächen zusammenfinden, um *gemeinsame Perspektiven* für die Zukunft zu entwickeln.« (Gieseler & Klinkhammer, 1978, S. 7, Hv.VW.)[284]

Dagegen hatten z.B. Edler, Hopf und Helms offenbar mehr das generelle und wiederholte Aufrollen eines Problemfeldes für zukünftige Anknüpfungen beabsichtigt, als eine Integration bereits erarbeiteter Lösungsansätze:

> »Es scheint den Herausgebern an der Zeit, eine Thematik wieder aufzugreifen, die seit vielen Jahren kontrovers diskutiert wird. Sicher werden in einem derartigen Sammelband nicht die vielfältigen Ursachen der Vergangenheit zur Sprache gebracht werden können. Es soll hier vielmehr versucht werden, trotz der methodologischen Fragen und Schwierigkeiten, die nach wie vor die Situation sowohl in der Musikpädagogik als auch in der Musikwissenschaft kennzeichnen, die Notwendigkeit ihrer Kooperation darzulegen und Möglichkeiten zu ihrer Konkretisierung in verschiedenen Bereichen aufzuzeigen.« (Edler et al., 1987b, S. 7f.)

Ähnlich berichtet Krakauer, Ziel der von ihm organisierten Tagung sei es vorerst nur gewesen, »den zwar immer wieder geführten, aber nicht allzu entwickelten Dialog zwischen Vertretern und Vertreterinnen beider Disziplinen« überhaupt erst wieder »zu fördern« (Krakauer, 1997b, S. 7). Eher vage muss deshalb das Verhältnis zwischen den von Krakauer im Vorwort aufgelisteten ›Leitfragen‹ zur Tagung[285] und den Reaktio-

---

282 Klar ist jedenfalls schon zu Beginn der Veranstaltung, dass hier ein zwischenfachlicher Diskurs bereits resümiert wird. Rekurrieren kann man dabei insbesondere auf den regen Austausch, der zwischen beiden Fächern während der 1960er und 70er Jahre stattgefunden hat (s.o., S. 23–25).

283 Brusniak, Goebel & Kruse 2008 bildet hier insofern eine Ausnahme, als der Band dem Publikationsanlass gemäß (›*Eine Festschrift für Ute Jung-Kaiser*‹) mit einer ›Biographie‹ Jung-Kaisers beginnt (s. B. Kaiser, 2008).

284 Auhagen 2011, S. 9f. (Hv.VW.).

285 »– Gibt es Aspekte von wechselseitiger Verwiesenheit und Abhängigkeit in Musikwissenschaft und Musikpädagogik? – Kann musikwissenschaftliche Forschung als ›fachwissenschaftliche‹ Grundlage in den musikpädagogischen Arbeitsbereichen gesehen werden? – Wie steht es um die Vermittlung und Vermittelbarkeit von musikologischen Fragestellungen und Forschungsergebnissen? – Gibt es eine Bedeutung musikpädagogischer Forschung als Teilbereich der Musikwissenschaft? – Wie sind die Standorte heutiger Musikwissenschaft und Musikpädagogik zu bestimmen?« (Krakauer, 1997b, S. 7)

nen der Vortragenden ausfallen: »Erwartungsgemäß haben sich auf diese weit ge-
spannten Fragen Antworten und Reaktionen in bunter Vielgestaltigkeit ergeben.«
(ebd.) Erst Krakauer selbst habe im Rahmen seines ans Ende des Tagungsberichtes
gestellten Beitrages

> »schließlich versucht, die geplanten Themenbereiche der Tagung zu präzisieren, und zu
> den fünf komplexen Problembereichen weiterführende Fragen und Implikationen darzu-
> stellen.« (ebd., S. 9)

Und auch Wolfgang Auhagen, Mitherausgeber des Bandes zur ›Münchner Bildungsta-
gung‹, konstatiert und honoriert nicht zuletzt die dortige Perspektiven*vielfalt*:

> »Die Gespräche von Vertreterinnen und Vertretern unterschiedlicher Disziplinen erwie-
> sen sich als sehr ertragreich, gerade weil sie von *unterschiedlichen Perspektiven* aus ge-
> führt wurden und übereinstimmende, aber auch differierende Positionen zu Kernfragen
> deutlich werden ließen. Der vorliegende Band vermittelt einen Eindruck von dem *Facet-
> tenreichtum* der angesprochenen Themen.« (Auhagen, 2011, S. 9f., Hv. VW.)

Für die vorliegenden Überlegungen sind diese Beobachtungen nun weniger aufgrund
einer damit möglicherweise verbundenen wissenschaftstheoretischen Einschätzung der
fraglichen Projekte oder gar der musikpädagogisch/-wissenschaftlichen Kommunikation generell von Bedeutung – ein Unterfangen, das in jedem Fall deutlich umfassendere
Zugänge erforderte als die nur überblicksartige Sichtung einiger Buchdokumentatio-
nen sie gewähren kann –, als vielmehr im Hinblick auf die weitere zwischenfachliche
Kommunikation von Musikpädagogik und Musiktheorie: Soll diese nämlich nicht nur
punktuell ›Anregung‹ bieten, sondern sich als gewinnbringende Form des Kooperie-
rens etablieren, so liegt es trotz der fraglos bereichernden Effekte nahe, in sporadisch
organisierten Tagungs- oder Buchprojekten erst einen Anfang zu sehen.

4.2.2 Thematische Anschlüsse zwischen Übernahme und Kritik

Neben explizit fächerübergreifend konzipierten Tagungsveranstaltungen und Publika-
tionsvorhaben lassen sich im musikfachlichen Zusammenhang zahlreiche Projekte beobachten, die zwar von einem Autor verfasst sind, inhaltlich aber unterschiedliche Bereiche abdecken. Herausgreifen kann man an dieser Stelle exemplarisch die von Robert Lang angedachte ›*Didaktik der Musiktheorie*‹ (Lang 2005), Christoph Richters
›*Genetische Musiktheorie*‹ (Richter, 1993), Ulrich Kaisers ›*Bach-OpenBook*‹ (Kaiser, 2011a und b [beide online]) sowie den von Matthias Schlothfeldt stammenden
Band zum ›*Komponieren im Unterricht*‹ (Schlothfeldt, 2009).

Gemeinsam ist diesen Projekten zunächst, dass sie sich in je unterschiedlichen Hin-
sichten und bezogen sowohl auf hochschulische als auch auf schulische Kontexte an
Schnittstellen zwischen *musikbezogener Theorie* und *Pädagogik* bzw. *Didaktik* aufhal-
ten. Hinzu kommt ein methodisches Vorgehen, das sich im Sinne Balsigers als ›*trans-
disziplinär*‹ bezeichnen ließe: Anstatt die beiden Bereiche getrennt voneinander abzu-
handeln, perspektivieren die beschriebenen Vorhaben ihr jeweiliges Thema in einer

Weise, die nicht nur eine klare Problemformulierung, sondern auch eine Art integratives Gesamtkonzept erkennen lässt.[286]

So sind *Robert Langs* Vorarbeiten zu einer *»Philosophie«* (Lang, 2005, S. 461, Hv.i.O.) der Theoriedidaktik vor allem dadurch charakterisiert, dass sie allgemeindidaktische Ansätze für den Unterricht speziell in Musiktheorie nutzbar machen. Langs Ziel ist es, ein unter Musiktheoretikern »häufig« vorherrschendes »unfreiwilliges pädagogisches Einzelgängertum« ebenso wie das sonst übliche bloße »Sammeln guter methodischer Ideen« (ebd.) durch »ein von Musiktheoretikern und Musikpädagogen getragenes Gesamtkonzept« im Sinne einer fachlich ausdifferenzierten »Metawissenschaft« (ebd.) zu ersetzen.

Christoph Richter dagegen stellt eine seines Erachtens sowohl im Schul- als auch im Hochschulunterricht gängige Praxis des Umgangs mit musiktheoretischen Begriffen in Frage (Richter, 1993, S. 45–47) und hält ein didaktisches Konzept entgegen, das unter anderem darauf beruht, Theorieinhalte im jeweiligen Unterricht gemeinsam mit den Lernenden zu entwickeln (ebd., S. 47–49, s. auch weiter oben, S. 108). Methodisch greift er dabei die Pädagogik Martin Wagenscheins auf (s. z.B. Wagenschein, 1982) und regt an, dessen Theorie ›genetischen Lernens‹ für die Vermittlung musiktheoretischer Inhalte zu nutzen (Richter, 1993, S. 47–49).[287]

Das ›Bach-OpenBook‹ von *Ulrich Kaiser* wiederum stellt einerseits eine direkt im schulischen Musikunterricht einsetzbare Materialsammlung dar (Kaiser, 2011a [online]), lässt sich andererseits aber auch als eine Art ›Schulbuchkritik‹ deuten (s. hierzu besonders ders., 2011b, S. 10–12 und S. 25 [online]): Ausgehend von der Beobachtung, dass »man auch in neuesten Schulbüchern fachwissenschaftlich Überholtes und im schlimmsten Fall sogar lexikalisch Falsches lesen kann« (ebd., S. 4), sowie der Erfahrung, dass Verlage weder primär »an guten und neuen Inhalten interessiert« (ebd.) sind, noch dem Autor zwangsläufig die Arbeit erleichtern, ist Kaiser dazu übergegangen, die von ihm erstellten Unterrichtseinheiten in Form von direkt verwendbaren Unterrichtsheften, nebst ausführlichen Kommentarbänden sowie den zugehörigen Aufnahmen bzw. einer unterstützenden Software zum freien Download zur Verfügung zu stellen (s. Kaiser, 2011c [online] bzw. Helmberger & Kaiser, n.d. [online]).

Die kompositionspädagogischen Ausführungen *Matthias Schlothfeldts* schließlich gehen von der in den Lehrplänen allgemeinbildender Schulen zum Teil explizit gefor-

---

286 Voraussetzung für eine solche Sichtweise ist zum einen das Beobachten personenunabhängiger Forschungsprozesse, so dass man etwa mit Gerhard Vollmer von einer »Interdisziplinarität in einer Person« (Vollmer, 2010, S. 53 bzw. s. ebd., S. 53–59) sprechen kann, zum anderen die Annahme einer »Mehrzahl von Relata« (Voigt, 2010, S. 32), also einer disziplinär strukturierten Pädagogik und einer davon unterschiedenen ›Theorie‹, um von einer interdisziplinär erst zu kreierenden Beziehung ›dazwischen‹ ausgehen zu können (s. Voigt, 2010, S.32 bzw. s.o., S. 78–84). Zu untersuchen wäre, für welche musikbezogenen Theorien sich eine solche Differenz überhaupt ausmachen lässt bzw. welche Theoriestile ohnehin eine genuin pädagogische Motivation erkennen lassen (vgl. dazu z.B. die Überlegungen zu den pädagogisch-didaktischen Implikationen der ›Partimento‹-Tradition, s.o., S. 85).

287 Leider steht eine konzeptionelle Ausarbeitung bzw. eine Konkretisierung der im betreffenden Aufsatz nur allgemein geäußerten Ideen noch aus.

derten Aufgabe des ›Musik Erfindens‹[288] aus und machen Vorschläge in Richtung einer für alle Beteiligten gewinnbringenden Umsetzung kompositorischer Vorhaben im schulischen Musikunterricht. Geklärt werden dabei nicht nur allgemein die Zusammenhänge »zwischen Komposition und Musiktheorie« einerseits und »Musikunterricht an der Schule und Didaktik der Musiktheorie« (Schlothfeldt, 2009, S. 16 bzw. s. ebd., Teil I, S. 23–44) andererseits sowie die »Frage [...] welche Möglichkeiten die kompositorische Arbeit von Schülern eröffnet, die im laufenden Musikunterricht in Schulklassen und in Musikkursen stattfindet« (ebd., S. 17 bzw. s. ebd., Teil II, S. 45–204), sondern Ziel der Darstellung ist es außerdem zu erörtern, »welche Konsequenzen für die Lehrerausbildung die vorgestellten kompositionspädagogischen Erfahrungen und Ansätze haben sollten.« (ebd., S. 19 bzw. s. ebd., Teil III, S. 205–318)[289]

Legt man also auch jetzt die im voranstehenden Abschnitt gewonnenen Kriterien für einen im Hinblick auf das zwischenfachliche Kooperieren möglichst erfolgversprechenden Projekttyp an, so kommt diesen vier Publikationen zunächst eine klare Vorbildfunktion zu. Unberücksichtigt bleibt dabei jedoch die Frage, inwieweit sich mit einer solchen Form von Transdisziplinarität nicht nur ein ›Überschreiten‹ pädagogisch-theoretischer Grenzen verbindet, sondern auch ein ›Überbrücken‹ der jeweiligen *Fach*grenzen.

Aufgreifen kann man hier die unter anderem von Heinz Heckhausen getroffene Unterscheidung zwischen *systematisch* zu begreifenden *Disziplinen* und lediglich *historisch* gewachsenen ›Fächern‹ (s. Heckhausen, 1987).[290] Während letztere Heckhau-

---

288 Der Hamburger ›*Rahmenplan Musik. Bildungsplan Gymnasiale Oberstufe*‹ (s. Freie und Hansestadt Hamburg, 2009 [online]) z.B. führt gleich im ersten von drei Kompetenzbereichen die »Produktion von Musik« (ebd., S. 10) und das »Erfinden von Musik« (ebd.) als auszubildende Kompetenzen an, ebenso wie bereits der entsprechende ›*Bildungsplan Grundschule*‹ (Freie und Hansestadt Hamburg, 2011 [online]) fordert, »das Erfinden eigener Klang- und Bewegungsfolgen« (ebd., S. 12) zu fördern und »zu eigenen Gestaltungsversuchen« (ebd.) anzuregen. Ähnlich wird im ›*Lehrplan für Gymnasien*‹ von Sachsen (Sächsisches Staatsministerium für Kultus, 2004 [online]) für die Jahrgangsstufe 7 das »Komponieren« (ebd., S. 13) genannt, und im Baden-Württemberger ›*Bildungsplan für Allgemein bildendes Gymnasium*‹ (Ministerium für Kultus, Jugend und Sport Baden-Württemberg, 2004 [online]) heißt es »für das Profilfach Musik in den Klassen 5 bis 10«: »Improvisation mit Stimme und Instrument und erste Kompositionsversuche fördern kreatives Handeln und Denken.« (ebd., S. 404).

289 Ähnliche Perspektiven bot zum Teil auch die Sektion ›Kompositionspädagogik‹ des XII. Jahreskongresses der *Gesellschaft für Musiktheorie* im Jahr 2012 mit Beiträgen von Matthias Schlothfeldt (›*Kompositionspädagogik: Ist die Musiktheorie zuständig?*‹), Christhard Zimpel (›*Bearbeiten, Improvisieren und Komponieren im Theorieunterricht*‹), Stefan Garthoff (›*Binnendifferenzierung im Musiktheorieunterricht*‹), Philipp Vandré (›*Musiktheorie und Kompositionspädagogik in der Musikschule*‹), Benjamin Lang (›*Komponieren zeitgenössischer Kunstmusik im Tonsatzunterricht*‹), Arvid Ong (›*Komponieren mit Jugendlichen – kreativer Weg zur musikalischen Bildung oder pädagogisch-ästhetischer Selbstzweck?*‹), Nora Brandenburg (›*Das Rezitativ als Stilübung im Tonsatzunterricht*‹), Martin Hecker (›*Ligetis Musica ricercata – ein Kompositionslehrwerk?*‹) und Florian Edler (›*Höranalyse als Zugang zu neuer Musik. Perspektiven und Grenzen*‹) (s. Folkwang Universität der Künste, 2012, S. 12 und 14 bzw. Schlothfeldt & Roth, 2015).

290 Heckhausen knüpft mit dieser Trennung an bereits etablierte wissenschaftstheoretische Überlegungen an, berichtet jedoch von einer häufig begegnenden »wissenschaftstheoretischen Unschuld« (Heckhausen, 1987, S. 130): »In jedem Fach auch eine eigene Disziplin zu sehen oder Fach und Disziplin als austauschbare Begriffe zu verwenden ist die übliche Verständnisgrundlage

sens Terminologie nach durch diverse »institutionslogische Faktoren« (ebd., S. 130), aber »nur zum Teil von reinem Erkenntnisinteresse bestimmt« (ebd.) seien, setzten disziplinäre Zusammenhänge eine theoretisch fundierte Integration voraus. Gemeint ist damit

> »ein spezifisches Niveau, auf dem der gewählte Gegenstandsaspekt theoretisch integriert, ja rekonstruiert wird. Was die Disziplinarität eines Faches ausmacht, ist – kurz gesagt – das ›theoretische Integrationsniveau‹, auf das das materiale Feld der Erfahrungsgegenstände eingegrenzt wird, um die Phänomene und Ereignisse der ausgewählten Gegenstandsaspekte in Theorieentwürfen, Als-ob-Modellen oder anderen Arten von Rekonstruktionen fasslich und für das Denken operabel zu machen, um letztlich die betreffenden Sachverhalte der Wirklichkeit zu verstehen, zu erklären, vorherzusagen, praktisch zu nutzen, zu ändern.« (ebd.)

Konkretisiert man diese Differenz für Musikpädagogik und Musiktheorie, so kann man zunächst feststellen, dass trotz der historischen und institutionellen Unterschiede zwischen den beiden Fächern eine je einheitliche und vor allem je Fach spezifische ›Disziplinarität‹ nur schwer auszumachen ist.

Rekurrieren lässt sich hierbei nicht nur auf die generelle Stellung der beiden Fächer »an den Schnittstellen von Kunst, Wissenschaft und Pädagogik« (Diergarten et al., 2010, S. 5), sondern vor allem auf Beschreibungen, die eine schon jeweils ›fachintern‹ zu verortende ›Interdisziplinarität‹ abstellen: Impliziert ist damit eine Form von Mehrperspektivität, angesichts deren eine theoretische Integration im Verständnis Heckhausens kaum möglich scheint.

So sind für die Musikpädagogik Herangehensweisen soziologischer (s. z.B. Niessen, 2006) oder psychologischer Herkunft (so z.B. die Forschungsprojekte von Reinhard Kopiez, s. ders. 2014 [online]) ebenso typisch wie solche ästhetischen (s. z.B. Rolle, 1999) oder geschichtswissenschaftlichen Ursprungs (s. z.B. Cvetko, 2006), ähnlich wie zur Musiktheorie dem entsprechenden ›Handbuch‹ zufolge neben der Riemannschen Funktionstheorie (s. de la Motte-Haber, 2005b oder Holtmeier, 2005) oder etwa der ›Schichtenlehre Heinrich Schenkers‹ (s. Schwab-Felisch, 2005) z.B. auch kognitionswissenschaftliche (s. Thorau, 2005) und mathematische Ansätze (s. Noll, 2005) zählen.[291]

> beim Reden über ›Interdisziplinarität‹.« (ebd., S. 129f). Interessant ist in diesem Zusammenhang auch der Hinweis Winfried Löfflers, der Begriff ›Fach‹ stelle eine »Eigenheit« speziell »des deutschen Wissenschaftsvokabulars« (Löffler, 2010, S. 160) dar.

291 Bemerkenswert sind in diesem Zusammenhang besonders die Beschreibungen zweier nahezu zeitgleich terminierter Kongresse, nämlich zum einen der Kongress der ›Gesellschaft für Musiktheorie‹, der vom 9. bis 12. Oktober 2008 unter dem Titel ›Musiktheorie als interdisziplinäres Fach‹ in Graz stattgefunden hat (s. Utz, 2010a), zum anderen die vom 10. bis 12. Oktober desselben Jahres abgehaltene Jahrestagung des ›Arbeitskreises für musikpädagogische Forschung‹ mit dem Thema ›Interdisziplinarität als Herausforderung musikpädagogischer Forschung‹ (s. Schläbitz, 2009c). In beiden Fällen bezeichnet der Begriff des ›Interdisziplinären‹ den einleitenden Worten der Herausgeber nach eine Form der fachinternen Mehrperspektivität, die sich nicht nur auf die gesellschaftliche Verortung von Musikpädagogik und Musiktheorie bezieht – das generelle ›quer-Liegen‹ zu einzelnen gesellschaftlichen Logiken (s.o. Kapitel 3 dieser Arbeit) – sondern speziell auf das Wissenschaftssystem und die dort zu beobachtende Binnendifferenzierung. Wenn Christian Utz den GMTH-Kongress z.B. als eine Veranstaltung beschreibt, deren

Dass eine solche ›Vielfalt‹ nicht nur dann gewisse Schwierigkeiten birgt, wenn sie die Struktur fächerübergreifender Projekte betrifft, deutet sich z.B. dort an, wo Peter W. Schatt im Rekurs auf die »Interdisziplinarität der Musikpädagogik« (Schatt, 2007, S. 24) die zwar rhetorisch zu verstehende, sich an der Stelle aber offenbar aufdrängende Frage nach deren »Eigenständigkeit« als »wissenschaftliche Disziplin« (ebd.) aufwirft: »Ist sie vielleicht doch nichts Anderes als ein Konglomerat aus anderen Disziplinen?« (ebd.). Ähnlich weist Sigrid Abel-Struth darauf hin, eine »Musikpädagogik als Addition« (Abel-Struth, 1970, S. 81 bzw. s. ebd., S. 81–85) setze sich der Gefahr aus,

> »durch Anschluss an fremde Systeme und Methoden ihre eigenen Inhalte zu verfälschen. Ganz zu schweigen von den Gefahren, die dadurch entstehen, dass mit einer Reihung von sogenannten Einführungen in wissenschaftliche Disziplinen diese selbst nur dilettantisch aufgefasst werden können (Abel-Struth, 1970, S. 85).

Und selbst Norbert Schläbitz, der in der interdisziplinären Anlage der Musikpädagogik primär ein »unverkennbares Qualitätsmerkmal« (Schläbitz, 2009d, S. 12) sieht, auf das man dort, »wo komplexe Phänomene einer zunehmend komplexer werdenden Gesellschaft forschungsrelevant beleuchtet werden sollen« (ebd.), keinesfalls verzichten könne, macht darauf aufmerksam, dass das Fach sich damit auch dem »›Verdacht‹« aussetze, eine »Disziplin zwischen den Stühlen der anderen, ›richtigen‹ Wissenschaften« (ebd., S. 7) zu sein. Als solche sei die Musikpädagogik in Gefahr, bloß ein »eklektisches Sammelsurium« (ebd.) darzustellen, dessen Identität – so könnte man mit Blick auf die fächerübergreifende Beziehungspflege ergänzen – gerade von außen kaum zu identifizieren ist.[292]

Darüber hinaus ist an dieser Stelle jedoch vor allem die Beobachtung von Bedeutung, dass sich die Differenz ›Theorie‹/›Pädagogik‹ bzw. ›Theorie‹/›Didaktik‹ im Sinne einer Unterscheidung zweier Disziplinen zu derjenigen zwischen den Fächern ›*Musik*theorie‹ und ›*Musik*pädagogik‹ nicht kongruent verhält.

»Sektionen [...] die Grenzbereiche zur Musikgeschichte, Musikästhetik, zur Praxis musikalischer Interpretation, zur kompositorischen Praxis im 20. und 21. Jahrhundert, zur Ethnomusikologie sowie zur Systematischen Musikwissenschaft« (Utz, 2010b, S. 9) ausloten, so berühren diese Felder zwar auch unterschiedliche Funktionskontexte, von besonderer Bedeutung ist jetzt jedoch ein »offene[r] und interaktive[r] Theoriebegriff, der Musiktheorie *als multiperspektivische wissenschaftliche Disziplin* in den Spannungsfeldern Theorie/Praxis, Kunst/Wissenschaft und Historik/Systematik auffasst.« (ebd.) Ähnlich betont Norbert Schläbitz als Hauptverantwortlicher für die musikpädagogische Veranstaltung speziell einen »Pluralismus an *Forschungs*ansätzen« (Schläbitz, 2009d, S. 8, Hv.VW.) als Zeichen dafür, dass die Musikpädagogik »grundsätzlich interdisziplinär« (ebd., S. 10) arbeite.

292 Zur Entkräftung der »ketzerischen These« (Schläbitz, 2009d, S. 7), Musikpädagogik sei eine »Mangelwissenschaft«, schlägt Schläbitz vor, eine »eigene (transdisziplinäre) Disziplinarität der Musikpädagogik« anzunehmen, »die sich nicht im Interdisziplinären verliert, sondern die eine Grenze zieht zu anderen Wissenschaften.« (Schläbitz, 2009d, S. 8). Vgl. hierzu auch Kaisers Plädoyer nicht für eine Systematik, aber für ›*Systematizität*‹ als Voraussetzung wissenschaftlicher Musikpädagogik (s. H-J. Kaiser, 2008) oder das Plädoyer Clemens Kühns für eine Begrenzung der musiktheorieeigenen Fragestellungen: »Vor Ausuferungen möchte ich warnen. Musiktheorie darf sich nicht dadurch verwässern, dass sie sich zu einer verkleinerten Ausgabe anderer Disziplinen ausdünnt, oder dass sie in ihnen verschwindet, oder dass sie – anderes Extrem – zu einer Art Übervater wird.« (Kühn, 2010b, S. 27).

Deutlich wird dies bereits anhand des Genetischen Theoriekonzepts Richters: Als ›zwischenfachlich‹ sind seine Ausführungen dann zu bezeichnen, wenn man in ihnen eine *kritische Bezugnahme* seitens der Musikpädagogik auf die entsprechenden Prozesse innerhalb des Nachbarfaches ›Musiktheorie‹ sieht. Zwar handelt es sich dabei weder um zwischenfachliche ›Kooperation‹, noch um einen ›Dialog‹ im engeren Sinne, auffassen kann man seine Bezugnahmen stattdessen aber als eine Spielart fächerübergreifenden Kommunizierens, bei der anstelle des wechselseitigen ›Ergänzens‹ des je eigenen Fachdiskurses die »gegenseitige Relativierung im übrigen nichtkomplementärer Zugriffe« (Kocka, 1987, S. 10) steht – ein Prozess, den Jürgen Kocka bereits als möglichen »Fortschritt« (ebd.) deutet.[293] Festzustellen ist dabei jedoch, ähnlich wie für die im Rahmen der ›*Analysen*‹ des 3. Kapitels thematisierte ›musikpädagogische Musiktheorie-Kritik‹, dass Richter in einer weitgehend undifferenzierten Weise das gesamte Nachbarfach abqualifiziert, obwohl seine Einwände lediglich für einen bestimmten, und zwar auch *musikpädagogischen Gebrauch musiktheoretischer Begriffe* relevant sind. Zu klären wäre also, inwieweit seine augenscheinlich fächerübergreifende Kritik tatsächlich nachbarfachliche Prozesse betrifft.[294]

Noch offensichtlicher werden diesbezügliche Unklarheiten, sobald nicht nur gewisse musiktheoretische Inhalte in ihrer fachlichen Verortung zur Disposition stehen, sondern der gesamte Bereich *pädagogisch-didaktischer Überlegungen*. So lässt sich z.B. Langs Theoriedidaktik entweder als musikpädagogisch/theoretisches Projekt begreifen oder aber als eine lediglich auf musiktheoretische Inhalte spezialisierte Bereichsdidaktik. Ebenso weisen die kompositionspädagogischen Arbeiten Schlothfeldts oder Kaisers OpenBooks zwar einen inhaltlichen Transfer in pädagogisch-theoretischer Hinsicht auf, je nach Blickwinkel sind sie aber auch als musiktheoretische Projekte deutbar, bei denen lediglich die Vermittlung der betreffenden Inhalte im Zentrum steht (vgl. hierzu die Ausführungen zur ›Anwendung‹ wissenschaftlichen Wissens weiter oben, S. 70–78).

Auffallend ist in diesem Zusammenhang besonders die starke pädagogische Selbstpositionierung der Musiktheorie (s.o., S. 84–86). Sie ist vor allem dann nicht zu erwarten, wenn man das Fach ohne weitere Differenzierung als ›Fachwissenschaft‹ klassifiziert oder lediglich diejenigen Diskursausschnitte berücksichtigt, im Rahmen derer die Musiktheorie auf dem Ideal einer wissenschaftlichen oder künstlerischen Autonomie beharrt.[295] Rekurriert man stattdessen jedoch auf musiktheoretische Selbstbeschrei-

---

293 Kocka spricht hier von einer »Interdisziplinarität als Kritik« (Kocka, 1987, S. 10) Ähnlich hebt auch Rudolf Frisius bezogen auf Musikpädagogik und Musiktheorie hervor: »Voraussetzung« für eine gewinnbringende Fächerbeziehung sei es, »dass beide Disziplinen sich ständig gegenseitig in Frage stellen und korrigieren. Keine kann die Ergebnisse der anderen unkritisch übernehmen oder außer acht lassen.« (Frisius, 1971, S. 12).

294 Dass die von Richter angesprochenen Probleme auch im Musiktheorieunterricht an Hochschulen mitunter eine Rolle spielen, soll an dieser Stelle gar nicht bestritten werden. Voraussetzung für eine zielgerichtete Kritik wäre jedoch eine entsprechende Unterrichtsforschung. Einen Anfang macht z.B. die von Kilian Sprau und Veronika Stüben durchgeführte Umfrage zum Theorieunterricht unter Studierenden der Münchner Musikhochschule (s. Sprau & Stüben, 2010).

295 Vgl. weiter oben, S. 119–121. Dieser Diskursausschnitt ist faktisch und bezogen auf den musiktheoretischen Gesamtdiskurs, recht klein. Da aber vorwiegend Publikationen in einer musikpäda-

bungen, die Vermittlungsaufgaben ins Zentrum des fachlichen Interesses stellen, so rückt ein nicht unerheblicher pädagogisch-didaktischer Schwerpunkt in den Vordergrund.[296]

Clemens Kühn z.B. hebt explizit hervor, sein Didaktikbuch sei, wenngleich »von einem Musiktheoretiker geschrieben, [...] für alle offen, die mit *Musik*unterricht« überhaupt »zu tun« hätten:

> »›Theorie‹ ist zwar sein Gegenstand, jedoch im doppelten Sinn nicht sein ausschließliches Thema. Denn zum einen zielt Musiktheorie als Unterrichtsfach wenig auf Theorie ›an sich‹. Sie operiert zwar mit ihrem Wissen als Disziplin, ist aber ganz unmittelbar auf Musik und – *dies in allererster Linie* – auf Menschen gerichtet. [...] Zum anderen schälen sich bestimmte Prinzipien heraus. Sie sind nicht an das spezielle Fach Theorie oder an eine hochschulische Situation gebunden, sondern betreffen musikalische Unterweisung generell.« (Kühn, 2006, S. 7)[297]

Dass diese Expansion der pädagogisch-didaktischen Orientierung weder allein daraus resultiert, dass hier »Vorüberlegungen« zu einer speziell der musiktheoretischen *Lehre* gewidmeten Publikation angestellt werden, noch in erster Linie publikatorischen Überlegungen geschuldet ist,[298] wird ersichtlich, sobald man daneben noch anderweitig kontextualisierte Darstellungen befragt. Kühn selbst erinnert z.B. anlässlich des zehnjährigen Jubiläums der GMTH erneut daran, »Musiktheorie«, obwohl »an Hochschulen zu Hause«, dürfe sich »nicht darüber erhaben fühlen, für den Unterricht an *Schulen* etwas beizutragen« (Kühn, 2011, S. 171, Hv.i.O.). In dieselbe Richtung weisen die Überlegungen Hartmut Fladts, wenn er betont, »die Fächer Musikwissenschaft, Musiktheorie, Komposition und Musikübertragung [...] definieren sich« zwar alle »im Spannungsfeld *wissenschaftlich-künstlerisch*« (Fladt, 2002a, S. 34, Hv.i.O.), wenigstens »für die Musiktheorie« sei als »dritte Komponente« aber noch die *»pädagogisch/didaktisch«* (ebd., Hv.i.O.) fokussierte zu nennen. Und unmissverständlich formulieren es schließlich auch die Verantwortlichen für einen zu Ehren Kühns publizierten Sammelband (Diergarten, 2010a), »was die Hauptaufgabe der Musiktheorie war

---

gogischen Zeitschrift dazu zählen (vgl. vor allem Rohringer, 2001, Kühn, 2009), ist anzunehmen, dass er seitens der Musikpädagogik unverhältnismäßig ›groß‹ wahrgenommen wird, das musikpädagogische Musiktheoriebild also entscheidend mitbestimmt.

296 Problematisch ist dabei schon vor jeder Überlegung in Richtung ›Zwischenfachlichkeit‹ die mangelnde Diskursivität dieser pädagogisch-didaktischen Bestrebungen: Zwar zählt es innerhalb der Musiktheorie offenbar zum ›guten Ton‹, den Elfenbeinturm der ›reinen Theorie‹ hinter sich zu lassen, Rekurse auf die Pädagogik als Fachdisziplin jedoch sind ebenso selten wie eine wechselseitige Bezugnahme aufeinander. Entsprechend ist Robert Lang der Auffassung, innerhalb der Musiktheorie bedürfe es zuvorderst »einer Bündelung und eines Diskurses über die verstreuten wertvollen Ideen und Ansätze.« (Lang, 2005, S. 463).

297 Ähnlich ›entgrenzend‹ auch die entgegengesetzte Variante: »Umgekehrt sind in jeder Vermittlung von Musik Momente von ›Theorie‹ enthalten – sei es rudimentär, ausdrücklich einbezogen, schemenhaft mitgedacht, hinter bildhaften Vorstellungen versteckt.« (Kühn, 2006a, S. 7).

298 Der Kreis potentieller Adressaten vergrößert sich natürlich beträchtlich, sobald nicht ausschließlich Hochschullehrer angesprochen sind.

164

und auch in Zukunft sein wird: der Unterricht an den Musikhochschulen« (Diergarten et al., 2010, S. 5).[299]

Legt man also etwa mit Hermann J. Kaiser ein für »die Musikpädagogik als wissenschaftliche Disziplin« (Kaiser, 1998, S. 28) geltendes »Kriterium« (ebd., S. 32) an, das »in sich eine Verbindung von ästhetischer und pädagogischer Dimensionalität vollziehen« (ebd.) soll, dann lässt sich dieses zwar »*per definitionem* (→ Musikpädagogik)« (ebd., Hv.VW.) als musikpädagogische »Leitkategorie« (ebd.) auffassen, ob es *faktisch* aber auch die Funktion erfüllt, »alle musikpädagogische Praxis und Theoriebildung als musikpädagogische« (ebd.) und *nicht musiktheoretische* erkennbar zu machen, muss zumindest vor dem Hintergrund der obigen Beschreibungen strittig erscheinen.[300]

Dasselbe gilt hinsichtlich der von Kaiser als »mögliche regulative Idee einer Musikpädagogik als Wissenschaft« (H.-J. Kaiser, 2008, S. 48) vorgeschlagenen »alles übergreifenden Frage nach dem Verhältnis von Menschen und Musiken« (ebd.; s. auch Kraemer, 2004, S. 41f.): Zwar spezifiziert Kaiser diese Ausrichtung insofern, als er das hier gemeinte Verhältnis ›Mensch – Musik‹ speziell »in jenen gesellschaftlichen Prozessen« verortet, »die von *edukativer Intentionalität* initiiert und durch diese geleitet, aber auch terminiert werden« (H.-J. Kaiser, 2008, S. 48, Hv.VW.), eine klare Abgrenzung gegenüber einer Position, wie sie die Musiktheorie für sich in Anspruch nimmt, bedeutet dies jedoch offensichtlich nicht unbedingt.[301]

Für die vorliegenden Überlegungen sind diese Beobachtungen nun weniger aufgrund der damit einhergehenden terminologischen Unklarheiten darüber, ob man es jeweils mit ›musikpädagogischen‹, ›musiktheoretischen‹ oder eben ›fächerübergreifenden‹ Projekten zu tun hat, von Bedeutung, als vielmehr aufgrund der Korrelationen, die zwischen den damit einhergehenden Abgrenzungsschwierigkeiten und der Fächerbeziehung selbst zu vermuten sind.

---

299 Vgl. hierzu auch die Beobachtungen Melanie Bieneck-Hempels »[z]um Selbstverständnis hochschulischer Musiktheorie« (Bieneck-Hempel, 2009, S. 141 bzw. s. ebd., S. 141–147). Selbst im ›*Handbuch der Systematischen Musikwissenschaft*‹, das im Band zur ›*Musiktheorie*‹ (de la Motte-Haber, 2005a) diese zuvorderst als »musikwissenschaftliche Disziplin« (de la Motte-Haber, 2005a, S. 9) auffasst, weist Helga de la Motte-Haber bereits im ersten Absatz des Vorwortes darauf hin, der musiktheoretischen Fachstruktur seien »leitende Gesichtspunkte […] auch für pädagogische Vermittlung« (ebd.) zu entnehmen. Zur ›Segmentierung‹ der Musiktheorie s. aber auch weiter oben, S. 142–150.

300 Hartmut Fladt beispielsweise hebt eine ähnlich »kompakte Verknüpfung von wissenschaftlichem, künstlerischem, künstlerisch/wissenschaftlichem und pädagogisch/didaktischem Potenzial« (Fladt, 2002a, S. 202) in Bezug auf die Musiktheorie hervor. Ebenso verorten Diergarten et al. die Musiktheorie »an den Schnittstellen von Kunst, Wissenschaft und Pädagogik« (Diergarten et al., 2010, S. 5.).

301 Dass das Verhältnis ›Mensch – Musik‹ generell betrachtet auch für die Musiktheorie eine entscheidende Rolle spielt, darauf hat u.a. Rohringer im Rahmen seiner Kritik an verschiedenen Textpassagen aus der Feder Christopher Wallbaums hingewiesen (s. Rohringer, 2011b, S. 126).

In den Fokus rücken hier neben einer gewissen ›*Unsichtbarkeit*‹ der Fächer füreinander[302] vor allem die bereits mehrfach zur Sprache gebrachten *Kompetenzkonflikte* zwischen den Fächern. Wenn Richter an anderer Stelle beispielsweise beschreibt, was den schulischen Musikunterricht auszeichne – er sei jedenfalls »nicht Unterricht in Musiktheorie« (Richter, 2002a, S. 53) – so lässt sich dies zumindest indirekt auch als eine Botschaft an das *Fach* Musiktheorie lesen, mit der dasselbe in den ihm eigenen Zuständigkeitsbereich verwiesen werden soll. Noch ersichtlicher wird die sich der Richterschen Darstellung nach damit verbindende Ausweitung der musikpädagogischen Kompetenzen, sobald dieser klarstellt, wer die Entscheidungshoheit in Sachen Musiklehrerausbildung innehabe: Zwar ist es ihm das »allerwichtigste Prinzip der Hochschuldidaktik an Musikhochschulen, [...] dass alle Fächer wechselseitig den Rang von Zwecken und Mitteln haben« – »[k]eines von ihnen darf so selbstständig und selbstgenügsam agieren, dass es Einfluss und Macht über die anderen, vor allem aber auf die Berufsbilder ausübt« –, für den ›Einfluss‹ der Musikpädagogik auf die Musiktheorie gilt dies jedoch offenbar nicht:

> »Von diesem Prinzip bleibt die Tatsache freilich unberührt, dass für alle Berufsausbildungen bestimmte Disziplinen verantwortlich sind. Für die Musiklehrerausbildung ist dies auf jeden Fall nicht die Musiktheorie, so sehr diese Ausbildung auf deren Hilfe und Anregungen angewiesen ist. Die Musiktheorie muss sich vielmehr die Zielsetzung, den Charakter und die Aufgaben von der Musikpädagogik vorgeben lassen, mit ihr im ständigen Diskurs stehen und mit ihr gemeinsam an einem Studienprofil arbeiten, welches den zu Beginn genannten Aufgaben des Musikunterrichts entspricht. Außer der Gleichzeitigkeit von Mittel und Zwecken sind Bescheidenheit, Uneigennützigkeit und Selbstkritik ein hehres hochschuldidaktisches Ziel.« (Richter, 2002a, S. 53)

Abgesehen davon, dass bereits der wenig bescheidene Gestus dieser Ausführungen wohl eher zwischenfachliche Ressentiments schürt, als ein gemeinsames Arbeiten zu befördern, kann man davon ausgehen, dass gerade eine Musiktheorie, die sich selbst schon als ›pädagogisches Fach‹ begreift, eine so verstandene musikpädagogischen Kontrollinstanz in jedem Fall zurückweisen wird.[303]

Das Gleiche gilt für die allmähliche Angleichung der beiden Fächer im Hinblick auf ihre jeweiligen *wissenschaftlichen Kompetenzen*: Angesichts der Tatsache, dass sich der Kreis derjenigen Wissenschaftler, die an Hochschulen situierte Promotionsverfahren zu verantworten haben, seit der musiktheoretischen ›Wissenschaftswende‹ um immer mehr promovierte wie habilitierte Musiktheoretiker erweitert, genügt ein Blick auf die sowohl zwischen Musikpädagogik und Musikwissenschaft als auch zwischen Musiktheorie und Musikwissenschaft seit Jahren zu beobachtenden Gebietsstreitigkeiten (s. Rohringer, 2006), um ähnliche Mechanismen auch für die Beziehung Musikpädagogik – Musiktheorie zu vermuten.

---

302 Auffällig ist dabei vor allem die Tatsache, dass die Musiktheorie in ihren pädagogisch-didaktischen Überlegungen nur selten an die entsprechenden Diskurse der (Musik-)Pädagogik anknüpft.

303 Zu verweisen wäre hier auf die von Löffler unter ›Formen schlechter Interdisziplinarität‹ eingereihte »Interdisziplinarität als unfreundliche Übernahme« (Löffler, 2010, S. 169). Vgl. hierzu auch Abel-Struths Warnung vor einer Vereinnahmung der Musikpädagogik durch die Allgemeine Pädagogik (›Musikpädagogik als Adaption‹ s. Abel-Struth, 1970, S. 99–104 bzw. s.o., S. 123f.).

Rekurriert man an dieser Stelle also noch einmal auf die Diskussion um den Modellcharakter der beschriebenen theoretisch-didaktischen Ansätze, so kann man vermuten, dass letztere trotz der vielfachen Transfereffekte, die sie in inhaltlicher Hinsicht zustande bringen, noch nicht zwangsläufig dazu beitragen, zwischenfachliche Vorurteile abzubauen oder zusätzliche Kooperationen anzuregen. Mit Blick auf die weitere zwischenfachliche Kommunikation liegt es deshalb nahe, nicht nur *einzelne thematische Übergänge*, sondern auch *programmbezogene Reflexionen* anzustreben: Gilt es *zwischenfachlich relevante Schnittstellen* offenzulegen, die eine von Machtfragen weitgehend unbeeinrächtigte Zusammenarbeit ermöglichen, so werden neben der ›Öffnung‹ bestehender Grenzen auch Formen des ›*Schließens*‹ eine Rolle spielen, die sichtbar machen, inwiefern Musikpädagogik und Musiktheorie trotz ihrer mitunter ähnlichen Ausrichtung ein je eigenes Profil aufweisen.

Zusammenfassung und Schluss

Greift man im Anschluss an die Untersuchungen des 3. und 4. Kapitels dieser Arbeit erneut die eingangs aufgeworfene Frage nach der ›Problembeziehung‹ *Musikpädagogik – Musiktheorie* auf, so wird deutlich, dass die zu beobachtenden Probleme vielschichtig sind und in der Bearbeitung komplexe Zugänge anstatt einfacher ›Lösungen‹ erfordern.

Zusammenfassend soll noch an dieser Stelle einmal sichtbar gemacht werden, worin die Schwierigkeiten im Einzelnen bestehen (A) und was dies für die zukünftige Gestaltung der musikpädagogisch/-theoretischen Beziehung bedeutet (B).

(A) Schwierigkeiten und Problemlagen

Die Beobachtungen haben gezeigt, dass die Beziehung Musikpädagogik – Musiktheorie von Problemen gesellschaftsstruktureller wie fachhistorischer Art betroffen ist, die zum Teil bereits das je fachinterne Kommunizieren, insbesondere aber den fächerübergreifenden Austausch erschweren. Anführen lassen sich hier sowohl Schwierigkeiten, die mit dem Aufeinandertreffen verschiedener funktionaler Kontexte zu tun haben, als auch innerfunktionssystemisch bedingte Problemlagen bzw. Probleme, die aus der Differenz zwischen psychischen und kommunikativen Systemen resultieren. Daneben sind Konflikte zu identifizieren, die sich primär mit bestimmten Entwicklungen innerhalb der beiden Fächer sowie ihren fachliche Grenzbereichen in Verbindung bringen lassen.

1. Die Überlegungen zur Binnendifferenzierung des Wissenschaftssystems (s.o., S. 64–66) legen es zunächst nahe, von *interdisziplinären Verständnisschwierigkeiten* sowie daraus resultierenden, nahezu ›chronischen‹ Missverständnissen auszugehen. Das für beide Fächer typische Interesse an Musik (s.o., S. 63f.) erweckt so gesehen nur oberflächlich den Eindruck einer verbindenden ›Basis‹, während die verschiedenen Programme der Musikfächer ein je differierendes Wahrnehmen und Kommunizieren der betreffenden Phänomene zur Folge haben (s.o., S. 66f.).

Zurückführen lassen sich die dabei wirksam werdenden ›Übersetzungsprobleme‹ zunächst auf die Tatsache, dass Musikpädagogik und Musiktheorie zum Teil an einander weitestgehend fremde Disziplinen anknüpfen und infolgedessen Begriffe und Methoden verwenden, die im jeweils anderen Fach lediglich eine Art ›*Rauschen*‹ erzeugen. Eine mathematisch ausgerichtete Musiktheorie etwa unterscheidet sich in ihrer Fachsprache so deutlich von den meisten musikpädagogischen Forschungszusammenhängen, dass Übergänge zwischen den Fächern an dieser Stelle schwierig sein dürften.

Dazu kommen ›Übersetzungsprobleme‹, die aus einer nur *scheinbaren Vertrautheit* der jeweils verwendeten Begriffe resultieren. Konkret wurden derartige Differenzen unter anderem im Horizont des Kunstsystems: Obwohl der Begriff des Kunstwerks in beiden Fächern seit langem Tradition hat, lassen sich aktuell gewisse Unterschiede hinsichtlich der mit diesem Begriff einhergehenden Unterscheidungen sowie der sich damit verbindenden Wertungen beobachten (s.o., S. 115–118).

2. Abgesehen von diesen disziplinär bedingten Verständnisproblemen waren in mehreren Zusammenhängen Konstellationen zu erkennen, bei denen sowohl Musikpädago-

gik als auch Musiktheorie noch vor jeder zwischenfachlichen Kommunikation mit *funktionalen Differenzen* konfrontiert sind.

So kann es sich in der Steuerung und Bewertung von Forschungsprozessen zwar als sinnvoll erweisen, eine mögliche Anwendbarkeit nicht aus dem Blick zu verlieren, eine Garantie für gelungene Leistungsbeziehungen zwischen inner- und außerwissenschaftlichen Prozessen geht damit jedoch nicht einher (s.o., S. 70–78). Die systemtheoretische Differenzierungstheorie legt es im Gegenteil sogar nahe, in einer allzu starken Ausrichtung der Wissenschaft auf potentielle Abnehmer eine Gefahr zu sehen – und zwar für die Integrität der Wissenschaft ebenso wie für die Qualität der intendierten Adressierungen. Der musikpädagogischen Forderung nach unmittelbar praxisbezogenen musiktheoretischen oder musikwissenschaftlichen Forschungsarbeiten wäre demnach entgegenzuhalten, dass dieses Postulat allenfalls dann sinnvoll einzulösen ist, wenn der Bezugnahme eine ausreichende Klärung hinsichtlich der im einzelnen zu berücksichtigenden ›Übergänge‹ zwischen *wissenschaftlichen* und *pädagogisch-didaktischen Kontexten* vorgeschaltet ist.

Ähnliches gilt für die Forderung nach einer *gesellschaftlich bedeutsamen Kunst* bzw. einem entsprechenden Musikunterricht (s.o., S. 118–125): Geht man im Anschluss an Harry Lehmann davon aus, dass ästhetische Phänomene gesellschaftliche Relevanz gerade dann erlangen, wenn sie den ›Nerv der Zeit‹ unabhängig vom je aktuellen ›Mainstream‹ treffen, so sind daraus nur bedingt konkrete Richtlinien bezüglich der im allgemein schulischen Unterricht zu verhandelnden ästhetischen Inhalte abzuleiten. Anders als Schläbitz und Kühn dies darstellen, garantiert also weder »der Computer als Instrument« (Schläbitz, 2004, S. 397) noch »die abendländische Kunstmusik« (Kühn, 2009, S. 3) Formen des Musikunterrichts, bei denen Lernende zur mündigen Auseinandersetzung mit ihrer gesellschaftlichen Umwelt erzogen werden.

Im Erziehungskontext schließlich stellt sich den Musikfächern unabhängig von deren programmatischen Schwerpunkten die Aufgabe, einerseits *Erziehungs- und Bildungsprozesse* zu gestalten und andererseits auf eine möglichst gerechte Weise *Selektion* zu betreiben (s.o., S. 93–100). Selbst wenn man versucht, die damit einhergehenden Leistungsbewertungen pädagogisch ›nutzbar‹ zu machen, bringt das Zusammentreffen der betreffenden Vorgänge Kommunikationsstile mit sich, die nicht ohne Folgen für die je verhandelten Inhalte bleiben (s.o., S. 97f.). Die auf Seiten der Musikpädagogik zu beobachtenden Vorbehalte musiktheoretischen Inhalten gegenüber wären also daraufhin zu befragen, inwieweit sie einer bestimmten *Sicht auf* ›Musiktheorie‹ geschuldet sind bzw. inwieweit die damit einhergehende Kritik, Musiktheorie sei unpopulär und musikfern, daraus resultiert, dass diese bevorzugt in Bewertungsprozessen zum Einsatz kommt (s.o., S. 96, Fn. 155).

3. Als folgenreich für den musikpädagogisch/-theoretischen Austausch erweist sich daneben die *operative Geschlossenheit kommunikativer Prozesse* gegenüber anderen Systemtypen.

Angesprochen ist damit die in Lehrzusammenhängen generell und in ästhetischen Vermittlungsprozessen ganz besonders virulent werdende Schwierigkeit, singuläre *innerpsychische Prozesse* nur auf *kommunikative Weise* anstoßen zu können. Die Erwartung einer generalisierbaren Methode – sei sie musikpädagogischer oder musiktheoretischer Herkunft –, mit der sich die kommunikative Veränderung psychischer Prozesse erreichen ließe, wird dabei fast zwangsläufig enttäuscht.

Wenn z.B. Matthias Rheinländer die »helfende Funktion« (Rheinländer, 2009, S. 49) der Musiktheorie hervorhebt und ihren Werkzeugcharakter betont (s. ebd.) oder Hans Bäßler sie als eine »Brücke« (Bäßler, 2005, S. 9) verstanden wissen will, die »zwischen dem aktiven […] und dem reflektierenden Musikerfahren vermittelt« (ebd., S. 10), so widerspricht dies zwar nicht zwangsläufig dem Selbstverständnis der Musiktheorie, inwieweit die musiktheoretischen ›Werkzeuge‹ jedoch tatsächlich innerpsychisch ›funktionieren‹, lässt sich ebenso wenig garantieren wie die entsprechende Wirkung didaktischer Methoden (s.o., S. 125–131).

4. Darüber hinaus lassen insbesondere die Untersuchungen zur zwischenfachlichen Anschlussfähigkeit sowie die Analysen zur Bildungssemantik Zusammenhänge erkennen zwischen musikfachlichen Kommunikationsproblemen und den *programmatischen Kontexten innerhalb der Fächer*.

Die Hinwendung der Musikpädagogik zu Soziologie und Psychologie bzw. den diesen Disziplinen zum Teil nahestehenden Erziehungswissenschaften beispielsweise wird aus dieser Warte als (Teil-)Ursache dafür lesbar, dass der Austausch mit der *forschungsprogrammatisch ähnlich* strukturierten *Systematischen Musikwissenschaft* als deutlich erfolgversprechender empfunden wird als die Kommunikation mit den übrigen Nachbarfächern (s.o., S. 83). Ausgeblendet bleibt dabei die Frage, inwieweit angesichts einer solchen Nähe in theoretisch-methodischer Hinsicht mit neuartigen Perspektiven sowie einem speziell durch fächerübergreifendes Kommunizieren zu erreichenden ›Grenzüberschreiten‹ zu rechnen ist bzw. ob dies nicht gerade umgekehrt vom Austausch mit einem programmatisch ›fremderen‹ Fach wie der Musiktheorie zu erwarten wäre (s.o., S. 83f.).

Mindestens ebenso entscheidend dürften sich im Hinblick auf das fächerübergreifende Kommunizieren mit der Musiktheorie die jeweiligen *pädagogisch-didaktischen Hegemonialprogramme* der Musikpädagogik auswirken: Sobald deren Präferenz für ›Musikpraxis‹ nicht nur mit einer Kritik an bestimmten Formen ›theorielastigen‹ Unterrichts einhergeht, sondern – egal, ob explizit oder lediglich implizit – einen diskursiven Ausschluss von ›Theorie‹ überhaupt zur Folge hat, sind die Möglichkeiten des Faches Musiktheorie, sich gewinnbringend in hochschulische wie schulische Bildungsprozesse einzubringen, von vornherein stark begrenzt.

Angesichts der Ehrenforthschen Gegenüberstellung von »ABA-Form, Rondo, Sonatenhauptsatz, Quintenzirkel, Epochengliederungen, Komponistenbiographien« (Ehrenforth, 2000, S. 9) und dem Ort, an dem »junge Menschen spüren, dass es im Umgang mit Musik um sie selbst, um ihr Leben geht« (ebd.) wäre demzufolge zu fragen, ob eine so verstandene ›lebensweltlich‹ orientierten Didaktik für musiktheoretische oder musikwissenschaftliche Überlegungen, egal welcher Ausrichtung, überhaupt anschlussfähig ist (s.o., S. 107f.). Ebenso liegt in Anbetracht der mitunter zu beobachtenden Konzentration auf ›die musikalische Praxis‹ (s.o., S. 86–93) die Frage nahe, inwieweit sich damit eine Haltung verbindet, die das Fach Musiktheorie und seine Programme schon rein begrifflich und unabhängig von jeder näheren Betrachtung negiert.

5. Zusätzlich zu diesen programmatisch bedingten Korrelationen kann man im Rahmen der musikfachlichen Literatur Kommunikationsstrategien ausmachen, für die eine *Externalisierung fachinterner Probleme in das jeweilige Nachbarfach* typisch ist.

Aus dieser Warte lässt sich z.B. die musikpädagogische Kritik gegenüber ›erstarrten‹ musiktheoretischen Begriffen mit den weiter oben bereits angesprochenen Selektionsmechanismen in Verbindung bringen, die von der Musikpädagogik selbst erzeugt oder zumindest (auch) von ihr fortgeschrieben werden (s.o., S. 93–100).

Ebenso wäre die in beiden Fächern zu beobachtende Forderung nach einem durch das jeweils andere Fach zu generierenden ›Brücken-Werkzeug‹ (s.o., S. 125f.) dann als Ausdruck dafür zu verstehen, dass sowohl Musikpädagogik als auch Musiktheorie bereits vor jeder zwischenfachlichen Kommunikation Schwierigkeiten mit dem Anstoß ästhetischer Erfahrungen haben und ebendiese Schwierigkeiten lediglich argumentativ in das Nachbarfach auslagern.

6. Die Ausführungen zur Musik- und Harmonielehre (s.o., S. 133–141 bzw. S. 142–150) wiederum haben gezeigt, dass es Themenfelder gibt, die sich in einer *fachlichen Grauzone* bewegen. Die Folge sind *Begriffs- oder Theoriezusammenhänge*, die zwar als solche tradiert, dabei aber *nicht angemessen aktualisiert* werden.

Verweisen kann man in diesem Zusammenhang auf historisch unterschiedlich zu verortende *Popularisierungsprozesse* sowie die Beobachtung, dass deren Resultate für wissenschaftlich-disziplinäre Eingriffe nur schwer zugänglich sind (s.o., S. 137–141 bzw. S. 145f.). Sowohl die innerhalb der Musikpädagogik teils zu konstatierende Skepsis gegenüber musiktheoretischen Inhalten (s. z.B. weiter oben, S. 86–88 oder S. 108f.) als auch die Tatsache, dass von Seiten der Musiktheorie mitunter die Musikpädagogik für problematische Begriffsverwendungen verantwortlich gemacht wird (s.o., S. 108), werden dann als Zeichen dafür lesbar, dass sich keines der beiden Fächer letztlich für die entsprechenden Inhalte zuständig sieht.

Zu nennen sind hier z.B. die unterschiedlichen Varianten der *Molltonleiter* (›äolisch‹, ›harmonisch‹, ›melodisch‹) in Verbindung mit der fachwissenschaftlich längst überholten Annahme, mit Hilfe dieser Konstrukte verschiedene kompositionsgeschichtliche Stationen greifbar machen zu können (s.o., S. 133f.), oder das Modell der *›Kadenz‹* im Sinne einer Abfolge bestimmter Akkorde (s.o., S. 142). Letzteres erweist sich insbesondere deshalb als problematisch, weil die theoretische Blickrichtung, die es impliziert – ein systematisierender Umgang mit dem musikalischen ›Material‹ – häufig nicht mit den im schulischen Kontext formulierten Desideraten übereinstimmt (s.o., S. 148–150).

7. Abgesehen von den Schwierigkeiten, die auf fachlich nur schwer erreichbare Grenzbereiche zurückgehen, legen die Analysen umgekehrt aber auch Konflikte offen, die sich aus *unklaren Fächergrenzen* und nur *vage zu trennenden Zuständigkeitsbereichen* ergeben.

Anstatt zur Kooperation anzuregen, sorgen geteilte Aufgabenfelder dann für zwischenfachliche *Kompetenzstreitigkeiten* und *hochschulpolitische Machtkämpfe*, als deren Resultat sich nicht zuletzt eine zunehmende Entfernung der Fächer in inhaltlicher Hinsicht mutmaßen lässt.

Deutlich wurde dies z.B. vor dem Hintergrund der Frage, inwieweit sich fachliche Unterschiede hinsichtlich der *musikalischen* oder *wissenschaftlichen Expertise* der jeweiligen Fachvertreter feststellen lassen: Jürgen Heidrich etwa meint zwischen sich und Norbert Schläbitz ein deutliches Gefälle in Bezug auf Musikverständnis und -geschmack wahrzunehmen (s. o., S. 66 und S. 103), ebenso wie Schläbitz die wissenschaftliche Qualität der musikhistorischer Forschungen in Zweifel zieht (s.o., S. 66).

Ähnliche ›politische‹ Momente geben Darstellungen zu erkennen, die explizit oder implizit eine *Fachsystematik* entwerfen, bei der die einzelnen *Musikfächer* einander *subordiniert* sind. Wenn Peter Brömse, Günter Kleinen, Helga de la Motte-Haber oder Peter M. Krakauer im Rekurs auf die ›gemeinsame Sache‹ Musik beispielsweise von einer Eingliederung der Musikpädagogik ›in‹ das musikwissenschaftliche System ausgehen oder wenigstens auf die entsprechende Systematik Guido Adlers verweisen (s.o., S. 67f.), so stellt dies nur oberflächlich eine neutrale Form des Kategorisierens oder ein den wissenschaftlichen Gepflogenheiten gemäßes Rekurrieren auf bereits Gesagtes dar. Unter der Hand verbinden sich damit auch Aussagen darüber, wer sich wissenschaftlich gesehen als tonangebend versteht. Ob oder inwiefern sich die Fächerverhältnisse verschieben, sobald man stattdessen z.B. pädagogisch-didaktische Aspekte in den Fokus des wissenschaftlichen Interesses stellt, steht dagegen als Frage gar nicht im Raum.

Daneben ist für das Verhältnis Musikpädagogik – Musiktheorie im Zusammenhang mit dem Aspekt ungeklärter Zuständigkeit jedoch besonders die Musiklehrerausbildung von Bedeutung (s.o., S. 70–78): Sobald nicht nur die Musikpädagogik, sondern auch die Musiktheorie als ein in jeder Hinsicht *eigenständiges Fach* agiert, macht dies Formen der Zusammenarbeit erforderlich, bei denen letztere nicht bloß zum *Ausführen fremder Vorgaben* angehalten wird. Eine Haltung wie die von Christoph Richter jedenfalls, die in der Behauptung kulminiert, die Musiktheorie müsse mit der Musikpädagogik nicht nur »im ständigen Diskurs stehen« (Richter, 2002a, S. 53), sondern sie habe sich von ihr auch »die Zielsetzung, den Charakter und die Aufgaben« (ebd.) diktieren zu lassen, wird unter den gegebenen Voraussetzungen auch dann zu zwischenfachlichen Kompetenzstreitigkeiten führen, wenn sie durch einschränkende Bemerkungen hinsichtlich einer ungebremsten Machtausübung von Seiten einzelner Fächer (s. ebd.) scheinbar relativiert wird (s.o., S. 166).

8. Auffällig ist im Zusammenhang mit der Fächerbeziehung Musikpädagogik – Musiktheorie darüber hinaus, dass diese, obwohl – oder gerade weil – sie verhältnismäßig selten explizit thematisiert wird, von *wechselseitigen Vorurteilen* und *Ressentiments* geprägt ist.

So wurden im Rahmen der Untersuchungen zahlreiche kommunikative Muster sichtbar, die auf implizite Meinungen über das jeweilige Nachbarfach sowie ein bestimmtes Verständnis von ihm hinweisen. Häufig spiegeln diese aber weniger das kritisierte Fach in seiner aktuellen Gestalt wider, als vielmehr die *eigene* oder die jeweils *fremde Fachgeschichte*.

Greift man beispielsweise noch einmal die innerhalb der Musiktheorie zu beobachtenden Vorbehalte gegenüber bestimmten pädagogisch-didaktischen Sichtweisen auf (s.o., S. 118–125), so ist zu vermuten, dass diese nicht zuletzt mit deren eigener Ent-

172

wicklung im Zuge des bürgerlichen Bildungsdiskurses zu tun haben (s.o., S. 145f.).
Ähnlich wäre die seitens der Musikpädagogik geäußerte ›globale‹ Theoriekritik auf
fachinterne Veränderungen zu beziehen, die ihren Ursprung in fachspezifischen Formen der ›Wissenschaftsorientierung‹ haben (s.o., S. 108).

Vergleicht man nun diese systemtheoretisch ganz unterschiedlich zu beleuchtenden
Problemlagen mit Argumentationsmustern, wie sie in den zitierten Texten eine Rolle
spielen, so zeigt sich, dass die Schwierigkeiten nicht zwangsläufig dort liegen, wo sie
argumentativ expliziert werden.

Sei es im Zusammenhang mit der ›*musikpädagogischen Musiktheorie-Kritik*‹, angesichts derer der Verweis auf spezifische fachhistorische Entwicklungen und gesell-
schaftsweite Differenzierungsfolgen plausibler erscheint, als eine Kritik an der Musiktheorie generell, oder sei es im Kontext einer autonomieästhetisch argumentierenden
Musiktheorie, die der *Musikpädagogik* ihre angebliche *Kunstvergessenheit* ankreidet:
Neben den in der musikfachlichen Literatur selbst zur Sprache gebrachten Problemen
lassen sich jeweils alternative Sichtweisen ausmachen, die das Verhältnis der Fächer
zueinander anders beleuchten, als dies üblicherweise der Fall ist.

(B) Anforderungen und Möglichkeiten

Für die zukünftige Kommunikation von Musikpädagogik und Musiktheorie verbindet
sich mit einem solchen *Perspektivwechsel* die Forderung, entsprechende Veränderungen auch im Rahmen der zwischenfachlichen Kommunikation vorzunehmen: Anstatt
dieselben Vorwürfe immer wieder in verändertem Wortlaut vorzubringen und wechselseitige Vor(be)halte auf diese Weise noch zu verfestigen, liegt es nahe, den je eigenen Beobachterstandort so zu modifizieren, dass neben den je konkret auftretenden
Konflikten auch deren *systemische Kontexte* ins Blickfeld rücken.

Ausmachen lassen sich dann, in Reaktion auf einige der beschriebenen Problemlagen, zunächst ganz globale Themenfelder, die durch ihre Komplexität ein fächerübergreifendes Bearbeiten gewinnbringend erscheinen lassen. Daneben werden aber auch
konkrete Kooperationsanlässe sichtbar, wie sie besonders im vierten Kapitel der Arbeit
dargestellt wurden.

1. Anzuführen ist hier zunächst das kooperative Aufarbeiten *veralteter* oder *nicht funk-
tionaler Inhalte* (s.o., S. 132–149) aus den Bereichen ›(Allgemeine) Musiklehre‹
(S. 133–141), ›Harmonielehre‹ (S. 142–150), oder ›Formenlehre‹ (s.o., S. 81f. bzw.
S. 148), mit dem Ziel, schulisch wie hochschulisch relevante Konzepte zu entwickeln.

Im Zentrum der Diskussion sollte dabei weniger der kaum zu vermeidende Hiatus
zwischen (über-)komplexen Forschungsergebnissen und einer im Hinblick darauf lediglich ›reduziert‹ erscheinenden Lehre stehen, als vielmehr die Frage nach sinnvollen
Bezugnahmen zwischen den unterschiedlichen Kontexten: Zu erwarten ist, dass sich
gerade im Ausgang von im schulischen Kontext noch weitgehend unbekannten For-
schungsprogrammen, wie etwa der Historischen Satzlehre oder der Rock-/Pop-
Analyse, sowie einer sich neueren didaktischen Vorstellungen verdankenden Methodik
Dynamiken ergeben, die letztlich für beide Fächer von Interesse sind.

2. Die Ausführungen zur pädagogischen Selbstpositionierung der Musiktheorie (s.o., S. 84–86 bzw. S. 163f.) wiederum implizieren mittelfristig die fächerübergreifende Ausarbeitung *theoriedidaktischer Ansätze*.

Auch in diesem Zusammenhang kann das wechselseitige Anknüpfen an bereits bestehende Überlegungen bzw. an bereits etablierte Diskurse als vordringliches Desiderat gelten. Auszugehen wäre dabei insbesondere von dem vergleichsweise großen Interesse, mit dem pädagogisch-didaktischen Fragestellungen innerhalb der Musiktheorie begegnet wird: Unter der Annahme, dass dieser Bereich auch in Zukunft zu den Schwerpunkten des Faches zählen wird und infolgedessen wesentlich zu seiner weiteren Identitätsbildung beiträgt, liegt es nahe, hier nicht nur musiktheorieinterne Diskussionen im engeren Sinne anzustoßen – etwa im Rekurs auf die historische Satzlehre und ihre didaktischen Implikationen (s.o., S. 148) –, sondern darüber hinaus auch verstärkt Anschluss an aktuelle allgemein- wie musikpädagogische oder -didaktische Diskurse zu suchen.

3. Abgesehen davon fordern die Untersuchungen indirekt dazu auf, mehr über den aktuellen *musiktheoretischen Hochschulunterricht* in Erfahrung zu bringen.

Anlass dazu geben insbesondere einige von Seiten der Musikpädagogik geäußerten Einschätzungen zur hochschulischen Musiktheorie. So wären z.B. Christoph Richters Warnungen vor einer Musiktheorie, die »lediglich bestimmte vorgegebene Modelle und Regeln« (Richter, 2002a, S. 53) trainieren lässt (s.o., S. 82) ebenso wie dessen Forderungen nach einer Musiktheorie, die ihre Lehre den Vorgaben der Musikpädagogik anpasst (s.o., S. 166), oder die von Stefan Gies und Norbert Schläbitz vorgebrachte Kritik an einer ›veralteten‹ Theorie (s.o., S. 71) als Hinweise darauf zu verstehen, dass die zwischenfachliche Kommunikation von bestimmten Vorstellungen über den hochschulischen Theorieunterricht bestimmt ist, die so vermutlich nicht mehr der Realität entsprechen. Anzunehmen ist stattdessen, dass diese Einschätzungen nicht zuletzt den Erfahrungen geschuldet sind, die man als jetzt hochschulisch etablierter Musikpädagoge während des eigenen Musikstudiums nur machen konnte (s.o., S. 19f.).

Will man es also nicht dabei belassen, die musiktheoretische Lehre, ohne darüber letztlich Bescheid zu wissen, pauschal zu kritisieren, oder sie – ebenfalls in Unkenntnis der realen Situation – unbefragt vor jeder Kritik in Schutz zu nehmen, dann lässt sich daraus das Postulat ableiten, die im allgemein schulischen Bereich übliche empirische Unterrichtsforschung auf den Hochschulbereich auszuweiten.

4. Die Überlegungen zur Struktur musikfachlicher Projekte schließlich legen es nahe, den fächerübergreifenden Austausch durch entsprechende *institutionelle Arrangements* zu stützen.

Als Vorbild kann hier beispielsweise die der *Gesellschaft für Musikforschung* beigeordnete ›*Fachgruppe Musikwissenschaft und Musikpädagogik*‹ dienen, die seit mehreren Jahrzehnten für einen Austausch zwischen musikpädagogischen und musikwissenschaftlichen Fachvertretern sorgt (s.o., S. 23, Fn. 28).

Aufgreifen lässt sich in diesem Zusammenhang besonders die Beobachtung, dass die für die musikpädagogisch/-theoretische Beziehung zentralen Aufgabenbereiche ›Musiklehrerausbildung‹ und ›schulischer Musikunterricht‹ zunächst die Entwicklung gemeinsamer Fragestellungen und konzeptionell gerahmter Herangehensweisen erfordern: Geht man davon aus, dass derartige Prozesse nicht durch nur punktuelles Engagement in Gang zu bringen sind (s.o., S. 151–158), so lenkt dies den Blick auf strukturell gestützte Einrichtungen an Hochschulen bzw. innerhalb der entsprechenden Fachverbände.

Insgesamt machen diese ganz unterschiedlich zu verortenden Kooperationsfelder sowie die sich damit verbindenden ›Blickwechsel‹ jedoch vor allem deutlich, dass die Entwicklung einer tragfähigen Beziehung zwischen Musikpädagogik und Musiktheorie kein ad-hoc-Projekt sein kann: Sollen die bisherigen Zuschreibungen nicht bloß durch neue ersetzt oder die bisherige ›Wortkargheit‹ von nur flüchtigen ›Wortwechseln‹ abgelöst werden, so ist dies nur in Form eines längerfristigen Prozesses denkbar, der beide Fächer immer wieder vor die Herausforderung stellen wird, gewohnte Denkmuster zu hinterfragen und neue Sichtweisen zu erproben.

Literatur

Abel-Struth, S. (1970). *Materialien zur Entwicklung der Musikpädagogik als Wissenschaft. Zum Stand der deutschen Musikpädagogik und seiner Vorgeschichte* (= Musikpädagogik, Bd. 1). Mainz: Schott.

Abel-Struth, S. (1980). Zum Theorie-Praxis-Problem der Musikpädagogik. *Musik & Bildung, 12*(2), 101–106.

Abel-Struth, S. (1985). *Grundriß der Musikpädagogik.* Mainz: Schott.

Abraham, M. & Büschges, G. (2009). *Einführung in die Organisationssoziologie* (4. Aufl.). Wiesbaden: VS Verlag für Sozialwissenschaften.

Acker, H. (2009). *Modulationslehre. Übungen – Analysen – Literaturbeispiele. Ein Handbuch für Studium und Lehre.* Kassel: Bärenreiter.

Adler, G. (1885). Umfang, Methode und Ziel der Musikwissenschaft. *Vierteljahrsschrift für Musikwissenschaft, 1,* 5–20.

Adorno, T. W. & Doflein, E. (2006). *Briefwechsel. Mit einem Radiogespräch von 1951 und drei Aufsätzen Erich Dofleins*, hrsg. von A. Jacob (= Folkwang-Studien, Bd. 2.). Hildesheim: Olms.

Aebli, H. (1985). Theorie und Praxis in der pädagogischen Ausbildung des Musiklehrers. In K. H. Ehrenforth (Hrsg.), *Medieninvasion. Die kulturpolitische Verantwortung der Musikerziehung.* Kongressbericht der 15. Bundesschulmusikwochen in Kassel 1984 (S. 212–222). Mainz: Schott.

Aerts, H. (2007). ›Modell‹ und ›Topos‹ in der deutschsprachigen Musiktheorie seit Riemann. *Zeitschrift der Gesellschaft für Musiktheorie, 4*(1-2), 143–158. Auch verfügbar unter: http://www.gmth.de/zeitschrift/artikel/250.aspx [22.05.2015].

Allwardt, I. (2012). *Musikvermittlung.* (Deutsches Musikinformationszentrum) [online]. Verfügbar unter: http://www.miz.org/static_de/themenportale/einfuehrungstexte_pdf/01_BildungAusbildung/allwardt.pdf [22.05.2015].

Alt, M. (1964). Aufgaben der musikdidaktischen Forschung. *Musik im Unterricht* (B55), 177–184.

Alt, M. (1969). *Das musikalische Kunstwerk. Musikkunde in Beispielen; für Gymnasien, Teil 1* (3. Aufl.). Düsseldorf: Schwann.

Altenburg, D., Bennwitz, H., Leopold, S. & Mahling, C.-H. (2001). Zur Situation und Zukunft des Faches Musikwissenschaft. *Die Musikforschung, 54*(4), 352–360.

Apel, W. (2006). *Die Notation der polyphonen Musik. 900 – 1600* (5. Aufl.). Wiesbaden, Leipzig: Breitkopf & Härtel.

Arbeitsgemeinschaft der Leiter der Schulmusikabteilungen an den Hochschulen für Musik in der Bundesrepublik Deutschland einschließlich Berlin (West) (1975). Stellungnahme: Musikwissenschaft als Schulfach. *Musik & Bildung, 7*(1), 33–34.

Arbeitskreis musikpädagogische Forschung (Hrsg.) (2009). *Publikationen* [online]. Verfügbar unter: http://www.ampf.info/index/publikationen/index.html [22.05.2015].

Auhagen, W. (2011). Geleitwort. In H.-U. Schäfer-Lembeck (Hrsg.), *Musikalische Bildung – Ansprüche und Wirklichkeiten. Reflexionen aus Musikwissenschaft und Musikpädagogik.*

"

Beiträge der Münchner Tagung 2011 (= Musikpädagogische Schriften der Hochschule für Musik und Theater München, Bd. 3) (S. 9–10). München: Allitera.

Aust, G. (1999). *Soundcheck 1. Für den Musikunterricht an allgemein bildenden Schulen* (1. Aufl.). Hannover: Metzler/Schroedel.

Baecker, F. (Hrsg.) (1967). *Probleme des musiktheoretischen Unterrichts* (= Edition Merseburger, Bd. 7). Berlin: Merseburger.

Balsiger, P. W. (2005). *Transdisziplinarität. Systematisch-vergleichende Untersuchung disziplinenübergreifender Wissenschaftspraxis* (= Erlanger Beiträge zur Wissenschaftsforschung). München: Fink.

Bäßler, H. (1999). Analyse? Überlegungen zu einem nicht ganz unproblematischen Aspekt im Musikunterricht. *Musik & Bildung, 31*(4), 2–5.

Bäßler, H. (2005). Hat die Theorie der Praxis etwas zu sagen? *Musik & Bildung, 37*(2), 6–11.

Bäßler, H. & Nimczik, O. (2002). Elementarlehre. Ein elementares Missverständnis? *Musik & Bildung, 34*(2), 4–7.

Batel, G. (1979). Zum Verhältnis von Musiktheorie und Musikästhetik. *Zeitschrift für Musikpädagogik, 4*(8), 43–47.

Becker, P. (1978). Froschkönig oder… Notizen zum Verhältnis von Musikwissenschaft und Musikpädagogik. In R. Jakoby (Hrsg.), *Heinrich Sievers zum 70. Geburtstag* (S. 15–20). Tutzing: Schneider.

Benker, H. & Hammaleser, L. (1989). *Musicassette; für die 5. und 6. Jahrgangsstufe* (2. Aufl.). München: Bayerischer Schulbuch-Verlag.

Besch, W., Betten, A. & Reichmann, O. (1998). *Sprachgeschichte. Ein Handbuch zur Geschichte der deutschen Sprache und ihrer Erforschung, Bd. 2, Teilband 1* (2., vollst. neu bearb. und erw. Aufl.). Berlin: de Gruyter.

Bieneck-Hempel, M. (2009). *Musiktheorie im Musikunterricht an niedersächsischen Gymnasien. Eine Bestandsaufnahme mit statistischer Auswertung.* Essen: Die Blaue Eule.

Bimberg, G. & Bimberg, S. (1997). *Musikwissenschaft und Musikpädagogik. Perspektiven für das 21. Jahrhundert.* Essen: Die Blaue Eule.

Binkowski, B. (1988). *Musik um uns. Für den Kursunterricht in der Klasse 11. Lehrerband.* Stuttgart: Metzler.

Birtel, W. (1978). Wissenschaftliche Tagung der Bundesfachgruppe Musikpädagogik in der Universität Gießen. Bericht. *Die Musikforschung, 31*(2), 187–188.

Blume, F. (1958). Musikforschung und Musikerziehung. In E. Kraus (Hrsg.), *Musik als Lebenshilfe.* Vorträge der zweiten Bundesschulmusikwoche Hamburg 1957 (S. 59–73). Hamburg: Sikorski.

Boch, P. (2002). Klingende Elementarlehre. Rhythmus, Halbtonschritte, Notenschlüssel und Stimmbildung aktiv lernen. *Musik & Bildung, 34*(2), 22–28.

Borris, S. (1951). *Klingende Elementarlehre.* Berlin: Sirius.

Borris, S. (1967). Probleme der traditionellen Harmonielehre. In F. Baecker (Hrsg.), *Probleme des musiktheoretischen Unterrichts* (= Edition Merseburger, Bd. 7) (S. 23–29). Berlin: Merseburger.

Borris, S. (1972). *Praktische Harmonielehre* (2. erw. Neuausgabe). Wilhelmshaven: Heinrichshofen.

Brandstätter, U. (1997). Wahrnehmungspsychologische Erkenntnisse in musikpädagogischer Perspektive. In P. M. Krakauer (Hrsg.), *Artgenossen und andere Feinde. Musikwissenschaft für die Musikpädagogik?* Beiträge zum ersten Symposion ›Musikwissenschaft und Musikpädagogik‹ Salzburg 1996 (S. 31–44). Regensburg: ConBrio.

Brennecke, W. (Hrsg.) (1954). *Gesellschaft für Musikforschung.* Bericht über den internationalen Musikwissenschaftlichen Kongress, Bamberg 1953. Kassel: Bärenreiter.

Briefwechsel zwischen Goethe und Zelter (1987). Frankfurt am Main: Insel.

Brockhaus-Enzyklopädie in zwanzig Bänden, Bd. 13, Mot – Oss (1971) (17. völlig neubearb. Aufl.). Wiesbaden: Brockhaus.

Brömse, P. (1975). Die Integration der Musikpädagogik in die Musikwissenschaft. Idee und Realisierung eines Studienmodells. *Musik & Bildung, 7*(5), 244–247.

Broy, W. (2009). Clemens Kühn, Musik erforschen (Rezension). *Diskussion Musikpädagogik* (41), 59–60.

Brusniak, F., Goebel, A. & Kruse, M. (Hrsg.) (2008). *Musikwissenschaft und Musikpädagogik im interdisziplinären Diskurs. Eine Festschrift für Ute Jung-Kaiser* (= Studien und Materialien zur Musikwissenschaft, Bd. 48). Hildesheim: Olms.

Budde, E. (1976). Einige Bemerkungen zur musiktheoretischen Ausbildung im Studienfach Schulmusik. In R. Stephan (Hrsg.), *Schulfach Musik; elf Beiträge zum Thema Ausbildung von Musiklehrern* (= Veröffentlichungen des Instituts für neue Musik und Musikerziehung Darmstadt, Bd. 16) (S. 34–38). Mainz: Schott.

Caplin, W. E. (1998). *Classical form: A theory of formal functions for the instrumental music of Haydn, Mozart, and Beethoven.* New York: Oxford University Press.

Cvetko, A. J. (2006). *... durch Gesänge lehrten sie ... Johann Gottfried Herder und die Erziehung durch Musik. Mythos – Ideologie – Rezeption* (= Beiträge zur Geschichte der Musikpädagogik, Bd. 16). Frankfurt am Main: Lang (zugl.: Osnabrück: Univ., Diss., 2005).

Dahlhaus, C. (1967). *Untersuchungen über die Entstehung der harmonischen Tonalität* (= Saarbrücker Studien zur Musikwissenschaft, Bd. 2). Kassel: Bärenreiter (zugl.: phil. Habil.-Schr., Kiel, 1965/66).

Dahlhaus, C. (1976). Thesen zur Musiktheorie. In R. Stephan (Hrsg.), *Schulfach Musik; elf Beiträge zum Thema Ausbildung von Musiklehrern.* (= Veröffentlichungen des Instituts für neue Musik und Musikerziehung Darmstadt, Bd. 16) (S. 39–46). Mainz: Schott.

Dahlhaus, C. (1978a). Abkehr von der Musikwissenschaft. In W. Gieseler & R. Klinkhammer (Hrsg.), *Musikwissenschaft und Musiklehrerausbildung. Inhaltliche, bildungspolitische und institutionelle Perspektiven. Dokumentation einer Wissenschaftlichen Tagung der Bundesfachgruppe Musikpädagogik vom 29.9. bis 2.10.1977 in der Justus-Liebig-Universität Gießen* (= Forschung in der Musikerziehung 1978) (S. 57–62). Mainz: Schott.

Dahlhaus, C. (1978b). Diskussionsbericht [zu Veranstaltung 3: Eingangsvoraussetzungen für musikpädagogische Studiengänge und Überlegungen zu einem partiell gemeinsamen Grundstudium in Musikwissenschaft und Musikpädagogik.] In W. Gieseler & R. Klinkhammer (Hrsg.), *Musikwissenschaft und Musiklehrerausbildung. Inhaltliche, bildungspolitische und institutionelle Perspektiven. Dokumentation einer Wissenschaftli-*

chen Tagung der Bundesfachgruppe Musikpädagogik vom 29.9. bis 2.10.1977 in der Justus-Liebig-Universität Gießen (= Forschung in der Musikerziehung 1978) (S. 113–117). Mainz: Schott.

Dahlhaus, C. (1984). *Die Musiktheorie im 18. und 19. Jahrhundert. Erster Teil: Grundzüge einer Systematik* (= Geschichte der Musiktheorie, Bd. 10). Darmstadt: Wissenschaftliche Buchgesellschaft.

Dahlhaus, C. (1989). *Die Musiktheorie im 18. und 19. Jahrhundert. Zweiter Teil: Deutschland* (= Geschichte der Musiktheorie, Bd. 11). Darmstadt: Wissenschaftliche Buchgesellschaft.

Daum, A. W. (1998). *Wissenschaftspopularisierung im 19. Jahrhundert. Bürgerliche Kultur, naturwissenschaftliche Bildung und die deutsche Öffentlichkeit, 1848 – 1914.* München: Oldenbourg.

Derrida, J. (1976). *Randgänge der Philosophie. Die Différance. Ousia und gramme. Fines hominis. Signatur, Ereignis, Kontext.* Frankfurt am Main: Ullstein.

Derrida, P. J. (1981). *Dissemination.* Chicago: University Press.

Derscheid, D. & Stagge, S. (2005). Musiktheorie? Das gibt's bei uns nicht!? Theorie für die Praxis – Musiktheorieunterricht in der Instrumentalklasse. *Musik & Bildung, 37*(2), 12–21.

Deutscher Bildungsrat (1970). *Strukturplan für das Bildungswesen.* Stuttgart: Klett.

Diergarten (Hrsg.) (2010a). *Musik und ihre Theorien. Clemens Kühn zum 65. Geburtstag* (= Schriftenreihe Hochschule für Musik ›Carl Maria von Weber‹ Dresden) Dresden: Sandstein.

Diergarten (2010b). [Rezension zu:] Markus Waldura, Von Rameau und Riepel zu Koch. Zum Zusammenhang zwischen theoretischem Ansatz, Kadenzlehre und Periodenbegriff in der Musiktheorie des 18. Jahrhunderts, Hildesheim: Olms 2002. *Zeitschrift der Gesellschaft für Musiktheorie, 7*(2), 233–242. Auch verfügbar unter: http://www.gmth.de/zeitschrift/artikel/536.aspx [22.05.2015].

Diergarten, F., Holtmeier, L., Leigh, J. & Metzner, E. (2010). Vorwort. In F. Diergarten (Hrsg.), *Musik und ihre Theorien. Clemens Kühn zum 65. Geburtstag* (= Schriftenreihe Hochschule für Musik ›Carl Maria von Weber‹ Dresden) (S. 5). Dresden: Sandstein.

Drechsel, H. J. (Hrsg.) (1979). *Internationales Symposium ›Musiktheorie – Eine schöpferische Komponente des Musikstudiums‹. Referate und Demonstrationen, Leipzig, 12. – 16. November.* Leipzig: Hochschule für Musik.

Drechsel, H. J. & Ortwein, C. (1979). Vorwort. In H. J. Drechsel (Hrsg.), *Internationales Symposium ›Musiktheorie – Eine schöpferische Komponente des Musikstudiums‹. Referate und Demonstrationen, Leipzig, 12. – 16. November* (S. 4–6). Leipzig: Hochschule für Musik.

Drerup, H. & Keiner, E. (1999). Einleitung. In H. Drerup & E. Keiner (Hrsg.), *Popularisierung wissenschaftlichen Wissens in pädagogischen Feldern.* [Dr. nach Typoskript] (= Beiträge zur Theorie und Geschichte der Erziehungswissenschaft, Bd. 22) (S. 7–10). Weinheim: Deutscher Studien-Verlag.

Drösser, C. (2011). Das will ich nicht wissen. *Die Zeit* (33), 29–31.

Eberlein, R. (1994). *Die Entstehung der tonalen Klangsyntax.* Frankfurt am Main: Lang.

Edler, A., Helms, S. & Hopf, H. (Hrsg.) (1987a). *Musikpädagogik und Musikwissenschaft* (= Taschenbücher zur Musikwissenschaft, Bd. 111). Wilhelmshaven: Noetzel.

Edler, A., Helms, S. & Hopf, H. (1987b). Vorwort. In A. Edler, S. Helms & H. Hopf (Hrsg.), *Musikpädagogik und Musikwissenschaft* (= Taschenbücher zur Musikwissenschaft, Bd. 111) (S. 7–8). Wilhelmshaven: Noetzel.

Edler, A. & Meine, S. (Hrsg.) (2002). *Musik, Wissenschaft und ihre Vermittlung. Bericht über die Internationale Musikwissenschaftliche Tagung der Hochschule für Musik und Theater Hannover, 26. – 29. September 2001.* Augsburg: Wißner.

Ehrenforth, K. H. (1975). Zum Problem eines Ersten Schulfachs Musikwissenschaft. Stellungnahme: Musikwissenschaft als Schulfach. *Musik & Bildung, 7*(1), 32–33.

Ehrenforth, K. H. (1993). Musik als Leben. Zu einer lebensweltlich orientierten ästhetischen Hermeneutik. *Musik & Bildung, 25*(6), 14–19.

Ehrenforth, K. H. (2000). Schulmusik – quo vadis? *Diskussion Musikpädagogik* (8), 6–11.

Ehrenforth, K. H. (2001). Stellungnahme zu Stefan Rohringer: ›Noch einmal: Schulmusik – quo vadis?‹. *Diskussion Musikpädagogik* (11), 108–109.

Ehrenforth, K. H. (2002). Noch einmal: Musikwissenschaft an der Musikhochschule. Zu Richters Beitrag und zur Replik von Kreutz und Bastian. *Diskussion Musikpädagogik* (14), 47–49.

Ehrenforth, K. H. (2005). *Geschichte der musikalischen Bildung. Eine Kultur-, Sozial- und Ideengeschichte in 40 Stationen; von den antiken Hochkulturen bis zur Gegenwart.* Mainz: Schott.

Ehrenforth, K. H. (2009). Offener Brief. Zu Clemens Kühn: ›Musik als Kunst – Unzeitgemäße Thesen zu einem zeitgemäßen Musikunterricht‹. *Diskussion Musikpädagogik* (42), 4–7.

Ehrenspeck, Y. (1998). *Versprechungen des Ästhetischen. Die Entstehung eines modernen Bildungsprojekts.* Opladen: Leske + Budrich.

Enders, B. & Richter, C. (2009). Über die Bedeutung der Systematischen Musikwissenschaft für den Musikunterricht. *Diskussion Musikpädagogik,* (41), 4–8.

Engel, W. (2002). *Soundcheck 3. Für den Musikunterricht an allgemein bildenden Schulen der Klassen 9–10.* Hannover: Metzler/Schroedel.

Finscher, L. (1978). Diskussionsbericht [zu Veranstaltung 2: Was erwartet die Musikwissenschaft von der Musiklehrerausbildung?] In W. Gieseler & R. Klinkhammer (Hrsg.), *Musikwissenschaft und Musiklehrerausbildung. Inhaltliche, bildungspolitische und institutionelle Perspektiven. Dokumentation einer Wissenschaftlichen Tagung der Bundesfachgruppe Musikpädagogik vom 29.9. bis 2.10.1977 in der Justus-Liebig-Universität Gießen* (= Forschung in der Musikerziehung 1978) (S. 73–78). Mainz: Schott.

Fladt, H. (2002a). Musiktheorie zwischen Musikwissenschaft und Komposition. Bestandsaufnahmen und mögliche Neubestimmung. *Diskussion Musikpädagogik* (13), 34–44.

Fladt, H. (2002b). Musiktheorie zwischen Musikwissenschaft und Komposition [Kurzfassung von Fladt 2002a]. In A. Edler & S. Meine (Hrsg.), *Musik, Wissenschaft und ihre Vermittlung. Bericht über die Internationale Musikwissenschaftliche Tagung der Hochschule für Musik und Theater Hannover, 26. – 29. September 2001* (S. 202). Augsburg: Wißner.

Fladt, H. (2012). *Der Musikversteher. Was wir fühlen, wenn wir hören.* Berlin: Aufbau.

Fladt, H. (2013). Kriterien der Analyse von Rock- und Popmusik; demonstriert an David Bowies ›Space Oddity‹. *Diskussion Musikpädagogik* (58), 42–46.

180

Flämig, M. (2003). Aufbauender Musikunterricht und konstruktive (analytische) Begründung. *Zeitschrift für Kritische Musikpädagogik 2003*, 1–16 [online]. Verfügbar unter: http://home.arcor.de/zfkm/flaemig4.pdf [22.05.2015].

Foerster, H. von (1962). *Principles of self-organization: Transactions of the University of Illinois Symposium on Self-Organization, Robert Allerton Park, 8 and 9 June, 1961* (= International tracts in computer science and technology and their application, Bd. 9). Oxford: Pergamon Press.

Folkwang Universität der Künste (Hrsg.) (2012). *Musiktheorie & Komposition. XII. Jahreskongress der Gesellschaft für Musiktheorie. Programm. Abstracts & Biografien. Praktische Informationen.* Essen.

Franke, K. (2009). Modulationstheorie und musikalische Wirklichkeit. In C. Kühn & J. Leigh (Hrsg.), *Systeme der Musiktheorie* (S. 100–111). Dresden: Sandstein.

Franke, K. (2010). Gedanken zu einer anderen Modulationslehre. *Zeitschrift der Gesellschaft für Musiktheorie, 7*(1), 71–84. Auch verfügbar unter: http://www.gmth.de/zeitschrift/artikel/509.aspx [22.05.2015].

Freie und Hansestadt Hamburg. Behörde für Schule und Berufsbildung (Hrsg.) (2009). *Rahmenplan Musik. Gymnasiale Oberstufe* [online]. Verfügbar unter: http://www.hamburg.de/contentblob/1475208/data/musik-gyo.pdf [22.05.2015].

Freie und Hansestadt Hamburg. Behörde für Schule und Berufsbildung (Hrsg.) (2011). *Bildungsplan Grundschule. Musik* [online]. Verfügbar unter: http://www.hamburg.de/contentblob/2481814/data/musik-gs.pdf [22.05.2015].

Friedrichs, W. (2008). *Passagen der Pädagogik: Zur Fassung des pädagogischen Moments im Anschluss an Niklas Luhmann und Gilles Deleuze.* Bielefeld: transcript.

Frisius, R. (1971). Musiktheorie und Musikpädagogik. *Forschung in der Musikerziehung 5/6,* 9–12.

Froebe, F. (2007). ›Musiktheorie und Vermittlung‹. Bericht über den VI. Kongreß der GMTH vom 6. bis 8. Oktober 2006 in Weimar. *Zeitschrift der Gesellschaft für Musiktheorie 3*(3), 363–372. Auch verfügbar unter: http://www.gmth.de/zeitschrift/artikel/241.aspx [22.05.2015].

Froebe, F. (2010). [Rezension zu:] *Vom Tonsatz zum Partimento. Giovanni Paisiello, Regole per bene accompagnare il partimento o sia il basso fondamentale sopra il Cembalo* (= Praxis und Theorie des Partimentospiels, Bd. 1), hrsg. von L. Holtmeier, J. Menke und F. Diergarten. Wilhelmshaven: Noetzel 2008. *Zeitschrift der Gesellschaft für Musiktheorie 7*(2-3), 215–232. Auch verfügbar unter: http://www.gmth.de/zeitschrift/artikel/512.aspx [22.05.2015].

Fuchs, P. (2003). Die Theorie der Systemtheorie – erkenntnistheoretisch. In J. Jetzkowitz & C. Stark (Hrsg.), *Soziologischer Funktionalismus. Zur Methodologie einer Theorietradition* (S. 205–218). Wiesbaden: Verlag für Sozialwissenschaften.

Fuchs, P. & Heidingsfelder, M. (2004). MUSIC NO MUSIC MUSIC. Zur Unhörbarkeit von Pop. *Soziale Systeme. Zeitschrift für soziologische Theorie, 10*(2), 292–324.

Fuß, H.-U. (1995). Analyse von Musik. In S. Helms, R. Schneider & R. Weber (Hrsg.), *Kompendium der Musikpädagogik* (S. 95–138). Kassel: Bosse.

Fuß, H.-U. (1997). Musik begreifen 1. Musiktheorie, Musiklehre. In S. Helms, R. Schneider & R. Weber (Hrsg.), *Handbuch des Musikunterrichts. Sekundarstufe I* (S. 153–178). Kassel: Bosse.

Geck, M. (1986). *Singt und Spielt. Musikunterrichtswerk für die Grundschule.* Berlin: Cornelsen.

Gerhard, A. (Hrsg.) (2000). *Musikwissenschaft – eine verspätete Disziplin? Die akademische Musikforschung zwischen Fortschrittsglauben und Modernitätsverweigerung.* Stuttgart u.a.: Metzler.

Gesellschaft für Musikforschung (Hrsg.) (07.02.2014). *Fachgruppen. Musiktheorie* [online]. Verfügbar unter: http://www.musikforschung.de/index.php/fachgruppen/ musiktheorie [22.05.2015]

Gesellschaft für Musiktheorie (Hrsg.) (n.d.). *Arbeitsgemeinschaft Musikschulen* [online]. Verfügbar unter: http://www.gmth.de/arbeitsgemeinschaften/musikschulen.aspx [22.05.2015].

Gesellschaft für Popularmusikforschung (Hrsg.) (n.d.). *[Homepage]* [online]. Verfügbar unter: http://gfpm-samples.de/popmusikforschung/index.htm [22.05.2015].

Gies, S. (2011). Musiktheorie als pädagogisch bedeutsames Fach. In S. Rohringer (Hrsg.), *Zeitschrift der Gesellschaft für Musiktheorie 8*(1), 17–18. Auch verfügbar unter: http://www.gmth.de/zeitschrift/artikel/609.aspx [22.05.2015].

Gieseler, W. (1978a). Diskussionsbericht [zur Podiumsdiskussion: Musikwissenschaft und Musiklehrerausbildung – Tendenzen künftiger Entwicklung.] In W. Gieseler & R. Klinkhammer (Hrsg.), *Musikwissenschaft und Musiklehrerausbildung. Inhaltliche, bildungspolitische und institutionelle Perspektiven. Dokumentation einer Wissenschaftlichen Tagung der Bundesfachgruppe Musikpädagogik vom 29.9. bis 2.10.1977 in der Justus-Liebig-Universität Gießen* (= Forschung in der Musikerziehung 1978) (S. 193–217). Mainz: Schott.

Gieseler, W. (Hrsg.) (1978b). *Kritische Stichwörter zum Musikunterricht.* Kritische Stichwörter 2. München: Fink.

Gieseler, W. (1987). Anmerkungen zur Musiktheorie und Musikpädagogik. In A. Edler, S. Helms & H. Hopf (Hrsg.), *Musikpädagogik und Musikwissenschaft* (S. 138–151). Wilhelmshaven: Noetzel.

Gieseler, W. & Klinkhammer, R. (Hrsg.) (1978). *Musikwissenschaft und Musiklehrerausbildung. Inhaltliche, bildungspolitische und institutionelle Perspektiven. Dokumentation einer Wissenschaftlichen Tagung der Bundesfachgruppe Musikpädagogik vom 29.9. bis 2.10.1977 in der Justus-Liebig-Universität Gießen* (= Forschung in der Musikerziehung 1978). Mainz: Schott.

Göbel, A. (Hrsg.) (2000). *Theoriegenese als Problemgenese. Eine problemgeschichtliche Rekonstruktion der soziologischen Systemtheorie Niklas Luhmanns.* Konstanz: Universitäts-Verlag.

Göbel, A. (2012). Selbstbeschreibung. In O. Jahraus, A. Nassehi, M. Grizelj, I. Saake, C. Kirchmeier & J. Müller (Hrsg.), *Luhmann-Handbuch. Leben – Werk – Wirkung* (S. 113–115). Stuttgart u.a.: Metzler.

Goodman, A. (1982). *Wörterbuch der Musik.* München: Südwest.

Gordon, E. (1980). *Learning Sequences in Music: Skill, Content, and Patterns*. Chicago: G I A Publications.

Graßmann, B. (1981). Was heißt wissenschaftspropädeutischer Unterricht in Musik? *Musik & Bildung, 13*(6), 370–377.

Graßmann, B. (1988). Wie nützlich ist Harmonielehre für Schulmusiker. *Musik & Bildung, 20* (10), 741–743.

Graumann, G. (1980). Über die Bedeutung der Geschichte der Mathematikpädagogik. In *Beiträge zum Mathematikunterricht 1980. 14. Bundestagung vom 4.3. bis 7.3.1980 in Dortmund* (S. 114–117). Hannover u.a.: Schroedel. Auch verfügbar unter: http://pub.uni-bielefeld.de/publication/1776183 [22.05.2015].

Gruhn, W. (1987). Musikwissenschaft in den vorliegenden Curricula. Eine kritische Bestandsaufnahme der geltenden Richtlinien. In A. Edler, S. Helms & H. Hopf (Hrsg.), *Musikpädagogik und Musikwissenschaft* (= Taschenbücher zur Musikwissenschaft, Bd. 111) (S. 61–81). Wilhelmshaven: Noetzel.

Gruhn, W. (1993). *Geschichte der Musikerziehung; eine Kultur- und Sozialgeschichte vom Gesangunterricht der Aufklärungspädagogik zu ästhetisch-kultureller Bildung.* Darmstadt: Wissenschaftliche Buchgesellschaft.

Gruhn, W. (1997). Anspruch und Auftrag musikpädagogischer Forschung. Zur Emanzipation der Musikpädagogik von der Musikwissenschaft. In P. M. Krakauer (Hrsg.), *Artgenossen und andere Feinde. Musikwissenschaft für die Musikpädagogik? Beiträge zum ersten Symposion ›Musikwissenschaft und Musikpädagogik‹, Salzburg 1996* (S. 13–22). Regensburg: ConBrio.

Gruhn, W. (1999). Wie denkt, hört und lernt der ›ungeschulte Kopf‹? *Diskussion Musikpädagogik* (2), 60–74.

Günther, U. & Kaiser, H.-J. (1982). Wissenschaftspropädeutischer oder wissenschaftsorientierter Musikunterricht? *Musik & Bildung, 14*(2), 84–89.

Gurlitt, W. (1954). Musikwissenschaftliche Forschung und Lehre in pädagogischer Sicht. In W. Brennecke (Hrsg.), *Gesellschaft für Musikforschung. Bericht über den internationalen Musikwissenschaftlichen Kongress. Bamberg 1953* (S. 33–37). Kassel: Bärenreiter.

Habermas, J. (1971). Theorie der Gesellschaft oder Sozialtechnologie? Eine Auseinandersetzung mit Niklas Luhmann. In J. Habermas & N. Luhmann (Hrsg.), *Theorie der Gesellschaft oder Sozialtechnologie – Was leistet die Systemforschung?* (S. 142–290). Frankfurt am Main: Suhrkamp.

Habermas, J. & Luhmann, N. (1971). *Theorie der Gesellschaft oder Sozialtechnologie – Was leistet die Systemforschung?* Theorie-Diskussion (1. Aufl.). Frankfurt am Main: Suhrkamp.

Heckhausen, H. (1987). ›Interdisziplinäre Forschung‹ zwischen Intra-, Multi- und Chimären-Disziplinarität. In J. Kocka (Hrsg.), *Interdisziplinarität. Praxis, Herausforderung, Ideologie* (S. 129–145). Frankfurt am Main: Suhrkamp.

Heidrich, J. (2009). Si tacuisses… Zu Norbert Schläbitz: ›Für eine musikpädagogisch relevante Musikwissenschaft‹ Diskussion Musikpädagogik 41. Eine Replik. *Diskussion Musikpädagogik, 43,* 59–62.

Heindrichs, H.-A. (1969). Kunst in einer verwissenschaftlichten Welt? *Forschung in der Musikerziehung 1/2,* 44–51.

Heinzelmann, S. (2005). Nordamerikanische Musiktheorie und ihre Institutionen. *Zeitschrift der Gesellschaft für Musiktheorie, 2*(2–3), 35–51. Auch verfügbar unter: http://www.gmth.de/zeitschrift/artikel/518.aspx [22.05.2015].

Helmberger, A. & Kaiser, U. (n.d.). *AnaVis. Unterrichtssoftware von Learning Media* [online]. Verfügbar unter: http://www.anavis.de/ [22.05.2015].

Helms, S. (1978). Diskussionsbericht [zu Veranstaltung 6: Umsetzung von musikethnologischen Erkenntnissen in die Schulpraxis.] In W. Gieseler & R. Klinkhammer (Hrsg.), *Musikwissenschaft und Musiklehrerausbildung. Inhaltliche, bildungspolitische und institutionelle Perspektiven. Dokumentation einer Wissenschaftlichen Tagung der Bundesfachgruppe Musikpädagogik vom 29.9. bis 2.10.1977 in der Justus-Liebig-Universität Gießen* (= Forschung in der Musikerziehung 1978) (S. 187–191). Mainz: Schott.

Helms, S., Hopf, H. & Valentin, E. (Hrsg.) (1975). *Neues Handbuch der Schulmusik.* Regensburg: Bosse.

Helms, S., Hopf, H. & Valentin, E. (Hrsg.) (1985). *Handbuch der Schulmusik* (3., völlig neu bearb. Aufl.). Regensburg: Bosse.

Helms, S., Schneider, R. & Weber, R. (Hrsg.) (1995). *Kompendium der Musikpädagogik* (1. Aufl.). Kassel: Bosse.

Helms, S., Schneider, R. & Weber, R. (Hrsg.) (1997a). *Handbuch des Musikunterrichts. Bd. 1. Primarstufe.* Kassel: Bosse.

Helms, S., Schneider, R. & Weber, R. (Hrsg.) (1997b). *Handbuch des Musikunterrichts. Bd. 2. Sekundarstufe I.* Kassel: Bosse.

Helms, S., Schneider, R. & Weber, R. (Hrsg.) (1997c). *Handbuch des Musikunterrichts. Bd. 3. Sekundarstufe II.* Kassel: Bosse.

Helms, S., Schneider, R. & Weber, R. (Hrsg.) (2005). *Lexikon der Musikpädagogik.* Kassel: Bosse.

Hempel, C. (1988). Zwischen Notenlesen und Zwölftontechnik. *Musik & Bildung, 20*(10), 744–756.

Hempel, C. (1997). *Neue allgemeine Musiklehre. Mit Fragen und Aufgaben zur Selbstkontrolle* (7. Aufl). Mainz: Schott.

Hentig, H. von (1987). Polyphem oder Argos? Disziplinarität in der nichtdisziplinären Wirklichkeit. In J. Kocka (Hrsg.), *Interdisziplinarität. Praxis, Herausforderung, Ideologie.* (S. 34–59). Frankfurt am Main: Suhrkamp.

Herzfeld, F. (1975). *Lexikon der Musik* (1. Aufl.). Berlin: Ullstein.

Heß, F. (2005). »Klassik« und Musikgeschichte im Unterricht. In W. Jank (Hrsg.), *Musikdidaktik. Praxishandbuch für die Sekundarstufe I und II* (S. 201–208). Berlin: Cornelsen Scriptor.

Hickmann, E. (1987). Musikethnologie in der Schul- und Hochschulunterweisung. In A. Edler, S. Helms & H. Hopf (Hrsg.), *Musikpädagogik und Musikwissenschaft* (S. 270–290). Wilhelmshaven: Noetzel.

Hochradner, T. (1997). Das musikpädagogische und musiktheoretische ›Erbe‹ von Johann Joseph Fux. In P. M. Krakauer (Hrsg.), *Artgenossen und andere Feinde. Musikwissenschaft für die Musikpädagogik? Beiträge zum ersten Symposion ›Musikwissenschaft und Musikpädagogik‹ Salzburg 1996* (S. 109–126). Regensburg: ConBrio.

184

Hochschule für Musik Detmold (Hrsg.) (n.d.). *Portrait* [online]. Verfügbar unter: http://www.hfm-detmold.de/portrait/institutionen [22.05.2015].

Hochschule für Musik Freiburg (Hrsg.) (2013). *Promotionsstudium* [online]. Verfügbar unter: http://www.mh-freiburg.de/studium/studiengaenge/promotionsstudium [22.05.2015].

Hochschule für Musik und Theater München (Hrsg.) (n.d.). *Eignungsprüfung für die Studiengänge Lehramt an Gymnasien und Lehramt an Grund-, Haupt- und Realschulen. Musterklausuren* [online]. Verfügbar unter: http://website.musikhochschule-muechen.de /de/images/PDFs/Studium/Lehramt/Eignungspr%C3%BCfung/Beispielklausuren-Eignungs pr%C3%BCfung.pdf [22.05.2015].

Hochschule für Musik und Theater München (Hrsg.) (n.d.). *Jugendakademie für Hochbegabtenförderung* [online]. Verfügbar unter: http://website.musikhochschule-muenchen.de /de/index.php?option=com_content&task=view&id=745&Itemid=757 [22.05.2015].

Hochschule für Musik und Theater München (Hrsg.) (n.d.). *Symposium »Carl Dahlhaus und die Musiktheorie«* [online]. Verfügbar unter: http://website.musikhochschule-muenchen.de /de/index.php?option=%20com_content&task=view&id=1167 [22.05.2015].

Hoffmann-Erbrecht, L. (1978). Diskussionsbericht [zu Veranstaltung 4: Umsetzung von musikgeschichtlichen Erkenntnissen in die Schulpraxis.] In W. Gieseler & R. Klinkhammer (Hrsg.), *Musikwissenschaft und Musiklehrerausbildung. Inhaltliche, bildungspolitische und institutionelle Perspektiven. Dokumentation einer Wissenschaftlichen Tagung der Bundesfachgruppe Musikpädagogik vom 29.9. bis 2.10.1977 in der Justus-Liebig-Universität Gießen* (= Forschung in der Musikerziehung 1978) (S. 139–142). Mainz: Schott.

Hofmann, E. (1979). Analyse aus der Sicht der pädagogischen Praxis. *Musik & Bildung, 11*(3), 175–177.

Hohlfeld, C. & Rauhe, H. (1970). *Grundlagen der Musiktheorie. Methodisch-praktische Elementarlehre.* Wolfenbüttel [u.a.]: Möseler.

Höhnen, H. W. (Hrsg.) (1978). *Entwicklung neuer Ausbildungsgänge für Lehrer der Sekundarstufen I und II im Fach Musik. Modellversuch.* Mainz und Regensburg: Bosse.

Holtmeier, L. (1997). Nicht Kunst? Nicht Wissenschaft? Zur Lage der Musiktheorie. *Musik & Ästhetik, 1*(1), 119–146.

Holtmeier, L. (2003). Von der Musiktheorie zum Tonsatz. Zur Geschichte eines geschichtslosen Faches. *Zeitschrift der Gesellschaft für Musiktheorie, 1*(1), 11–34. Auch verfügbar unter: http://www.gmth.de/zeitschrift/artikel/481.aspx [22.05.2015].

Holtmeier, L. (2005). Stufen und Funktionen. Gedanken zur praktischen Harmonielehre im 19. Jahrhundert. In H. de la Motte-Haber & O. Schwab-Felisch (Hrsg.), *Musiktheorie* (= Handbuch der systematischen Musikwissenschaft, Bd. 2) (S. 224–229). Laaber: Laaber.

Holtmeier, L. (2007). Heinichen, Rameau, and the Italian thoroughbass tradition: Concepts of tonality and chord in the rule of the octave. *Journal of Music Theory Pedagogy, 51*(1), 5–49.

Holtmeier, L. (2009). Zum Tonalitätsbegriff der Oktavregel. In C. Kühn & J. Leigh (Hrsg.), *Systeme der Musiktheorie* (S. 7–19). Dresden: Sandstein.

Holtmeier, L. (2010a). Feindliche Übernahme. Gottfried Weber, Adolf Bernhard Marx und die bürgerliche Harmonielehre des 19. Jahrhunderts. In C. Utz (Hrsg.), *Musiktheorie als inter-*

disziplinäres Fach. 8. Kongress der Gesellschaft für Musiktheorie Graz 2008 (S. 81–100). Saarbrücken: Pfau.

Holtmeier, L. (2010b). Harmonik/Harmonielehre. In H. de la Motte-Haber, H. von Loesch, G. Rötter & C. Utz (Hrsg.), *Lexikon der Systematischen Musikwissenschaft* (= Handbuch der Systematischen Musikwissenschaft, Bd. 6) (S. 166–169). Laaber: Laaber.

Holtmeier, L. (2010c). Musiktheorie. In H. de la Motte-Haber, H. von Loesch, G. Rötter & C. Utz (Hrsg.), *Lexikon der Systematischen Musikwissenschaft* (= Handbuch der Systematischen Musikwissenschaft, Bd. 6) (S. 334–336). Laaber: Laaber.

Holtmeier, L. (2010d). *Rameaus langer Schatten. Studien zur deutschen Musiktheorie des 18. Jahrhunderts* (Hs für Musik, Dresden, unveröff. Diss.).

Holtmeier, L. (2011). Blick zurück nach vorn. *Zeitschrift der Gesellschaft für Musiktheorie, 8*(1), 189–193. Auch verfügbar unter: http://www.gmth.de/zeitschrift/artikel/628.aspx [22.05.2015].

Holtmeier, L., Polth, M. & Diergarten, F. (Hrsg.) (2004). *Musiktheorie zwischen Historie und Systematik. 1. Kongreß der Deutschen Gesellschaft für Musiktheorie, Dresden 2001.* Augsburg: Wißner.

Hörler, E. (1946). *Kleine Musiklehre. Ein Übungsteil zum Schweizer Singbuch Für die Oberstufe* (1. Aufl.). Zürich: Verlag der Erziehungsdirektion des Kantons Zürich.

Huber, A. (2005). Wegweiser und Scheinwerfer: Impulse zur Reform des Musiktheorieunterrichts durch Diether de la Motte. In H. de la Motte-Haber & O. Schwab-Felisch (Hrsg.), *Musiktheorie* (= Handbuch der Systematischen Musikwissenschaft, Bd. 6) (S. 477–488). Laaber: Laaber.

Hüffer, W. (2001). Eulen im Blindflug. Der Ruf nach Interdisziplinarität und die Ohnmacht der Geisteswissenschaften. In M. Käbisch, H. Maaß & S. Schmidt (Hrsg.), *Interdisziplinarität. Chancen – Risiken – Konzepte* (S. 131–146). Leipzig: Leipziger Univ.-Verl.

Hutter, M. (2004). Pop. Kunst durch Markt. *Soziale Systeme. Zeitschrift für soziologische Theorie, 10*(2), 325–332.

Isernhagen, H. (1997). *Interdisziplinarität und die gesellschaftliche Rolle der Geistes- und Kulturwissenschaften heute* (= Basler Schriften zur europäischen Integration). Basel: Europainstitut.

Jacob, A. (2007). Musikalische Bildung aus Sicht der Musikwissenschaft. In A. Jacob (Hrsg.), *Musik – Bildung – Textualität* (= Erlanger Forschungen – Reihe A) (S. 9–36). Erlangen: Universitätsbund Erlangen-Nürnberg.

Jahraus, O. (2012). Supertheorie? In O. Jahraus, A. Nassehi, M. Grizelj, I. Saake, C. Kirchmeier & J. Müller (Hrsg.), *Luhmann-Handbuch. Leben – Werk – Wirkung* (S. 432–436). Stuttgart u.a.: Metzler.

Jank, W. (2001). Ist Musiklernen wie Sprechenlernen? Musikalische Grundkompetenzen. Die Musikdidaktik muss von der Lerntheorie lernen. *Musik & Bildung, 33*(3), 31–39.

Jank, W. (Hrsg.) (2005). *Musik-Didaktik. Praxishandbuch für die Sekundarstufe I und II.* Berlin: Cornelsen Scriptor.

Jank, W. & Schmidt-Oberländer, G. (Hrsg.) (n.d.). *Aufbauender Musikunterricht* [online]. Verfügbar unter: http://www.aufbauender-musikunterricht.de/ [22.05.2015].

Jensen, S. (2003). Funktionalismus und Systemtheorie – von Parsons zu Luhmann. In J. Jetzkowitz & C. Stark (Hrsg.), *Soziologischer Funktionalismus. Zur Methodologie einer Theorietradition* (S. 177–203). Wiesbaden: Verlag für Sozialwissenschaften.

Joas, H. (1996). *Die Kreativität des Handelns*. Frankfurt am Main: Suhrkamp.

Joas, H. (1997). *Die Entstehung der Werte*. Frankfurt am Main: Suhrkamp.

Joas, H. & Knöbl, W. (2004). *Sozialtheorie. Zwanzig einführende Vorlesungen* (1. Aufl.). Frankfurt am Main: Suhrkamp.

Jung, Hei. (1983). *Musik-Kontakte. Unterrichtswerke für den Musikunterricht*. Frankfurt am Main: Hirschgraben.

Jung, Her. (2007). Schulmusik und Musikwissenschaft. Über den (drohenden) Verlust historischer Begründungszusammenhänge. In J. D. Gauger & H. Wilske (Hrsg.), *Bildungsoffensive Musikunterricht* (S. 33–45). Freiburg im Breisgau: Rombach.

Jünger, H. (2006). *Schulbücher im Musikunterricht? Quantitativ-qualitative Untersuchungen zur Verwendung von Musiklehrbüchern an allgemein bildenden Schulen* (= Uni-Press-Hochschulschriften, Bd. 153). Hamburg: LIT. (Zugl. Hamburg, Univ. Diss., 2005.)

Jünger, H. (2009). Leserbrief (Auszug) zu: Clemens Kühn, Musik erforschen. *Diskussion Musikpädagogik* (41), 58.

Jungert, M. (2010). Was zwischen wem und warum eigentlich? Grundsätzliche Fragen der Interdisziplinarität. In M. Jungert (Hrsg.), *Interdisziplinarität. Theorie, Praxis, Probleme* (S. 2–12). Darmstadt: Wissenschaftliche Buchgesellschaft.

Kabisch, T. (2002). Vorbemerkung [zum Symposium Musiktheorie – Musikwissenschaft]. In A. Edler & S. Meine (Hrsg.), *Musik, Wissenschaft und ihre Vermittlung. Bericht über die Internationale Musikwissenschaftliche Tagung der Hochschule für Musik und Theater Hannover, 26. – 29. September 2001* (S. 195). Augsburg: Wißner.

Kaiser, B. (2008). Ute Jung-Kaiser. Biographie. In F. Brusniak, A. Goebel & M. Kruse (Hrsg.), *Musikwissenschaft und Musikpädagogik im interdisziplinären Diskurs. Eine Festschrift für Ute Jung-Kaiser* (= Studien und Materialien zur Musikwissenschaft, Bd. 48) (S. 1–3). Hildesheim: Olms.

Kaiser, H.-J. (1992). Meine Erfahrung – Deine Erfahrung?! oder: Die grundlagentheoretische Frage nach der Mitteilbarkeit musikalischer Erfahrung. In H.-J. Kaiser (Hrsg.), *Musikalische Erfahrung. Wahrnehmen, Erkennen, Aneignen. Tagung des ›Arbeitskreises Musikpädagogische Forschung‹ (AMPF) vom 4. bis zum 6. Oktober in Hamburg* (= Musikpädagogische Forschung, Bd. 13) (S. 100–113). Essen: Die Blaue Eule.

Kaiser, H.-J. (1998). Was heißt ›aus musikpädagogischer Perspektive‹? In M. von Schoenebeck (Hrsg.), *Entwicklung und Sozialisation aus musikpädagogischer Perspektive. Jahrestagung ›Arbeitskreis Musikpädagogische Forschung‹, München, 1997* (= Musikpädagogische Forschung, Bd. 19) (S. 27–40). Essen: Die Blaue Eule.

Kaiser, H.-J. (2001). Auf dem Wege zu verständiger Musikpraxis. In K. H. Ehrenforth (Hrsg.), *Musik – unsere Welt als andere. Phänomenologie und Musikpädagogik im Gespräch* (S. 85–89). Würzburg: Königshausen & Neumann.

Kaiser, H.-J. (2003). Zeige es! Ein Beitrag zur Theorie musikalischen Lehrens. *Zeitschrift für Kritische Musikpädagogik 2003*, 1–21 [online]. Verfügbar unter: http://home.arcor.de /zfkm/kaiser3.pdf [22.05.2015].

Kaiser, H.-J. (Hrsg.) (2006a). *Bildungsoffensive Musikunterricht? Das Grundsatzpapier der Konrad-Adenauer-Stiftung in der Diskussion.* Regensburg: ConBrio.

Kaiser, H.-J. (2006b). Zum ideologischen Hintergrund der ›Bildungsoffensive durch Neuorientierung des Musikunterrichts‹. In H. J. Kaiser (Hrsg.), *Bildungsoffensive Musikunterricht? Das Grundsatzpapier der Konrad-Adenauer-Stiftung in der Diskussion* (S. 69–95). Regensburg: ConBrio.

Kaiser, H.-J. (2008). Systematizität als Denkform und Institutionalisierung als Form gesellschaftlicher Sicherung. Notate zu den Bedingungen einer Musikpädagogik als Wissenschaft oder: Ein Versuch, Heinz Antholz von 1986 weiterzudenken. In T. Ott & J. Vogt (Hrsg.), *Unterricht in Musik – Rückblick und aktuelle Aspekte. Symposion der Wissenschaftlichen Sozietät Musikpädagogik zum 90. Geburtstag von Heinz Antholz* (= Wissenschaftliche Musikpädagogik, Bd. 3) (S. 41–56). Münster: LIT.

Kaiser, H.-J. (2010). Verständige Musikpraxis. Eine Antwort auf Legitimationsdefizite des Klassenmusizierens. *Zeitschrift für Kritische Musikpädagogik 2010,* 47–68 [online]. Verfügbar unter: http://zfkm.org/10-kaiser.pdf [22.05.2015].

Kaiser, H.-J. & Nolte, E. (1989). *Musikdidaktik. Sachverhalte, Argumente, Begründungen; ein Lese- und Arbeitsbuch.* Mainz: Schott.

Kaiser, U. (1996). VI. Gehörbildung. In L. Finscher et al., *Die Musik in Geschichte und Gegenwart. Allgemeine Enzyklopädie der Musik, Bd. 3* (Sp. 1126–1131 und Sp. 1136–1139). Kassel und Stuttgart: Bärenreiter.

Kaiser, U. (1999a). ›Es hört doch jeder nur, was er versteht‹. Gedanken zum Thema Musiktheorie und Hörerziehung. *Musiktheorie, 14,* 335–340.

Kaiser, U. (1999b). *Gehörbildung. Satzlehre – Improvisation – Höranalyse. Ein Lehrgang mit historischen Beispielen, Grundkurs mit CD* (2. Aufl.). Kassel: Bärenreiter.

Kaiser, U. (2000). *Gehörbildung. Satzlehre – Improvisation – Höranalyse. Ein Lehrgang mit historischen Beispielen, Aufbaukurs mit CD* (2. Aufl.). Kassel: Bärenreiter.

Kaiser, U. (2002). Hören, Wissen und Wissenschaft. In A. Edler & S. Meine (Hrsg.), *Musik, Wissenschaft und ihre Vermittlung. Bericht über die Internationale Musikwissenschaftliche Tagung der Hochschule für Musik und Theater Hannover, 26. – 29. September 2001* (S. 224–225). Augsburg: Wißner.

Kaiser, U. (2003). *Sonatenspiele. Wiener Klassik zum Mitspielen* [arrangiert für den Unterricht an allgemein bildenden Schulen] (= Applaus. Musikmachen im Klassenverband, Bd. 17). Leipzig: Klett.

Kaiser, U. (2007). Was ist ein musikalisches Modell? *Zeitschrift der Gesellschaft für Musiktheorie, 4*(3), 275–289. Auch verfügbar unter: http://www.gmth.de/zeitschrift/artikel/261.aspx [22.05.2015].

Kaiser, U. (2011a). *Johann Sebastian Bach. Ein Superstar gestern und heute. Materialien für den Unterricht an allgemeinbildenden Schulen. Unterrichtsheft* (= OpenBook, Bd. 2) (1. Aufl.). Karlsfeld [online]. Verfügbar unter: http://www.musik-openbooks.de/bach [22.05.2015].

Kaiser, U. (2011b). *Johann Sebastian Bach. Ein Superstar gestern und heute. Materialien für den Unterricht an allgemeinbildenden Schulen. Kommentarheft* (= OpenBook, Bd. 2) (1. Aufl.). Karlsfeld [online]. Verfügbar unter: http://www.musik-openbooks.de/bach [22.05.2015].

Kaiser, U. (2011c). *MusikOpenBooks* [online]. Verfügbar unter: http://www.musik-openbooks.de/ [22.05.2015].

Kaiser, U. & Helmberger, A. (n.d.). *Die Kadenz* [online]. Verfügbar unter: http://www.musikanalyse.net/tutorials/kadenz [22.05.2015].

Katzenberger, G. (1995). Noch einmal: Zum Verhältnis Musikwissenschaft – Musikpädagogik. Anmerkungen zu einer noch nicht abgeschlossenen Diskussion um das Schulmusikstudium. In P. Becker, A. Edler & B. Schneider (Hrsg.), *Zwischen Wissenschaft und Kunst. Festgabe für Richard Jakoby* (S. 67–74). Mainz: Schott.

Keller, K.-H. (2009). *Rondo 5/6; ein Musikwerk für die Sekundarstufe*. Offenburg: Mildenberger.

Kemmelmeyer, K.-J., Nykrin, R., Lang, O. & Haun, A. (2003). *Spielpläne 1. Für den Musikunterricht an Realschulen und Gymnasien*. Leipzig: Klett.

Khittl, C. (1998). Musikwissenschaft und Musikpädadgogik. Stationen einer angespannten Beziehung. In E. T. Hilscher (Hrsg.), *Österreichische Musik – Musik in Österreich. Beiträge zur Musikgeschichte Mitteleuropas. Theophil Antonicek zum 60. Geburtstag* (= Wiener Veröffentlichungen für Musikwissenschaft, Bd. 34) (S. 687–702). Tutzing: Schneider.

Kieserling, A. (2004a). Die Soziologie der Selbstbeschreibung. In A. Kieserling (Hrsg.), *Selbstbeschreibung und Fremdbeschreibung. Beiträge zu einer Soziologie des soziologischen Wissens* (S. 46–108). Frankfurt am Main: Suhrkamp.

Kieserling, A. (2004b). Soziologische Fachsprache. In A. Kieserling (Hrsg.), *Selbstbeschreibung und Fremdbeschreibung. Beiträge zu einer Soziologie des soziologischen Wissens* (S. 291–299). Frankfurt am Main: Suhrkamp.

Kirchmeier, C. (2012a). Moral. In O. Jahraus, A. Nassehi, M. Grizelj, I. Saake, C. Kirchmeier & J. Müller (Hrsg.), *Luhmann-Handbuch. Leben – Werk – Wirkung* (S. 105–107). Stuttgart [u.a.]: Metzler.

Kirchmeier, C. (2012b). Semantik. In O. Jahraus, A. Nassehi, M. Grizelj, I. Saake, C. Kirchmeier & J. Müller (Hrsg.), *Luhmann-Handbuch. Leben – Werk – Wirkung* (S. 115–117). Stuttgart [u.a.]: Metzler.

Kirchmeier, C. (2012c). Wissenssoziologie. In O. Jahraus, A. Nassehi, M. Grizelj, I. Saake, C. Kirchmeier & J. Müller (Hrsg.), *Luhmann-Handbuch. Leben – Werk – Wirkung* (S. 317–321). Stuttgart [u.a.]: Metzler.

Kirchner, G. (2006). *Lehrbücher der Musiklehre aus fünf Jahrhunderten. Eine Sammlung deutschsprachiger gedruckter Schriften*. Katalog (2. Aufl.). Lörrach: Lutz.

Kleinen, G. (1987). Musikhören ohne Musiktheorie? Die themenzentrierte Interaktion als Impuls zu einer ›ehrlicheren‹ Hörerziehung. *Musik & Bildung, 19*(2), 116–118.

Kleinen, G. (1997). Paradigmenwechsel in der Musikwissenschaft. In P. M. Krakauer (Hrsg.), *Artgenossen und andere Feinde. Musikwissenschaft für die Musikpädagogik? Beiträge zum ersten Symposion ›Musikwissenschaft und Musikpädagogik‹, Salzburg 1996* (S. 23–30). Regensburg: ConBrio.

Klinkhammer, R. (1982). Die Entwicklung der musikalischen Vorstellung als ein Integrationsfaktor zwischen Musiktheorie und Musikpraxis. In W. Gieseler & R. Klinkhammer (Hrsg.), *Musikpädagogik als Hochschulfach. Dokumentation einer Wissenschaftlichen Tagung der Bundesfachgrupe Musikpädagogik vom 29. bis 31.10.1981 in der Erziehungswissenschaft-*

lichen Fakultät der Universität zu Köln (= Forschung in der Musikerziehung 1982) (S. 183–189). Mainz: Schott.

Klinkhammer, R. (1985). Musikalische Analyse als elementardidaktisches Problem. *Zeitschrift für Musikpädagogik, 10*(30), 27–31.

Kneer, G. (2001). Organisation und Gesellschaft. Zum ungeklärten Verhältnis von Organisations- und Funktionssystemen in Luhmanns Theorie sozialer Systeme. *Zeitschrift für Soziologie, 30,* 407–428.

Kocka, J. (1987). Einleitung. In J. Kocka (Hrsg.), *Interdisziplinarität. Praxis, Herausforderung, Ideologie* (S. 7–16). Frankfurt am Main: Suhrkamp.

Kocka, J. (2008). Disziplinen und Interdisziplinarität. In J. Reulecke (Hrsg.), *Wissenschaften im 20. Jahrhundert. Universitäten in der modernen Wissenschaftsgesellschaft* (S. 107–117). Stuttgart: Steiner.

Köhler, M. (2002). Subdominante trifft Tonika. Musikalische Elementarlehre in fünf Modellen praktisch erprobt. *Musik & Bildung, 34*(2), 30–37.

Konrad-Adenauer-Stiftung. Bildungsoffensive durch Neuorientierung des Musikunterrichts (KAS 2000/2006). In H. J. Kaiser (Hrsg.) (2006a), *Bildungsoffensive Musikunterricht? Das Grundsatzpapier der Konrad-Adenauer-Stiftung in der Diskussion* (S. 17–30). Regensburg: ConBrio.

Kopiez, R. (2009). Systematische Musikwissenschaft als Bezugswissenschaft der Musikpädagogik. *Diskussion Musikpädagogik,* (41), 8–12.

Kopiez, R. (2014). *Laufende bzw. abgeschlossene Forschungsprojekte am Institut für Musikpädagogische Forschung* [online]. Verfügbar unter: http://musicweb.hmtm-hannover.de/kopiez/projekte.htm [22.05.2015].

Koschorke, A. (2003). Wissenschaftsbetrieb als Wissenschaftsvernichtung. Einführung in die Paradoxologie des deutschen Hochschulwesens. In D. Kimmich & A. Thumfart (Hrsg.), *Universität ohne Zukunft?* (S. 142–157). Frankfurt am Main: Suhrkamp.

Koselleck, R. (1979). *Vergangene Zukunft. Zur Semantik geschichtlicher Zeiten.* Frankfurt am Main: Suhrkamp.

Kraemer, R.-D. (2004). *Musikpädagogik. Eine Einführung in das Studium.* Augsburg: Wißner.

Krakauer, P. M. (Hrsg.) (1997a). *Artgenossen und andere Feinde: Musikwissenschaft für die Musikpädagogik? Beiträge zum ersten Symposion ›Musikwissenschaft und Musikpädagogik‹, Salzburg 1996.* Regensburg: ConBrio.

Krakauer, P. M. (1997b). Vorwort. In P. M. Krakauer (Hrsg.), *Artgenossen und andere Feinde. Musikwissenschaft für die Musikpädagogik? Beiträge zum ersten Symposion ›Musikwissenschaft und Musikpädagogik‹, Salzburg 1996* (S. 7–10). Regensburg: ConBrio.

Krakauer, P. M. (1997c). Artgenossen und andere Feinde – Zur Idee eines Diskursaufrufes zwischen Musikwissenschaft und Musikpädagogik. In P. M. Krakauer (Hrsg.), *Artgenossen und andere Feinde. Musikwissenschaft für die Musikpädagogik? Beiträge zum ersten Symposion ›Musikwissenschaft und Musikpädagogik‹, Salzburg 1996* (S. 207–228). Regensburg: ConBrio.

Krammer, S. (2006). Produktive Verschränkungen. Vom Verhältnis zwischen Deutschdidaktik und Germanistik. In S. Hochreiter & U. Klingenböck (Hrsg.), *Literatur – Lehren – Lernen. Hochschuldidaktik und germanistische Literaturwissenschaft* (S. 38–54). Wien: Böhlau.

Krause-Benz, M. (2008). *Bedeutung und Bedeutsamkeit. Interpretation von Musik in musik-pädagogischer Dimensionierung* (= Folkwang-Studien, Bd. 7). Hildesheim: Olms. (Zugl.: Essen, Folkwang-Hochsch., Diss., 2005.)

Krause-Benz, M. (2010). Performative Akte als Momente der Inhaltskonstitution im Musikun-terricht. In J. Vogt, C. Rolle & F. Heß (Hrsg.), *Inhalte des Musikunterrichts. Sitzungsbe-richt 2009 der Wissenschaftlichen Sozietät Musikpädagogik* (= Wissenschaftliche Musik-pädagogik, Bd. 4) (S. 77–99). Münster: LIT.

Kreidler, J. (2007). Luhmanns Medium-Form-Unterscheidung als Theorie der Satzmodelle. *Zeitschrift der Gesellschaft für Musiktheorie, 4*(1-2), 135–141.

Krestan, M. (2009). [Rezension zu:] Clemens Kühn, Musik erforschen. *Diskussion Musikpä-dagogik* (41), 60.

Kreutz, G. & Bastian, H. G. (2002). Musikwissenschaft an der Musikhochschule. Eine Replik auf Christoph Richter. *Diskussion Musikpädagogik,* (14), 43–47.

Krützfeldt, W. (1976). Tonsatz oder Musiktheorie in der Ausbildung des Musikpädagogen? In G. Noll (Hrsg.), *Musikpädagogik in der Studienreform* (= Forschung in der Musikerzie-hung 1976) (S. 263–266). Mainz: Schott.

Krützfeldt, W. (1978). Theorie der Musik – Inhalte und Aufgaben. In H. W. Höhnen (Hrsg.), *Entwicklung neuer Ausbildungsgänge für Lehrer der Sekundarstufen I und II im Fach Mu-sik. Modellversuch* (S. 405–424). Mainz: Bosse.

Kubicek, R. (Hrsg.) (2014). *Musiktheorie und Vermittlung. Didaktik – Ästhetik – Satzlehre – Analyse – Improvisation* (= Paraphrasen – Weimarer Beiträge zur Musiktheorie, Bd. 2). Hildesheim u.a.: Olms.

Kühn, C. (1988). Musik als Kunst. Zur musiktheoretischen Ausbildung von Schulmusikstu-denten. *Musik & Bildung, 20*(10), 736–741.

Kühn, C. (1996). Analyse. *Musik und Unterricht, 7*(37), 4–8.

Kühn, C. (1999). Mit den Augen von früher? *Musiktheorie, 14,* 365–369.

Kühn, C. (2002a). Musiktheorie zwischen Hochschule und Schule. *Diskussion Musikpädago-gik,* (13), 6–21.

Kühn, C. (2002b). Musik und Musiktheorie und Musikunterricht und Musikausbildung: Zehn persönliche Standpunkte zu einem komplizierten Geflecht. *Diskussion Musikpädagogik,* (14), 16–20.

Kühn, C. (2004a). Integrative Theorie. In L. Holtmeier, M. Polth & F. Diergarten (Hrsg.), *Musiktheorie zwischen Historie und Systematik. 1. Kongreß der Deutschen Gesellschaft für Musiktheorie, Dresden 2001* (S. 236–244). Augsburg: Wißner.

Kühn, C. (2004b). Was Musik zu sagen hat. *Diskussion Musikpädagogik,* (24), 3–10.

Kühn, C. (2006a). *Musiktheorie unterrichten – Musik vermitteln. Erfahrungen – Ideen – Me-thoden.* Kassel: Bärenreiter.

Kühn, C. (2006b). Einfachheit. Zur Darstellung und Vermittlung von Musik. *Diskussion Mu-sikpädagogik,* (29), 41–45.

Kühn, C. (2008). *Musik erforschen. Ein Arbeitsbuch zu ›Ordnungen in der Musik‹.* Hamburg: Junker.

Kühn, C. (2009). Musik als Kunst. Unzeitgemäße Thesen zu einem zeitgemäßen Musikunterricht? *Diskussion Musikpädagogik,* (41), 3–4.

Kühn, C. (2010a). Musiktheorie lehren. Zu einer Umfrage an deutschen Musikhochschulen. *Zeitschrift der Gesellschaft für Musiktheorie, 7*(1), 11–60.

Kühn, C. (2010b). Musiktheorie ist Musiktheorie ist Musiktheorie. In C. Utz (Hrsg.), *Musiktheorie als interdisziplinäres Fach. 8. Kongress der Gesellschaft für Musiktheorie Graz 2008* (S. 17–28). Saarbrücken: Pfau.

Kühn, C. (2011). Sieben Arten, das Jubiläum zu beschreiben. *Zeitschrift der Gesellschaft für Musiktheorie 8*(1), 169–171. Auch verfügbar unter: http://www.gmth.de/zeitschrift /artikel/623.aspx [22.05.2015].

Kühn, C. (2012). Musikalisches Sprechen. Eine Skizze am Beispiel Beethovens. *Diskussion Musikpädagogik,* (54), 52–55.

Kühn, C. (2013a). Vermittlung von Musik. Ein lexikalisches Fragment. *Diskussion Musikpädagogik,* (58), 37–41.

Kühn, C. (2013b). *Modulation kompakt. Erkunden – Erleben – Erproben – Erfinden.* Kassel: Bärenreiter.

Laclau, E. & Mouffe, Ch. (2006). *Hegemonie und radikale Demokratie. Zur Dekonstruktion des Marxismus.* Wien: Passagen.

Ladeur, K.-H. (1992). *Postmodere Rechtstheorie. Selbstreferenz, Selbstorganisation, Prozeduralisierung.* Berlin: Duncker & Humboldt.

Lang, R. (2005). Anmerkungen zu einer Didaktik der Musiktheorie. In A. Jeßulat (Hrsg.), *Zwischen Komposition und Hermeneutik. Festschrift für Hartmut Fladt* (S. 459–464). Würzburg: Königshausen & Neumann.

Lankes et al. (Hrsg.) (2006). *Kompetenzorientierter Mathematikunterricht. Anregungen für die Arbeit mit den Bildungsstandards zum Hauptschulabschluss und mittleren Abschluss (Sekundarstufe I).* Kronshagen: Institut für Qualitätsentwicklung an Schulen Schleswig-Holstein (IQSH).

Lehmann, H. (2005). *Die flüchtige Wahrheit der Kunst. Ästhetik nach Luhmann.* München: Fink.

Lehmann, S. (2008). Der Musikvermittlung auf den Zahn gefühlt. Konzerte für Kinder als Erlebnisräume – eine wissenschaftliche Annäherung. In *nmz, 57*(6/08) [online]. Verfügbar unter: http://www.nmz.de/artikel/der-musikvermittlung-auf-den-zahn-gefuehlt [22.05. 2015].

Lehmann-Wermser, A. (2008). Kompetenzorientiert Musik unterrichten? In H.-U. Schäfer-Lembeck (Hrsg.), *Leistung im Musikunterricht. Beiträge der Münchner Tagung 2008* (= Musikpädagogische Schriften der Hochschule für Musik und Theater München, Bd. 2) (S. 112–133). München: Allitera.

Lenzen, D. (1996). Reflexivität und Methexis. Einige Überlegungen zur Begründung einer nicht handlungswissenschaftlichen Pädagogik im Anschluss an Platon. In M. Borrelli & J. Ruhloff (Hrsg.), *Deutsche Gegenwartspädagogik, Bd. 2* (S. 54–66). Hohengehren: Schneider.

Lerdahl, F. & Jackendoff, R. (1983). *A generative theory of tonal music.* Cambridge, Mass [u.a.]: MIT Press.

Lindenbaum, W. (2009). [Rezension zu:] Clemens Kühn, Musik erforschen. *Diskussion Musikpädagogik* (41), 58–59.

Lion, B. (2008). *Dilemma im universitären Alltag. Irritationen und Widersprüche im Spiegel von Gesellschaft und Organisation* (= Universität und Gesellschaft, Bd. 6). München: Hampp.

Loesch, H. von (2004). Vorwort. In H. de la Motte-Haber & E. Tramsen (Hrsg.), *Musikästhetik* (= Handbuch der Systematischen Musikwissenschaft, Bd. 1) (S. 9–13). Laaber: Laaber.

Löffler, W. (2010). Vom Schlechten des Guten. Gibt es schlechte Interdisziplinarität? In M. Jungert (Hrsg.), *Interdisziplinarität. Theorie, Praxis, Probleme* (S. 157–172). Darmstadt: Wissenschaftliche Buchgesellschaft.

Loriot (1968). *Loriots großer Ratgeber.* Zürich: Diogenes.

Lugert, W. D. (2001). *Amadeus 2. Unterrichtswerk für den Musikunterricht in den Klassenstufen 7–10* (1. Aufl.). Oldershausen, Leipzig: Lugert/Klett.

Luhmann, N. (1980). *Gesellschaftsstruktur und Semantik. Studien zur Wissenssoziologie der modernen Gesellschaft, Bd. 1.* Frankfurt am Main: Suhrkamp.

Luhmann, N. (1981). *Gesellschaftsstruktur und Semantik. Studien zur Wissenssoziologie der modernen Gesellschaft, Bd. 2.* Frankfurt am Main: Suhrkamp (Bd. 2).

Luhmann, N. (1984). *Soziale Systeme. Grundriß einer allgemeinen Theorie.* Frankfurt am Main: Suhrkamp.

Luhmann, N. (1986). *Ökologische Kommunikation. Kann die moderne Gesellschaft sich auf ökologische Gefährdungen einstellen?* Opladen: Westdeutscher Verlag.

Luhmann, N. (1987). *Archimedes und wir. Interviews,* hrsg. von Dirk Baecer. Berlin: Merve.

Luhmann, N. (1988). *Die Wirtschaft der Gesellschaft.* Frankfurt am Main: Suhrkamp.

Luhmann, N. (1989). *Gesellschaftsstruktur und Semantik. Studien zur Wissenssoziologie der modernen Gesellschaft, Bd. 3.* Frankfurt am Main: Suhrkamp.

Luhmann, N. (1990). *Die Wissenschaft der Gesellschaft.* Frankfurt am Main: Suhrkamp.

Luhmann, N. (1995a). *Die Kunst der Gesellschaft.* Frankfurt am Main: Suhrkamp.

Luhmann, N. (1995b). *Die Realität der Massenmedien.* Opladen: Westdeutscher Verlag.

Luhmann, N. (1995c). *Gesellschaftsstruktur und Semantik. Studien zur Wissenssoziologie der modernen Gesellschaft, Bd. 4.* Frankfurt am Main: Suhrkamp.

Luhmann, N. (1995d). Dekonstruktion als Beobachtung zweiter Ordnung. In H. de Berg & M. Prangel (Hrsg.), *Differenzen. Systemtheorie zwischen Dekonstruktion und Konstruktivismus* (S. 9–36). Tübingen [u.a.]: Francke.

Luhmann, N. (1997). *Die Gesellschaft der Gesellschaft, 2 Bde.* Frankfurt am Main: Suhrkamp.

Luhmann, N. (2000). *Die Politik der Gesellschaft,* hrsg. von A. Kieserling (1. Aufl.). Frankfurt am Main: Suhrkamp.

Luhmann, N. (2002a). *Das Erziehungssystem der Gesellschaft,* hrsg. von D. Lenzen. Frankfurt am Main: Suhrkamp.

Luhmann, N. (2002b). *Einführung in die Systemtheorie,* hrsg. v. D. Baecker. Heidelberg: Carl-Auer.

Luhmann, N. (1986/2004). Das Medium der Kunst. In *Aufsätze und Reden* (Nachdr.), hrsg. von O. Jahraus (S. 198–217). Stuttgart: Reclam.

Luhmann, N. (1988/2004). Erkenntnis als Konstruktion. In *Aufsätze und Reden* (Nachdr.), hrsg. von O. Jahraus (S. 218–242). Stuttgart: Reclam.

Luhmann, N. (1995/2004). Was ist Kommunikation? In *Aufsätze und Reden* (Nachdr.), hrsg. von O. Jahraus (S. 94–110). Stuttgart: Reclam.

Luhmann, N. (1987/2008). Die Autopoiesis des Bewusstseins. In *Soziologische Aufklärung 6. Die Soziologie und der Mensch* (S. 55–108). Wiesbaden: Verlag für Sozialwissenschaften.

Luhmann, N. (1991/2008). Die Form ›Person‹. In *Soziologische Aufklärung 6. Die Soziologie und der Mensch* (S. 137–148). Wiesbaden: Verlag für Sozialwissenschaften.

Luhmann, N. (1962/2009). Funktion und Kausalität. In *Soziologische Aufklärung 1. Aufsätze zur Theorie sozialer Systeme* (S. 11–38). Wiesbaden: Verlag für Sozialwissenschaften.

Luhmann, N. (1964/2009). Funktionale Methode und Systemtheorie. In *Soziologische Aufklärung 1. Aufsätze zur Theorie sozialer Systeme* (S. 39–67). Wiesbaden: Verlag für Sozialwissenschaften.

Luhmann, N. (1967/2009). Soziologie als Theorie sozialer Systeme. In *Soziologische Aufklärung 1. Aufsätze zur Theorie sozialer Systeme* (S. 143–172). Wiesbaden: Verlag für Sozialwissenschaften.

Luhmann, N. (1969/2009). Die Praxis der Theorie. In *Soziologische Aufklärung 1. Aufsätze zur Theorie sozialer Systeme* (S. 317–335). Wiesbaden: Verlag für Sozialwissenschaften.

Luhmann, N. (1975/2009). Interaktion, Organisation, Gesellschaft. In *Soziologische Aufklärung 2. Aufsätze zur Theorie der Gesellschaft* (S. 9–24). Wiesbaden: Verlag für Sozialwissenschaften.

Luhmann, N. (1981/2009). Die Unwahrscheinlichkeit der Kommunikation. In *Soziologische Aufklärung 3. Soziales System, Gesellschaft, Organisation* (S. 29–40). Wiesbaden: Verlag für Sozialwissenschaften.

Luhmann, N. (1986/2009). Codierung und Programmierung. Bildung und Selektion im Erziehungssystem. In *Soziologische Aufklärung 4. Beiträge zur funktionalen Differenzierung der Gesellschaft* (S. 193–213). Wiesbaden: Verlag für Sozialwissenschaften.

Luhmann, N. (1990/2009). Glück und Unglück der Kommunikation in Familien. Zur Genese von Pathologien. In *Soziologische Aufklärung 5. Konstruktivistische Perspektiven* (S. 210–219). Wiesbaden: Verlag für Sozialwissenschaften.

Luhmann, N. & Schorr, K. E. (1982). Das Technologiedefizit der Erziehung und die Pädagogik. In N. Luhmann & K. E. Schorr (Hrsg.), *Zwischen Technologie und Selbstreferenz. Fragen an die Pädagogik* (S. 11–40). Frankfurt am Main: Suhrkamp.

Luhmann, N. & Schorr, K. E. (1988). *Reflexionsprobleme im Erziehungssystem* (1. Aufl.; frühere Ausg. im Verl. Klett-Cotta, Stuttgart). Frankfurt am Main: Suhrkamp.

Lyotard, F. (1986). *Das postmoderne Wissen; ein Bericht* (vollst. überarb. Fassung). Graz [u.a.]: Böhlau.

Mahling, C.-H. (1970). Die musikwissenschaftliche Ausbildung der Schulmusikerzieher. *Musik & Bildung, 2*(3), 122–126.

Mainzer, K. (2010). Geleitwort: Interdisziplinarität und Schlüsselqualifikationen in der globalen Wissensgesellschaft. In M. Jungert (Hrsg.), *Interdisziplinarität. Theorie, Praxis, Probleme* (S. VII–X). Darmstadt: Wissenschaftliche Buchgesellschaft.

Maler, W. (1975). *Beitrag zur durmolltonalen Harmonielehre. I: Lehrbuch.* München/Leipzig: Leuckart.

Marx, A. B. (1837). *Die Lehre von der musikalischen Composition; praktisch-theoretisch zum Selbstunterricht oder als Leitfaden bei Privatunterweisungen und öffentlichen Vorträgen, Teil 1: Elementarkompositionslehre.* Leipzig: Breitkopf & Härtel.

Marx, A.B. (1838). *Die Lehre von der musikalischen Composition; praktisch-theoretisch zum Selbstunterricht oder als Leitfaden bei Privatunterweisungen und öffentlichen Vorträgen, Teil 2: Die freie Komposition.* Leipzig: Breitkopf & Härtel.

Marx, A.B. (1845). *Die Lehre von der musikalischen Composition; praktisch-theoretisch zum Selbstunterricht oder als Leitfaden bei Privatunterweisungen und öffentlichen Vorträgen, Teil 3: Angewandte Kompositionslehre.* Leipzig: Breitkopf & Härtel.

Marx, A.B. (1847). *Die Lehre von der musikalischen Composition; praktisch-theoretisch zum Selbstunterricht oder als Leitfaden bei Privatunterweisungen und öffentlichen Vorträgen, Teil 4: Fortsetzung.* Leipzig: Breitkopf & Härtel.

Matz, I. (1999). Gehörbildung heute. *Musiktheorie, 14,* 328–334.

Mehner, K. (1971). Aktuelle Probleme der Musiklehre. *Musik und Gesellschaft, 21*(7), 437–444.

Meischein, B. (2000). Borris, Siegfried. In L. Finscher (Hrsg.), *Musik in Geschichte und Gegenwart, Bd. 3.* (Sp. 445–447). Kassel [u.a.]: Bärenreiter.

Memorandum über die Lage der Musikwissenschaft in der Bundesrepublik Deutschland (1976). *Die Musikforschung, 29*(3), 249–256.

Menke, J. (2010). Brauchen wir einen Kanon in der Musiktheorie? *Zeitschrift der Gesellschaft für Musiktheorie, 7*(1), 61–70. Auch verfügbar unter: http://www.gmth.de/zeitschrift/artikel/507.aspx [22.05.2015].

Meyer, H. (1978). Was erwartet die Musiklehrerausbildung von der Musikwissenschaft? In W. Gieseler & R. Klinkhammer (Hrsg.), *Musikwissenschaft und Musiklehrerausbildung. Inhaltliche, bildungspolitische und institutionelle Perspektiven. Dokumentation einer Wissenschaftlichen Tagung der Bundesfachgruppe Musikpädagogik vom 29.9. bis 2.10.1977 in der Justus-Liebig-Universität Gießen* (= Forschung in der Musikerziehung 1978), (S. 27–32). Mainz: Schott.

Ministerium für Kultus, Jugend und Sport Baden-Württemberg (2004). *Bildungsplan für Allgemein bildendes Gymnasium* [online]. Verfügbar unter: http://www.bildung-staerkt-menschen.de/service/downloads/Bildungsplaene/Gymnasium/Gymnasium_Bildungsplan_Gesamt.pdf [10.03.2014].

Mittelstraß, J. (1987). Die Stunde der Interdisziplinarität? In J. Kocka (Hrsg.), *Interdisziplinarität. Praxis, Herausforderung, Ideologie* (S. 152–158). Frankfurt am Main: Suhrkamp.

Mittelstraß, J. (1989). *Der Flug der Eule. Von der Vernunft der Wissenschaft und der Aufgabe der Philosophie.* Frankfurt am Main: Suhrkamp.

Mittelstraß, J. (1993). Interdisziplinarität oder Transdisziplinarität. In L. Hieber (Hrsg.), *Utopie Wissenschaft. Ein Symposium an der Universität Hannover über die Chancen des Wissenschaftsbetriebs der Zukunft, 21. – 22. November 1991.* München: Profil.

Moebius, S. (2003). *Die soziale Konstituierung des Anderen. Grundrisse einer poststrukturalistischen Sozialwissenschaft nach Levinas und Derrida.* Frankfurt am Main: Campus.

Moebius, S. (2008). Macht und Hegemonie. Grundrisse einer poststrukturalistischen Analytik der Macht. In S. Moebius & A. Reckwitz (Hrsg.), *Poststrukturalistische Sozialwissenschaften* (S. 158–174). Frankfurt am Main: Suhrkamp.

Moebius, S. & Reckwitz, A. (2008). Poststrukturalismus und Sozialwissenschaften. Eine Standortbestimmung. Einleitung. In S. Moebius & A. Reckwitz (Hrsg.), *Poststrukturalistische Sozialwissenschaften* (S. 7–26). Frankfurt am Main: Suhrkamp.

Moraitis, A. (2006). Harmonische Mehrdeutigkeit und ihre Gründe. *Zeitschrift der Gesellschaft für Musiktheorie, 3*(1), 55–68. Auch verfügbar unter: http://www.gmth.de /zeitschrift/artikel/217.aspx [22.05.2015].

Moser, H. J. (1954). Lage und Ziele der Musikpädagogik aus wissenschaftlicher Schau. In W. Brennecke (Hrsg.), *Gesellschaft für Musikforschung. Bericht über den Internationalen Musikwissenschaftlichen Kongress. Bamberg 1953* (S. 27–32). Kassel: Bärenreiter.

Motte, D. de la (1967). Reform der Formenlehre. In F. Baecker (Hrsg.), *Probleme des musiktheoretischen Unterrichts* (= Veröffentlichungen des Instituts für Neue Musik und Musikerziehung, Bd. 7) (S. 30–39). Berlin: Merseburger.

Motte, D. de la (1968). Stiefkind Analyse? *Musica,* 245–247.

Motte, D. de la (1976). *Harmonielehre.* Kassel: Bärenreiter.

Motte, D. de la (1978a). Allgemeine Musiklehre. In W. Gieseler (Hrsg.), *Kritische Stichwörter zum Musikunterricht* (S. 42–48). München: Fink.

Motte, D. de la (1978b). Musiktheorie. In W. Gieseler (Hrsg.), *Kritische Stichwörter zum Musikunterricht* (S. 250–253). München: Fink.

Motte, D. de la (1988). Musikpraxis, nicht Musiktheorie. *Musik & Bildung, 20*(10), 732–736.

Motte, D. de la (1999). Musiktheorie und… Ein Rückblick. *Musiktheorie, 14,* 291–299.

Motte, D. de la (2005). Theorie – Lehre, Wagnis Analyse. In H. de la Motte-Haber & O. Schwab-Felisch (Hrsg.), *Musiktheorie* (= Handbuch der systematischen Musikwissenschaft, Bd. 2) (S. 489–497). Laaber: Laaber.

Motte-Haber, H. de la (1976). Systematische Musikwissenschaft in der Lehrerausbildung. *Forschung in der Musikerziehung 1976,* 252–262.

Motte-Haber, H. de la (2004). Fragestellungen der Ästhetik und Kunsttheorie. In H. de la Motte-Haber & E. Tramsen (Hrsg.), *Musikästhetik* (= Handbuch der Systematischen Musikwissenschaft, Bd. 1) (S. 17–37). Laaber: Laaber.

Motte-Haber, H. de la (2005a). Vorwort. In H. de la Motte-Haber & O. Schwab-Felisch (Hrsg.), *Musiktheorie.* (= Handbuch der systematischen Musikwissenschaft, Bd. 2) (S. 9–10). Laaber: Laaber.

Motte-Haber, H. de la (2005b). Musikalische Logik. Über das System von Hugo Riemann. In H. de la Motte-Haber & O. Schwab-Felisch (Hrsg.), *Musiktheorie* (= Handbuch der systematischen Musikwissenschaft, Bd. 2) (S. 203–223). Laaber: Laaber.

Motte-Haber, H. de la, Loesch, H. von, Rötter, G. & Utz, C. (Hrsg.) (2010a). *Lexikon der Systematischen Musikwissenschaft* (= Handbuch der Systematischen Musikwissenschaft, Bd. 6). Laaber: Laaber.

Motte-Haber, H. de la, Loesch, H. von, Rötter, G. & Utz, C. (2010b). Vorwort. In H. de la Motte-Haber, H. von Loesch, G. Rötter & C. Utz (Hrsg.), *Lexikon der Systematischen Musikwissenschaft* (= Handbuch der Systematischen Musikwissenschaft, Bd. 6) (S. 7–17). Laaber: Laaber.

Motte-Haber, H. de la & Schwab-Felisch, O. (Hrsg.) (2005). *Musiktheorie* (= Handbuch der systematischen Musikwissenschaft, Bd. 2). Laaber: Laaber.

Müller, H.-P. (2006). Emile Durkheim (1858-1917). In D. Kaesler (Hrsg.), *Klassiker der Soziologie, Bd. 1, Von Auguste Comte bis Alfred Schütz* (S. 151–171). München: Beck.

Müller-Jentsch, W. (2011). *Die Kunst in der Gesellschaft* (1. Aufl.). Wiesbaden: Verlag für Sozialwissenschaften.

Münch, R. (2003). *Soziologische Theorie, Bd. 2, Handlungstheorie*. Frankfurt am Main u.a.: Campus.

Münch, R. (2004). *Soziologische Theorie, Bd. 3, Gesellschaftstheorie*. Frankfurt am Main u.a.: Campus.

Nassehi, A. (1992). Wie wirklich sind Systeme? Zum ontologischen und epistemologischen Status von Luhmanns Theorie selbstreferentieller Systeme. In W. Krawietz (Hrsg.), *Kritik der Theorie sozialer Systeme. Auseinandersetzungen mit Luhmanns Hauptwerk* (S. 43–70). Frankfurt am Main: Suhrkamp.

Nassehi, A. (2002). Die Organisationen der Gesellschaft. Skizze einer Organisationssoziologie in gesellschaftstheoretischer Absicht. *Kölner Zeitschrift für Soziologie und Sozialpsychologie,* (Sonderheft 42), Bd. 42, 443–478.

Nassehi, A. (2003). *Geschlossenheit und Offenheit. Studien zur Theorie der modernen Gesellschaft*. Frankfurt am Main: Suhrkamp.

Nassehi, A. (2008). *Soziologie. Zehn einführende Vorlesungen*. Wiesbaden: Verlag für Sozialwissenschaften.

Nassehi, A. (2009). *Der soziologische Diskurs der Moderne*. Frankfurt am Main: Suhrkamp.

Nassehi, A. (2012a). Systemtheorie als Gesellschaftstheorie. In O. Jahraus, A. Nassehi, M. Grizelj, I. Saake, C. Kirchmeier & J. Müller (Hrsg.), *Luhmann-Handbuch. Leben – Werk – Wirkung* (S. 62–67). Stuttgart [u.a.]: Metzler.

Nassehi, A. (2012b). Theorie ohne Subjekt? In O. Jahraus, A. Nassehi, M. Grizelj, I. Saake, C. Kirchmeier & J. Müller (Hrsg.), *Luhmann-Handbuch. Leben – Werk – Wirkung* (S. 419–423). Stuttgart [u.a].: Metzler.

Nassehi, A. & Saake, I. (2002). Kontingenz: Methodisch verhindert oder beobachtet. Ein Beitrag zur Methodologie der qualitativen Sozialforschung. *Zeitschrift für Soziologie, 31*(1), 66–86.

Neuenfeld, J. (2005). *Alles ist Spiel. Zur Geschichte der Auseinandersetzung mit einer Utopie der Moderne*. Würzburg: Königshausen & Neumann. (Zugl.: Berlin, Freie Univ., Diss., 2003.)

Neumann, F. (1978). Zur Krise der Musiktheorie. *Die Musikforschung, 31*(2), 177–180.

Niemöller, K. W. (1976). Historische Musikwissenschaft in der Lehrerausbildung. 10 Thesen. *Forschung in der Musikerziehung 1976*, 245–251.

Niermann Franz (2008). Leistungen gehören kommuniziert. In H.-U. Schäfer-Lembeck (Hrsg.), *Leistung im Musikunterricht. Beiträge der Münchner Tagung 2008* (= Musikpädagogische Schriften der Hochschule für Musik und Theater München, Bd. 2) (S. 15–31). München: Allitera.

Niessen, A. (2006). Individualkonzepte von MusiklehrerInnen. Ein qualitativer Ansatz in der musikpädagogischen Lehr-/Lernforschung. In N. Knolle, *Lehr- und Lernforschung in der Musikpädagogik. Tagung in Lingen im Herbst 2005* (= Musikpädagogische Forschung, Bd. 27) (S. 175–199). Essen: Die Blaue Eule.

Noll, T. (2005). Musiktheorie und Mathematik. In H. de la Motte-Haber & O. Schwab-Felisch (Hrsg.), *Musiktheorie* (= Handbuch der systematischen Musikwissenschaft, Bd. 2) (S. 409–418). Laaber: Laaber.

Oberborbeck, F. (1956). Musikerziehung und Musikwissenschaft. In E. Kraus (Hrsg.), *Musikerziehung in der Schule. Vorträge der Ersten Bundes-Schulmusikwoche Mainz 1955* (S. 254–257). Mainz: Schott.

Oberborbeck, F., Laaf, E. & Müller-Blattau, J. (1954). Rundgespräch: Musikerziehung und Musikwissenschaft. In W. Brennecke (Hrsg.), *Gesellschaft für Musikforschung. Bericht über den internationalen Musikwissenschaftlichen Kongress, Bamberg 1953* (S. 38–53). Kassel: Bärenreiter.

Orgass, S. (2011). Musikbezogenes Unterscheiden. Überlegungen zu einer interaktionalen Theorie musikalischer Bedeutung und nicht-musikalischer Bedeutsamkeit. *Zeitschrift der Gesellschaft für Musiktheorie, 8*(1), 91–120. Auch verfügbar unter: http://www.gmth. de/zeitschrift/artikel/621.aspx [22.05.2015].

Owen, H. H. (1997). *Expanding Our Now: The Story of Open Space Technology*. San Francisco: Berrett-Koehler Publishers.

Paisiello, G. (1782/2008). *Regole per bene accompagnare il partimento o sia il basso fondamentale sopra il cembalo. Fatte per l'uso di S.M.I. La Gran Duchessa di tutte le Russie*. Wilhelmshaven: Noetzel.

Pape, W. (1978). Diskussionsbericht [zu Veranstaltung 1: Was erwartet die Musiklehrerausbildung von der Musikwissenschaft?] In W. Gieseler & R. Klinkhammer (Hrsg.), *Musikwissenschaft und Musiklehrerausbildung. Inhaltliche, bildungspolitische und institutionelle Perspektiven. Dokumentation einer Wissenschaftlichen Tagung der Bundesfachgruppe Musikpädagogik vom 29.9. bis 2.10.1977 in der Justus-Liebig-Universität Gießen* (= Forschung in der Musikerziehung, 1978) (S. 45–48). Mainz: Schott.

Parsons, T. (1952). *Toward a General Theory of Action* (2. Aufl.). Cambridge [u.a.]: Harvard University Press [u.a.].

Parsons, T., Bales, R. F. & Shils, E. A. (1953). *Working Papers in the Theory of Action*. New York [u.a.]: The Free Press [u.a.].

Petri, H. G. (1991). *Grundwissen Musik; musiktheoretische Definitionen, Aufgaben und Lösungen*. Frankfurt am Main: Fischer.

Pfeffer, M. (1992). *Hermann Kretzschmar und die Musikpädagogik zwischen 1890 und 1915* (= Musikpädagogik Forschung und Lehre, Bd. 29). Mainz: Schott.

Pinksterboer, H. (2000). *Pocket-Info Musiklehre. Handlich, übersichtlich und up to date; das Referenzbuch für jeden, der Noten liest – oder es lernen möchte.* Mainz: Schott.

Polth, M. (2000). Wie wissenschaftlicht kann Analyse sein? In M. Polth, O. Schwab-Felisch & C. Thorau (Hrsg.), *Klang – Struktur – Metapher. Musikalische Analyse zwischen Phänomen und Begriff* (= M&P-Schriftenreihe für Wissenschaft und Forschung) (S. 63–74). Stuttgart: Metzler.

Polth, M. (2001). Musiktheorie und die Musikwissenschaft. Eine Diskussion an der Hochschule der Künste Berlin. *Musiktheorie 16*(1), 73–74.

Polth, M. (2002). Zur Bedeutung der Stilkopie. In A. Edler & S. Meine (Hrsg.), *Musik, Wissenschaft und ihre Vermittlung. Bericht über die Internationale Musikwissenschaftliche Tagung der Hochschule für Musik und Theater Hannover; 26. – 29. September 2001* (S. 221–223). Augsburg: Wißner.

Polth, M. (2004). Musikalischer Zusammenhang zwischen Historie und Systematik. In L. Holtmeier, M. Polth & F. Diergarten (Hrsg.), *Musiktheorie zwischen Historie und Systematik. 1. Kongreß der Deutschen Gesellschaft für Musiktheorie, Dresden 2001* (S. 53–61). Augsburg: Wißner.

Polth, M. (2006). Musiktheorie und die Theorie des Lernens. In R. Kubicek (Hrsg.), *Musiktheorie und Vermittlung. Didaktik – Ästhetik – Satzlehre – Analyse – Improvisation* (= Paraphrasen – Weimarer Beiträge zur Musiktheorie, Bd. 2) (S. 69–83). Hildesheim u.a.: Olms.

Pongratz, L. A. (2009). *Untiefen im Mainstream. Zur Kritik konstruktivistisch-systemtheoretischer Pädagogik.* Paderborn: Schöningh.

Potthast, T. (2010). Epistemisch-moralische Hybride und das Problem interdisziplinärer Urteilsbildung. In M. Jungert (Hrsg.), *Interdisziplinarität. Theorie, Praxis, Probleme* (S. 173–192). Darmstadt: Wissenschaftliche Buchgesellschaft.

Prey, S. (1999). Warum Tonsatz? *Musiktheorie, 14,* 307–313.

Prinz, U. & Scheytt, A. (1991). *Musik um uns. Klassen 5 und 6* (3., überarb. Aufl.). Stuttgart u.a. Metzler.

Prinz, U. & Scheytt, A. (1993a). *Musik um uns 2. Ab Klasse 7* (3., überarb. Aufl.). Stuttgart u.a.: Metzler.

Prinz, U. & Scheytt, A. (1993b). *Musik um uns 2. Handbuch für Lehrerinnen und Lehrer* (3., überarb. Aufl.). Stuttgart u.a.: Metzler.

Rasch, W. (2012). Eine ›deutsche‹ grand theory? In O. Jahraus, A. Nassehi, M. Grizelj, I. Saake, C. Kirchmeier & J. Müller (Hrsg.), *Luhmann-Handbuch. Leben – Werk – Wirkung* (S. 437–440). Stuttgart u.a.: Metzler.

Rauhe, H., Reinecke, H.-P. & Ribke, W. (1975). *Hören und Verstehen. Theorie und Praxis handlungsorientierten Musikunterrichts.* München: Kösel.

Reckwitz, A. (2008) Grenzdestabilisierungen – Kultursoziologie und Poststrukturalismus. In ders., *Unscharfe Grenzen. Perspektiven der Kultursoziologie* (S. 301–320). Bielefeld: transcript.

Reckwitz, A. (2010). *Das hybride Subjekt. Eine Theorie der Subjektkulturen von der bürgerlichen Moderne zur Postmoderne* (Studienausgabe; unveränderter Nachdruck der Erstausgabe 2006.) Weilerswist: Velbrück.

Reuter, F. (1929). *Methodik des musiktheoretischen Unterrichts auf neuzeitlichen Grundlagen*. Stuttgart: Klett.

Rheinländer, M. (2002). Musiktheorie – kaum gefragt! *Diskussion Musikpädagogik,* (14), 20–22.

Rheinländer, M. (2009). Fundamente sind notwendig. Musikunterricht auf der Basis von Musiktheorie. *Diskussion Musikpädagogik,* (41), 47–49.

Richter, C. (1988). Editorial: Musiktheorie im Unterricht und in der Lehrerausbildung. *Musik & Bildung, 20*(10), 729.

Richter, C. (1993). Musiktheorie in Studium und Unterricht. Gedanken zu einer genetischen Musiktheorie. *Musik und Unterricht, 4*(20), 45–49.

Richter, C. (1995). Das musikalische Kunstwerk als Gegenstand der Musikpädagogik. In S. Helms, R. Schneider & R. Weber (Hrsg.), *Kompendium der Musikpädagogik.* (S. 150–195). Kassel: Bosse.

Richter, C. (1996). Das Elementare ist das Letzte. Zur Bedeutung des Elementaren (in) der Musik und für den Musikunterricht. *Musik & Bildung, 28*(3), 37–41.

Richter, C. (1997). Selbstentlarvung eines vermeintlichen Liebhabers. Anmerkungen zu Jürgen Vogts Beitrag ›Der Begriff der Lebenswelt, gegen seine Liebhaber verteidigt‹, in Heft 45/1997. *Musik und Unterricht, 9*(48), 45–46.

Richter, C. (2001). Musikwissenschaft an der Musikhochschule. Eine Disziplin zwischen Forschung und Dienstleistung. *Diskussion Musikpädagogik,* (12), 70–76.

Richter, C. (2002a). Musiktheorie im Musiklehrerstudium und im Musikunterricht. *Diskussion Musikpädagogik,* (13), 45–55.

Richter, C. (2002b). Entgegnung. Noch einmal: Musikwissenschaft in der Musikhochschule. Zur Replik von Günther Kreutz und Hans Günther Bastian. *Diskussion Musikpädagogik,* (14), 49–50.

Richter, C. (2009a). Editorial. Die Systematische Musikwissenschaft in ihrer Bedeutung für den Musikunterricht. *Diskussion Musikpädagogik,* (41), 3.

Richter, C. (2009b). Musiktheorie im Musikunterricht – Klassik oder Pop? Clemens Kühn: Musik erforschen. *Diskussion Musikpädagogik,* (41), 49–51.

Richter, C. (2010). Analyse für Laien. In F. Diergarten (Hrsg.), *Musik und ihre Theorien. Clemens Kühn zum 65. Geburtstag* (= Schriftenreihe Hochschule für Musik ›Carl Maria von Weber‹, Dresden) (S. 73–83). Dresden: Sandstein.

Richter, C. (2011). Musiktheorie zwischen Philosophie und Handwerkslehre. *Zeitschrift der Gesellschaft für Musiktheorie, 8*(1), 31–34. Auch verfügbar unter: http://www.gmth.de/zeitschrift/artikel/620.aspx [22.05.2015].

Ritzel, W. (1973). *Pädagogik als praktische Wissenschaft. Von der Intentionalität zur Mündigkeit* (= Hochschulwissen in Einzeldarstellungen). Heidelberg: Quelle & Meyer.

Rohringer, S. (2001). Noch einmal: Schulmusik – quo vadis? *Diskussion Musikpädagogik,* (11), 103–107.

Rohringer, S. (2005). Musiktheorie. In S. Helms, R. Weber & R. Schneider (Hrsg.), *Lexikon der Musikpädagogik* (S. 190–192). Kassel: Bosse.

Rohringer, S. (2006). Die neue alte Musiktheorie. Eine Glosse. *Zeitschrift der Gesellschaft für Musiktheorie, 3*(1), 139–144. Auch verfügbar unter: http://www.gmth.de/zeitschrift/artikel/211.aspx [22.05.2015].

Rohringer, S. (2011a). Editorial [zum Themenheft ›Musiktheorie in der Musikpädagogik‹]. *Zeitschrift der Gesellschaft für Musiktheorie, 8*(1), 9–13. Auch verfügbar unter: http://www.gmth.de/zeitschrift/artikel/581.aspx [22.05.2015].

Rohringer, S. (2011b). Subkutane Fortschreibungen. Musiktheorie in musikpädagogischer Absicht. *Zeitschrift der Gesellschaft für Musiktheorie, 8*(1), 121–146. Auch verfügbar unter: http://www.gmth.de/zeitschrift/artikel/619.aspx [22.05.2015].

Rolle, C. (1999). *Musikalisch-ästhetische Bildung. Über die Bedeutung ästhetischer Erfahrung für musikalische Bildungsprozesse* (= Perspektiven zur Musikpädagogik und Musikwissenschaft, Bd. 24). Kassel: Bosse

Rolle, C. (2006). Verordnete Freiheit oder beliebige Verbindlichkeit oder. Wie soll über die Inhalte des Musikunterrichts entschieden werden? In H. J. Kaiser (Hrsg.), *Bildungsoffensive Musikunterricht? Das Grundsatzpapier der Konrad-Adenauer-Stiftung in der Diskussion* (S. 96–124). Regensburg: ConBrio.

Rolle, C. (2008). Argumentationsfähigkeit; eine zentrale Dimension musikalischer Kompetenz? In H.-U. Schäfer-Lembeck & K. Mohr (Hrsg.), *Leistung im Musikunterricht. Beiträge der Münchner Tagung 2008* (= Musikpädagogische Schriften der Hochschule für Musik und Theater München, Bd. 2) (S. 70–100). München: Allitera.

Ruf, B. (2010). Musiktheorie im Musikunterricht. Eine qualitative Untersuchung zu Formen und Begründungen. *Diskussion Musikpädagogik,* (46), 8–11.

Rummenhöller, P. (1978). Diskussionsbericht [zu Veranstaltung 5: Umsetzung von musiksoziologischen Erkenntnissen in die Schulpraxis.] In W. Gieseler & R. Klinkhammer (Hrsg.), *Musikwissenschaft und Musiklehrerausbildung. Inhaltliche, bildungspolitische und institutionelle Perspektiven. Dokumentation einer Wissenschaftlichen Tagung der Bundesfachgruppe Musikpädagogik vom 29.9. bis 2.10.1977 in der Justus-Liebig-Universität Gießen* (= Forschung in der Musikerziehung, 1978) (S. 163–165). Mainz: Schott.

Rummenhöller, P., Reininghaus, F. C. & Traber, J. H. (Hrsg.) (1972a). *Bericht über den 1. Internationalen Kongreß für Musiktheorie, Stuttgart 1971.* Stuttgart: Ichthys.

Rummenhöller, P., Reininghaus, F. C. & Traber, J. H. (1972b). Einleitung. In P. Rummenhöller, F. C. Reininghaus & J. H. Traber (Hrsg.), *Bericht über den 1. Internationalen Kongreß für Musiktheorie, Stuttgart 1971* (S. 18–27). Stuttgart: Ichthys.

Sachs, Kl-J. (1997). Musiktheorie. In *›Die Musik in Geschichte und Gegenwart‹,* Sachteil, Bd. 6. Kassel: Bärenreiter.

Sächsisches Staatsministerium für Kultus (Hrsg.) (2004). *Lehrplan Gymnasien. Musik* [online]. Verfügbar unter: http://www.schule.sachsen.de/lpdb/web/downloads/lp_gy_musik.pdf?v2 [22.05.2015].

Schäfer-Lembeck, H.-U. (2003). Begriff und Praxis. Einblicke in eine Fortbildungsveranstaltung. In H. Baumann, *Zwischen Nützlichkeitsdenken und kulturellem Auftrag. Musikunterricht für die Schule des 21. Jahrhunderts. Kongressbericht ›Tage der Bayerischen Schulmusik 2003‹* [Verband bayerischer Schulmusiker e.V.] (S. 205–214). Dillingen: Akademie für Lehrerfortbildung und Personalführung.

Schäfer-Lembeck, H.-U. (2006). (Musik-)Vermittlung. In R. Kubicek (Hrsg.), *Musiktheorie und Vermittlung. Didaktik – Ästhetik – Satzlehre – Analyse – Improvisation* (= Paraphrasen – Weimarer Beiträge zur Musiktheorie, Bd. 2) (S. 103–116). Hildesheim u.a.: Olms.

Schäfer-Lembeck, H.-U. (Hrsg.) (2011). *Musikalische Bildung – Ansprüche und Wirklichkeiten. Reflexionen aus Musikwissenschaft und Musikpädagogik. Beiträge der Münchner Tagung 2011* (= Musikpädagogische Schriften der Hochschule für Musik und Theater München, Bd. 3). München: Allitera.

Schaper, H.-C. (1976). *Musiklehre compact. Grundwissen und Übungen. Noten, Intervalle, Harmonien, Partituren.* München: Hueber-Holzmann.

Schaper, H.-C. (1997). Musik begreifen 2; ein musiktheoretischer Ansatz. In S. Helms, R. Schneider & R. Weber (Hrsg.), *Handbuch des Musikunterrichts, Bd. 2, Sekundarstufe I* (S. 179–215). Kassel: Bosse.

Schatt, P. W. (2007). *Einführung in die Musikpädagogik.* Darmstadt: Wissenschaftliche Buchgesellschaft.

Scheef, S. Y. (2009). *Systemtheorie und Pädagogik. Zur Relevanz von Edukation und Bildung.* Münster: Waxmann. (Zugl.: Karlsruhe, Pädag. Hochsch., Diss., 2008/2009.)

Schiller, F. (1984). *Über die ästhetische Erziehung des Menschen in einer Reihe von Briefen* [Nachdr.]. Stuttgart: Reclam.

Schimank, U. (1996). *Theorien gesellschaftlicher Differenzierung.* Wiesbaden: Verlag für Sozialwissenschaften.

Schläbitz, N. (1998). Mit System ins Durcheinander. In M. v. Schoenebeck (Hrsg.), *Entwicklung und Sozialisation aus musikpädagogischer Perspektive* (= Musikpädagogische Forschung, Bd. 19) (S. 159–186). Essen: Die Blaue Eule.

Schläbitz, N. (2004). *Mit System ins Durcheinander. Musikkommunikation und (Jugend-) Sozialisation zwischen ›Hard-Net‹ und ›Soft-Net‹.* Osnabrück: Electronic Publ. Auch verfügbar unter: http://www.epos.uni-osnabrueck.de/music/templates/buch.php?id=45 [22.05.2015].

Schläbitz, N. (2009a). Für eine musikpädagogisch relevante Musikwissenschaft. *Diskussion Musikpädagogik,* (41), 23–30.

Schläbitz, N. (2009b). Wider den Konformismus des ›Unzeitgemäßen‹. Wort zum zweiten Quartal. *Diskussion Musikpädagogik,* (42), 3–4.

Schläbitz, N. (Hrsg.) (2009c). *Interdisziplinarität als Herausforderung musikpädagogischer Forschung* (= Musikpädagogische Forschung, Bd. 30). Essen: Die Blaue Eule.

Schläbitz, N. (2009d). Obligat: Interdisziplinarität. In N. Schläbitz (Hrsg.), *Interdisziplinarität als Herausforderung musikpädagogischer Forschung* (= Musikpädagogische Forschung, Bd. 30) (S. 7–12). Essen: Die Blaue Eule.

Schläbitz, N. (2011). Musiktheorie und veränderte Praxis. Anders sein, als man ist. *Zeitschrift der Gesellschaft für Musiktheorie, 8*(1), 39–42. Auch verfügbar unter: http://www.gmth.de/zeitschrift/artikel/616.aspx [22.05.2015].

Schlothfeldt, M. (2009). *Komponieren im Unterricht* (= Folkwang-Studien, Bd. 9). Hildesheim u.a.: Olms.

Schlothfeldt, M. & Roth, M. (Hrsg.) (2015). *Musiktheorie und Komposition. XII. Jahreskongress der Gesellschaft für Musiktheorie* (= Folkwang-Studien, Bd. 15). Hildesheim u.a.: Olms.

Schmidt, J. C. (2005). Dimensionen der Interdisziplinarität. Wege zu einer Wissenschaftstheorie der Interdisziplinarität. *Technikfolgenabschätzung – Theorie und Praxis, 14*(2), 12–17.

Schmitt, S. (1995). Vom Stück-Werk zum Kunst-Werk. Das Kunstwerk als Bausatz. *Musik & Bildung, 27*(6), 38–41.

Schmitt, S. (1999). Zeit als Raum: Der Versuch, bei der Analyse das Ganze im Auge zu behalten. *Musik & Bildung, 31 (90)* (4), 22–27.

Schneider, A. (2010). Music Theory: Speculation, Reasoning, Experience: A Perspective from Systematic Musicology. *Zeitschrift der Gesellschaft für Musiktheorie* (Sonderausgabe 2010), 53–97.

Schneider, E. K. (1985). Musikanalyse im Unterricht und in der Unterrichtsvorbereitung. In S. Helms, H. Hopf & E. Valentin (Hrsg.), *Handbuch der Schulmusik* (3., völlig neu bearb. Aufl.) (S. 115–151). Regensburg: Bosse.

Schneider, H. J. (1992). *Phantasie und Kalkül: Über die Polarität von Handlung und Struktur in der Sprache* (1. Aufl.). Frankfurt am Main: Suhrkamp.

Schönberger, M. (2006). Populäre Musik als Gegenstand musikalischer Analyse. Billy Joels New York State Of Mind. *Zeitschrift der Gesellschaft für Musiktheorie, 3*(1), 107–125. Auch verfügbar unter: http://www.gmth.de/zeitschrift/artikel/218.aspx [22.05.2015].

Schulten, M.-L. & Lothwesen, K. (2009). Musikpädagogik und Systematische Musikwissenschaft. Beziehungen der Disziplinen aus fach- und forschungshistorischer Sicht. In N. Schläbitz (Hrsg.), *Interdisziplinarität als Herausforderung musikpädagogischer Forschung* (= Musikpädagogische Forschung, Bd. 30) (S. 13–30). Essen: Die Blaue Eule.

Schumann, O. (1978). Ein ungelöstes Problem: Die ›Musikästhetik‹ des musikalisch Ungebildeten. In W. Gieseler & R. Klinkhammer (Hrsg.), *Musikwissenschaft und Musiklehrerausbildung. Inhaltliche, bildungspolitische und institutionelle Perspektiven. Dokumentation einer Wissenschaftlichen Tagung der Bundesfachgruppe Musikpädagogik vom 29.9. bis 2.10.1977 in der Justus-Liebig-Universität Gießen* (= Forschung in der Musikerziehung 1978) (S. 33–38). Mainz: Schott.

Schwab-Felisch, O. (2005). Zur Schichtenlehre Heinrich Schenkers. In H. de la Motte-Haber & O. Schwab-Felisch (Hrsg.), *Musiktheorie* (= Handbuch der systematischen Musikwissenschaft, Bd. 2) (S. 337–376). Laaber: Laaber.

Schwab-Felisch, O. (2011). Die neue neue Musiktheorie. *Zeitschrift der Gesellschaft für Musiktheorie, 8*(1), 181–184. Auch verfügbar unter: http://www.gmth.de/zeitschrift/artikel /626.aspx [22.05.2015].

Seebaß, T. (1997). Was gewinnen wir aus dem Studium von musikalischen und tänzerischen Lernprozessen in Bali? In P. M. Krakauer (Hrsg.), *Artgenossen und andere Feinde. Musikwissenschaft für die Musikpädagogik? Beiträge zum ersten Symposion ›Musikwissenschaft und Musikpädagogik‹, Salzburg 1996* (S. 163–172). Regensburg: ConBrio.

Seel, M. (1996). *Ethisch-ästhetische Studien* (1. Aufl.). Frankfurt am Main: Suhrkamp.

Söhner, P. (1957). *Allgemeine Musiklehre.* München: Kösel.

Söllner, J. (2011). Improvising Music in the 15th and 16th Century: Contrapunto alla Mente – Chant sur le Livre – Madrigale Passagiato: International Orpheus Academy for Music & Theory 2008, Orpheus-Institut, Gent, 4. bis 9. April 2009. *Zeitschrift der Gesellschaft für Musiktheorie, 8*(1), 195–196. Auch verfügbar unter: http://www.gmth.de/zeitschrift/artikel /611.aspx [22.05.2015].

Sonntag, B. (1985). Musiktheorie im Musikunterricht. In S. Helms, H. Hopf & E. Valentin (Hrsg.), *Handbuch der Schulmusik* (3., völlig neu bearb. Aufl.) (S. 107–113). Regensburg: Bosse.

Spahn, C. (2011). Musik. *Die Zeit,* (33). 31.

Spencer-Brown, G. S. (1969). *Laws of form.* London: Allen and Unwin.

Sprau, K. & Stüben, V. (2010). München. Im Dialog mit Studierenden. I. Ein Fragebogen zur Musiktheorie. Textabschnitt in C. Kühn, Musiktheorie lehren. Zu einer Umfrage an deutschen Musikhochschulen (S. 37–38). *Zeitschrift der Gesellschaft für Musiktheorie, 7*(1), 11–60. Auch verfügbar unter: http://www.gmth.de/zeitschrift/artikel/505.aspx [22.05. 2015].

Staatliches Institut für Musikforschung. Stiftung Preußischer Kulturbesitz (Hrsg.) (2014). *Staatliches Institut für Musikforschung* [online]. Verfügbar unter: http:// www.sim.spk-berlin.de/sim_2.html [22.05.2015].

Staatsinstitut für Schulqualität und Bildungsforschung München (Hrsg.) (2004). *Lehrplan für das Gymnasium in Bayern. Musik* [online]. Verfügbar unter: http://www.isb-gym8-lehrplan.de/contentserv/3.1.neu/g8.de/index.php?StoryID=26323 [22.05.2015].

Stäheli, U. (1996). Der Code als leerer Signifikant? Diskurstheoretische Beobachtungen. *Soziale Systeme. Zeitschrift für soziologische Theoriebildung, 2*(2), 257–281.

Stäheli, U. (1998). Die Nachträglichkeit der Semantik. Zum Verhältnis von Sozialstruktur und Semantik. *Soziale Systeme. Zeitschrift für soziologische Theorie, 4*(2), 315–339.

Stäheli, U. (2000a). *Sinnzusammenbrüche. Eine dekonstruktive Lektüre von Niklas Luhmanns Systemtheorie.* Weilerswist: Velbrück.

Stäheli, U. (2000b). *Poststrukturalistische Soziologien. Themen der Soziologie – Soziologische Themen.* Bielefeld: transcript.

Stäheli, U. (2004). Das Populäre in der Systemtheorie. In G. Burkart & G. Runkel, *Luhmann und die Kulturtheorie* (169–188). Frankfurt am Main: Suhrkamp.

Stäheli, U. (2008). System. Unentscheidbarkeit und Differenz. In S. Moebius & A. Reckwitz (Hrsg.), *Poststrukturalistische Sozialwissenschaften* (S. 108-124). Frankfurt am Main: Suhrkamp.

Stäheli, U. (2012). Ernesto Laclau (* 1935) und Chantal Mouffe (* 1943). In O. Jahraus, A. Nassehi, M. Grizelj, I. Saake, C. Kirchmeier & J. Müller (Hrsg.), *Luhmann-Handbuch. Leben – Werk – Wirkung* (S. 309–312). Stuttgart [u.a.]: Metzler.

Stephan, R. (1967a). Vorbemerkung. In F. Baecker (Hrsg.), *Probleme des musiktheoretischen Unterrichts* (S. 6). Berlin: Merseburger.

Stephan, R. (1967b). Zur Problematik der Allgemeinen Musiklehre. In F. Baecker (Hrsg.), *Probleme des musiktheoretischen Unterrichts* (S. 7–15). Berlin: Merseburger.

Stephan, R. (Hrsg.) (1976). *Schulfach Musik; elf Beiträge zum Thema Ausbildung von Musiklehrern* (= Veröffentlichungen des Instituts für neue Musik und Musikerziehung, Darmstadt, Bd. 16). Mainz: Schott.

Stichweh, R. (1994). *Wissenschaft, Universität, Profession. Soziologische Analysen.* Frankfurt am Main: Suhrkamp.

Stichweh, R. (2000). Semantik und Sozialstruktur. Zur Logik einer systemtheoretischen Unterscheidung. *Soziale Systeme. Zeitschrift für soziologische Theorie, 6,* 237–250.

Stichweh, R. (2006). Semantik und Sozialstruktur. Zur Logik einer systemtheoretischen Unterscheidung. In D. Tänzler, H. Knoblauch & H.-G. Soeffner (Hrsg.), *Neue Perspektiven der Wissenssoziologie* (S. 157–171). Konstanz: UVK Verlagsgesellschaft.

Stiller, B. (2008). *Erlebnisraum Konzert. Prozesse der Musikvermittlung in Konzerten für Kinder.* Regensburg: ConBrio. (Zugl.: Hamburg, Hochsch. für Musik und Theater, Diss., 2007.)

Süberkrüb, A. & Gordon, E. (2007). *Audiation und Music Learning Theory. Ihre Bedeutung für die Zukunft der Musikerziehung,* Congress Center Rosengarten Mannheim, 11. bis 13. Mai 2007 [online]. Verfügbar unter: http://www.musikschulen.de/medien/doks/mk07/AG17.pdf [22.05.2015].

Sukopp, T. (2010). Interdisziplinarität und Transdisziplinarität. Definitionen und Konzepte. In M. Jungert (Hrsg.), *Interdisziplinarität. Theorie, Praxis, Probleme* (S. 13–30). Darmstadt: Wissenschaftliche Buchgesellschaft.

Sulz, J. (1997). Musikwissenschaft und Musikpädagogik – eine concordia discors. In P. M. Krakauer (Hrsg.), *Artgenossen und andere Feinde. Musikwissenschaft für die Musikpädagogik? Beiträge zum ersten Symposion ›Musikwissenschaft und Musikpädagogik‹, Salzburg 1996* (S. 183–196). Regensburg: ConBrio.

Thorau, C. (2005). Hinter den Hierarchien. Konsequenzen einer kognitionswissenschaftlichen Musiktheorie. In H. de la Motte-Haber & O. Schwab-Felisch (Hrsg.), *Musiktheorie* (= Handbuch der systematischen Musikwissenschaft, Bd. 2) (S. 377–388). Laaber: Laaber.

Torkewitz, D. (2002). Vom Selberschreiben. In A. Edler & S. Meine (Hrsg.), *Musik, Wissenschaft und ihre Vermittlung. Bericht über die Internationale Musikwissenschaftliche Tagung der Hochschule für Musik und Theater Hannover, 26. – 29. September 2001* (S. 213–223). Augsburg: Wißner.

Universität der Künste Berlin (Hrsg.) (n.d.). *Zulassungsprüfung MA 1 Schulmusik Studienrat. Musiktheorie. 23. Juni 2008* [online]. Verfügbar unter: http://www.udk-berlin.de/sites/musiktheorie/content/e330/e26583/infoboxContent26590/Zulassung_MA1_Theorie_ger.pdf [22.05.2015].

Universität für Musik und Darstellende Kunst Wien (Hrsg.) (2014). *Institut für Analyse, Theorie und Geschichte der Musik. Univ.Prof. Mag. Dr. Martin Eybl* [online]. Verfügbar unter: http://www.mdw.ac.at/iatgm/cms/?PageId=3983 [22.05.2015].

Universität Hamburg (Hrsg.) (2013). *Fakultät für Erziehungswissenschaft* [online]. Verfügbar unter: http://www.ew.uni-hamburg.de/ [22.05.2015].

Universität Mozarteum Salzburg (Hrsg.) (n.d.). *Ao.Univ.Prof. Dr. Joachim Brügge* [online]. Verfübar unter: https://www.uni-mozarteum.at/people.php?p=50152 [22.05.2015].

Universität zu Köln (Hrsg.) (23.05.2015). *Erziehungswissenschaftliche Fakultät. Seminar für Musik und ihre Didaktik* [online]. Verfügbar unter: http://uk-online.uni-koeln.de/cgi-bin/show.pl/gz?uni=1&i_nr=151 [23.05.2015].

Utz, C. (Hrsg.) (2010a). *Musiktheorie als interdisziplinäres Fach. 8. Kongress der Gesellschaft für Musiktheorie, Graz 2008*. Saarbrücken: Pfau.

Utz, C. (2010b). Vorwort. In C. Utz (Hrsg.), *Musiktheorie als interdisziplinäres Fach. 8. Kongress der Gesellschaft für Musiktheorie, Graz 2008* (S. 9–12). Saarbrücken: Pfau.

Valentin, E. (1960). Musikwissenschaft und Musikpädagogik. In E. Kraus (Hrsg.), *Musik und Musikerziehung der Reifezeit. Vorträge der dritten Bundesschulmusikwoche, München 1959* (S. 107–112). Mainz: Schott.

Velten, K. (1988). Musiktheorie im Bezugsfeld von Kunstpraxis, Wissenschaft und Pädagogik. Entwurf eines praxisorientierten Hochschulcurriculums. *Musik & Bildung, 20*(10), 751–754.

Velten, K. (1995). Musiktheorie. In S. Helms, R. Schneider & R. Weber (Hrsg.), *Kompendium der Musikpädagogik* (S. 139–149). Kassel: Bosse.

Verband deutscher Schulmusiker (Hrsg.) (11.04.2015). *Schwerpunkte der Arbeit* [online]. Verfügbar unter: http://www.vds-musik.de/vds/schwerpunkte/ [22.05.2015].

Vogt, J. (1997). Der Begriff der Lebenswelt, gegen seine Liebhaber verteidigt. *Musik und Unterricht, 45,* 39–42.

Vogt, J. (2001). *Der schwankende Boden der Lebenswelt. Phänomenologische Musikpädagogik zwischen Handlungstheorie und Ästhetik.* Würzburg: Königshausen & Neumann. (Zugl. Hamburg, Univ., Habil.-Schr., 1999.)

Vogt, J. (2003). Über die Zukunft der Musikpädagogik als praktischer Wissenschaft. Zur Emeritierung von Hermann J. Kaiser. *Zeitschrift für Kritische Musikpädagogik, 2003,* 1–13 [online]. Verfügbar unter: http://home.arcor.de/zfkm/vogt6.pdf [22.05.2015].

Vogt, J. (2004). Musik-Lernen im Kontext von Bildung und Erziehung. Eine Auseinandersetzung mit W. Gruhns ›Der Musikverstand‹. In M. Pfeffer & J. Vogt (Hrsg.), *Lernen und Lehren als Themen der Musikpädagogik. Sitzungsbericht 2002 der Wissenschaftlichen Sozietät Musikpädagogik* (= Wissenschaftliche Musikpädagogik, Bd. 1) (S. 42–80). Münster: LIT.

Vogt, J. (2006). Über die Schwierigkeit, im Hause des Henkers vom Strick zu reden. Zum Briefwechsel Theodor W. Adorno – Erich Doflein. *Zeitschrift für Kritische Musikpädagogik 2006,* 26-36 [online]. Verfügbar unter: http://home.arcor.de/zfkm/06-vogt10.pdf [22.05.2015].

Vogt, J. (2008a). Musikpädagogik auf dem Wege zur Vermittlungswissenschaft oder auf dem Holzweg? In M. Pfeffer, C. Rolle & J. Vogt (Hrsg.), *Musikpädagogik auf dem Wege zur Vermittlungswissenschaft? Sitzungsbericht 2007 der Wissenschaftlichen Sozietät Musikpädagogik* (= Wissenschaftliche Musikpädagogik, Bd. 2) (S. 6–15). Münster: LIT.

Vogt, J. (Hrsg.) (2008b). *Bildungsstandards und Kompetenzmodelle für das Fach Musik? Zeitschrift für Kritische Musikpädagogik. Sonderedition 2* [online]. Verfügbar unter: http://www.zfkm.org/sonder2008.html [22.05.2015].

Vogt, J. (2010). Vom Nicht-Verschwinden der Inhalte aus der Musikdidaktik. Einleitung. In J. Vogt, C. Rolle & F. Heß (Hrsg.), *Inhalte des Musikunterrichts. Sitzungsbericht 2009 der*

Wissenschaftlichen Sozietät Musikpädagogik (= Wissenschaftliche Musikpädagogik, Bd. 4) (S. 6–13). Münster: LIT.

Vogt, J. (2012a). Vom Umgang der Musikpädagogik mit Heterogenität. Einleitung. In J. Vogt, F. Rolle & C. Hess (Hrsg.), *Musikpädagogik und Heterogenität. Sitzungsbericht 2011 der Wissenschaftlichen Sozietät Musikpädagogik* (= Wissenschaftliche Musikpädagogik, Bd. 5) (S. 6–19). Münster: LIT.

Vogt, J. (2012b). Musikalische Bildung – ein lexikalischer Versuch. *Zeitschrift für kritische Musikpädagogik 2012,* 1–25 [online]. Verfügbar unter: http://www.zfkm.org/12-vogt.pdf [22.05.2015].

Voigt, U. (2010). Interdisziplinarität. Ein Modell der Modelle. In M. Jungert (Hrsg.), *Interdisziplinarität. Theorie, Praxis, Probleme* (S. 31–46). Darmstadt: Wissenschaftliche Buchgesellschaft.

Vollmer, G. (2010). Interdisziplinarität – unerlässlich, aber leider unmöglich? In M. Jungert (Hrsg.), *Interdisziplinarität. Theorie, Praxis, Probleme* (S. 47–76). Darmstadt: Wissenschaftliche Buchgesellschaft.

Wagenschein, M. (1982). *Verstehen lehren. Genetisch, sokratisch, exemplarisch* (7. Aufl.). Weinheim: Beltz.

Wagner, E. (2012). Theorie ohne Kritik? In O. Jahraus, A. Nassehi, M. Grizelj, I. Saake, C. Kirchmeier & J. Müller (Hrsg.), *Luhmann-Handbuch. Leben – Werk – Wirkung* (S. 428–431). Stuttgart [u.a.]: Metzler.

Wahrig, G. (1968). *Deutsches Wörterbuch; mit einem ›Lexikon der deutschen Sprache‹* (einmalige Sonderausg., ungekürzt). Gütersloh: Bertelsmann.

Waldura, M. (2002). *Von Rameau und Riepel zu Koch. Zum Zusammenhang zwischen theoretischem Ansatz, Kadenzlehre und Periodenbegriff in der Musiktheorie des 18. Jahrhunderts.* Hildesheim: Olms.

Wallbaum, C. (2000). *Produktionsdidaktik im Musikunterricht. Perspektiven zur Gestaltung ästhetischer Erfahrungssituationen* (= Perspektiven zur Musikpädagogik und Musikwissenschaft, Bd. 27). Kassel: Bosse.

Wallrabenstein, W. (1986). Analytisches und kontemplatives Hören. Ein kaleidophoner Beitrag zur Didaktischen Interpretation von Musik. *Zeitschrift für Musikpädagogik, 11*(35), 20–36.

Walter, J. M. (2003). *Die Bedeutung der Didaktik Martin Wagenscheins für den Musikunterricht und die Musikpädagogik. Erörtert an Unterrichtsbeispielen mit Werken Neuer Musik* (= Forum Musikpädagogik, Bd. 54). Augsburg: Wißner.

Warner, T. (1970). Was ist ›Forschung in der Musikerziehung‹? *Musik & Bildung, 62*(5), 130–131.

Weber, R. (1997). Musik begreifen – Musiklehre – Musiktheorie. In S. Helms, R. Schneider & R. Weber (Hrsg.), *Handbuch des Musikunterrichts, Bd. 1, Primarstufe* (S. 265–276). Kassel: Bosse.

Weidemann, G. (1975). Werkerschließung und Wahrnehmung im Musikunterricht. In S. Helms, H. Hopf & E. Valentin (Hrsg.), *Neues Handbuch der Schulmusik* (S. 73–90). Kassel: Bosse.

Weidner, V. (2010). Musiktheorie und Musikpädagogik. ›Resonanzprobleme‹ einer Beziehung. *Zeitschrift der Gesellschaft für Musiktheorie* (Sonderausgabe 2010), 117–144. Auch verfügbar unter: http://www.gmth.de/zeitschrift/artikel/562.aspx [22.05.2015].

Weidner, V. (2012). ›Die‹ Musiktheorie ›der‹ Musikpädagogik. Systemtheoretische Beobachtungen. In A. Niessen & J. Knigge (Hrsg.), *Musikpädagogisches Handeln* (= Musikpädagogische Forschung, Bd. 33) (S. 300–315). Essen: Die Blaue Eule. Auch verfügbar unter: http://www.pedocs.de/volltexte/2014/8762/pdf/Knigge_Musikpae dagogisches_Handeln_2012_Weidner_Die_Musiktheorie.pdf [22.05.2015].

Welsch, W. (1997). Erweiterung der Ästhetik. Eine Replik. In B. Recki & L. Wiesing (Hrsg.), *Bild und Reflexion. Paradigmen und Perspektiven gegenwärtiger Ästhetik. Tagung in Münster im März 1993* (S. 39–67). München: Fink.

Wepner, B. (1999). Vom Sinn und Unsinn des ›Tonsatzes‹. *Musiktheorie, 14,* 314–319.

Werckmeister, O. K. (1971). *Ende der Ästhetik.* Frankfurt am Main: Fischer.

Wied, V. (2010). Beobachtung individuellen Nachdenkens – eine Unmöglichkeit? Eine systemtheoretische Herangehensweise für die Auswertung von Interviews in empirischer musikpädagogischer Forschung. *Beiträge empirischer Musikpädagogik, 2*(1), 1–15 [online]. Verfügbar unter: http://www.b-em.info/index.php?journal=ojs&page=article&op =view&path%5B%5D=40&path%5B%5D=88 [22.05.2015].

Wilhelm, T. (1967). *Theorie der Schule. Hauptschule und Gymnasium im Zeitalter der Wissenschaften.* Stuttgart: Metzler.

Wimmer, M. (2006). *Dekonstruktion und Erziehung. Studien zum Paradoxieproblem in der Pädagogik* (= Theorie bilden, Bd. 6). Bielefeld: transcript. (Zugl. Univ., FB Erziehungswiss., Habil.-Schr., Halle, 2000.)

Wissenschaftliche Sozietät Musikpädagogik (Hrsg.) (n.d.). *Über die WSMP* [online]. Verfügbar unter: http://www.wsmp.de/ [22.05.2015].

Wolf, A., Kopiez, R. & Platz, F. (2012). Der Status Quo der musiktheoretischen Zulassungsprüfung an Musikhochschulen. Eine testtheoretische Analyse. *Beiträge empirischer Musikpädagogik, 3*(2), 1–37 [online]. Verfügbar unter: http://www.b-em.info/index.php?journal =ojs&page=article&op=view&path%5B%5D=77&path%5B%5D=230 [22.05.2015].

Ziegenrücker, W. (2007). *ABC Musik. Allgemeine Musiklehre. 446 Lehr- und Lernsätze* (5. Aufl.). Wiesbaden: Breitkopf und Härtel.